Lieber Jost,

mit herzlichem
Dank für all
Deine Bemühungen
und Deine Schule!

Dein

Karl-Heinz

Urbana, den 25.11.92

Germanistische Lehrbuchsammlung

Herausgegeben von Hans-Gert Roloff

Band 43

PETER LANG

Bern · Berlin · Frankfurt a.M. · New York · Paris · Wien

Karl-Heinz Joachim Schoeps

Deutsche Literatur zwischen den Weltkriegen III
Literatur im Dritten Reich

PETER LANG
Bern · Berlin · Frankfurt a.M. · New York · Paris · Wien

Die Deutsche Bibliothek – CIP-Einheitsaufnahme

Deutsche Literatur zwischen den Weltkriegen. - Bern ;
Frankfurt am Main ; New York : Lang.
Literaturangaben

3. Literatur im Dritten Reich / Karl-Heinz Joachim Schoeps. -
1992
(Germanistische Lehrbuchsammlung ; Bd. 43)
ISBN 3-261-04589-2
NE: Schoeps, Karl-Heinz; GT

© Peter Lang AG, Europäischer Verlag der Wissenschaften, Bern 1992

Printed in Germany

Inhaltsverzeichnis

Dem Research Board und International Studies and Programs der University of Illinois sei an dieser Stelle für finanzielle Unterstützung bei der Arbeit am Manuskript gedankt. Bei meinen Kollegen Jost Hermand (University of Wisconsin, Madison), Herbert Knust und Ruth Lorbe (beide University of Illinois) möchte ich mich herzlich für alle ihre Bemühungen und Vorschläge für meine Arbeit bedanken. Torsten Ungar (Universität Göttingen) bin ich für seine Arbeit am bio-bibliographischen Autorenverzeichnis zu Dank verpflichtet.

Karl-Heinz J. Schoeps, University of Illinois

Vorwort

Gesamtstudien zur politischen Vorgeschichte und zur politischen Entwicklung des Dritten Reiches sowie Untersuchungen zu politisch-soziologischen Einzelaspekten existieren in großer Anzahl. Vor allem seit Anfang der siebziger Jahre sind auch verschiedene Einzelstudien zu kulturpolitischen und literarischen Aspekten des Dritten Reichs erschienen. Auch zur deutschen Exilliteratur während des Dritten Reiches liegen zahlreiche Studien und Gesamtdarstellungen vor. Bisher gibt es jedoch keine Gesamtschau derjenigen Literatur, die *im* Dritten Reich erschienen ist. Versuche eines Überblicks über die Literatur *des* Dritten Reiches gibt es erst in bescheidenem Umfang, so die Bücher von Uwe-K Ketelsen (*Völkisch-nationale und nationalsozialistische Literatur in Deutschland 1890-1945*), Ernst Loewy (*Literatur unterm Hakenkreuz*) und Franz Schonauer (*Deutsche Literatur im Dritten Reich*). Ketelsens Buch ist ein Handbuch, erschienen in der Realiensammlung des Metzler Verlags; Loewy bietet Textausschnitte aus verschiedenen literarischen Genres zu zahlreichen bei den Nazis beliebten Themen, und Schonauers Buch, das bereits im Jahre 1961 erschien, ist ein erster Versuch einer Gesamtschau in „polemisch-didaktischer Absicht."

Die vorliegende Darstellung ist ein Versuch, von bisherigen Erkenntnissen auszugehen und anhand von ausgewählten Beispielen eine zusammenfassende Einführung in die Literatur *im* Dritten Reich zu bieten. Bei der Auswahl der Werke waren im wesentlichen Thematik, Grad der Bekanntheit, Prominenz der Autoren und Auflagenhöhe entscheidende Kriterien. Dabei versteht sich von selbst, daß in vielen Fällen auch andere Werke und Autoren als Beispiele hätten herangezogen werden können, um Genres, Themen und Ideologeme zu illustrieren. Die bei der Fülle des Materials im Text nicht berücksichtigten Autoren und Werke sollen daher wenigstens im bio-bibliographischen Verzeichnis erwähnt werden. Da die Texte selbst in vielen Fällen nur schwer zugänglich sind, sollen sie im Vordergrund der Betrachtung stehen.

Im Unterschied zu den oben genannten Werken von Ketelsen, Loewy und Schonauer soll neben der „faschistischen" Literatur auch die im Dritten Reich entstandene nicht-faschistische Literatur berücksichtigt werden. Die NS-Literatur wird nach Gattungen besprochen, um einzelne Werke möglichst in ihrer Ganzheit vorstellen und am Einzelbeispiel Typisches im Zusammenhang demonstrieren zu können. Da die NS-Literatur nicht mit den politischen Eckdaten des Dritten Reichs zusammenfällt, sondern 1933 bereits in großem Umfang bereitstand, muß auch die „Vorgeschichte" zur Literatur im Dritten Reich berücksichtigt werden, bzw. Werke der NS-Literatur, die vor 1933 entstanden sind. Unter NS-Literatur werden im weitesten Sinne alle völkisch-national-konservativen Werke und Autoren subsumiert, die sich im Dritten Reich offizieller Förderung und hoher Auflagen erfreuten, auch wenn sie selbst zum Teil dem offiziellen Nationalsozialismus gegenüber kritisch eingestellt waren, wie beispielsweise Ernst Jünger.

Die Definition der NS-Literatur ist umstritten, da es *die* Literatur *des* Dritten Reichs streng genommen überhaupt nicht oder jedenfalls genausowenig wie *das* Drama *des* oder *den* Roman *des* Dritten Reichs gegeben hat. Die Schwierigkeit einer

Definition der NS-Literatur liegt darin, daß der Nationalsozialismus nie ein einheitliches Literaturkonzept entwickelt hat. In seinem Aufsatz „Was ist 'nationalsozialistische Dichtung'" gibt Ralf Schnell aus literarisch-ästhetischer Sicht die bisher brauchbarste Definition der Literatur des Dritten Reichs. Eine solche Literatur enthält nach Schnell folgende Elemente: Aufbruch, Dualismus (Gut gegen Böse), Heimkehr, Sakralität, literarische Organisierung von Massensymbolen und unsichtbaren Massen, Monumentalität und Suggestivität, Genre-Indifferenz sowie epigonale und traditionalistische Züge.[1] Den Unterschied zwischen völkisch-nationaler und nationalsozialistischer Literatur sieht Schnell in der „entschiedenen Positivität der nationalsozialistischen Literatur" im Vergleich zur „ungerichteten Negativität der völkisch-nationalen."[2] In der Praxis weisen jedoch nicht alle Werke, die sich unter die Rubrik der Literatur des Dritten Reichs einreihen lassen, alle diese Elemente in gleichem Maße auf.

Obwohl dieser Band sich auf die Literatur im Dritten Reich zwischen 1933 und 1945 konzentriert, wird diese Zeit nicht als eine abgeschlossene Periode gesehen. Sie ist nach beiden Seiten hin offen: zahlreiche faschistische Schriftsteller sowie Autoren der „Inneren Emigration" oder des „anderen Deutschland" schrieben vor 1933 und nach 1945; beide Gruppen fanden allerdings nach 1945 nur ein geringes Echo. Andererseits reichen die Anfänge bekannter deutscher Nachkriegsautoren wie Günter Eich, Peter Huchel oder Wolfgang Koeppen in die Zeit des Dritten Reichs zurück.[3] Auch läßt sich die NS-Literatur zwischen 1933 und 1945 nicht als ein einheitlicher Block betrachten, trotz aller Gleichschaltungsversuche. Es gab qualitativ große Unterschiede unter den NS-Autoren; zwischen Jünger und Zöberlein, Schumann oder Weinheber liegen Welten. In der Schreibweise kehren die meisten zwar zu traditionellen Formen zurück, doch auch hier gab es Ausnahmen wie Eberhard Wolfgang Möller, der mit Formen des Expressionismus und gar Brechtscher Verfremdung operiert. Die Trennwand zwischen den Autoren des Faschismus und der „Inneren Emigration" ist nicht so groß, wie es den Anschein hat: beide zehren vom gleichen Erbe und verharren oft in traditionellen Formen (beispielsweise dem Sonett), ja teilen ideologisch in vielen Fällen eine Abneigung gegen die Moderne schlechthin. Darin berühren sich gar, so Ketelsen, die in der bisherigen Sekundärliteratur so fein säuberlich getrennten Gruppen von faschistischer Literatur, Literatur der „Inneren Emigration" und der Exilliteratur.[4] Um die Literatur im Dritten Reich in ihrem historischen und kulturhistorisch-ideologischen Kontext aufzuzeigen, werden neben literarischen Kapiteln auch Kapitel zum geschichtlichen, ideologischen und kulturpolitischen Hintergrund eingeschlossen.

---

1 Ralf Schnell, „Was ist 'nationalsozialistische Dichtung'?" In Jörg Thunecke, Hrsg. Leid der Worte. Panorama des literarischen Nationalsozialismus (Bonn: Bouvier, 1987), 28-45.
2 Schnell, 40.
3 Auf diese Kontinuitäten ist verschiedentlich hingewiesen worden, so von Uwe-K Ketelsen in „Die Literatur des 3. Reichs als Gegenstand germanistischer Forschung," in Wege der Literaturwissenschaft, hrsg. Jutta Kolkenbrock-Netz, Gerhard Plumpe und Hans Joachim

Schrimpf (Bonn: Bouvier, 1985), 301: „Viele einflußreiche Nachkriegsschriftsteller [begannen] ihre literarische Karriere im nationalsozialistischen Deutschland ... und durchaus nicht immer in jener Distanz, wie sie nach 1945 unterstellt wurde. Nach 1945 haben Texte von Agnes Miegel, von Hans Carossa, Josef Weinheber, Ernst Jünger (soweit sie thematisch als unverfänglich galten, und das taten die meisten) in Westdeutschland noch lange dieselbe Funktion übernommen, wie vor 1945 die Texte Kolbenheyers, Grieses, v. Schirachs, Agnes Miegels, Hans Carossas, Weinhebers, Jüngers." Zur Rezeption von NS-Autoren nach 1945 vgl. auch Hans Sarkowics, „Die literarischen Apologeten des Dritten Reiches. Zur Rezeption der vom Nationalsozialismus geförderten Autoren nach 1945," in Jörg Thunecke, Leid der Worte, 435-459. Zu den Anfängen deutscher Nachkriegsautoren vgl. Hans Dieter Schäfer, „Die nichfaschistische Literatur der 'jungen Generation' im nationalsozialistischen Deutschland," in Horst Denkler und Karl Prümm, Hrsg. Die deutsche Literatur im Dritten Reich. Themen-Traditionen-Wirkungen (Stuttgart: Reclam, 1976), 459-503; neue Fassung in Hans Dieter Schäfer, Das gespaltene Bewußtsein. Deutsche Kultur und Lebenswirklichkeit 1933-1945 (München: Hanser, 1981), 7-54. Vgl. auch Hans Dieter Schäfer, Hrsg. Am Rande der Nacht. Moderne Klassik im Dritten Reich (Frankfurt a.M.: Ullstein, 1984).

4   Ketelsen, 301. In seinem Artikel „Probleme einer gegenwärtigen Forschung zur 'Literatur des Dritten Reichs'" schlägt Ketelsen sogar vor, den Begriff „Literatur des Dritten Reichs" wenigsten vorübergehend aufzugeben, um die polaren Abgrenzungsschemata zu überwinden, dadurch den internationalen Gesamtzusammenhang der Epoche zu erkennen und zu neuen Forschungsergebnissen zu gelangen – vgl. Deutsche Vierteljahrsschrift für Literaturwissenschaft und Geistesgeschichte, 64. Jg. H. 4 (1990), 725. Vgl. dazu auch Rainer Zimmermann, Das dramatische Bewußtsein. Studien zum bewußtseinsgeschichtlichen Ort der Dreißiger Jahre in Deutschland (Münster: Aschendorffsche Verlagsbuchhandlung, 1989). Zimmermann sieht darin den Nationalsozialismus in ein sich herausbildendes Bewußtsein einer dynamischen und unmittelbaren Wirklichkeitserfahrung eingebettet, das um 1930 einsetzt.

1. Historischer Überblick

Nachdem Adolf Hitler im Jahre 1919 beschlossen hatte, Politiker zu werden und 1920 daranging, die Deutsche-Arbeiter-Partei (DAP) nach dem Vorbild einer kleinen österreichischen Rechtspartei in die Nationalsozialistische Deutsche Arbeiterpartei (NSDAP) umzufunktionieren, war keineswegs absehbar, daß diese Partei mit ihm an der Spitze knappe dreizehn Jahre später die Herrschaft des Deutschen Reiches an sich reißen würde, trotz Arthur Moeller van den Brucks Überzeugung, daß diese nationalsozialistische Partei, von der er bereits kurz nach der Jahrhundertwende geträumt hatte, „gewiß ein Teil der deutschen Zukunft" sei.[1] Die DAP, für die Hitler sich anfangs als „Werbeobmann" und Propagandaredner betätigte, war 1919 nur eine unscheinbare Rechtspartei unter zahlreichen ideologisch ähnlich ausgerichteten Gruppen wie die zahlreichen bündischen Vereinigungen oder die völkisch-alldeutsche Thulegesellschaft, die auf arische Abstammung pochte, mit Runen und Hakenkreuzen operierte, und deren Leiter, Rudolf Glauer, sich Rudolf Freiherr von Sebottendorf nannte.[2] Aus ihr erwuchsen auch spätere NS-Ideologen wie Alfred Rosenberg, Hans Frank und Hitlers Mentor Dietrich Eckart. Aus der Zeitung der Thulegesellschaft, dem *Münchener Beobachter*, ging auch die NSDAP-Zeitung *Völkischer Beobachter* hervor.[3] Dabei war die Kombination von Nationalismus und Sozialismus ein geschicktes Propagandamanöver, wie sich später erwies, faßte sie doch die beiden wesentlichsten politischen Strömungen des neunzehnten und frühen zwanzigsten Jahrhunderts in einer Partei zusammen, zumindest was den Namen betrifft. Die NSDAP versuchte, an diese beiden deutschen Bewegungen anzuknüpfen und dem Volk nationale Kontinuität zu garantieren, vor allem der großen Masse konservativer Wähler. Sie bemühte sich, das weithin herrschende Unbehagen an kapitalistischem Materialismus und bolschwistischem Kommunismus durch eine angebliche Fusion von Sozialismus und deutschem Nationalismus in einer Partei für ihre Zwecke zu benutzen. Vor allem verstand sie es, aus dem latenten und offenen Antisemitismus politisches Kapital zu schlagen. Adolf Hitler hatte als Trommler dieser Bewegung endlich seinen ihm gemäßen Wirkungskreis gefunden.

Deutscher Nationalismus war mit den Befreiungskriegen im frühen neunzehnten Jahrhundert erwacht, als die deutschen Staaten das napoleonische Joch abwarfen. Im Zuge der Restauration nach dem Wiener Konreß war dieser Nationalismus durchaus noch progressiv-republikanisch orientiert. Erst mit dem Sieg über Frankreich und der anschließenden Gründung des deutschen Reiches durch Bismarck im Jahre 1871 nahm er regressiv-chauvinistischen Charakter an und überlebte als solcher selbst die verlustreichen Schlachten und die Niederlage im ersten Weltkrieg. Gestärkt durch die Bedingungen des Versailler Vertrages von 1919 und die sogenannte Dolchstoßlegende, nach der das deutsche Heer, im Felde unbesiegt, von „vaterlandslosen Gesellen" in der Heimat verraten wurde, blühte er im Untergrund weiter und harrte nur der Erweckung. Wie dünn die demokratische Oberfläche der Weimarer Republik wirklich war, wurde bei ihrem sang- und klanglosen Zusammenbruch im Jahre 1933 erschreckend deutlich. Erst nach dem verlorenen zweiten Weltkrieg und der Teilung

Deutschlands wurde den meisten Deutschen klar, wohin dieser Nationalismus geführt hatte.

Fast gleichzeitig mit dem erwachten deutschen Nationalgefühl regten sich auch im Zuge verstärkter Industrialisierung Bestrebungen um soziale Gerechtigkeit, die mit Karl Marxens Kommunistischem Manifest von 1848 einen ersten Höhepunkt erreichten. Mit Ferdinand Lassalles „Allgemeinem deutschen Arbeiterverein" von 1863 erhielt die sozialistische Bewegung ihre erste Form der Organisation, die dann im Jahre 1875 mit der von Liebknecht und Bebel gegründeten „Sozialdemokratischen Arbeiterpartei" vereint wurde und durch das Erfurter Programm von 1891 ein Glaubensbekenntnis auf marxistischer Grundlage und den Namen „Sozialdemokratische Partei" bekam. Nachdem sich die SPD im ersten Weltkrieg durch nationale Töne und Unterstützung des kaiserlichen Imperialismus kompromittiert hatte, formierten sich die Unabhängigen Sozialdemokraten und im Gefolge der bolschewistischen Revolution in Rußland der auf proletarischem Internationalismus basierende Spartakusbund, aus dem Ende 1918 die Kommunistische Partei Deutschlands hervorging.

Der Kampf zwischen diesen beiden politischen Strömungen, der linksgerichteten und moskauhörigen um die KPD und der rechtsorientierten und nationalen um die NSDAP, beherrschte vor allem die letzte Phase der Weimarer Republik. Die Entscheidung fiel am 30. Januar 1933 mit der Ernennung Adolf Hitlers zum Reichskanzler endgültig zugunsten der Nazis. Obwohl Hitler und seine Partei bemüht waren, den Schein der Legalität zu wahren, kann von einer rechtsstaatlichen Machtübernahme jedoch keine Rede sein; der demokratische Rechtsstaat (soweit ein solcher in den zwanziger Jahren überhaupt existierte) war bereits durch die autoritären Maßnahmen der Präsidialregierungen unter von Papen und Schleicher ausgehöhlt worden. Hinzu kommt, daß in dieser ersten gesamtdeutschen Republik demokratisches und rechtsstaatliches Denken nicht sehr verbreitet waren. Außerdem hatte die große Mehrheit der Politiker Hitler unterschätzt. Selbst nach Hitlers Machtübernahme und dem systematischen Ausbau seiner Macht waren die meisten überzeugt, daß er sich nicht lange halten könne. Sein Buch *Mein Kampf*, falls man es überhaupt zur Kenntnis genommen hatte, wurde als Ausgeburt der Phantasie eines politischen Spinners abgetan.

Schon der Anfang der Deutschen Republik, die Philipp Scheidemann, der Führer der Mehrheitssozialisten, am 9. November 1918 verkündet hatte, war von Straßenkämpfen zwischen Rechten und Linken bedroht. Bei diesen Auseinandersetzungen fiel der SPD als mehrheits- und regierungsbildender Partei eine stabilisierende Aufgabe zu, die sie mit radikalem Reichswehr- und Polizeieinsatz gegen linke und rechte Aufständler löste. Der Polizei und dem Militär kamen diverse Freikorps zu Hilfe, die sich aus Soldaten und Offizieren gebildet hatten, die nach dem ersten Weltkrieg stellungslos geworden waren und überall da erschienen, wo es Linke zu bekämpfen galt, so in München, in Sachsen, im Baltikum und im Ruhrgebiet. Unter ihnen befand sich auch Leo Schlageter, der dann nach seiner Hinrichtung durch die Franzosen im Jahre 1923 zu einem der wichtigsten Märtyrer der Nazibewegung wurde, verherrlicht in zahlreichen Büchern. Linke Gruppen, die nach dem Zusammenbruch des Kaiserreiches Deutschland in eine Räterepublik verwandeln wollten, wurden durch das von der SPD-Regierung gebilligte brutale Vorgehen gegen sie zu erklärten Feinden der

Weimarer Republik. Rechte Kreise waren zwar mit den Maßnahmen gegen Linke einverstanden, warfen aber der Regierung nach deren Unterzeichnung des Versailler Friedensvertrages Verrat am deutschen Volke vor.

Opfer gab es vor allem unter Linken und Regierungsträgern. Rosa Luxemburg, Karl Liebknecht, Kurt Eisner, Walther Rathenau und Matthias Erzberger wurden von Rechtsradikalen brutal ermordet. Rechten Verschwörern erging es meist besser. Nach seinem fehlgeschlagenen Putschversuch gegen die Reichsregierung in Berlin im März 1920 erlaubte man Wolfgang Kapp, das Land zu verlassen. Adolf Hitler erhielt nach seinem vergeblichen Umsturzversuch in München am 9. November 1923 fünf Jahre Festungshaft, von denen er nur acht Monate unter recht günstigen Haftbedingungen abbüßen mußte. Im Prozeß gegen ihn im Februar und März 1924 gelang es Hitler mit Erfolg, seine Stellung als Angeklagter in die Rolle eines Anklägers gegen das Weimarer Regime umzufunktionieren. Die Haftzeit gab ihm die Gelegenheit, über seine Bewegung nachzudenken und seine Gedanken und Ziele in *Mein Kampf* niederzuschreiben, unterstützt von dem getreuen Rudolf Hess und dem völkisch-katholischen Pater Bernhard Stempfle. Hess wurde später mit dem bedeutungslosen Titel „Stellvertreter des Führers" belohnt, Stempfle mit dem Tod bei den „Säuberungen" im Jahre 1934, als Hitler unbequem gewordene Genossen eliminierte. Bereits vor dem Putschversuch von 1923 hatte Hitler andere nationale Gruppen entweder absorbiert oder durch realistischere Politik überflügelt. Während seiner Haftzeit drohte die junge NSDAP zu zerfallen. Nach seiner Entlassung gelang es ihm jedoch bald, die Partei wieder aufzubauen, ganz auf sich zu verpflichten und damit das Führerprinzip, auf dem das Dritte Reich im wesentlichen basierte, zu konsolidieren.

Mit der Währungsreform im November 1923 und amerikanischen Anleihen unter dem sogenannten Dawes Plan kam es zu einer relativen Stabilisierung der Republik, obwohl der viel strapazierte Begriff der „goldenen zwanziger Jahre" auch für diese zweite Phase kaum angebracht erscheint, da die wirtschaftlichen Probleme keineswegs beseitigt waren und eine republikanisch-demokratische Gesinnung nur auf einen kleinen Kreis beschränkt blieb.[4] Der Gegensatz von rechts und links bestand weiterhin, auch wenn er nicht mehr die Schlagzeilen beherrschte. Zu den „Vernunftrepublikanern" zählten auch Politiker wie Stresemann, der der Republik in mehreren Funktionen diente (meist als Außenminister), und der Reichspräsident, Feldmarschall von Hindenburg, der Sieger von Tannenberg, der dem ersten Reichspräsidenten Friedrich Ebert (SPD) nach dessen Tod im Februar 1925 im Amt folgte.

Die Jahre der zweiten Phase von 1923 bis 1929 wurden im wesentlichen von Regierungen bestimmt, die rechts von der Mitte standen. Nach dem amerikanischen Börsenkrach vom Oktober 1929 erwies sich jedoch, daß die relative wirtschaftliche Stabilität nur eine auf amerikanischem Kapital beruhende Scheinblüte war. Konkurse, Preisverfall und Arbeitslosenzahlen schnellten in die Höhe, und die Reichstagswahlen von 1930 endeten mit einem enormen Stimmengewinn der Kommunisten und Nationalsozialisten. Die verheerende wirtschaftliche Lage – im Jahre 1932 erreichte die Arbeitslosenquote 44,5 Prozent – trieb beiden Parteien Mitglieder zu, die sich in organisierten Gruppen (SA, SS, Rot-Front-Kämpferbund etc.) erbitterte Straßenschlachten lieferten, unter denen die Weimarer Republik schließlich zerbrach. Die dritte Phase der Republik von 1929 bis 1933 ist durch wirtschaftlichen Abstieg, verschärften Gegensatz von links und rechts sowie Notmaßnahmen der bedrängten

Reichsregierung bestimmt; obwohl zu diesem Zeitpunkt erste Anzeichen einer Verbesserung der wirtschaftlichen Lage sichtbar wurden und die NSDAP ihren Höhepunkt überschritten zu haben schien, endete die Phase mit der Ernennung Adolf Hitlers zum Reichskanzler durch den senilen Hindenburg am 30. Januar 1933.

Diejenigen rechten Kreise, die gehofft hatten, Hitler durch Aufnahme in die Regierung kontrollieren zu können (vor allem Alfred Hugenberg und seine Deutschnationale Volkspartei, DNVP, die mit der NSDAP eine Koalition eingegangen war), sahen sich recht bald enttäuscht, denn Hitler ging sofort daran, seine Macht mit drastischen Mitteln zu festigen und dem letzten republikanischen Rest den Garaus zu machen. Alle Parteien wurden verboten, außer der NSDAP, die zur offiziellen Staatspartei erhoben wurde. Mit dem Ermächtigungsgesetz nach dem fatalen Reichstagsbrand vom 27. Februar 1933 hatte Hitler praktisch alle Macht in seiner Person vereinigt. Rivalen in den eigenen Reihen wie Ernst Röhm oder Gregor Strasser wurden ebenso radikal beseitigt wie Opposition aus anderen Kreisen. Dabei hatte Hitler zweifelsohne die Unterstützung großer Teile der Bevölkerung, die in der Weimarer Republik nur Abstieg und Verfall der Staatsautorität gesehen und die Republik nur erduldet hatten. Man erwartete von Hitler und seiner Partei eine Wiedergeburt deutscher Größe und die Wiederherstellung staatlicher Autorität.

Nun zeigte sich auch, daß der sozialistische Aspekt der Hitler-Bewegung nur ein Vorwand war, um vor allem den Sozialdemokraten und Kommunisten – mit Erfolg – Stimmen zu entziehen. Otto Strasser, der Vertreter des sozialrevolutionären Flügels der NSDAP, wurde bereits 1930 ausgebootet. Hitler selbst hatte ohnehin von Sozialismus eine völlig eigene Vorstellung: für ihn war er „in etwa die nationale Volksgemeinschaft mit sozial-egalitärer Tendenz."[5] Die NSDAP hatte abgesehen von ein paar allgemeingehaltenen Parolen und Hitlers *Mein Kampf* und trotz der im Februar 1920 von Hitler verkündeten 25 Punkte kein festes Programm, sondern versprach allen alles zu sein. Einig war man sich nur im Haß gegen Juden und Linke, denen man die alleinige Schuld an Deutschlands Schmach zuschob. Auch der Anti-Kapitalismus war nur Taktik und Täuschung, so wie die anfängliche Kirchenfreundlichkeit und die Bemühung um Legalität, um Stimmen und Zeit zur Stabilisierung zu gewinnen.

Schritt für Schritt beseitigte Hitler die Arbeitslosigkeit, vor allem durch Ankurbelung der Rüstungsindustrie, und die Lasten des Versailler Vertrags, indem er unter anderem die Zahlung der Reparationen einstellte, 1936 ohne Opposition die Rheinlande besetzte, und im März 1938 unter Verletzung internationalen Rechts – ohne Protest aller demokratischen Länder (außer Mexikos), doch mit Zustimmung und Jubel des weitaus größten Teiles der Bevölkerung beider Länder – Österreich dem deutschen Reich einverleibte. Im März 1939 löste Hitler ungestraft die Tschechoslowakei auf und stellte Böhmen und Mähren unter deutschen „Schutz." Mit dem Einmarsch in Polen am ersten September 1939 war das verhängnisvolle Münchener Abkommen vom September 1938 endgültig gescheitert; am 3. September 1939 erklärten Frankreich und Großbritannien Deutschland den Krieg, den Hitler dann im Juni 1941 trotz des im August 1939 unterzeichneten Nichtangriffspakts auch in die Sowjetunion hineintrug. Nach anfänglichen Erfolgen und Siegen begann sich das Blatt zu wenden, vor allem nach dem Kriegseintritt der USA im Dezember 1941 und der katastrophalen deutschen Niederlage bei Stalingrad im Januar 1943. Mit der

Landung der Alliierten in der Normandie in den frühen Morgenstunden des 6. Juni 1944 war das Schicksal des Dritten Reiches besiegelt. Die bedingungslose Kapitulation erfolgte am 8. Mai 1945.

Auch innenpolitisch gingen die Nazis gewaltsam gegen jede Opposition und alle Feinde des Dritten Reiches vor. Besonders zu leiden hatten Linke, Juden, bekennende Christen aller Konfessionen und andere Gruppen, die von den Nazis für „minderwertig" erachtet wurden. Für sie wurden Konzentrationslager geschaffen, in denen bis 1945 Millionen von unschuldigen Menschen hingemordet wurden. Offener Widerstand gegen das Nazi-Regime war gering; Hitlers innen- und außenpolitische Erfolge sowie der für die Nazis anfänglich günstige Verlauf des Krieges machten es Widerstandsgruppen von rechts und links schwer, sich zu konstituieren und breite Unterstützung zu finden. Im größeren Umfang gelang das erst im Jahre 1944, endete aber nach dem so tragisch mißlungenen Anschlag auf Hitler am 20. Juli 1944 mit der völligen und brutalen Vernichtung jeglicher, auch vermeintlicher Opposition.

1   Joachim C. Fest, *Hitler. Eine Biographie* (Frankfurt a.M.: Propyläen, 1973), 185.
2   Zu völkisch-nationalistischen Bünden vgl. u.a. George L. Mosse, The Crisis of German Ideology. Intellectual Origins of the Third Reich (New York: Grosste & Dunlap 1964), Kap. 11 und 12, sowie die Karrikatur dieser Bewegungen durch Lion Feuchtwanger in: Ein Buch nur für meine Freunde (Frankfurt a.M.: Fischer 1984), 437-459, „Gespräche mit dem Ewigen Juden" (1920).
3   Zu den Anfängen der Nazi-Bewegung vgl. u. a. Karl Dietrich Bracher, Die deutsche Diktatur. Entstehung, Struktur, Folgen des Nationalsozialismus, Köln, Berlin: Kiepenheuer & Witsch 1969 (darin zahlreiche weitere Literaturangaben) oder Dietrich Bronder, Bevor Hitler kam, Hannover: Pfeiffer 1964.
4   Vgl. Jost Hermand, Frank Trommler (Hrsg.), Die Kultur der Weimarer Republik (München: Nymphenburger Verlagsanstalt 1978), 26 f.
5   Karl Dietrich Erdmann, Deutschland unter der Herrschaft des Nationalsozialismus 1933-1939 (München: dtv 1980), 25.

2. Zum ideologischen Kontext

Die Literatur des Dritten Reiches spiegelt erwartungsgemäß dessen Ideologie, die sich im Gegensatz zu der „demokratischen Gleichmacherei" der Weimarer Republik auf völkisch-nationales Deutschtum, Heldenverehrung und Führerprinzip gründet. Doch Klaus Vondung weist zu Recht darauf hin, daß sich die nationalsozialistische Literatur genauso wenig exakt definieren läßt wie *der* Nationalsozialismus: *„Der Nationalsozialismus ist keine scharf umrissene Größe."*[1] NS-Literatur und NS-Ideologie lassen sich auch nicht säuberlich voneinander trennen, da zwischen beiden eine gegenseitige Abhängigkeit besteht: die Literatur beeinflußt, ja formt die Ideologie, und umgekehrt. Die nationalsozialistische Literatur spiegelt die Uneinheitlichkeit der Ideologie, denn die nationalsozialistische Ideologie ist „kein fest umrissenes System, sondern ein Konglomerat disparater Elemente"; nämlich völkisch-antisemitischer, national-konservativer, sozialrevolutionärer, anti-liberaler, anti-demokratischer und anti-kapitalistischer.[2] Es gelang den Nazis oft, die verschiedenen Strömungen für ihre Zwecke auszunutzen, mit offener oder heimlicher Billigung, teilweise aber auch gegen den Willen einzelner Vertreter dieser Ideologien. Es sei nur an den konservativen Widerstand gegen die Nazis und Hitler erinnert, der in Stauffenbergs Attentat von 20. Juli 1944 gipfelte (Stauffenberg hatte am 30. Januar 1933 noch in Uniform den Fackelzug zu Ehren Hitlers in seinem Standort angeführt)[3], oder an Ernst Jünger, der den Nationalsozialismus ablehnte, dessen Kriegstagebuch *In Stahlgewittern* (1920) aber gut in dessen Ideologie paßte und in 26 Auflagen mit einer Gesamtzahl von 244 000 Exemplaren vorlag.[4] Nicht viel anders erging es Arthur Möller van den Bruck, dem Propheten des Dritten Reichs, der Hitlers Angebot der Zusammenarbeit ablehnte, dessen Hauptwerk *Das Dritte Reich* (erschienen 1923) jedoch im Jahre 1935 bereits eine Auflage von 130 000 Exemplaren erreicht hatte.[5] Den „konservativen Revolutionär" und Publizisten Edgar J. Jung, der in seinem Hauptwerk *Die Herrschaft der Minderwertigen* (1927) zahlreiche nazistische Ideen propagiert hatte,[6] ließ Hitler am 30. Juni 1934 im Zuge des Röhm-Putschs ermorden. Jung war ein Gegner Hitlers und seiner Genossen, nahm aber für sich und die Konservative Revolution in Anspruch, die Machtübernahme Hitlers überhaupt erst ermöglicht zu haben.[7] An Jung wird besonders deutlich, daß „die Ablehnung Adolf Hitlers und seiner Partei [...] noch lange kein Prüfstein demokratischer Gesinnung" ist.[8] Es geht hier nicht darum, die verschiedenen Theorien zur Entstehung des Nationalsozialismus vorzustellen,[9] noch die verschiedenen konservativen Gruppen der Weimarer Republik (e.g. Deutsch-Nationalismus, Konservative Revolution, Revolutionärer Nationalismus, Nationalbolschewismus, Deutsch-Völkische etc.) und ihren Beitrag zum Nationalsozialismus im einzelnen zu untersuchen oder die Altkonservativen von den Neukonservativen auseinanderzudividieren; dazu sei auf die einschlägige Sekundärliteratur verwiesen.[10] Wie Martin Greiffenhagen und andere zeigen, wird über den Anteil des deutschen Konservativismus am Erfolg Hitlers weiter diskutiert. Verteidiger der Konservativen sehen sich als Opfer, andere sehen die Konservativen gleich welcher Schattierung als Steigbügelhalter der Nazis.[11] Wie dem auch sei, feststeht, daß alle antidemokratischen Gruppen, nicht zuletzt die „konservative Revolution," zum Aufstieg der Nazis ihren Teil beitrugen, was „die taktisch gescheiten Nazi-Chefideologen zu Legitimationszwecken auszunutzen" wußten.[12] Die Nazis beriefen sich auf zahlreiche Vorläufer aus der Kaiserzeit und der Weimarer Republik, ja sogar auf die Dichter und Philosophen der Freiheitskriege,[13] in deren Werken sie für ihre Zwecke Brauchbares zu finden glaubten. Diese Werke waren zugleich oft maßgeblich an der Ideologiebildung einflußreicher Nazis und zahlreicher NS-Autoren beteiligt. In den Werken finden sich Ideologeme (Vondung) vorgeprägt, die wir in der NS-Ideologie und NS-Literatur wiederfinden. In einer Rede vor alten Kämpfern am 24. Februar 1938 im Münchener Hofbräuhaus gestand Adolf Hitler in seltener Freimütigkeit, daß die nationalsozialistische Ideologie keineswegs etwas Neues beinhalte: „Vieles von dem, was in unserem Programm damals stand, oder was ich in diesem Saale an dem heutigen Tage vor achtzehn Jahren verkündete, ist vorher auch längst schon gedacht worden."[14] All diese verschiedenen Elemente verbanden sich jedoch nie zu einer einheitlichen Ideologie des Nationalsozialismus; sie blieben „ein opportunistisches Gemisch verschiedenster Weltanschauungskomplexe."[15] Manche der in diesen Werken propagierten Ideen wurden zwar nach der Machtübernahme in die Wirklichkeit umgesetzt, so die „Ausrottung minderwertiger Rassen," die „Züchtung einer arischen Rasse" (wenigstens in Ansätzen) und die Schöpfung einer völkisch-rassischen Elite nach Vorbild des Deutschen Ordens.[16] Doch eine „Wiederherstellung der bäuerlich-nordischen Ursprünge des deutschen Volkes," der Verzicht auf moderne Technologie und die Abschaffung des Kapitalismus wurden nie ernsthaft erwogen.[17] Im folgenden sollen einige besonders einflußreiche Werke aus der Literatur- und Kulturgeschichte zu den Themen Reich, Krieg und Rasse kurz vorgestellt werden.

Der „alte Traum vom neuen Reich" geistert durch die Werke zahlreicher Publizisten und Schriftsteller der zwanziger und dreißiger Jahre.[18] Das einflußreichste unter ihnen war zweifelsohne *Das Dritte Reich* von Arthur Moeller van den Bruck. Im Vorwort zur dritten Auflage, die sechs Jahre nach Moellers Tod im Jahre 1931 erschien, bezeugt Hans Schwarz die große Wirkung des Hauptwerkes dieses „konservativen Revolutionärs":

> Wer die politische Publizistik unserer Tage verfolgt, wird überall die Spuren von Worten Moellers finden, in Formulierungen wie: von der Kraft in Gegensätzen zu leben, in der Abkehr vom Liberalismus als dem Sterben der Völker, in der Nationalisierung des Sozialismus und Sozialisierung des Nationalismus, im revolutionären Konservatismus, in der These vom Recht der jungen Völker.[19]

Nach Sontheimer war Moellers Buch, das zuerst im Jahre 1922 erschien, „gleichsam die Bibel des jungen Nationalsozialismus."[20] Es gab den Neu-Konservativen in einer Zeit des Kulturpessimismus nach dem verlorenen Kriege und Oswald Spenglers Buch vom *Untergang des Abendlandes* (1918) wieder Hoffnung auf eine kommende große Zeit jenseits von Liberalismus, Bolschewismus, westlicher Demokratie und Parlamenten. „Wir setzen an die Stelle der Parteibevormundung den Gedanken des dritten Reiches. Er ist ein alter und großer deutscher Gedanke" (IX). Als Konservativer glaubte Moeller „an die Macht des führenden Menschen als eines vorbildlichen Menschen" (278). Die Führer müssen zum letzten entschlossen sein, sich ganz mit dem nationalen Schicksal des Volkes zu identifizieren:

Wir brauchen Führer, die sich mit der Nation in eines gesetzt fühlen, die das Schicksal der Nation mit ihrer eigenen Bestimmung verbinden, ... und die ... die Zukunft der Nation auf ihren Willen, auf ihre Entscheidung, und wäre es auf ihren Ehrgeiz für Deutschland zu nehmen entschlossen sind (280).

Natürlich werden diese Führer nicht auf parlamentarisch-demokratische Weise gewählt; mit solchen hatten ja Moeller und die Rechte gerade ihre Erfahrungen gemacht: „Der Führergedanke ist keine Angelegenheit des Stimmzettels, sondern der Zustimmung, die auf Vertrauen beruht" (280). Dazu bedarf es neuer politischer Formen, nicht solcher, die 1918 eingeführt wurden, sondern „Formen nicht des westlichen Parlamentarismus, der auf Parteiherrschaft abzielt, sondern Formen unserer deutschesten Überlieferung, die auf Führung beruht" (281). Wie aber die Wahl eines Führers im einzelnen aussieht wird nicht gesagt; der Führer erscheint einfach, denn Führen liegt dem konservativen Menschen im Blut:

Es ist vielmehr das Wissen des Blutes, das der konservative Mensch voraus hat: die angeborene Fähigkeit, sich in der Wirklichkeit zu bewegen und zu behaupten, der angeborene Überblick, der aus einem ihm vorbehaltenen Abstande zu den menschlichen wie den staatlichen Dingen kommt, und die angeborene Eignung zu einer Führerschaft, die dem konservativen Menschen immer wieder zufällt, weil sie ihm gehört (287).

Moeller nannte die Anhänger der schwarzrotgoldenen Fahne Romantiker (300), war aber nach Kaltenbrunner selbst ein „verspäteter politischer Romantiker," der sich in „guter" europäischer Gesellschaft befand mit Mereschkowski, Sorel, Marinetti, D.H. Lawrence oder Hamsun.[21] Dabei ist es auch kein Zufall, daß Moeller der Herausgeber der ersten deutschen Gesamtausgabe von Dostojewski war. Der russische Dichter war „die Antwort der Antiliberalen und Irrationalisten von rechts auf die Herausforderung Zola, das Idol der Linken."[22] Rußland, Italien und Deutschland waren für Moeller junge Länder mit Zukunft[23]; es verwundert daher nicht, daß sich neben Hitler auch Lenin – ebenfalls vergeblich – um Zusammenarbeit mit Moeller bemühte.[24] Von hier aus führt auch eine Spur zu den Nationalbolschewisten , die jedoch an dieser Stelle nicht weiter verfolgt werden kann.[25] Sie deutet jedoch die Vielschichtigkeit des konservativen Lagers an, die selbst im Dritten Reich nicht ganz verschwand; ebenso aber auch die Selektivität der Nazis, denn den ganzen Moeller konnten sie so wenig gebrauchen wie den ganzen Nietzsche oder den ganzen Jünger. Die Palette des Konservativismus war eine Art Smøgasbord, von dem sie sich heraussuchten, was sie gerade brauchten – in der Literatur wie in der Politik. Bei Moeller fanden sie vieles, nicht aber die Lehre vom Untermenschen. Den Anti-Rationalismus und die Schicksalsgläubigkeit fanden sie bei ihm im reichlichen Maße, wie folgende Stelle belegt, die der Sprache nach auch in *Mein Kampf* stehen könnte: „Wir Menschen ..., deren Schicksal ohne unser Bewußtsein geknüpft wird, [sind] auf unseren Willen gestellt, auf unsere Kühnheit verwiesen, der Stimme unserer Eingebungen überantwortet. Und wir sprechen von Vorsehung, weil wir selbst nicht vorhersehen können, was für uns vorgesehen ist" (31). Aber bei Moeller finden sich auch prophetische Sätze wie: „Das deutsche Volk ist nur zu geneigt, sich Selbsttäuschungen hinzugeben. Der Gedanke des dritten Reiches könnte die größte aller Selbsttäuschungen werden" (IX). Wie recht er damit hatte, war sicherlich weder ihm noch seinen zahlreichen Lesern bewußt. Aber wenn, so Moeller, schon Untergang sein muß, dann wenigstens im großen Stil, und da waren die Nazis, jedenfalls gegen Kriegsende, wieder mit ihm einer Meinung: „Für alle Völker kommt die Stunde, in der sie durch Mord oder Selbstmord sterben, und kein großartigeres Ende ließe sich für ein großes Volk denken, als der Untergang in einem Weltkriege, der die ganze Erde aufbieten mußte, um ein einziges Land zu bewältigen" (301). Was Moeller hier auf den ersten Weltkrieg münzte, wurde dann, noch mehr als 1918, in dem von den Nazis angezettelten zweiten Weltkrieg grausamste Wirklichkeit.

Zu einem solchen Ende sind Opferbereitschaft und Todesmut vonnöten. Die heroische Verklärung des Krieges durch Walter Flex, der 1917 vor der Insel Oesel fiel, kam den Nazis dabei sehr gelegen; sein Kriegsbuch *Der Wanderer zwischen beiden Welten* (1915), wurde zum „nationalen Bestseller"[26] und lag im Jahre 1942 in 912000 Exemplaren vor.[27] Während Ernst Jünger die im Trommelfeuer des ersten Weltkriegs gestählten Männer auf nüchtern-sachliche Weise glorifiziert, bestimmt eine jugendbewegte Romantik den Ton des Flexschen Buches, das dem Freund, dem Theologiestudenten und Kriegsfreiwilligen Leutnant Ernst Wurche gewidmet ist: „Aller Glanz und alles Heil deutscher Zukunft schien ihm [Wurche] aus dem Geist des Wandervogels zu kommen, und wenn ich [Flex] an ihn [Wurche] denke, der diesen Geist rein und hell verkörperte, so gebe ich ihm recht. ..."[28] Und worin besteht dieser Geist? „Rein bleiben und reif werden" (37). Die Wandervögel suchten Erbauung in der freien Natur, und diese fast mystische Naturromantik findet auch Eingang in den Flex-Text. Mitten in das Kriegsgeschehen der Rußlandfront von 1915 sind Szenen wie die folgende eingebettet:

> Geschützdonner grollte von fern herüber, aber die Welt des Kampfes, dem wir auf Stunden entrückt waren, schien traumhaft fern und unwahr. Unsere Waffen lagen unter den verstaubten Kleidern im Grase, wir dachten ihrer nicht. Eine große Weihe kreiste unermüdlich über der weiten schimmernden Tiefe grüner Koppeln und blauer Wasser (44).

Doch geht es dem Wandervogel nicht nur um Natur, sondern um ein verjüngtes Deutsch- und Menschentum: „Die Wandervogeljugend und das durch ihren Geist verjüngte Deutschtum und Menschentum lag ihm [Wurche] vielleicht zutiefst von allen Dingen am Herzen, und um diese Liebe kreisten die wärmsten Wellen seines Blutes" (37). Wurche, wie Flex, war ein vorbildlicher und pflichtbewußter deutscher Offizier, der nicht nach den Hintergründen des Krieges fragt, Befehle bis zur Selbstaufgabe durchführt, seinerseits aber auch absoluten Gehorsam fordert. Dabei verlangt er von seinen Untergebenen nicht mehr als von sich: er lebt vor, und wenn nötig, so stirbt er auch vor: „Leutnantsdienst tun heißt: seinen Leuten *vorleben*, ... das Vor=sterben ist dann wohl einmal ein Teil davon" (9). Vorleben bedeutet Führer sein, und die beste Schule für das Führertum ist der Schützengraben der Kriegsfront: „Das Zusammen=leben im Graben war uns vielleicht die beste Schule, und es wird wohl niemand ein rechter Führer, der es nicht hier schon war" (10). Eingestreut in den Prosatext sind lyrische Einlagen von Walter Flex, den manche auch den Theodor Körner des ersten Weltkriegs nannten. Da finden wir nicht nur die Wildgänse, die mit schrillem Schrei durch die Nacht nach Norden ziehen, über die Front der Kämpfenden hinweg, sondern auch Strophen wie die folgenden, die sich nahtlos in jede NS-Gedichtsammlung einfügen ließen:

Brandhelle loht!
Mord, Haß und Tod
Sie recken ob der Erde
Zu grauser Drohgebärde,
daß niemals Friede werde,
Schwurhände blutigrot.
Was Frost und Leid!
Mich brennt ein Eid.
Der glüht wie Feuersbrände
Durch Schwert und Herz und Hände.
Es ende drum, wie's ende –
Deutschland, ich bin bereit (89-90).

Der Freund fällt in der Nähe von Kalvarja, der „Leidensstadt" (57). Die Parallele zum Opfertod Christi ist auch Flex nicht entgangen. Doch der Freund weilt auch nach dem Tode bei ihm als „Wanderer zwischen beiden Welten"; die Grenze zwischen Leben und Tod ist aufgehoben: „Großen Seelen ist der Tod das größte Erleben" (77). Die mitmaschierenden Toten werden zu einem Wesensmerkmal der NS Literatur und Ideologie (siehe Horst-Wessel-Lied).

Der Rassengedanke, der den Kern der nationalsozialistischen Ideologie bildete, findet sich bei zahlreichen kleinen und großen Propheten einer rassistischen Ideologie, die zwar vor allem in den Krisenzeiten von 1873-1895, 1919-1923 und 1930-1933 ein größeres Echo fanden, aber deren Saat erst nach der Machtübernahme aufging.[29] Sogar einige Juden traten als wilde Antisemiten in Erscheinung und versorgten die Nazis mit Propagandamaterial, so Otto Weininger mit seinem Hauptwerk *Geschlecht und Charakter* (1903), das von den Nazis allerdings nach der Machtübernahme verboten wurde, da sein Verfasser Jude war.[30] Im habsburgischen Vielvölkerstaat fielen völkisch-rassische Ideen auf besonders fruchtbaren Boden, vor allem in Wien, das von zahlreichen vor Progromen flüchtenden Ostjuden aufgesucht wurde.

Hitler und andere Nationalsozialisten bezogen ihre antisemitischen Rassenideen vor allem aus dem rassistischen Wien vor dem ersten Weltkrieg von Leuten wie dem alldeutschen Gutsbesitzer Georg Ritter von Schönerer, der antijüdische Sondergesetze forderte, dem Christsozialen Karl Lueger, Wiener Oberbürgermeister von 1897-1910, und dem entlaufenen Zisterzienzermönch und selbsternannten Rassenapostel Adolf Lanz (1874-1954), der sich Georg (Jörg) Lanz von Liebenfels nannte und bereits 1907 über seiner „Ordensburg" Werfenstein in Niederösterreich die Hakenkreuzfahne hißte. Lanz gründete einen Männerorden von blonden und blauäugigen Ariern und fungierte als Herausgeber der Zeitschrift *Ostara*, die Hitler in seiner Wiener Zeit eifrigst studierte, obwohl ihm, wie Friedrich Heer ausführt, „das ganze Klima der 'Tempeleisen', des 'Ordens' der Lanz-Leute" nicht lag.[31] In der *Ostara* jedenfalls fand Hitler Ideen zu Rassenzucht und Herrenrecht der edelrassigen, blonden Arier, um sie vor der Gefährdung durch „Rassenmischung" und „Untermenschen" (Lanz nennt sie „Äfflinge", „Schrättlinge" und „Tschandalen") zu bewahren. Hitler zollte Dr. Lueger in seinem Buch *Mein Kampf* höchstes Lob und bekannte, in seinen „Wiener Lehr- und Leidensjahren" (1908-1913) die Grundlagen seiner Ideologie erhalten zu haben: „In dieser Zeit bildete sich mir ein Weltbild und eine Weltanschauung, die zum granitenen Fundament meines derzeitigen Handelns wurden. Ich habe zu dem, was ich mir so einst schuf, nur weniges hinzulernen müssen, zu ändern brauchte ich nichts."[32] In Wien, so bekannte er, wurde ihm „das Auge geöffnet ... für zwei Gefahren ... für die Existenz des deutschen Volkes ...: Marxismus und Judentum."[33]

Zu den Propheten des Antisemitismus zählten Deutsche wie Hermann Ahlwardt, Otto Boeckel, der als erster unabhängiger Antisemit im Reichstag saß,[34] Arthur Dinter, Theodor Fritsch, Julius Langbehn, Wilhelm Marr, der Berliner Dom- und Hofprediger Adolf Stöcker, Heinrich von Treitschke, Richard Wagner, und der von Hitler und den Nazis hochverehrte „Dichter" Johann Dietrich Eckart, der Hitler unmittelbare Starthilfe verschaffte; er war der einzige, den Hitler öffentlich als Lehrmeister anerkannte. Einer der ersten und schlimmsten war Eugen Dühring, der einstige „Rivale" von Karl Marx: „Die Juden sind die übelste Ausprägung der ganzen semitischen Rasse zu einer besonders völkergefährlichen Nationalität."[35] Im Jahre 1937 schrieb Alfred von Terzi in der von Theodor Fritsch herausgegebenen Zeitschrift *Hammer*:

> Dührings Verdienst in der Erkenntnis der Judenfrage und in der Schaffung eines lebensbejahenden, dem Deutschen artgemäßen Sozialismus, (bleibt) eine *Großtat, die verdient, nicht vergessen zu werden.* Dühring ist der Mann, der als erster Deutscher am schärfsten aus seinem Persönlichkeitsgedanken heraus den *Führergedanken* betont hat. Dabei deckt er sich auch sonst in sehr vielen Dingen mit Adolf Hitler.[36]

In seinem verblendeten Judenhaß, bei dem „'Ausmerzung' und 'blutradical' seine bevorzugten Worte werden," ging Dühring gar soweit, „den Völkermord als 'höheres Recht der Geschichte'" zu proklamieren „und die Judenfrage zu einer 'Existenzfrage'" zu erheben.[37]

Dinters antisemitischer „Zeitroman" *Die Sünde wider das Blut* (1917), eines der radikalsten und einflußreichsten Werke,[38] ist „dem Deutschen Houston Stewart Chamberlain" gewidmet, der ihm, Dinter, die Augen für die „Rassenfrage" geöffnet habe, wie er im Nachwort bekennt. Der Antisemitismus dieses Buches wird selbst von Zöberleins „Roman" *Befehl des Gewissens* nicht übertroffen (vgl. Romankapitel). Die Hauptfigur dieses Romans, Hermann Kämpfer, wird „planmäßig von den Juden vernichtet."[39] Sein Vater verliert durch Landspekulationen des jüdischen Maklers Levisohn seinen Besitz, und Hermanns Ehe mit der blonden Elisabeth wird durch jüdische Blutschuld ruiniert. Hermann widmet sich ganz dem Kampf gegen den „vergiftenden und zersetzenden Einfluß, den die Juden durch ihre Geldmacht, durch Presse, Schrifttum und Theater, durch Richter- und Lehramt auf deutsches Fühlen und Denken, auf deutsche Sitte und Anschauung, deutschen Handel und Wandel mittelbar und unmittelbar ausüben" (275). In Vorwegnahme des nationalsozialistischen Arierparagraphen fordert er gesetzliche Ausschaltung der Juden aus dem öffentlichen Leben: „Die Juden sind uns bluts- und geistesfremd und müssen als Fremde betrachtet und nach besonderen Gesetzen als Fremde behandelt werden, wenn wir an ihnen nicht zugrunde gehen sollen" (276). Um seinen oft nur notdürftig als Roman verkleideten Tiraden Authentizität und Nachdruck zu verleihen, fügte er dem Buch Anmerkungen und weitere Literaturhinweise zur Rassenfrage an.[40]

Im Jahre 1890 erschien ein anonymes Werk, verfaßt „von einem Deutschen," das nach Ketelsen „einen kaum zu überschätzenden Einfluß auf die kleinbürgerliche Ideologiebildung der wilhelminischen Zeit gehabt" hatte: Julius Langbehns *Rem-*

brandt als Erzieher.[41] „Unter diesen Weltanschauungsessayisten ist für die literar-historische Frage J. Langbehn am interessantesten."[42] Im Vorwort zur 1943er Ausgabe des Werkes, dessen Titel Nietzsches *Schopenhauer als Erzieher* entlehnt ist, wird es als „sein größtes Vermächtnis an das deutsche Volk" gepriesen, denn

> die Grundlage des Rembrandtdeutschen ist sein ausgeprägtes Deutschtum, die enge Ver-knüpfung mit dem heimischen Boden, die sich in seiner Vorliebe für das Bauerntum, sei-ner Ablehnung gegen alle fremdstämmigen Elemente (das Judentum) ausspricht. Sein großer Lehrmeister war ihm hier der von ihm leidenschaftlich verehrte Paul de Lagarde; an dessen Werke weiter-bauend ist er dem heutigen Rassegedanken zum Greifen nahege-kommen.[43]

Wie später Gottfried Benn so sucht auch Langbehn nach einem Ausweg aus einer durch die moderne Naturwissenschaft atomisierten Welt: „Man dürstet nach Syn-these" (2). Der Ausweg bietet sich ihm durch Kunst und Künstler. Die „Heroen des Geistes, Ahnen des Volkes, Vertreter derjenigen seiner Charaktereigenschaften, wel-che in der gegenwärtigen und zunächst kommenden Zeit bestimmt sind, an die Ober-fläche der Geschichte zu treten, ... sie sind die *Erzieher* ihres Volkes" (7). Alle diese Eigenschaften sieht Langbehn in Rembrandt verkörpert; für ihn ist der niederländi-sche Maler „der deutscheste aller Maler und sogar der deutscheste aller deutschen Künstler" (10). Er ist „das Prototyp des deutschen Künstlers; er und nur er entspricht deshalb vollkommen als Vorbild den Wünschen und Bedürfnissen, welche dem deut-schen Volk von heute auf geistigem Gebiete vorschweben – sei es auch teilweise un-bewußt" (10). Das Große an Rembrandt ist seine Programmlosigkeit: „Es ist im Grunde das einzig wahrhafte künstlerische Programm" (11). Langbehn hält diese Programmlosigkeit auch für ein gutes politisches Programm, „und vielleicht das ein-zig gute politische Programm ... ein im wahren Sinne des Wortes deutsches Pro-gramm" (11), läßt es doch der Intuition des Genies freien Spielraum. Es scheint, als ob sich der „Künstler" Adolf Hitler das Langbehnsche Programm zu eigen gemacht hatte, denn trotz seiner 25 Punkte und *Mein Kampf* hatten die Nationalsozialisten kein klar umrissenes Parteiprogramm. Das Echtdeutsche schlummert bei Langbehn im Niederdeutschen; von dort soll die Veredelung und Erneuerung des deutschen Volkes ausgehen, da ja selbst im Preußischen noch artfremde Elemente beigemischt seien (120). Im Niederdeutschen vereinen sich die Eigenschaften von Bauer, Künst-ler und König: „Im Bauer begegnet sich das irdische mit dem himmlischen, das äußere mit dem inneren Leben des Menschen, der König mit dem Künstler" (119). Alle diese Eigenschaften findet er in Rembrandt verkörpert, seine Farben „Schwarz und Weiß, Hell und Dunkel sind vornehme, kühle, entschiedene und vor allem nie-derdeutsche Farben" (240). Im Schwarz-Weiß, den preußischen Nationalfarben, zeigt sich nach Langbehn Niederdeutschland als das „politische so auch das geistige Bin-deglied zwischen Preußen und Deutschland" (240). Auch Langbehn sehnt sich nach einem Führer, einem „heimlichen Kaiser":

> Die Zeit bedarf eines gewaltigen Hebels, der die toten Massen in Bewegung zu setzen weiß; ihm gebührt die Herrschaft. Aber freilich nicht nach Tyrannenart, sondern in der Art, wie Bismarck Deutschland beherrschte: dadurch, daß er die Gefühle, die Wünsche, die Befehle seines Volkes ausführte, zuweilen auch anscheinend gegen dessen Willen (235-36).

Der Führer muß ein Künstler sein und die Gabe der Formung besitzen: „Wenn ein solcher 'heimlicher Kaiser' kommt, so wird er die Gabe, zu führen und zu formen, besitzen müssen. Er wird dadurch in einen entschiedenen Gegensatz zu dem gegenwärtigen papiernen Zeitalter treten" (237). Der Weg zur Wiedergeburt Deutschlands – Langbehn lehnt den undeutschen Begriff Renaissance im Zuge seiner Forderung nach Reinigung der deutschen Sprache strikt ab (281) – ist jedoch blockiert durch die Juden; sein Buch endet mit wilden Haßtiraden gegen diese „Fäulnis" am deutschen Volkskörper: „Die politische Gesundheit muß sich mit der politischen Fäulnis auseinandersetzen" (275). Der „jüdische Ungeist" hat sich nach Langbehn überall eingenistet, auch in der Kunst: „Und wie in der Politik so in der Kunst. Der jüdische Charakter, welcher so gern mit Zola sympathisiert, ist wie dieser dem reindeutschen Wesen eines Walther von der Vogelweide, Dürer, Mozart völlig entgegengesetzt" (275). Wie Hitler wettert er, daß nicht nur die Presse, sondern auch das Theater „verjudet" sei: „Das deutsche Theater selbst, welches sich jetzt überwiegend in den Händen der Juden befindet, ist dadurch unfruchtbar, trivial und teilweise unzüchtig geworden. ... Hier tun scharfe Mittel not!" (277). Sein Vorschlag: nach dem Vorbild der Jesuiten, des deutschen Offizierskorps und der Burschenschaften Entfernung der Juden aus dem Staatsdienst und anderen wichtigen Stellen und „Ariernachweis": „Der betreffende Nachweis würde durch Eidesleistung des jeweiligen Bewerbers zu erbringen sein. Die jetzige deutsche Entwicklung nähert sich einer solchen Lösung der Frage" (278). In dem Zusammenhang wird Rembrandt auch zum rassischen Vorbild: „Rembrandt ist ein echter Arier" (280), da er aus der „Wiege des Ariertums" stammt, dem „gesamten germanischen Nordwesten, daß heißt Niederdeutschland" (280). Von hier soll nach dem geborenen Schleswiger Langbehn die Wiedergeburt des deutschen Volkes seinen Ausgang nehmen: „Von da aus, wo ein Volk geboren ist, wird es auch wiedergeboren," und zwar durch „das arische Blut, ... welches am meisten sittliches 'Gold' in sich hat" (280). Der Mythos von Führer, Blut und Boden, der im Dritten Reich seine Sumpfblüten trieb, ist in Langbehns Buch bereits deutlich vorgezeichnet, obwohl viele der wesentlichen Vertreter der Ideologie weder aus dem niederdeutschen Raum stammten noch dem arischen Ideal der „Rassenreinheit" entsprachen.[44]

Aber auch nichtdeutsche antisemitische Werke und Autoren fanden im deutschsprachigen Raum große Beachtung, darunter die *Protokolle der Weisen von Zion*, ein aus Osteuropa stammendes Machwerk (zuerst in russischen Zeitungen im Jahre 1903 als „Dokument" erschienen), und vor allem *Die Ungleichheit der Menschenrassen* ("Essay sur l'inégalité des races humaine, 1853) des französischen Grafen Joseph Arthur Gobineau (1816-1882; auf Anraten Richard Wagners vom Rassenforscher Ludwig Schemann 1901 ins Deutsche übertragen[45]) sowie *Die Grundlagen des neunzehnten Jahrhunderts* (1899) des Engländers Houston Steward Chamberlain (1855-1927). Das Werk des Engländers und späteren Schwiegersohns von Richard Wagner erfreute sich bis 1945 großer Beliebtheit und hoher Auflagen; die 28. Auflage kam beispielsweise im Jahre 1942 heraus. Mit der auffallenden Ausnahme von zehn Jahren zwischen 1922 und 1932 (also fast identisch mit der stabilsten Periode der Weimarer Republik) erschien fast in jedem Jahr eine Auflage des Buches, das von Hitler, Rosenberg und anderen Nazi-Größen hochgelobt wurde. Dabei ist das Buch des gebildeten Engländers, der seit 1870 in Deutschland und Österreich lebte und mit zahlreichen hochgestellten Personen befreundet war, weit entfernt von dem

22

primitiven Rassenhaß eines Langbehn, Dühring, Streicher (Herausgeber der NS Zeitung *Der Stürmer*) oder Zöberlein (vgl. Romankapitel). Bei der Abfassung seines Hauptwerkes – andere seiner Werke beschäftigen sich mit Kant, Goethe und Botanik – waren Einflüsse von Wien und Wagner die stärksten. In einer großangelegten Untersuchung versucht Chamberlain, die verschiedenen Kulturströmungen vom Anfang unserer Zeitrechnung bis zum 19. Jahrhundert zu verfolgen, um die seiner Meinung nach charakteristischen Grundzüge dieses Jahrhunderts herauszustellen. Dabei spielen Germanen und Juden eine entscheidende Rolle; die Germanen als Schöpfer „unserer gesamten heutigen Civilisation und Kultur"[46] und die Juden als deren Bedrohung. Seine Haltung zum Judentum ist jedoch durchaus ambivalent; er bewundert die „Rassenreinheit," die sie sich über Jahrhunderte erhalten haben (vor allem bei den sephardischen Juden[47]), doch er hält sie „wie Kaiser Tiberius oder Friedrich II. von Hohenstaufen" für eine „*nationale* Gefahr" (397). Vor allem nach der Emanzipation „stürzte der Jude hinein, stürmte alle Positionen und pflanzte ... auf den Breschen unserer echten Eigenart die Fahne seines uns ewig fremden Wesens auf" (382). Aber die Schuld sucht er nicht bei den Juden: „Sollen wir die Juden darob schmähen? Das wäre ebenso unedel, wie unwürdig und unvernünftig. Die Juden verdienen Bewunderung, denn sie haben mit absoluter Sicherheit nach der Logik und Wahrheit ihrer Eigenart gehandelt" (382). Er versucht aus der Geschichte zu belegen, wie der „große und verderbliche Einfluß der Juden ... bis hinab ins 19. Jahrhundert" durch „Komplizität" zahlreicher Nichtjuden ermöglicht wurde: Könige und Fürsten, die Geld brauchten, bis hin zu den Metternichs und Hardenbergs (401-02). Die Juden liefern Chamberlain „ein wahrhaft bewunderungswürdiges Beispiel der Treue gegen sich selbst, gegen die eigene Nation, gegen den Glauben der Väter" (402). Die Schuld sucht er bei sich und seinen Artgenossen: „Wir selber waren die verbrecherischen Helfershelfer der Juden, das war so und ist noch heute so; und wir selber übten Verrat an dem, was der erbärmlichste Bewohner des Ghetto heilig hielt, an der Reinheit des ererbten Blutes" (402). Da hilft kein primitiver Antisemitismus, der „den Juden zum allgemeinen Sündenbock für alle Laster unserer Zeit" macht (19). Die „jüdische Gefahr" geht von den Germanen aus, und nur diese können etwas dagegen tun: „Wir haben sie selbst erzeugt und müssen sie selbst überwinden" (19). Das Mittel dazu ist eine neue Religion, denn „an dem Mangel einer wahren Religion krankt unsere ganze germanische Kultur" (19).

Das Unbehagen an der modernen Zivilisation, die Klage über die Atomisierung und Demokratisierung einer mythenlosen Gesellschaft, teilt auch Alfred Rosenberg, der Chefideologe des Dritten Reiches, der in seinem Hauptwerk *Der Mythus des 20. Jahrhunderts* (1930) nach einer Wiedergeburt des nordisch-völkischen Mythus ruft.[48] Geschieht das nicht, so versinkt nach seiner Ansicht das Abendland unweigerlich im Rassenchaos:

> Entweder steigen wir durch Neuerleben und Hochzucht des uralten Blutes, gepaart mit erhöhtem Kampfwillen, zu einer reinigenden Leistung empor, oder aber auch die letzten germanisch-abendländischen Werte der Gesittung und Staatenzucht versinken in den schmutzigen Menschenfluten der Weltstädte, verkrüppeln auf dem glühenden unfruchtbaren Asphalt einer bestialisierten Unmenschheit oder versickern als krankheitserregender Keim in Gestalt von sich bastardierenden Auswanderern in Südamerika, China, Holländisch-Indien, Afrika.[49]

Doch sieht er Zeichen der Hoffnung: „Das Blut, welches starb, beginnt lebendig zu werden. In seinem mystischen Zeichen geht ein neuer Zellenbau der deutschen Volksseele vor sich" (1). Gegen verstandesmäßig-intellektuell zergliedernde Systeme, den „ganzen blutlosen intellektualistischen Schutthaufen rein schematischer Systeme," setzt Rosenberg die organische und zeitlose Ganzheit der völkischen Rassenseele:

> Wir setzten folgende lebensgesetzliche Gliederung: 1. Rassenseele, 2. Volkstum, 3. Persönlichkeit, 4. Kulturkreis, wobei wir nicht an eine Stufenleiter von oben nach unten denken, sondern an einen durchpulsten Kreislauf. Die Rassenseele ist nicht mit Händen greifbar und doch dargestellt im blutgebundenen Volkstum, gekrönt und gleichnishaft zusammengeballt in den großen Persönlichkeiten, die schöpferisch wirkend einen Kulturkreis erzeugen, der wiederum von Rasse und Rassenseele getragen wird. ... Mit dieser Einsicht entzieht sich die organische Philosophie unserer Zeit der Tyrannei der Verstandesschemen (697).

Rosenbergs Buch verfolgt auf völlig unsystematische Weise die Ursprünge der nordischen Rassenseele in ihren verschiedenen Gestalten vom „sagenhaften Atlantis," von „nord-atlantischen Spuren in Ägypten," vom „nordischen Hellas" zu den Germanen, dem Mystiker Meister Eckehart, Richard Wagner und Adolf Hitler. Die Geschichte wird nach nordisch-blonden Typen durchforstet, wobei selbst Jesus arisiert und von „jüdischen Schlacken" befreit wird. Mit ebensolcher Intensität verfolgt Rosenberg durch die Geschichte hindurch alle „artfremden" Elemente wie das paulinische Christentum und das alte Testament, den Katholizismus, den Sozialismus marxscher Prägung, den Kapitalismus, den Feminismus, sowie alle übrigen Ismen außer dem Nationalsozialismus. Seine schärfsten Angriffe gelten dabei dem „jüdischen Schmarotzertum ... von Joseph in Ägypten bis Rothschild und Rathenau, von Philo über David ben Selomo bis Heine" (463). Das „Untermenschentum" der Juden zeigt sich auch auf dem Gebiet der Kunst: Jüdische Kunst ist „Nigger'kunst' auf allen Gebieten, ... Talmi, Technik, Mache, Effekt, Quantität, Virtuosität, alles, was man will, nur keine Genialität, keine Schöpferkraft" (365). Echte Kunst dagegen steigt nach Rosenberg nur aus den mythischen Tiefen der völkisch-rassischen Seele, die sich „nicht in individuelle Psychologie verliert, sondern kosmisch-seelische Gesetze willenhaft erlebt und geistig-achitektonisch gestaltet," wie „in Richard Wagner offenbargeworden" (433). Wagnersche Kunst ist jedoch nur ein Ausdruck der ewig waltenden „rassischen Volksseele," die jede „artechte" Schöpfung durchdringt:

> Eine nordische Heldensage, ein preußischer Marsch, eine Komposition Bachs, eine Predigt Eckeharts, ein Faustmonolog [sind] nur verschiedene Äußerungen ein und derselben Seele, Schöpfungen des gleichen Willens ..., ewige Kräfte, die zuerst unter dem Namen Odin sich vereinten, in der Neuzeit in Friedrich[50] und Bismarck Gestalt gewannen. Und so lang, und nur so lang wirkt und webt noch nordisches Blut mit nordischer Seele in mystischer Vereinigung, als Voraussetzung jeder artechten Schöpfung (680).

Das Hakenkreuz ist Symbol dieses „alt-neuen Mythus" (689). Rosenbergs Buch, das schon 1925 „im wesentlichen abgeschlossen" war und dessen Anfänge bis 1917 zurückreichen, lag 1937 bereits in einer Gesamtauflage von 553 000 Exemplaren vor. Es ist „dem Gedenken der zwei Millionen deutscher Helden" gewidmet, „die im

Weltkrieg fielen für ein deutsches Leben und ein Deutsches Reich der Ehre und Freiheit," deren Andenken die Nazis von den „jüdisch-demokratischen Krämerseelen" der Weimarer Republik entehrt und besudelt sahen.

Die Ahnengalerie des Nationalsozialismus ließe sich beliebig fortsetzen; hier kam es nur darauf an, einen kurzen Einblick in die Problematik zu geben.[51] Nicht nur die Literatur, sondern auch die Ideologie des Nationalsozialismus, soweit man davon sprechen kann, standen bei der Machtübernahme 1933 nahezu vollständig bereit. Antisemitismus, Rechtsradikalismus und Faschismus waren beileibe nicht auf Deutschland beschränkt,[52] doch fanden sie durch bestimmte politische, historische und gesellschaftliche Bedingungen in diesem Land ihre schlimmsten Ausprägungen. Selbst nach 1945 verschwanden diese Tendenzen nicht völlig von der Bildfläche, weder in Deutschland noch in anderen Ländern; wie Brecht im Epilog zu seinem Stück *Der aufhaltsame Aufstieg des Arturo Ui* formulierte: „Der Schoß ist fruchtbar noch, aus dem das kroch!"[53]

1 Klaus Vondung, „Der literarische Nationalismus. Ideologische, politische und sozialhistorische Wirkungszusammenhänge." In Horst Denkler und Karl Prümm (Hrsg.), Die deutsche Literatur im Dritten Reich (Stuttgart: Reclam 1976), 44. Vgl. auch Kurt Sontheimer in seinem Standardwerk: Antidemokratisches Denken in der Weimarer Republik (München: Nymphenburger Verlagshandlung 1962; 2. Aufl. 1968), 134: „Die nationalsozialistische Ideologie war nie eine einheitliche Doktrin, die man auch nur entfernt mit der Geschlossenheit der marxistischen Ideologie vergleichen könnte."

2 Vondung, 46.

3 Vgl. Armin Mohler, zit. in Martin Greiffenhagen, Das Dilemma des Konservatismus in Deutschland (München: Piper 1977), 294.

4 Karl Prümm, Die Literatur des Soldatischen Nationalismus der 20er Jahre (1918-1933) (Kronberg/Ts.: Scriptor 1974, 2 Bde), 101.

5 Vgl. Gerd-Klaus Kaltenbrunner, „Vom 'Preußischen Stil' zum 'Dritten Reich': Arthur Moeller van den Bruck." In: Karl Schwedhelm, Propheten des Nationalsozialismus (München: List 1969), 153 und 157.

6 Seine „Richtlinien zur inneren und äußeren Erneuerung deutschen Volkes und deutschen Staates" beruhen auf völkisch-rassischen Ideen, Führertum einer Elite und imperialistischem Drang nach Osten; vgl. Edgar J. Jung, Die Herrschaft der Minderwertigen. Ihr Zerfall und ihre Ablösung (Berlin, Deutsche Rundschau 1927), bes. 333-341.

7 Vgl. Sontheimer, 283.

8 Sontheimer, 283.

9 Einen guten einführenden Überblick dazu bietet Wolfgang Wippermann (Hrsg.), in seinem Band: Kontroversen um Hitler (Frankfurt: Suhrkamp 1986).

10 Allen voran Kurt Sontheimer, Antidemokratisches Denken in der Weimarer Republik, oder Karl Prümm, Die Literatur des Soldatischen Nationalismus der 20er Jahre (1918-1933), bes. 1-81.

11 Vgl. Martin Greiffenhagen, Das Dilemma des Konservatismus in Deutschland; Ernst Nolte (Hrsg.), Theorien über den Faschismus (Köln, Berlin: Kiepenheuer & Witsch 1967) oder Richard Saage, Faschismustheorien (München: Beck 1976). Für Armin Mohler liegt „die Verzahnung der 'Konservativen Revolution' mit dem politischen Geschehen nach

1933 noch im Dunkel," vgl. Armin Mohler, Die konservative Revolution in Deutschland 1918-1932. Ein Handbuch (Darmstadt: Wissenschaftliche Buchgesellschaft, 2., völlig neu bearb, u. erw. Fassung 1972; 1. Aufl. 1950), 3. Der Unterschied zwischen Totalitarismus- und Faschismustheorien kann an dieser Stelle nicht weiter behandelt werden; dazu siehe u.a. Reinhard Kühnl, Deutschland zwischen Demokratie und Faschismus (München; Hanser 1969), besonders 143-163 ("Faschismus-Versuch einer Begriffsbestimmung"). In grober Verkennung politischer Realitäten hofften konservative Revolutionäre wie Edgar Jung sogar, die Nazis für ihre eigenen antidemokratischen Ziele zu benutzen; vgl. Sontheimer, 287.

12 Keith Bullivant, Aufbruch der Nation: Zur 'Konservativen Revolution', in Keith Bullivant (Hrsg.), Das literarische Leben in der Weimarer Republik (Königstein/Ts.: Scriptor 1978), 44.

13 Im Unterschied zu der Zeit nach 1900 war jedoch in den Befreiungskriegen von 1813 bis 1815 „das Völkische noch eine untrennbare Verbindung mit dem Demokratischen" eingegangen, so Jost Hermand in Ultima Thule, in: Jost Hermand, Orte. Irgendwo. Formen utopischen Denkens (Königstein/Ts: Athenäum 1981), 61.

14 Zitiert nach Joachim Petzold, Die Entstehung der Naziideologie, in: Wolfgang Wippermann (Hrsg.), Kontroversen um Hitler (Frankfurt a,M.: Suhrkamp 1986), 169.

15 Jost Hermand, Ultima Thule, 70.

16 Vgl. dazu Alfred Rosenberg, Der deutsche Ordensstaat, in Alfred Rosenberg, Gestaltung der Idee. Blut und Ehre II. Band. Reden und Aufsätze von 1933-1935, hrsg. v. Thilo von Trotha (München: Zentralverlag der NSDAP, Franz Eher Nachf., 8. Aufl. 1938), 70-89, und Jost Hermand, Ultima Thule, 81-82.

17 Vgl. Jost Hermand, Ultima Thule, 71.

18 Vgl. dazu Jost Hermands Buch, Der alte Traum vom neuen Reich. Völkische Utopien und Nationalsozialismus (Frankfurt a.M.: Athenäum 1988), in dem der Verfasser Reichsutopien in zahlreichen deutschnationalen Zukunftsromanen verfolgt. Nach Hermand sind zwischen 1895 und 1945, der Hochzeit von deutschem Imperialismus und Chauvinismus, „etwa zwei- bis dreihundert solcher Romane erschienen, die zum Teil hohe Auflagen erlebten und von Hunderttausenden, wenn nicht Millionen gelesen wurden" (14).

19 Arthur Moeller van den Bruck, Das Dritte Reich (Hamburg: Hanseatische Verlagsanstalt, 3. Aufl. 1931), XVI. Die Seitenangaben im Text beziehen sich auf diese Ausgabe.

20 Sontheimer, 241. Ein weiteres wirkungsvolles, wenn auch abstruses Buch war Friedrich Hielschers Das Reich (1931); vgl. dazu Sontheimer, 230.

21 Kaltenbrunner, 140-41.

22 Vgl. Kaltenbrunner, 145.

23 Vgl. dazu Moellers Buch Das Recht der jungen Völker. München 1919.

24 Vgl. Kaltenbrunner, 157.

25 Vgl. dazu Armin Mohler, Die konservative Revolution in Deutschland 1918-1932. Ein Handbuch, 47-53. Karl Radek, Mitglied der KPdSU und Deutschlandspezialist der Kommunistischen Internationale, hatte 1923 eine Rede über „Schlageter, den Wanderer ins Nichts" gehalten, auf die Moeller antwortete. Einer der wichtigsten Vertreter des nationalbolschewistischen Flügels der NSDAP war Gregor Strasser, der 1934 von Hitler ermordet wurde.

26 Alfred Prugel, Ein Wanderer ins Nichts: Walter Flex. In Karl Schwedhelm (Hrsg.), Propheten des Nationalismus, 138.

27 Walter Flex, Der Wanderer zwischen beiden Welten. München: Beck 869. bis 912. Tausend, 1942.

28 Walter Flex, Der Wanderer zwischen beiden Welten 12. Die Seitenangaben im Text beziehen sich auf diese Ausgabe.

29 Vgl. dazu Bracher, 47-48.

26

30 Nach langen Jahren der Vergessenheit „erfreut sich ... Otto Weininger erneuten Interes-
ses" in Italien, Frankreich und in der Bundesrepublik, so Joachim Riedl in *Die Zeit,* Nr.
50, 13. Dez. 1985. Vgl. dazu auch das Theaterstück *Weiningers Nacht* des israelischen
Stückeschreibers Joshua Sobol, geschr. 1982, deutsche Erstaufführung 1985 in Düsseldorf. Wiener Fassung mit Essays und Texten hrsg. v. Paulus Manker, 1988.

31 Vgl. Friedrich Heer, Der Glaube des Adolf Hitler. Anatomie einer politischen Religiosität
(München und Eßlingen: Bechtle 1968), 709. Zu Lanz-Liebenfels vgl. auch Wilfried
Daim, Der Mann, der Hitler die Ideen gab. Von den religiösen Verirrungen eines Sektie-
rers zum Rassenwahn des Diktators. München: Isar Verlag 1958. Hitler selbst hat Lanz
namentlich nie erwähnt; er ließ ihm sogar 1938 Schreibverbot erteilen. Liebenfels starb
im Jahre 1954.

32 Adolf Hitler, Mein Kampf (München: Eher Nachf. 1933, XVII. Aufl. der Volksausgabe),
21.

33 Mein Kampf, 20.

34 Vgl. dazu Bracher, 42 und 35 ff.

35 Zit. nach Günter Hartung, „Völkische Ideologie," 1181. Friedrich Engels hat bekanntlich
mit seinem „Anti – Dühring" Buch Herrn Eugen Dührings Umwälzung der Wissenschaft
von 1878 dieser „Rivalität" ein eindeutiges Ende gesetzt.

36 Zit. nach Gerd-Klaus Kaltenbrunner, Vom Konkurrenten des Karl Marx zum Vorläufer
Hitlers: Eugen Dühring, in Karl Schwedhelm (Hrsg.), Propheten des Nationalsozialismus
(München: List 1969), 38.

37 Kaltenbrunner, 52.

38 Auflagenhöhe 1934: 260 000; vgl. Donald Ray Richards, The German Bestseller in the
20th Century. A Complete Bibliography and Analysis 1915-1940 (Bern: Herbert Lang
1968), 58.

39 Artur Dinter, Die Sünde wider das Blut (Leipzig: Matthes und Thost, 15. Aufl., 1921),
272. Seitenangaben im Text nach dieser Ausgabe.

40 Unter anderem Houston Stewart Chamberlain (Grundlagen des 19. Jahrhunderts, 1899),
Arthur Gobineau (Versuch über die Ungleichheit der Menschenrassen, 1853) , Otto
Weininger (Geschlecht und Charakter, 1903), Adolf Bartels (Die deutsche Dichtung der
Gegenwart, 1897) und Theodor Fritsch (Handbuch der Rassenfrage, 1887). Unter dem
Pseudonym „Artur Sünder" veröffentlichte der Satiriker Hans Reimann im Jahre 1921
unter dem Titel 'Die Dinte wider das Blut' (Leipzig: Steegmann „39. wildgewordene und
vermasselte Auflage") eine Parodie auf Dinters Roman. Im Vorwort zu seinem Buch, das
„dem *Deutschen* Moriz Abraham Gardinenbetrug" gewidmet ist, versichert Reimann, daß
„der Verfasser der Parodie und dessen Verleger ... nachweislich blond, blauäugig und un-
beschnitten und in jeder Beziehung das Gegenteil von Juden" sind. In der Parodie versucht der Privatdozent und Chemiker Dr. Hermann Stänker unter anderem, Semitokokken
durch Teutonenblut zu vernichten.

41 Uwe-K. Ketelsen, Völkisch-nationale und nationalsozialistische Literatur in Deutschland
1890-1945, 34.

42 Ketelsen, 33.

43 Julius Langbehn, Rembrandt als Erzieher (Weimar: Duncker 24.-31. Tausend, 1943), VI-
VII. Die Seitenangaben im Text beziehen sich auf diese Ausgabe.

44 Vgl. dazu Karl Dietrich Bracher, Die deutsche Diktatur (Köln, Berlin: Kiepenheuer &
Witsch 1969), 60: „Weder Hitler selbst noch engste Mitarbeiter wie Chefideologe Alfred
Rosenberg oder der erste Mann der Judenvernichtung Reinhard Heydrich, erfüllen die
Postulate nationalsozialistischer Herrrschaft mit ihren wichtigsten Requisiten: Rassenkult
und Ahnenpaß."

45 Vgl. Dietrich Bronder, Bevor Hitler kam (Hannover: Pfeiffer 1964), 288.

46 Houston Steward Chamberlain, Die Grundlagen des neunzehnten Jahrhunderts (München: Bruckmann 28. Aufl. 1942), 8. Die Seitenangaben im Text beziehen sich auf diese Ausgabe.

47 „Wer nun durch den Augenschein kennen lernen will, was edle Rasse ist und was nicht, der lasse sich aus Salonichi oder Sarajevo den ärmsten der Sephardim holen ... und stelle ihn neben einen beliebigen Baron Rothschild oder Hirsch hin: dann wird er den Unterschied gewahr werden zwischen dem durch Rasse verliehenen Adel und dem von einem Monarchen oktroyierten" (325-26). Chamberlain hält allerdings auch *„ganz bestimmte, beschränkte Blutmischungen* ... für die Veredelung einer Rasse" für nötig (334).

48 Zum Mythusbegriff vgl. Theodore Ziolkowski, „Der Hunger nach dem Mythos. Zur seelischen Gastronomie der Deutschen in den Zwanziger Jahren," in Reinhold Grimm und Jost Hermand (Hrsg.), Die sogennanten zwanziger Jahre (Bad Homburg v.d.H.: Gehlen 1970), 169-201, und Hans Schumacher, Mythisierende Tendenzen in der Literatur 1918-1933, in: Wolfgang Rothe (Hrsg.), Die deutsche Literatur in der Weimarer Republik (Stuttgart: Reclam 1974), 281-303. Zum Begriff „Völkisch" vgl. Günter Hartung, Völkische Ideologie, in: Weimarer Beiträge, 33. Jg., Nr. 7 (1987), 1174-1185.

49 Alfred Rosenberg, Der Mythus des 20. Jahrhunderts (München: Hoheneichen-Verlag 1937, 107.-110. Auflage), 82. Seitenangaben im Text nach dieser Ausgabe.

50 Gemeint ist Friedrich II. von Preußen, oder Friedrich der Große, von Rosenberg auch „Friedrich der Einzige" genannt.

51 Weitere Literatur dazu vgl. u.a. Karl Schwedhelm (Hrsg.), Propheten des Nationalismus; Dietrich Bronder, Bevor Hitler kam; Armin Mohler, Die konservative Revolution in Deutschland 1918-1932; Karl Dietrich Bracher, Die deutsche Diktatur.

52 Vgl. dazu u.a. Wolfgang Wippermann, Europäischer Faschismus im Vergleich 1922-1982 (Frankfurt a.M.: Suhrkamp 1983) oder Ernst Nolte (Hrsg.), Theorien über den Faschismus (Köln, Berlin: Kiepenheuer & Witsch 1967).

53 Vgl. dazu Heinz Brüdigam. Der Schoß ist fruchtbar noch ... Neonazistische, militaristische, nationalistische Literatur und Publizistik in der Bundesrepublik. Frankfurt/M.: Röderberg 1964.

3. Zur Literatur- und Kulturpolitik im Dritten Reich

a. Kontollorgane und Kontrollmechanismen

Die nationalsozialistische Kulturpolitik nahm ihren Ausgang von Adolf Hitlers kulturpolitischen Bemerkungen in seiner Regierungserklärung vom 23. März 1933. Darin forderte er die „Beseitigung der zersetzenden Erbschaft des Kulturverfalls" und die „Bereitung des Bodens und Freimachung des Weges für eine kulturschöpferische Entwicklung der Zukunft."[1] Daraus ergaben sich die zwei Hauptfunktionen nationalsozialistischer Kulturpolitik: Säuberung und Förderung; aus *Kultur*politik wurde Kultur*politik* (258). Die Nazis versuchten, ihre Säuberungen mit der Behauptung zu rechtfertigen, daß die Juden in der Weimarer Republik alle Bereiche der Kultur beherrschten. Wie Strothmann nachweist, entspricht diese Behauptung keineswegs den Tatsachen, denn allein im Bereich der Literatur gehörten völkische Bücher bereits in den Jahren zwischen 1918 und 1933 zu den meistgekauften Büchern. An deren Spitze standen im Jahre 1932 nicht etwa Franz Werfel oder Alfred Döblin, sondern Werner Beumelburg, Erich Edwin Dwinger und Hans Grimm (92). Auch im Verlagswesen waren keinesfalls alle Verlage in jüdischem Besitz. Bekannte Verlagshäuser wie Westermann, Insel, List, Diederichs und andere hatten in der Weimarer Zeit keinerlei Schwierigkeiten, völkisch-nationale Literatur zu produzieren und zu vertreiben (93). „Die These von der jüdischen und zugleich 'roten Herrschaft' über den deutschen Literaturbetrieb war eine bloße Erfindung, um die Aufsichtsgewalt als eine Schutzpflicht von Staat und Partei zu begründen und in der Öffentlichkeit zu rechtfertigen" (94). Im folgenden Kapitel sollen einige der Kontrollorgane und Kontrollmechanismen in Staat und Partei, die diesen Zwecken dienten und oftmals sich überschneidende Funktionen hatten, vorgestellt werden. Ebenso sollen auch die Auswirkungen auf die Literatur der Vergangenheit und Gegenwart durch die Eingriffe dieser Organe kurz beleuchtet werden. Dazu dient auch ein Blick auf repräsentative Literaturgeschichten und die Situation der Germanistik im Dritten Reich.

Die mächtigste der staatlichen Instanzen für die Kontrolle der Literatur war die Abteilung VIII im Reichsministerium für Volksaufklärung und Propaganda. Hauptaufgabe der Abteilung war es, alle Aspekte des gesamten deutschsprachigen Schrifttums im In- und Ausland zu überwachen. Da diese Abteilung sämtliche Zensurvollmachten besaß, einschließlich der Papierzuteilung nach Einführung der Kriegswirtschaft im Jahre 1939, wurde sie zur obersten Kontrollinstanz für Literatur im Dritten Reich, die allein zuständig war für Buchverbote, doch weitere Überwachungsaufgaben mit anderen Instanzen teilte.

In enger Zusammenarbeit mit der Abteilung VIII wirkte zur Lenkung der Literatur die Reichsschrifttumskammer (RSK), eine der sieben Kammern der von Josef Goebbels, dem Reichsminister für Volksaufklärung und Propaganda, am 15. November 1933 in Berlin gegründeten Reichskulturkammer (RKK; die anderen Kammern umfaßten die Reichskammer für bildende Künste, die Reichsmusikkammer, Reichstheaterkammer, Reichsfilmkammer, Reichsrundfunkkammer und die

Reichspressekammer.) Der Präsident der RKK war Goebbels persönlich, ihm untergeordnet war als höchstes Gremium der RKK der Reichskultursenat, dem die Präsidenten der einzelnen Kammern, einige Verleger und Autoren wie Heinrich Anacker, Erich Edwin Dwinger, Richard Euringer, Hanns Johst, Eberhard Wolfgang Möller und Gerhard Schumann angehörten. Die Präsidenten der RSK waren die Schriftsteller Hans Friedrich Blunck (bis 1935) und Hanns Johst (bis 1945).

Aufgabe der RSK war es, alle Phasen der Buchproduktion und Buchverteilung zu überwachen, also vom Autor über die Verlage bis zu Buchhandlungen und Büchereien, ja sogar bis zum Buchbesprechungswesen. Alle an diesem Prozeß Beteiligten mußten Mitglieder der RSK sein oder sie erhielten Berufsverbot. Gleiches galt nach Paragraph 4 der 1. Verordnung zur Durchführung des RKK-Gesetzes vom 1.11. 1933 auch für alle anderen Kammern: „Wer bei der Erzeugung, der Wiedergabe, der geistigen oder technischen Verarbeitung, der Verbreitung, der Erhaltung, dem Absatz oder der Vermittlung des Absatzes von Kulturgut mitwirkt, muß Mitglied der Einzelkammer sein, die für seine Tätigkeit zuständig ist" (28). Die RSK wie andere Kammern hatten in jedem Reichsgau ihre Überwacher und Spitzel. Nach Strothmann umfaßte die RSK im Jahre 1941 rund 35 000 Mitglieder, darunter 5000 Schriftsteller, 5000 Verleger, 7000 Buchhändler, 10300 Angestellte in Verlagen und Buchhandlungen, 2500 Leihbüchereien, 3200 Buchvertreter, 1500 Volksbibliothekare und 400 Lektoren (29). Zur Aufnahme in die RKK waren der berüchtigte „Ariernachweis" erforderlich (ab 1935 auf „Halb-, Viertel- und Achtel-Juden" erweitert – 98), nebst „weltanschaulicher Zuverlässigkeit" und fachlicher Eignung. Damit waren „judenstämmige" und andere „unzuverlässige" Personen automatisch ausgeschlossen und an der Ausübung ihres Berufes verhindert. Die RSK veröffentlichte eine Reihe von Zeitschriften, darunter *Der deutsche Schriftsteller, Das Börsenblatt für den deutschen Buchhandel* und *Die Bücherei,* sowie zahlreiche Listen des verbotenen und unerwünschten Schrifttums. Daneben betätigte sich die RSK aber auch als Sozialfürsorge für ihr angehörende bedürftige Schriftsteller.

Eine dritte staatliche Überwachungsinstanz stellte die Reichsstelle für volkstümliches Büchereiwesen dar, die dem preußischen Minister für Erziehung, Wissenschaft und Volksbildung unterstand und eng mit der Abteilung VIII und der RSK zusammenarbeitete. Sie sorgte dafür, „daß alle Büchereien im Geiste des nationalsozialistischen Staates" funktionierten (33).

Das wichtigste Kontroll- und Überwachungsorgan auf seiten der Partei, der NSDAP, war die „Reichsstelle zur Förderung des deutschen Schrifttums" unter der Leitung von Alfred Rosenberg, dem Chefideologen der Partei, und „Beauftragten des Führers für die Überwachung der gesamten geistigen und weltanschaulichen Schulung und Erziehung der NSDAP." Die „Reichsstelle Rosenberg," später umbenannt in „Amt Schrifttumspflege" und „Hauptamt Schrifttum," besaß zwar keine Verbotsgewalt, stellte aber die umfangreichste Kontrollinstanz dar, die mit ihren zahlreichen Unterabteilungen den gesamten Kulturbereich überwachte. Sie ging im Juni 1933 aus dem „Kampfbund für deutsche Kultur" hervor, den Rosenberg bereits vor der Machtübernahme im Jahre 1929 gegründet hatte (38). Zu den Gründungsmitgliedern gehörten unter anderem Alfred Bäumler, Hanns Johst, Hellmuth Langenbucher und Rainer Schlösser (39). Rosenberg strebte mit seiner Reichsstelle innerhalb der Partei eine ähnliche Machtposition an, wie sie sein Rivale Goebbels im Staate innehatte, was ihm jedoch nie recht gelang. Die Reichsstelle Rosenberg leitete ihre Aufgabe aus dem Bestreben nach Verhinderung von in Literatur versteckter Kritik am Nationalsozialismus und Reinhaltung der NS-Lehre ab. Ab 1940 lautete die Dienstbezeichnung Rosenbergs auch entsprechend „Der Beauftragte des Führers zur Sicherung der nationalsozialistischen Weltanschauung" (37). Die Aufgaben der Rosenbergstelle reichten jedoch weit über das parteiamtliche Schrifttum hinaus; sie umfaßten „die systematische Begutachtung des neueren deutschen Schrifttums nach politisch-weltanschaulichen, künstlerischen und volkserzieherischen Gesichtspunkten sowie die Förderung wertvoller Werke" (38). Das schöngeistige Schrifttum wurde vom Zentrallektorat, der größten Abteilung der Reichstelle, überwacht; der erste Leiter dieses Lektorats war Hellmuth Langenbucher. Bei Kriegsanfang bestand dieses Lektorat aus 50 Hauptlektoren und einem im ganzen Reich verteilten Lektorenstab von über 1400 Lektoren (40). In den vom Amt Rosenberg herausgegebenen Zeitschriften *Bücherkunde* und den *Jahresgutachtenanzeigern* wurde das gesichtete Schrifttum in „förderungswürdige" und „unerwünschte" Bücher unterteilt, wobei letztere Liste zuweilen der Abteilung VIII im Goebbelsministerium als Unterlage für Verbote diente. Die letzte Großaktion der Rosenbergstelle war der Raubzug durch „herrenlose" jüdische Privatbibliotheken, aus deren Beständen die Bibliothek des 1939 in Frankfurt a.M. gegründeten „Instituts zur Erforschung der Judenfrage" bestückt wurde (42).

Die Rosenbergstelle kollaborierte mit zahlreichen anderen Dienststellen, am meisten jedoch mit der Parteiamtlichen Prüfungskommission (PPK) unter Vorsitz des Reichsleiters Philipp Bouhler. Mit kleinerem Stab, doch mit Zensurgewalt (wie die Abteilung Schrifttum im Goebbelsministerium, nicht aber die Rosenbergstelle) sollte die PPK „die Grundlagen einer politischen Gemeinschaft gesund, kräftig und entwicklungsfähig" erhalten. Ihr Aufgabengebiet umfaßte neben dem Parteischrifttum auch „wissenschaftliche und lexikalische Veröffentlichungen, Schulbücher, Kalender und schöngeistige Bücher, vor allem NS-Kampfzeit-Romane und die Feierstundenlyrik" (43).

Zu den genannten Kontrollstellen kamen noch zahllose Prüfungsämter in den verschiedenen Parteiorganisationen, deren Befugnisrechte jedoch wesentlich beschränkter waren (vgl. 47 f.). Zwischen allen diesen Stellen gab es von Anfang an Überschneidungen und Kompetenzstreitigkeiten, die gelegentlich geschickten Verlegern erlaubten, die Zensur zu unterlaufen, andererseits aber auch Hans Friedrich Blunck nach 1945 die Ausflucht ermöglichten, ein Anti-Nazi auf dem Sessel der Reichsschrifttumskammer gewesen zu sein.[2] Ähnlich wie im sozialistischen Lager kam es auch zu Beginn der Naziherrschaft im Streit um die Gleichschaltung zwischen Goebbels und Rosenberg, als die Fronten noch nicht gänzlich verhärtet waren, zu einer Art Expressionismusstreit. Im Verlauf dieser Debatte versuchten vor allem jüngere nationalsozialistische Künstler im Rahmen des Nationalsozialistischen Deutschen Studentenbundes (NDS), gegen Rosenbergs Weisungen den deutschen Expressionismus in der Malerei (Marc, Nolde, Pechstein, Pankok, Schmidt-Rottluff) mit stillschweigender Unterstützung von Goebbels für die Kulturpolitik des Dritten Reiches zu retten.[3] Wie Klaus Vondung ausführt, hatte diese Debatte jedoch auch Auswirkungen auf die Literatur, vor allem durch Gottfried Benns „Rede auf Marinetti" und sein „Bekenntnis zum Expressionismus."[4] Der Streit wurde allerdings von Hitler höchstpersönlich in einer Rede auf dem Reichsparteitag im September

1934 in Nürnberg beendet. In dieser Rede wandte sich Hitler gegen die „traditions-feindlichen" „Kunstverderber, die Kubisten, Futuristen, Dadaisten usw.," aber auch gegen die „Rückwärtse" und romantisch-teutsch-völkischen Wirrköpfe wie Fidus, Fahrenkrog und Lanzinger.[5] Wie Strothmann ausführt, störten jedoch diese internen Intrigen nicht „den einheitlichen Plan, das Schrifttum zu einem Instrument von Schulung und Propaganda zu machen" (57).

Offiziell gab es im Dritten Reich keine Zensur, wie verschiedene Nazi-Größen mehrmals betonten, so Karl-Heinz Hederich, zeitweiliger Leiter der Parteiamtlichen Prüfungskommission (PPK) und der Abteilung VIII „Schrifttum" in Goebbels Reichsministerium für Volksaufklärung und Propaganda: „Wir wollen keine Zensur und daher auch keine abhängigen Verleger, die nicht wissen, was sie tun sollen und immer nur nach dem Buchstaben schielen, sondern wir wollen Verleger, die uns treue Helfer sind am gemeinsamen Werk" (118). Philipp Bouhler wollte den Verle-gern nur „ratend und helfend zur Seite stehen," wie er in einer Ansprache zur 4. Weimarer Buchwoche darlegte (118). Nur da wollte er „zum letzten Mittel greifen, wo böser Wille oder gänzliches Unvermögen liegen" (118). Die Verlage wurden im Dritten Reich auch nicht verstaatlicht wie in dem von den Nazis verteufelten Bol-schewismus, um die Fiktion eines vom Staate unabhängigen Verlagswesens aufrecht zu erhalten. Nach der Bücherverbrennung vom Mai 1933, der Vertreibung jüdischer Mitbürger aus der deutschen Kultur und dem deutschen Staat und der Einrichtung der verschiedensten Kontrollorgane durch Staat und Partei konnte davon natürlich gleich von Anbeginn der Naziherrschaft nicht die Rede sein. Die Kontrollen er-streckten sich nicht nur auf das Verlagswesen, sondern auf alle Bereiche der Kultur und Literatur. Im Bereich der Literatur versuchte man neben der Buchproduktion auch die Buchverteilung sowie die Autoren und Leser zu steuern. Dabei wurde sowohl das gegenwärtige Kulturgut kritisch gesichtet, als auch die Vergangenheit von „unerwünschten Elementen gereinigt." Im Vordergrund der Literatursteuerung standen die verschiedenen Mittel der Literaturförderung. Die Verbotslisten wurden nicht veröffentlicht, sondern nur an Vertrauenspersonen geschickt, da man den Schein einer Kulturnation wahren wollte. Außerdem bewirkte eine nicht öffentlich agierende Zensur dauernde Unsicherheit und somit Förderung der Selbstzensur.

Die Kriterien für die Einteilung der Literatur in „förderungswürdige," „unerwünschte" und „verbotene" Autoren wurden durch deren Weltanschauung und Rassenzugehörigkeit bestimmt, ebenso nach Themen und Eignung ihrer Bücher als Waffen im Propagandakampf des Nationalsozialismus. Abgesehen von einigen ideologischen Schlagworten wie Volk, Blut, Rasse, Heroismus entwickelte der Nationalsozialismus keine normative Ästhetik, nach der sich alle zu richten hatten, wie vergleichsweise der sozialistische Realismus (82). Die Beurteilungskriterien für Kunst und Literatur ergaben sich, wie Karl-Heinz Hederich formulierte, „nur aus den Notwendigkeiten ... für die nationalsozialistische Bewegung bei ihrem Kampf um Deutschland."[6] Das Buch galt nicht mehr als sprachliches Kunstwerk, sondern als politisches Schulungsmittel im Dienste der nationalsozialistischen Weltanschauung. Gefördert wurden Werke, die Themen wie Kampf, Gefolgschaft, Opfer sowie den Mythos von Scholle, Führer, Blut und Rasse gestalteten. Dabei wurde die Themen-skala je nach politischer Notwendigkeit variiert, so Anschluß und Volkstum um 1938, Drosselung antibolschewistischer Themen nach dem Hitler-Stalinpakt von

1939 sowie Kriegs- und Durchhalteliteratur nach 1939. Schwächliche oder kränkliche Helden, formalästhetische Experimente, sowie psychologisierende oder antikriegerische Schilderungen waren verpönt. Die zentralen Bewertungskategorien in der Kunst, Rasse und Heroismus, wurden von Hitler selbst in seinem Kulturprogramm vom 23. März 1933 vorgegeben: „1. Der Heroismus erhebt sich leidenschaftlich als kommender Gestalter und Führer politischer Schicksale. Es ist Aufgabe der Kunst, Ausdruck dieses bestimmenden Zeitgeistes zu sein. 2. Blut und Rasse werden wieder zur Quelle der künstlerischen Intuition werden."[7] Das Gesunde soll neue Triumphe feiern, wie Hanns Johst auf einer „Kundgebung des Deutschen Schrifttums" anläßlich der Olympiade von 1936 verkündete: „Das Gesunde ist heroischer Befehl!"[8] Nach der Machtübernahme wurden jüdische und linke Autoren als „Volksschädlinge" und „Verderber der deutschen Seele" gebrandmarkt und verboten (309), die „ewig Bürgerlichen und Humanen," die sich an ästhetischen und weltoffenen Gesichtspunkten orientierten, diffamiert und zu unerwünschten Autoren erklärt. Der Literaturhistoriker Adolf Bartels faßte die Kriterien einer nationalsozialistischen Literatur formelartig zusammen in seiner Behauptung: „Alle Literatur soll national sein, ist sie das nicht, so taugt sie nichts."[9] Bücher wie der Roman *Der Befehl des Gewissens* von Hans Zöberlein wurden vom *Völkischen Beobachter* als beispielhafte Werke nationalsozialistischer Literatur herausgestellt: „Es ist das Werk eines alten Soldaten und nationalsozialistischen Kämpfers, hervorragend auch durch seine schlichte und einfache Sprache. Ein Werk, von dem man mit Recht sagen kann, daß es zu den besten Büchern über die Nachkriegszeit gehört, die im nationalsozialistischen Geiste geschrieben wurden."[10]

Zöberleins Buch gehört nach heutigen human-ästhetischen Wertungskriterien mit zu den übelsten Machwerken nationalsozialistischer Literatur. Aber solche kritischen Kriterien waren zwischen 1933 und 1945 nicht maßgebend. Damit sie auch in Buchbesprechungen nicht auftauchen konnten, wurde die Kunstkritik kurzerhand im Jahre 1936 von Goebbels verboten und durch einen „Kunstbericht" ersetzt, der die „Achtung vor dem künstlerischen Schaffen und der schöpferischen Leistung" voraussetzen sollte (276). Maßgebend war nicht mehr der kritische Verstand, nach Johst sowieso nur Ausdruck „äußerlicher Überredungskunst und jüdischer Rabulistik," sondern der „Instinkt" (264); Kritik galt als „undeutsch" (285). Nur solche „Kunstbetrachter" wurden zugelassen, die weltanschaulich als genügend sattelfest galten. Damit war „eine Reihe von Widerstandsnestern" ausgeräumt, „von denen aus eine getarnte Opposition getrieben wurde," wie Hellmuth Langenbucher vermerkte (284); denn bis zu dem Zeitpunkt gelang es der bürgerlichen Presse zuweilen, versteckte Kritik an „volkhafter" Literatur in Form von Buchbesprechungen zu üben (300-01).

Die Kunstbetrachtung wurde somit zu einem weiteren Steuerungsmittel der nationalsozialistischen Kulturpolitik. Andere Mittel der Lenkung umfaßten „Zwangsmitgliedschaft in der RSK, Schreibverbote, Vorzensur für bestimmte Buchgattungen und bei Autoren mit einer Ausnahmegenehmigung, Nachprüfung fast der gesamten Jahresproduktion, Papierbewilligung, Bestimmungen zum Handelsverkehr, Firmenschließungen und -zusammenlegungen, Verbots- und Empfehlungslisten, Buchpropagandaaktionen ('Dichtereinsatz,' Buchausstellungen,)" (81). Dazu kamen Literaturpreise,[11] Dichtertreffen wie die Weimarer Dichtertage (1938-42), die Einrichtung und Überwachung von öffentlichen Bibliotheken aller Art (mit versuchter

Einflußnahme sogar auf private Hausbibliotheken), Tage des Buches, Zeitschriften wie Rosenbergs *Bücherkunde* usw. Dichter sollten „soldatische Erziehungsbeamte" werden, deren Aufgabe nach Hanns Johst darin bestand, „Deutsche zu formen, Deutsche unwiderstehlich zu machen" (88). Schriftsteller, die sich dazu in den Augen der Nazis nicht als bereit oder fähig erwiesen, waren nach Ansicht der Nazis Juden und „privilegierte Nichtarier," die jüdisch „Versippten," die „Judengenossen" oder „Geistesjuden," zu denen auch die „Salonbolschewisten" gerechnet wurden, und die „ewig Gestrigen" unter den religiösen Schriftstellern und „Weltbürgern" (90). Sie wurden aus der RSK ausgeschlossen, und ihre Namen erschienen auf Listen von verbotenen oder unerwünschten Büchern. Nach Bücherverbrennung und Emigration zahlloser Autoren (Strothmann erwähnt 250) und diverser Säuberungsaktionen war der Büchermarkt im Jahre 1938 praktisch „gesäubert" und gleichgeschaltet. Nach diesem Zeitpunkt erschienen nur noch wenige Titel auf den Verbotslisten, wenn auch einige Verleger weiterhin „unerwünschte" Bücher veröffentlichten (94). Alle Autoren, Verleger, Buchhändler und Büchereileiter wurden durch die Zwangsmitgliedschaft in der RSK überwacht und konnten jederzeit Berufsverbot erhalten. Diese Maßnahmen trafen zahlreiche im Reich verbliebene Autoren wie Gottfried Benn (1936 Schreibverbot), Werner Bergengruen (1937 Kammerausschluß), Kasimir Edschmid (1933 Vortragsverbot, 1940 Papierentzug), Bernt von Heiseler (1942 Papierentzug), Ricarda Huch (1937 Anklage wegen ihres Eintretens für Käthe Kollwitz), Hermann Kasack (Vortragsverbot), Erich Kästner (1939 Aufnahmeverweigerung), Jochen Klepper (1937 Kammerausschluß), Elisabeth Langgässer (1936 Schreibverbot; als „Halbjüdin" mußte sie mehrere Jahre Zwangsarbeit leisten), Reinhold Schneider (1941 Druckverbot; seit 1943 unter einer Anklage des Sicherheitshauptamtes), Rudolf Alexander Schröder (1941 Vortragsverbot), Ehm Welk (KZ-Haft, bis 1937 Schreibverbot), Ernst Wiechert (KZ-Haft) (95).

Aus der Vielzahl von Empfehlungs- und Verbotslisten ragen diejenigen heraus, die von der Abteilung VIII des Propagandaministeriums sowei der Reichsstelle Rosenberg und der PPK herausgegeben wurden. Die Abt. VIII bzw. die ihr unterstehende RSK gab drei Listen heraus: 1. Liste des schädlichen und unerwünschten Schrifttums (von 1935 bis 1941, ab 1939 als „Jahresliste"; ab 1942 erhielten Buchhändler, Büchereien und Bibliotheken Anweisungen direkt von der Gestapo); 2. Liste der für Jugendliche und Büchereien ungeeigneten Druckschriften; 3. Verzeichnis englischer und nordamerikanischer Bücher (218). Die Reichsstelle Rosenberg und die PPK gaben periodisch die Jahresgutachtenanzeiger heraus, in denen die Literatur nach ideologischen Maßstäben überprüft und mit Einstufungszensuren versehen wurde wie positiv, bedingt positiv, bedingt negativ, negativ, belanglos oder überholt. Alle Listen stimmen überein in der Ablehnung von christlichen, formal-künstlerischen und anderen nicht-völkischen Autoren. Neben diesen schwarzen Listen gab es auch besondere weiße Listen, vor allem die von der PPK herausgegebenen NS-Bibliographien, durch die in erster Linie die volkhafte Literatur und Verfasser von Kriegs-, Heimat-, und Geschichtsromanen wie Anacker, Beumelburg, Blunck, Carossa, Dwinger, Griese, Grimm, Kolbenheyer, Lersch, Möller, Schumann, Stehr, Steguweit, Zöberlein gefördert werden sollten.

b. NS-Literaturgeschichten

Auch die Literaturgeschichte wurde nach ideologischen Gesichtpunkten durchforstet und wenn erforderlich nach den Weisungen der Kulturbehörden zurechtgebogen. Literaturgeschichten wurden ebenfalls zu Steuerungsmitteln der Literaturpolitik, wie an zwei charakteristischen Beispielen belegt werden soll, nämlich an Hellmuth Langenbuchers Literaturgeschichte *Volkhafte Dichtung der Zeit* und Adolf Bartels' *Geschichte der deutschen Literatur.*

Hellmuth Langenbucher bekleidete wichtige Positionen in der Reichsstelle Rosenberg als Leiter des Gesamtlektorats und Hauptlektor des Hauptlektorats „Schöngeistiges Schrifttum." Unter anderem war er auch Hauptschriftleiter des *Börsenblattes des deutschen Buchhandels,* der *Weltliteratur,* und Herausgeber von *Die Welt des Buches. Eine Kunde vom Buch.* Neben der genannten Literaturgeschichte zeichnete er als Verfasser von weiteren Literaturgeschichten wie *Nationalsozialistische Dichtung, Deutsche Dichtung in Vergangenheit und Gegenwart* und *Dichtung der jungen Mannschaft.* Die erste Auflage seiner *Volkhaften Dichtung der Zeit* erschien im Jahre 1933 und war als polemische Kampfschrift gegen die dekadenten Literaten der „Systemzeit" und die „falschen Gleichschaltlinge" (79) nach der Machtübernahme konzipiert, denen er die echten deutschen Dichter entgegensetzte, die seiner Meinung nach in der „Systemzeit" unterdrückt worden waren. Denjenigen, die nach der Austreibung zahlloser „volksfremder" Autoren aus dem deutschen Musentempel eine geistige Leere befürchteten, „all diesen Ahnungslosen, Falschunterrichteten, Irregeführten," wollte er „die Augen öffnen über das tatsächliche Vorhandensein solchen Reichtums deutscher Dichtung" (1. Aufl., 9). Im Anhang seines schmalen Bändchens findet sich ein kurzer Überblick über die Entwicklungen der „Deutschen Akademie der Dichtung" und eine Bücherliste zum „Schrifttum der Zeit," herausgegeben von der Reichstelle Rosenberg. Die 1933 vertriebenen Schriftsteller bezeichnet Langenbucher pauschal abwertend als Literaten, die seiner Ansicht nach die Hauptsschuld „an dem inneren Auseinanderfallen und Sichverlieren unseres Volkes" trugen, denen dieses „nahezu zum Opfer gefallen" sei (1. Aufl., 68). Die während der „Systemzeit" im „Verborgenen" blühende deutsche Dichtung kann sich – so Langenbucher – nach 1933 frei und ungehindert entfalten und auf den Schutz und die Förderung des neuen Deutschland zählen. Für Langenbucher gilt nach der Machtübernahme wieder das Wort des Dichters, das die „Literaten" verdorben hatten: „Es gilt ..., das Wort des Dichters aus der profanen Alltäglichkeit wieder ins Seherische zu erhöhen, den *Dichter* gläubig zu machen zu seinem *Volk* und zu der Sendung, die sein Volk ihm aufzutragen gewillt ist; und das Volk gläubig zu machen zu seinem Dichter und zu den erhebenden und läuternden Kräften, die aus dem Wort des Dichters in das Leben des Volkes strömen" (1. Aufl., 15). Die Wende bedeutet für Langenbucher Befreiung von „raffinierter Seelenzergliederung nach Freud, eitle[r] Selbstbespiegelung und übereifrig entschuldigendes Verstehen aller menschlichen Perversitäten" der bisher dominierenden Literatur und Hinwendung „zurück zu dem Schrifttum, das von je den harten Gesetzen einer männlichen Lebensführung unterworfen, von echtem Schicksalsgefühl getragen war" (1. Aufl., 90). „Vor dem Schlimmsten" sieht sich Langenbucher bewahrt, „nämlich vor der alleskönnerischen Gleichschaltung jener Ausgelöschten, die über die Grenzen gegangen sind" (1. Aufl.,

91). Doch droht nach Langenbucher neue Gefahr durch eine pseudo-nationale Schriftenflut „patriotischen Kitschs" von falschen Propheten, Wendehälsen und braunen Konjunkturrittern, die nun versuchen, in ihren Werken wahres Volkstum vorzugaukeln, indem sie möglichst viele Hakenkreuze, Braunhemden, Führer, nationale Worte, Zusammensetzung mit der Vorsilbe -ur und „Erdgeruch" in ihre Bücher einbringen (1. Aufl., 91).[12] Zu den Autoren, für die jetzt freie Bahn geschaffen ist, zählt Langenbucher unter anderem Rudolf G. Binding, Emil Strauß, Paul Ernst, Hermann Stehr, Wilhelm Schäfer, Hermann Burte („einer der wenigen Dichter der Gegenwart, der die große Bedeutung der *Rasse* für das Leben des Volkes erkannt hat" – 1. Aufl., 45), Hans Friedrich Blunck, Erwin Guido Kolbenheyer und Will Vesper.

Die Konsolidierung des Nationalsozialismus und seiner Kulturpolitik spiegelt sich in den weiteren Auflagen von Langenbuchers Literaturgeschichte, in denen die Polemik deutlich zurückgeht und die Darstellung der „volkhaften Dichtung" immer größeren Raum einnimmt. In der 3. Auflage von 1937 wie auch in der 5. Auflage aus dem Jahre 1941, beide „für den Laien geschrieben" (22), ist die traditionelle Gliederung nach Gattungen über Bord geworfen: „Daß eine Gliederung nach formalen Grundsätzen (Lyrik, Drama, Roman) heute nicht mehr gerechtfertigt ist, bedarf keiner besonderen Begründung" (12). Gleiches gilt auch für die bisherigen Epochenbegriffe und Einteilung nach Ismen: „Auf die Anwendung der herkömmlichen literaturgeschichtlichen Begriffs-, Epochen- und Schulen-Bezeichnungen habe ich ebenfalls verzichten können. Es gibt keinen einzigen jener verwirrenden Ismen, der heute, im kulturellen Leben des neuen Deutschland, noch eine Daseinsberechtigung hätte" (12-13). Langenbuchers Literaturgeschichte dagegen ist nach Themen unterteilt wie „Volk und Dichter," „Der Kampf um Gesetz und Würde der Dichtkunst" (u.a. Paul Ernst, Wilhelm von Scholz), „Der deutsche Mensch" (u.a. Erwin Guido Kolbenheyer, Emil Strauß, Hermann Stehr, Ina Seidel, Rudolf G. Binding, Gustav Frenssen, Josefa Berens-Totenohl), „Volk an der Arbeit I: Deutsches Bauerntum" (u.a. Friedrich Griese, Richard Billinger, Karl Heinrich Waggerl, Ludwig Thoma, Lulu von Strauß und Torney), „Volk an der Arbeit II: Deutsches Arbeitertum der Faust und der Stirn" (u.a. Heinrich Lersch, Hermann Claudius, Hans Carossa, Josef Weinheber), „Landschaft und Stammestum als völkischer Lebensgrund" (u. a. Agnes Miegel, Ernst Wiechert [der allerdings die in ihn gesetzten Hoffnungen nicht erfüllte – 309], Georg Britting, Josef Friedrich Perkonig, Max Mell, Kuni Tremel-Eggert, Jakob Schaffner, Hermann Eris Busse, Heinz Steguweit, Heinrich Zerkaulen, Hermann Löns, Helene Voigt-Diederichs), „Der geschichtliche Werdegang des deutschen Volkes" (u.a. Hans Friedrich Blunck, Börries von Münchhausen, Wilhelm Schäfer, Will Vesper, Otto Gmelin, Bruno Brehm, Curt Langenbeck, Hans Rehberg), „Der Selbstbehauptungskampf des deutschen Volkes" (u.a. Hans Grimm, Josef Ponten, Adolf Meschendörfer, Heinrich Zillig, Gustav Leutelt), „Schicksalswende" (u.a. Isolde Kurz, Rudolf Huch, Karl Bröger, Franz Schauwecker, Ernst Jünger, Edwin Erich Dwinger, Walter Flex, Hans Zöberlein), „Die neue Lebensordnung des deutschen Volkes" (u.a. Stefan George, Dietrich Eckart, Georg Stammler, Hanns Johst, Richard Euringer, Heinrich Anacker, Ludwig Friedrich Bartels, Eberhard Wolfgang Möller, Gerhard Schumann, Werner Beumelburg). Im ersten Kapitel versucht Langenbucher eine Definition des Begriffs Volk im Lichte der deutschen Geschichte. Dabei macht er Görres, Arndt, Fichte und Jahn zu Ahnen des Volksbegriffs im Sinne des Nationalsozialismus (26 f.). Alle Definitionen von „Volk" lassen sich nach Langenbucher auf die Grundformel reduzieren: „Volk" bedeutet „das allen Menschen deutschen Blutes Gemeinsame" (29).[13] Den Auftrag des Dichters sieht Langenbucher darin, daß er sich unter diesen Volksbegriff stellt, von dem all sein Schaffen seinen Ausgang zu nehmen und zu dem all sein Schaffen zurückzukehren hat. Was aber mit „Volk" gemeint ist, bleibt jedoch trotz aller Definitionsversuche vage und nebulös. Nach Kolbenheyer entzieht sich der nationalsozialistische Schlüsselbegriff „Volk" jeglicher Definition.[14] In der Definition von Paul Ernst wird „Volk" vollends zum Mythos. Ein Volk ist für ihn nicht die „Summe seiner Einzelmenschen," sondern „eine eigene, bestimmt zu umschreibende Persönlichkeit mit eigenem und einzigartigem Charakter und ebensolchem Schicksal, das bestimmte, nur Gott bekannte Aufgaben in der großen Menschenwelt zu erfüllen hat. ... Die Erfüllung [dieser Aufgaben] geschieht durch geheimnisvolle Bewegungen in ihm, die ihm selber nicht klar zu sein brauchen, deren Ursachen er auch nicht kennen muß."[15] Eine ähnliche mystische Rolle kommt dem Dichter zu, der von Paul Ernst zum Seher und Führer erkoren wird: „Dieses Leben des Volkes wird durch die Führer geleitet, die eine höhere Bewußtheit haben als die Gesamtheit. ... Zu den wichtigsten Führern gehören die Dichter; ... das Wollen des Volkes, das dumpf und unbekannt ist, kommt in ihnen zu Klarheit und Bewußtsein."[16]

Wegbereitend für eine Literaturgeschichte im Sinne des Nationalsozialismus war die *Geschichte der Literatur* von Adolf Bartels, bei Westermann in Braunschweig zuerst im Jahre 1900 und bis 1945 in mehreren Auflagen, die 19. Auflage beispielsweise im Jahre 1943, erschienen. An diesem Werk sei beispielhaft illustriert, wie die deutsche Literaturgeschichte von einem nationalsozialistischen Standpunkt aus gesehen wurde und gesehen werden sollte. Adolf Bartels gebührt das zweifelhafte Verdienst, die Literatur nach rassischen Gesichtspunkten hin untersucht zu haben. Bereits im Vorwort zu der Ausgabe von 1919 hofft Bartels, daß sein Werk „ein nationales Erziehungsbuch werden kann, das das völkische Woher und Wohin deutlich aufzeigt und die notwendige deutsche Erneuerung langsam mit heraufführt" (VI). Im Vorwort von 1937 zitiert Bartels die Würdigungen seines „Anteils am Aufbau und an der Wiedergeburt der Volkheit," für den Hitler ihm am 1. Mai 1937 den Adlerschild des Deutschen Reiches überreichte (IX). Während Langenbucher sich nur auf die neue völkische Dichtung beschränkt, beginnt Bartels bei den Ursprüngen der „arischen Rasse." Der Stoff ist über zehn Bücher verteilt und nach traditionellen Kategorien eingeteilt, allerdings mit starker ideologisch-antisemitischer Einfärbung. So wird „Das junge Deutschland" als „ein wesentlich berlinisch-jüdisches Produkt" aus dem Salon der Rahel Levin, verheiratete Varnhagen abgetan (325). Der jüdische Einfluß auf die deutsche Literatur hat nach Bartels überhaupt „im Zeitalter der Romantik" begonnen, „als sich die Schlegel in den Berliner jüdischen Salons heimisch machten" (325), und von da an „bis in unsere Tage nie mehr völlig gebrochen worden ist" (325). Für Bartels ist Literatur „die Offenbarung des eigenen Wesens einer Nation" (325), das von nun ab „von innen heraus, schmarotzend im Nationalkörper hausend" (326), durch die Juden zerstört wird. Er billigt Heine und Börne zwar einige oberflächliche Virtuosität zu, denn ein Jude, der „in deutsche Zucht gerät, kann ... unter Umständen etwas Tüchtiges werden" (327). Doch vor allem in ihren „undeutschen Feuilletons" entdeckt Bartels einen Fluch für die deutsche Literatur. Beide „haben sich deutsche Kultur, soweit es ihnen möglich war, angeeignet, aber dem Geiste nach sind sie echte Juden geblieben" (326). Bartels billigt Heine Weltgeltung zu, doch „ein deutscher Dichter ist er freilich nicht, sondern ein jüdischer, der sich der deutschen Sprache bedient" (330). Heine gilt Bartels als Vater der „Dekadenz des neunzehnten Jahrhunderts ... und das Junge Deutschland, die sogenannte Literatenschule war Dekadenz" (327). Bartels sieht sich darin völlig einig mit Wolfgang Menzel und dessen antisemitischen Invektiven, die dieser in seinem „Literaturblatt" gegen Heine und Börne richtete und wesentlich mit zum Verbot der Jungdeutschen im Jahre 1835 beitrugen: „Menzel hatte ganz recht, als er seine Stimme gegen sie erhob" (327).[17] Menzel genießt denn auch Bartels' Sympathien, da jener als „Feind des französischen Liberalismus und des Judentums ... mit zuerst die Bedeutung der Rasse für die Entwicklung der Menschheit entdeckt" habe (338).[18]

Das Gegenstück zur vermeintlichen Dekadenz der Jungdeutschen ist für Bartels die deutsche Romantik und das patriotische Pathos der Dichtung aus den Befreiungskriegen. Für Bartels sind romantisch und deutsch identisch: „die Romantik ist die germanische Renaissance," die bis in seine Zeit nicht abgeschlossen ist (226). Die Romantik wiederum knüpft nach Bartels an den Sturm und Drang an, der bereits das Franzosentum überwunden hatte und „den Begriff der Volks- und Naturpoesie im Gegensatz zur Kunst- und Kulturpoesie erobert und eine deutsche Literatur geschaffen [hatte], die nicht mehr Reflexion, sondern Sinnlichkeit, Leidenschaft, Natur und im Kerne national, deutsch, germanisch war" – selbst wenn ihm „noch das volle Verständnis für das besondere Volkstum und die in ihm ruhenden Triebkräfte" fehlte (226). Die Dichtung der Befreiungskriege erfüllt für Bartels eine ähnliche Funktion wie die nationale Dichtung nach 1933, als nach Ansicht der Nationalsozialisten das Ästheten- und Weltbürgertum der Weimarer Republik überwunden und das deutsche Volk wiedergeboren worden war. Mit den Freiheitskriegen war, so Bartels, „die nationale Wiedergeburt ... erfolgt, Weltbürgertum und ästhetische Kultur waren überwunden. ... das deutsche Volk fand sich selber wieder, die Zeit der deutschen Schande war zu Ende" (262-63).

Nach dem erwähnten Abstieg der Jungdeutschen in die Dekadenz kommt es nach Bartels zu einem neuen Aufschwung der deutschen Literatur mit den „großen Realisten" in der ersten Hälfte des neunzehnten Jahrhunderts wie Willibald Alexis, Charles Sealsfield, Jeremias Gotthelf, Adalbert Stifter, Friedrich Hebbel („die bedeutendste dichterische Erscheinung, die seit Goethes Tod in Deutschland hervorgetreten ist, und eine der größten deutschen Persönlichkeiten überhaupt" – 391) und Otto Ludwig. Selbst Berthold Auerbach, dem Schöpfer der deutschen Dorfgeschichte, kann Bartels Talent nicht streitig machen, doch zeigt er sich von dem „Humanitätsjuden" irritiert (385).

Mit der Gründung des deutschen Reiches und der nationalen Einigung ging jedoch keineswegs eine nationale Literatur einher, wie Bartels klagt. Im Gegenteil. Der zunehmende „Industrialismus" brachte „außer sozialen Notständen und Verschlechterung der Rasse beinahe etwas wie eine Kulturunterbrechung, da er die alte deutsche humanistisch-individualistische Kultur zerstörte, ohne doch etwas Gleichwertiges, ja überhaupt etwas Neues und Festes an ihre Stelle setzen zu können" (457). Mit dem Kapitalismus tritt auch das „zersetzende Judentum" in den Vordergrund; es formiert sich „die wüste Gründerperiode, die mit der späteren Schieberwirtschaft so ziemlich das ekelhafteste Schauspiel der ganzen deutschen Geschichte bietet" (459). An Stelle von „ernstem Deutschgefühl und echtem nationalem Stolz" findet Bartels nur hohle patriotische Phrasen (459) oder „verhetzende Sozialdemokratie," die in Bartels' Augen glaubte, die soziale Frage gepachtet zu haben. Eine Verbindung von Nationalismus und Sozialismus unter Abwehr des Judentums versuchten nur wenige, darunter der Hofprediger Stöcker oder anfangs auch Friedrich Naumann (544). Doch langsam bildete sich „eine nationale Bewegung, die wußte, was Rasse ist." Sie konnte zwar den Zusammenbruch von 1918 nicht verhindern, wurde aber dann im Nationalsozialismus beherrschend (460).

Die „führenden Geister" im Bismarckreich waren nach Bartels „wie in der Periode des Jungen Deutschland ... wieder Nichtdichter" wie Arthur Schopenhauer, Richard Wagner, Otto von Bismarck, Helmuth von Moltke und Ernst Haeckel. Ansonsten sieht er im letzten Drittel des neunzehnten Jahrhunderts vor allem Verfall, da „die im Volkstum vorhandene 'Natur' (etwa wegen Rasseverschlechterung) nicht mehr imstande ist, die durch die Kultur erzeugten Fäulnisstoffe ab- und auszustoßen, und das war der Fall in den späten sechziger Jahren, wo der Liberalismus mit seinen industriellen, naturwissenschaftlichen, demokratischen, radikalen Tendenzen ... nur noch verflachend und zersetzend wirkte" (482). Mitte der achtziger Jahre sieht Bartels zwar Ansätze einer „Gesundung" durch „Besserung der Rasse" und „Kräftigung der nationalen Organe," die sich jedoch nicht durchsetzen konnten (482-83): „Die volle Gesundung nach der Krankheit ist ... auch jetzt, trotz des anfänglichen Aufschwungs im Weltkrieg und der Durchdringung des Nationalsozialismus seit 1919, noch keineswegs wieder da. Aber Hitler wird uns durchhelfen" (483). Zur Verfallsdichtung rechnet Bartels Autoren wie Spielhagen, Karl Emil Franzos, Heinrich Leuthold. Erste Gegenwirkung gegen Dekadenz, Industriealisierung und Kapitalismus gingen von Wilhelm Heinrich Riehl aus (506), die „erst uns zugute kommen" (506). Ebenso auch von Konrad Ferdinand Meyer, einem „der wenigen Großen der ganzen Periode," der wie wenige dargetan hat, „daß der naturhafte germanische Geist sich auch der stärksten Wirkungen einer Kulturpoesie größten Stils bemächtigen kann" (508, 510). Einen weiteren nationalen Vorkämpfer sieht Bartels in Ernst Adolf von Wildenbruch, dem Verfasser zahlreicher Dramen aus deutscher Vorgeschichte: „Man darf Wildenbruchs Emporkommen ruhig als einen Sieg des nationalen und des dichterischen Geistes über den französisch-jüdischen Geist des Feuilletonismus bezeichnen" (522). Nach Bartels gehört auch Friedrich Nietzsche in diesen Zusammenhang. Sein Verdienst liegt für Bartels darin, dem demokratischen „Laissez faire"- Geist ein aristrokratisches Ideal entgegengesetzt zu haben. Nietzsche ist Bartels zwar zu akademisch und europäisch, doch seine Herrenmoral ist als Idee „sicherlich außerordentlich fruchtbar, um so mehr, als sie sich mit der wissenschaftlich zu begründenden Rassentheorie zwanglos verbinden läßt" (546).

Der deutsche Naturalismus wird nicht rundweg verurteilt, sondern sorgfältig von dem „oberflächlichen Reporter-Naturalismus" Zolas abgesetzt (570). Gerhart Hauptmann, der „größte Dichter des deutschen Naturalismus," wird vorsichtig gelobt, da er in genauer Kenntnis des „niederen Volkes seiner Heimat ... treue und ergreifende Lebensbilder" geschaffen habe, vor allem in seinem Drama *Die Weber*. Doch war er in Bartels' Augen „auch ein einseitiger Pessimist und zugleich in den

verworrenen Humanitätsideen befangen, er hatte keinen Glauben an die unzerstör-
bare deutsche Volkskraft und ließ sich, ein wenig selbständiger Geist, von den internationalen demokratischen Phrasen täuschen" (573). Den Dichtern des „fin de siècle"
steht Bartels selbstredend ablehnend gegenüber, vor allem dem „Wiener Juden"
Arthur Schnitzler. Schnitzler ist nach Bartels' Ansicht der „Vertreter der feinen jüdischen Dekadenz, die namentlich in der Wiener Gesellschaft häufiger vorkam und
unter Umständen sympathisch wirken konnte" (579), aber „wir Deutschen können
ihn eben doch nicht vollernst nehmen" (580). Mit Frank Wedekinds Dramen *Frühlings Erwachen* und *Erdgeist* ist für Bartels die „Höhe der deutschen Dekadenz" erreicht (586), sie stellen „eine Art stilisierten Zynismus" dar. *Frühlings Erwachen*
„erinnert an Lenz' *Hofmeister*, ist aber womöglich noch untheatralischer als dieses
Werk und zeigt auch bereits das Weben all der bösen Geister, die dann das Schaffen
Wedekinds ... zu Frechheitsbachanalen hinabbringen" (586). Auch Rilke neigt nach
Bartels trotz großer Verskunst zu stark zu Dekadenz und Ästhetizismus; in Rilkes
Roman *Die Aufzeichnungen des Malte Laurids Brigge* sieht Bartels nur die „Krank-
heitsgeschichte eines verblödeten Aristokraten" (590). Trotzdem kann selbst Bartels
nicht umhin, dem Naturalismus und dem Symbolismus insgesamt zuzubilligen, daß
sie „literarisch äußerst interessant und als Durchgangsstadien ohne Zweifel auch
historisch bedeutungsvoll sind, ... obwohl sie dem deutschen Volke freilich wenig
[Dauerndes]" gegeben haben (604).

In seiner penetranten Jagd auf Juden in der deutschen Literatur macht er auch
vor Thomas und Heinrich Mann nicht halt: „Zum Judentum leiten schon die Brüder
Heinrich und Thomas Mann aus Lübeck ... über – ihr Vater war Großkaufmann und
Senator, ihre Mutter aber eine Portugiesin, also möglicherweise nicht ohne Juden-
und Negerblut, und beide haben auch eine Jüdin geheiratet" (667). In Heinrich
Manns Roman *Der Untertan* sieht Bartels „nichts als eine freche Karikatur deutschen
Lebens," die seinen „Zorn wachrief"; Heinrich Mann steht „selbstverständlich ...
heute auf der schwarzen Liste" (668). Bei Thomas Mann tut sich Bartels etwas
schwerer. Thomas Mann ist für ihn zwar „unzweifelhaft etwas mehr als ein rein vir-
tuoses Talent," hat aber „im Grunde nichts zu bieten, wenigstens ... nichts für unsere
Entwicklung" (668). Ganz besonders hat es Bartels auf den „jüdischen Expressionismus" und seine „jüdischen Verleger" Kurt Wolff und Samuel Fischer abgesehen:

> Und wenn man nun zu der Dichtung dieser 'Jüngsten' selber kommt – Pinthus gab 1920
> bei Ernst Rowohlt, Berlin, die Symphonie jüngster Dichtung 'Menschheitsdämmerung'
> [heraus; sic!] –, da drängt sich einem, wie bei den modernen Richtungen des Futurismus
> und Kubismus in der Malerei, der Argwohn auf, daß vielleicht doch nur das Unvermögen,
> ich möchte beinahe sagen: das jüdische Unvermögen, den neuen Stil geschaffen habe, wie
> daß ferner auch die internationale oder 'kosmische' Tendenz, das vollständige Absehen
> vom Volkstum eine jüdische Mitgabe der neuen Kunst sei (700).

Über Franz Werfel heißt es abschätzig bei Bartels: „Als die Größe der ganzen Bewe-
gung, ja vielleicht als der größte der heutigen Dichter, ward vielfach der Jude Franz
Werfel hingestellt, natürlich nur von Juden und Judengenossen" (703). Bei Reinhard
Goering ist sich Bartels nicht sicher, ob er Jude ist: seine „Beweisführung" zeigt
einmal mehr, mit welch „wissenschaftlicher" Methode Bartels seinen Stoff angeht:
„Auch er schien mir jüdisches Blut zu haben, da er in der 'Seeschlacht' (1917) einen

40

als 'du Jude' angeredeten Matrosen mit 'du Christ' antworten ließ. Auch die Sprachmelodie in seiner Dichtung erschien mir jüdisch" (710). In jedem Falle bedauert er, daß das Stück im Kriege nicht verboten wurde, denn „es war Vorbereitung, vielleicht bewußte, der Revolution, die ja dann bei den Marinern zuerst ausbrach" (711). Noch ausdrücklicher wandte er sich gegen den jüdischen Schriftsteller Friedrich Wolf: „Ich hielt ihn für sehr gefährlich" (712).

Andere wichtige Autoren der Zeit werden nur kurz und kommentarlos gestreift, wie Georg Kaiser, Karl Einstein, Gottfried Benn und Bertolt Brecht. Es scheint, daß sich Bartels antisemitische Polemik steigert, je näher seine Darstellung in die moderne Zeit eindringt. Tucholsky wird als „ein echt jüdischer Frechling" abgetan (740), Ernst Toller als „ein jüdischer Nichtskönner" (741). Des „Halbjuden" Carl Zuckmayers Lustspiel *Der fröhliche Weinberg* hält Bartels für „moralisch bedenklich und auch politisch tendenziös," da es in der Figur des Assessors Knuzius, „der einen ganzen Akt betrunken auf dem Misthaufen liegt, die völkische Bewegung zu verulken strebt" (742). Erich Kästner ist verdächtig, da seine Ironie Bartels an Heine gemahnt und so den „Schluß auf jüdische Herkunft" zuläßt (742). An der Spitze der neudeutschen Literatur stehen nach Bartels die Kriegsbücher. Doch hat sich in die stolze Phalanx der Werke von Ernst Jünger, Werner Beumelburg oder Edwin Erich Dwinger auch Erich Maria Remarques Antikriegsbuch *Im Westen nicht Neues* eingeschlichen, „eine ziemlich böse Darstellung des Soldatenlebens" aus dem „jüdischen Verlag Ullstein" (744). In seiner Judenjagd schoß Bartels zuweilen weit über sein Ziel hinaus, so daß er sich gezwungen sah, einige seiner unbewiesenen Aussagen zurückzunehmen.[19]

Den „dekadenten" und „verjudeten Literaten" stellt Bartels die Literatur des deutschen Volkstums gegenüber, das dann nach 1933 die Oberhand gewinnt. Dabei fügt er den Burtes, Bluncks, Beumelburgs, Dwingers, Schumanns u. a. auch seine eigenen Werke hinzu wie den Roman *Die Dithmarscher*. Das Millenium nationaler Literatur sieht Bartels jedoch noch nicht angebrochen. Darum schließt er die 19. Auflage seiner *Geschichte der deutschen Literatur* (1943) mit der Hoffnung auf eine Zeit, „wo politische und literarische, dichterische Größe bei uns zusammentrifft -- was seit den Tagen der Hohenstaufer nicht dagewesen" (791) -- und einer Predigt an das deutsche Volk: „Nein, du deutsches Volk, lasse dich nicht durch die großen Worte der 'Modernen' beirren, bleibe deinem germanischen Volkstum treu, reinige es, vertiefe es, halte es heilig!" (792).

c. Germanistik im Dritten Reich

Es ist heute schwer vorstellbar, daß Bartels einmal ernst genommen wurde, doch die hohen Auflagen beweisen es. Sein Beispiel, beileibe kein Ausnahmefall in der Literaturwissenschaft der Zeit, zeigt vielleicht am krassesten, wie sich auch die Germanistik im Dritten Reich prostituiert und der Literatursteuerung gedient hatte. So weist Beate Pinkerneil darauf hin, daß August Sauer und sein Schüler Josef Nadler bereits mehr als drei Jahrzehnte vor der Machtübernahme der Nationalsozialisten eine Verbindung von Nationalismus und Rassismus propagierten.[20] Die Ende des neunzehnten Jahrhunderts einsetzende Nationalisierung der Germanistik bzw. Deutschwissenschaft mündete im „Totalitätsanspruch germanisch-deutscher Herrenideologie" (92). Die Deutschwissenschaft im Dritten Reich bewegte sich nach Pinkerneil „in einem geschlossenen System des Irrationalismus, dessen einzelne Kategorien gesetzliche Normativität beanspruchen. Die rassisch-biologische Volksgemeinschaft als einziges, unabwendbares Schicksal bildet ihren Mittelpunkt" (91). Auch Klaus Vondung in *Völkisch-nationale und nationalsozialistische Literaturtheorie* und Eberhard Lämmert et. al. in *Germanistik – eine deutsche Wissenschaft* legen davon Zeugnis ab. Nach Klaus Vondung verschrieb sich „die deutsche Germanistik 1933 dem Nationalsozialismus mit größerem Eifer als alle anderen Universitätsdisziplinen" (105). Entsprechend lesen wir 1933 in der *Zeitschrift für deutsche Dichtung*, herausgegeben von dem im Jahre 1912 gegründeten Germanistenverband, nach 1933 umbenannt in „Gesellschaft für deutsche Bildung": „Wir sind die Wegbereiter des Neuen gewesen, das damals Verheißung war und jetzt Erfüllung geworden ist."[21] Die „Deutschkundebewegung," die ihre Wurzeln aus der deutschen Romantik herleitete, wird zur führenden Wissenschaft an deutschen Universitäten, nachdem ihre Reihen nahezu protestlos von „unerwünschten Elementen" gesäubert worden waren. Für die Mehrzahl galt jedoch bereits vor 1933, was Thomas Mann seinem langjährigen Freund Ernst Bertram in seinem Abschiedsbrief vorhielt: „Das letzte, was man Ihnen vorwerfen kann, ist, daß Sie den Mantel nach dem Wind gehängt hätten. Er hing schon immer 'richtig'."[22] Ernst Bertram ist dabei nur einer von zahlreichen glanzvollen Namen von Wissenschaftlern aus den zwanziger Jahren (Karl Vietor, Herbert Cysarz, Josef Nadler u. a.), die wenigstens zeitweilig zu „Kopflangern" der Nazis wurden, wie Lämmert mit Betroffenheit feststellen muß (Lämmert 20-21).

Die Germanistik oder „Deutschwissenschaft" im Dritten Reich[23] fühlte sich als „eine Wissenschaft, die sich als Erforscherin völkischen Wesens und Hüterin der geistigen und kulturellen Kernbestände der Nation verstand" (Vondung, 106). So sieht Karl Vietor 1933 die Zeit gekommen, in der der „Deutschwissenschaftler" „endlich in den Stand gesetzt ist, aus seiner Wissenschaft in Forschung und Lehre zu machen, was sie nach ihrer reinsten Bestimmung und nach ihrer erlauchten Herkunft aus der 'deutschen Bewegung' sein soll: Wissenschaft vom deutschen Volk für das deutsche Volk."[24] Der renommierte Literaturwissenschaftler Heinz Kindermann, der in Danzig, Münster und Wien lehrte, schloß sich an: „Dieses neue Wertbewußtsein und Ordnungsgefüge hat selbstredend auch unsere Auffassung vom Sinn des deutschen Schrifttums weitgehend verändert. Rasse und Volkheit, diese Wachstumsgrößen menschlichen Geschlechts, sind uns nun maßgeblich auch für den Sinn der Dichtung, für den Sinn jeglichen Schrifttums."[25] Kunst wird mit Biologie verknüpft: „Die Geburt der Dichtung aus der Volkheit ist also eine kunstbiologische Tatsache, deren wir uns heute – nach Zwischenzeiten der verschiedensten Abwege – wieder bewußt geworden sind."[26] Nach Kindermann (und vielen anderen) steht der Dichter neben dem Führer; sein Schöpfertum fließt „aus dem Erbteil seiner Rasse, seines Volkes"; er spricht aus, „was die anderen nur ahnend empfinden." Daher steht er „unter dem Gesetz derselben Verantwortung wie der Staatsmann, wie der Volksführer" (15). Volkhafte Dichtung – so Kindermann – steigt aus dem Volk, durchläuft das Genie des formenden Künstlers, und kehrt wieder zurück zum Volk: „Ein Kreislauf des Blutes und der Seele vollzieht sich in diesem Vorgang" (18).

In seinem Artikel „Die Auswechslung der Literatur" von 1935 unterstützt Paul Fechter die Bemühungen, die „bis 1933 herrschende offizielle Literatur der bürgerlichen Linken ... auszurotten," um damit der seiner Meinung nach damals „unterdrückten Literatur" zum Durchbruch zu verhelfen: Die ganze einst so siegreiche Literatur soll ausgerottet werden, verschwinden, der bisher unterdrückten, übergangenen deutschen Dichtung das Feld räumen.[27] Es ist somit auch folgerichtig, daß selbst namhafte Germanisten die von der „Deutschen Studentenschaft" inszenierte Kampagne „Wider den undeutschen Geist," die in der Bücherverbrennung gipfelte, aktiv unterstützten.[28] So verfaßte Ernst Bertram aus diesem Anlaß ein Gedicht, in dem es unter anderem heißt: „In die Flamme mit was euch bedroht!"[29] In Bonn verlangte Walter Schlevogt, der Führer der Studentenschaft, die „Ausrottung aller undeutschen Geistesproduktion," mit kräftiger Unterstützung von Hans Naumann, Professor für deutsche und nordische Sprache, der der Studentenschaft in einer Rede auf dem Bonner Marktplatz dafür dankte, so entscheidend gehandelt zu haben.[30] Die von Fechter verkündete Auswechslung zeigte sich auch in Namensänderungen. Aus Germanistik wurde „Deutschwissenschaft"; die international anerkannte Zeitschrift *Euphorion* wurde eingedeutscht zu *Dichtung und Volkstum*. Die neuen Herausgeber, Julius Petersen und Hermann Pongs, bemerkten dazu: „Der neue Name ... will zum Ausdruck bringen, daß auch die Wissenschaft von der Dichtung immer das Volkstum im Auge halten wird als den Grundwert, der alle ästhetischen, literarhistorischen, geistesgeschichtlichen Werte trägt und nährt."[31] Zur Untermauerung des Volkstumsgedankens werden von den Literaturwissenschaftlern unter anderem Herder und die Brüder Grimm bemüht. Dazu kommt der erste Weltkrieg, dessen „Stahlgewitter" die neue Volksgemeinschaft zusammenzuschweißen halfen: „In den Schauern des Weltkrieges wurde die deutsche Volksgemeinschaft seelisch begründet."[32] Wie Vondung belegt, scheuten Germanisten nicht einmal vor der Unterstützung großdeutscher Expansionspläne zurück (125). Mit Ausbruch des Krieges wurde auch der „Kriegseinsatz der deutschen Geisteswissenschaften" proklamiert, an dem sich die „Deutschwissenschaft" als führende Geisteswissenschaft maßgeblich beteiligte. Es galt, in der Formulierung von Franz Koch im Vorwort zu *Von deutscher Art und Dichtung*, „geistig zu durchdringen, was das Schwert erobert hat".[33] Wie Norbert Hopster dargelegt hat, wurden auch die Deutschlehrer in den Schulen zu Instrumenten politischer Steuerung.[34] Nach Walther Linden soll der neue Erzieher „ein Werber und Trommler für die großen Gemeinschaftsziele, ein 'Propagandaminister' im Kleinen" sein.[35]

d. Klassik und Romantik in Dritten Reich

Eine besondere Rolle in der nationalsozialistischen Literatur- und Kulturpolitik fiel der deutschen Klassik und Romantik zu, auf die in diesem Kapitel abschließend noch kurz eingegangen werden soll. Beide werden zu Vorläufern der deutsch-völkisch-nationalsozialistischen Weltanschauung umfunktioniert und in deren Dienst gestellt. Bereits der Sturm und Drang erschien Bartels als „Befreiung des deutschen Lebens, Befreiung des Individuums aus den Banden der aufklärerischen Verstandesdürre und äußerlichen Tugendmoral" (192-93). Die Weimarer Klassik wurde von Bartels in mythisch-religiöse Bereiche gehoben; sie wird ihm zu einem „gewaltige[n] Tempel, in dem man auf nie entweihten Altären der reinen Kunst opfert, und von dem aus die Opferfeuer in alle Lande strahlen" (200). In Schillers *Wilhelm Tell* und Goethes *Faust* sieht Bartels erste Höhepunkte volkhafter Literatur: „Allein mit dem Tell und vor allem mit dem Faust ... ist das tiefste und innigste Verhältnis zum deutschen Volke doch wieder erreicht, und gerade diese beiden Werke haben denn auch die größte Verbreitung im deutschen Volk gewonnen und sind es, an die man vor allem denkt, wenn man von deutscher klassischer Dichtung redet" (207). Schiller gehörte denn auch zu den meist gespielten Klassikern auf den deutschen Bühnen von 1933/34 bis 1942/43; denn in seinen Werken „ist das deutsche Ideal von Staat und Volk am mächtigsten verkörpert."[36] Nach der Machtübernahme wurde *Wilhelm Tell* als nationales Befreiungs- und Führerdrama gespielt, da es „die Sehnsucht nach einem starken und freien deutschen Volk verkörperte"; bis 1941 zählte es zu den meist gespielten Schillerdramen (414). Die Zitate vom tausendjährigen Bodenbesitz, vom teuren Vaterland und vom Rütlischwur erfreuten sich besonderer Beliebtheit, nahmen sie doch am ehesten das voraus, was sich für die Nationalsozialisten jetzt zu erfüllen schien. So berichtet beispielsweise der *Völkische Beobachter* anläßlich einer *Tell*-Aufführung in Dresden am 2. Juni 1934 besonders ausführlich über die Rütliszene: „Die entscheidendste Szene des Schillerschen Tells ist für das Theater von heute die Rütliszene. Hier wurde nationale Kulthandlung früh weithin sichtbar auf die deutsche Bühne gebracht ... Friedrich Schiller, der Klassiker, war als völkischer Dichter der Gegenwart unter uns getreten" (416). Am 20. April 1938 wurde zu Ehren des Deutsch-Österreichers Adolf Hitler zu dessen erstem Geburtstag als großdeutscher Führer nach dem Anschluß am Wiener Burgtheater *Wilhelm Tell* inszeniert. Diese Aufführung empfand das *Neue Wiener Tageblatt* als Dank „aus tiefstem Herzen unserem Führer Adolf Hitler. Sieg Heil!" (418) *Wilhelm Tell* galt nicht nur als Führerdrama, sondern auch als Drama völkischer Familienpolitik und als Erziehungsdrama einer „gesunden Volksgemeinschaft" (418). Eine *Tell*-Aufführung in Eger im damaligen „Sudetenland" geriet zu einer Demonstration deutsch-nationaler Ambitionen (419, 421). Doch ab 1941 wurde auf ausdrücklichen Wunsch Hitlers der *Tell* nicht mehr aufgeführt; Tyrannenmord und Separatismus im *Tell* „machten Schiller über Nacht zum 'Staatsfeind' der Nationalsozialisten" (422).

Die deutsche Romantik wird von Bartels, der hier wiederum exemplarisch für viele andere zitiert wird, mit Deutschtum schlichtweg gleichgesetzt: „Was ist das nun, der romantische Geist? Ich glaube, man kann dafür trotz des Anklangs an romanisch ... einfach der germanische Geist setzen; die Romantik ist die germanische Renaissance" (226). Die Romantiker haben nach Bartels tief in der deutschen Seele das deutsche Volkstum aufgespürt: Die Romantiker drangen tief in die Region des Unterbewußten hinab „und entdeckten im Individuum selber das andere Ich, das unbewußte, in dem die Erbschaft des Volkstums vor allem steckt" (227). Für Bartels beginnt mit der Romantik eine „entschieden nationale Literatur ... im germanischen Geist" (227). Heinrich von Kleist zählt Bartels zu den herausragendsten Vertretern der Romantik; „als geniale Natur ragt er um Haupteslänge über den romantischen Dunstkreis empor und wird 'ewiger' und daher auch moderner Dichter" (247-48). Für den Bartels-Schüler und Reichsdramaturgen Rainer Schlösser klingt schon der Name Kleist wie eine „Zusammenballung einer ungeheuren Elementargewalt in einer

Silbe, Sprengstoff und die Vernichtungsgewalt formender Stahlmantel in einem!"[37] Vor allem in Eichendorffs Volksliedern sieht Bartels „das Spezifisch- und Gesund-Romantische" im Gegensatz zu der „heuchelnden Gesellschaft" der Salons. Schlösser findet bei Eichendorff „ein Stück jungfräulich unberührter Urheimat, durchweht vom Hauche nordischer Naturseligkeit, gesegnet durch die Ahnung vom unbekannten großen Gott" (143). Eichendorff mied nach Schlösser die „Allerweltwindhaspel des Liberalismus" und wird von ihm gar zum Parteigenossen ernannt: „Er hat durch uns Nationalsozialisten seine Bestätigung erst recht gefunden" (146). Auch Hölderlin wird einseitig zum Verkünder patriotischen Opferwillens verfälscht. Für Franz Koch hatte „in Hölderlin schon ... die noch schlummernde deutsche Volkheit das Auge aufgeschlagen und den griechischen Menschen als Wunschtraum des eigenen Blutes erkannt."[38] In Hölderlin sieht Koch den „heldische[n] Dichter, der 'das Einigende' will und als Prophet und Seher künftiger Einung seiner Deutschen ... in die Nacht des Wahnsinns versinkt," dessen Klagen über die Deutschen „aus heißer Liebe zu dem Volke quillt" (162-163). Auch für weniger radikale Germanisten wie Heinz Otto Burger gipfelt Hölderlins Werk „in der Verkündigung des kommenden Tags der Deutschen."[39] Die *Nationalsozialistischen Monatshefte*, die „Zentrale politische und kulturelle Zeitschrift der NSDAP," herausgegeben von Alfred Rosenberg, beuteten Hölderlin geschickt aus, um „das ideologische Gebräu auf[zu]bessern und es dem Bildungsbürgertum vor allem schmackhafter [zu] machen." (Kl, Bd. 1, 341). Für Matthes Ziegler im Themenheft „Zarathustra, Meister Eckehart, Hölderlin, Kierkegaard" (Jg. 5, H. 47, 1934) war Hölderlin „ein begnadeter Künstler nordisch-heldischen Gottglaubens" (Kl. Bd. 1, 341). Im Jahre 1943, als die Kriegsverluste größer wurden und das Ende sich abzeichnete, wurde Hölderlin von Franz Koch als Vorsterber für eine verführte Jugend beschworen: „Denn im Gedächtnis Deutschlands lebt er, wiederentdeckt und zu neuem Leben erweckt von jener Jugend, die vor Langemarck und Verdun ihr Blut verströmte, als das Urbild dessen, der jung sterben mußte, weil ihn die Götter liebten" (Kl., Bd. 1, 342). Heinz Kindermann schloß sich an, im „schicksalsreichen Hölderlin-Gedenkjahr" 1943 mit Hölderlin zum Durchhalten aufzurufen: „Rings um uns tost das Chaos, eine neue Rangordnung der Werte muß bitter erkämpft werden gegen die Gewalten des Untergangs. Der uns beisteht in diesem Ringen auf Tod und Leben, ... in einer Zeit, da jeder sein letztes geben muß, um das Kostbarste zu retten, das ist Hölderlin" (Kl., Bd. 1, 344).

1 Zit. nach Dietrich Strothmann, Nationalsozialistische Literaturpolitik (Bonn: Bouvier, 1960, 4. Aufl. 1985), 62. Für die folgenden Ausführungen war mir das grundlegende Werk von Strothmann eine wertvolle Hilfe. Vgl. auch Klaus Vondung, Völkisch-nationale und nationalsozialistische Literaturtheorie (München: List 1973), 152: „Seine [Strothmanns] sorgfältige Untersuchung ist nach wie vor grundlegend für diesen Gegenstand." Die Seitenangaben beziehen sich auf Strothmanns Buch. Zur speziellen kulturpolitischen Situation in Österreich vor dem Anschluß, die hier nicht berücksichtigt werden kann, vgl. Klaus Amann, Der Anschluß österreichischer Schriftsteller an das Dritte Reich. Institutionelle und bewußtseinsgeschichtliche Aspekte (Frankfurt a.M.: Athenäum 1988).

2 Vgl. Ernst Loewy, Literatur unterm Hakenkreuz (Frankfurt a.M.: Fischer 1985, 1987),
   307 [Erstausgabe 1966]. Wie Glenn R. Cuomo darlegt, war Blunck in der Ausübung seines Amtes allerdings gemäßigter als sein dem Reichsführer der SS Heinrich Himmler
   nahestehender Nachfolger, der SS-Oberführer (später Gruppenführer) Hanns Johst.
   Blunck versuchte u.a. den Arierparagraphen zu verhindern und eine Art „Naturschutzpark
   für Schriftsteller" zu erhalten; vgl. Glenn R. Cuomo, „Hanns Johst und die Reichsschrift-
   tumskamer. Ihr Einfluß auf die Situation des Schriftstellers im Dritten Reich," in Jörg
   Thunecke (Hrsg.), Leid der Worte. Panorama des literarischen Nationalsozialismus
   (Bonn: Bouvier 1987), bes. 109-113.

3 Vgl. dazu Hildegard Brenner, Die Kunstpolitik des Nationalsozialismus (Reinbeck:
   Rowohlt 1963), 63ff. Zum Expressionismusstreit im sozialistischen Lager vgl. u.a. Hans-
   Jürgen Schmitt, Die Expressionismusdebatte (Frankfurt a.M.: Suhrkamp, 1973).

4 Vgl. Klaus Vondung, 155.

5 Vgl. Brenner, 83.

6 Zit. nach Strothmann, 305.

7 Zit. nach Strothmann, 324.

8 Zit. nach Strothmann, 324. Dieses Zitat zeigt ebenfalls, welch wichtigen politischen
   Stellenwert die Olympiade in der Naziideologie einnahm.

9 Zit. nach Strothmann, 332.

10 Zit. nach Strothmann, 328.

11 Der von Hitler gestiftete „Nationalpreis für Kunst und Wissenschaft" zum Beispiel galt
   als Ersatz für den Nobelpreis, den deutsche Staatsbürger nicht mehr annehmen durften,
   nachdem der ins KZ verschleppte und später ermordete Schriftsteller Carl von Ossietzky
   damit ausgezeichnet worden war.

12 Langenbucher knüpft hier unmittelbar an Hitlers Rede auf der Kulturtagung des Reichs-
   parteitags der NSDAP 1933 in Nürnberg an, in der sich „der Führer" energisch gegen solche Leute wandte: „Die nationalsozialistische Bewegung und Staatsführung darf auch auf
   kulturellem Gebiet nicht dulden, daß Nichtskönner oder Gaukler ihre Fahne wechseln und
   so, als ob nichts gewesen wäre, in den neuen Staat einziehen, um dort auf dem Gebiete
   der Kunst und Kulturpolitik abermals das große Wort zu führen. ... Aber das eine wissen
   wir, daß unter keinen Umständen die Repräsentanten des Verfalls, der hinter uns liegt,
   plötzlich die Fahnenträger der Zukunft sein dürfen. Entweder waren die Ausgeburten ihrer
   damaligen Produktion ein wirklich inneres Erlebnis, dann gehören sie als Gefahr für den
   gesunden Sinn unseres Volkes in ärztliche Verwahrung, oder es war dies nur eine Speku-
   lation, dann gehören sie wegen Betrugs in eine dafür geeignete Anstalt." Zit. nach Vondung, 86.

13 Bei Jacob Grimm, auf den sich Langenbucher mehrmals bezieht, bedeutete „Volk" noch
   „der Inbegriff von Menschen, welche dieselbe Sprache reden." Zit. nach Eberhard Lämmert et.al., Germanistik – eine deutsche Wissenschaft (Frankfurt a.M.: Suhrkamp, 2. Aufl.
   1967), 22.

14 Vgl. Langenbucher, 1. Aufl., 19.

15 Paul Ernst, Das deutsche Volk und der Dichter von heute. In Heinz Kindermann (Hrsg.),
   Des deutschen Dichters Sendung in der Gegenwart (Leipzig: Reclam 1933), 19.

16 Paul Ernst, 19-20.

17 Vgl. dazu Jost Hermand, Das junge Deutschland, in: Jost Hermand, Von Mainz nach
   Weimar 1793-1919, Stuttgart: Metzler 1969.

18 Ähnlich wie Bartels äußerte sich auch Paul Fechter in seiner Geschichte der deutschen
   Literatur. Von den Anfängen bis zur Gegenwart (Berlin: Knaur Nachf. Verlag, 1941) über
   Heine, nur nicht in ganz so ausfallender Weise wie Bartels: „Ein sehr geschicktes jüdisches Worttalent ohne Hemmungen bemächtigt sich schon in jungen Jahren der Formeln
   der Echtheit, benutzt sie, aber vermag nicht, neue aus sich zu schaffen" (510). Auch für

Franz Koch beginnt mit den meist jüdischen Jungdeutschen das Eindringen des „Zivilisationsliteraten" in die deutsche Literatur und damit ihr Verfall; vgl. Franz Koch, Geschichte deutscher Dichtung (Hamburg: Hanseatische Verlagsanstalt, 5. Aufl. 1942), 198.

19 Vgl. dazu Strothmann, 330-31.

20 Beate Pinkerneil, Vom kulturellen Nationalismus zur nationalen Germanistik. In: Klaus L. Berghahn und Beate Pinkerneil, Hrsg. Am Beispiel „Wilhelm Meister". Einführung in die Wissenschaftsgeschichte der Germanistik. Bd. 1: Darstellung. (Königstein/Ts.: Athenäum 1980), 75-97. (Bd. 2: Dokumente)

21 Zit. nach Karl Otto Conradi, Deutsche Literaturwissenschaft und Drittes Reich, in: Eberhard Lämmert et. al. Germanistik – eine deutsche Wissenschaft (Frankfurt a.M.: Suhrkamp, 2. Aufl. 1967), 73.

22 Zit. nach Klaus Vondung, Völkisch-nationale und nationalsozialistische Literaturtheorie (München: List 1973), 105. Zur Kontinuität der Germanistik vor und nach 1933 vgl. Wilhelm Voßkamp, Kontinuität und Diskontinuität. Zur deutschen Literaturwissenschaft im Dritten Reich. In: Peter Lundgreen (Hrsg.), Wissenschaft im Dritten Reich (Frankfurt a.M.: Suhrkamp 1985), 140-62. Voßkamp faßt zusammen: „Der Diskontinuität der politischen Entwicklung im Jahr 1933 entspricht keine auf der wissenschaftsgeschichtlichen Ebene; vorherrschend ist die Kontinuität der Entwicklungen in der universitären Germanistik seit den ersten Jahrzehnten des 20. Jahrhunderts" (152).

23 Nach Lämmert enstand der Begriff „Deutschwissenschaft" zwischen 1910 und 1920; vgl. Lämmert, 9.

24 Zit. nach Conradi, 75. Bei aller Kritik verweist Conradi auch zu Recht auf die Verdienste dieser Generation von Germanisten, die beispielsweise in Paul Kluckhohns Forschungsbericht „Deutsche Literaturwissenschaft 1933-1940 aus dem Jahre 1941 sichtbar werden. Der Kluckhohnsche Text ist nachgedruckt in Sander L. Gilman (Hrsg.), NS-Literaturtheorie. Eine Dokumentation (Frankfurt a.M.: Athenäum 1971), 244-64. Viëtor verließ Deutschland bereits im Jahre 1935 ent- und getäuscht vom neuen Reich.

25 Vgl. Heinz Kindermann, „Das Schrifttum als Ausdruck des Volkstums," in Heinz Kindermann, Kampf um die deutsche Lebensform (Wien: Wiener Verlag 1941, 1944), 12.

26 Kindermann, 14.

27 Paul Fechter, Die Auswechslung der Literatur, in: Sander L. Gilman, 240.

28 Zur führenden Rolle der Studenten bei der Bücherverbrennung vgl. u. a. Joseph Wulf, Literatur und Dichtung im Dritten Reich. Eine Dokumentation (Frankfurt a.M.: Ullstein 1983), 44 ff.

29 In Ernst Loewy, 18.

30 Vgl. Joseph Wulf, Literatur und Dichtung im Dritten Reich. Eine Dokumentation, 52. Weitere Einzelheiten zu Naumann und anderen Bonner Germanisten bei Norbert Oellers, Dichtung und Volkstum. Der Fall der Literaturwissenschaft, in: Literatur und Germanistik nach der „Machtübernahme", hrsg. von Beda Allemann (Bonn: Bouvier 1983), 232-54.

31 Zit. nach Vondung, 114.

32 So Walther Linden, zit. nach Vondung, 124.

33 Zit. nach Werner Herden, Zwischen 'Gleichschaltung' und Kriegseinsatz. Positionen der Germanistik in der Zeit des Faschismus, in: Weimarer Beiträge, 33/11/1987, 1878. Im übrigen beschäftigt sich Herden mit drei weiteren prominenten Germanisten und ihrer Haltung zum Dritten Reich: Franz Hübner und Julius Petersen, die trotz aller Sympathie für das neue Reich der Wissenschaft noch einen Freiraum sichern wollten, und Franz Koch, einem rabiaten Nazi, der mit seinem Kollegen Petersen in Streit lag und ihn gar der geistigen Sabotage am Dritten Reich beschuldigte – vgl. Herden, 1876-77.

34 Norbert Hopster, Ausbildung und politische Funktion der Deutschlehrer im Nationalsozialismus, in: Wissenschaft im Dritten Reich, 113-39.

35 Zi. nach Hopster, 123.

36 Vgl. Bernhard Zeller (Hrsg.), Klassiker in finsteren Zeiten 1933-1945. Eine Ausstellung des Deutschen Literaturarchivs im Schiller-Nationalmuseum Marbach am Neckar, Bd. 1 (Marbach: Deutsche Schillergesellschaft, 1983), 409. Die Seitenangaben im Text beziehen sich auf diese Ausgabe.

37 Rainer Schlösser, Das einfältige Herz: Eichendorff als Geschichtsschreiber unseres Innern. In: Sander L. Gilman (Hrsg.), NS-Literaturtheorie, 142. Die Seitenangaben im Text beziehen sich auf diese Ausgabe.

38 Franz Koch, Geschichte deutscher Dichtung (Hamburg: Hanseatische Verlagsanstalt, 5. Aufl. 1942), 179. Die Seitenangaben im Text beziehen sich auf diese Ausgabe.

39 Zitiert nach Klassiker in finsteren Zeiten, Bd. 1, 332. Im Text zitiert als „Kl. Bd. 1" und Seitenangabe.

4. Der NS-Roman

Vor allem der Roman ermöglichte die eingehende Darstellung der Weltanschauung des Nationalsozialismus. Wie Bestsellerlisten aus den zwanziger und dreißiger Jahren zeigen, überflügelte der Roman alle anderen Gattungen.[1] In diesem Kapitel soll an einigen ausgewählten Romanen dargestellt werden, mit welchen Stoffen sich die Romane beschäftigten, die den Nazis aus ideologischen Gründen willkommen waren. Dabei spielt es keine Rolle, daß manche der Romane bereits vor der offiziellen Machtübernahme Hitlers im Jahre 1933 entstanden sind. Entscheidend ist allein die in den Romanen zum Ausdruck kommende Ideologie und die Tatsache, daß die Romane während der Zeit von 1933-45 in mehreren Auflagen und vielen tausenden von Exemplaren verbreitet waren und ein großes Lesepublikum erreichten. Karl Prümm liefert dazu einige Beispiele: „Von Edwin Erich Dwingers Romanen waren 1936 500.000 Exemplare gedruckt. Zöberlein kam durch die Distributionsmechanismen der Partei 1940 auf eine Gesamtauflage von 800.000, während Beumelburg schon 1939 die Millionengrenze überschritten hatte."[2] Der NS-Roman befaßt sich mit ähnlichen Themen wie das NS-Drama: das gemeinschaftsbildende Erlebnis von Krieg und Kampf („stählerne Romantik") aus dem ersten Weltkrieg oder aus der Kampfzeit des Nationalsozialismus vor der Machtübernahme, Bauerntum von deutschem Blut und Boden, arische Nordmenschen und Juden, historische Vorkämpfer des Reichsgedankens, bedeutende Führer und Reichsgründer aus deutscher Geschichte, Märtyrer für das Reich. Im folgenden sollen einige Beispiele zu diesen Themenkreisen vorgestellt werden.

a. Krieg und Kampf

Zu den beliebtesten Themen gehörte das Front- und Kameradschaftserlebnis, wie es der erste Weltkrieg geprägt hatte, und sein Zerfall in einer „verweichlichten" Weimarer Republik. Wie Karl Prümm ausführt, rangierte „die Thematik des Krieges ... quantitativ im Gesamtspektrum der nationalsozialistischen Literatur noch vor so angestammten Bereichen wie 'Blut und Boden,' 'Heimat und Volk.'"[3] Das antidemokratische Frontkollektiv mit seinen autoritären Strukturen von Führer und Gefolgschaft wurde im Dritten Reich Vorbild für eine nationalsozialistische Volksgemeinschaft. So sieht Literaturforscher Hermann Pongs einen „unterirdischen Zusammenhang" zwischen dem „Urstoff Krieg, der als Volksschicksal neu erobert wird, und ... der großen Volksbewegung, die zum neuen Volksdeutschland führt."[4]

    Die Romane, die den Frontgeist des ersten Weltkrieges näher beleuchten, wie *Die Gruppe Bosemüller* (1930) von Werner Beumelburg, *Die Armee hinter Stacheldraht. Das sibirische Tagebuch* (1929) von Edwin Erich Dwinger, *Aufbruch der Nation* (1929) von Franz Schauwecker, *Sieben vor Verdun* (1930) von Josef Magnus Wehner und *Der Glaube an Deutschland. Ein Kriegserleben von Verdun bis zum Umsturz* (1931) von Hans Zöberlein, sind bereits von Karl Prümm ausführlich behandelt worden[5] und können daher an dieser Stelle unberücksichtigt bleiben. Aus dieser Gruppe der „Frontgeistromane" sollen außer dem unter den Nazis so beliebten und erfolgreichen Roman *In Stahlgewittern* von Ernst Jünger die folgenden Romane aus der „Kampfzeit" besprochen werden: *Die letzten Reiter* von Edwin Erich Dwinger, *Der Befehl des Gewissens* von Hans Zöberlein, *Der Hitlerjunge Quex* von Karl Aloys Schenzinger und *Horst Wessel* von Hanns Heinz Ewers.

Ein literarisch recht anspruchsvolles Kriegsbuch, das den Kameradschaftsgeist der Front und das soldatische Heldentum des ersten Weltkriegs herausstellt, ist Ernst Jüngers Kriegstagebuch *In Stahlgewittern* (1920), das bis 1945 in zahlreichen Auflagen erschien (die vierundzwanzigste erschien im Jahre 1942). Für Karl Prümm ist dieses Buch ein Paradebeispiel des „Soldatischen Nationalismus" in der Weimarer Republik.[6] Ernst Jünger selbst, der an beiden Weltkriegen als Offizier teilnahm, war zu sehr aesthetischer Aristokrat, um ein begeisterter Anhänger der Nazis zu werden; 1944 wurde er gar wegen „Wehrunwürdigkeit" aus der Wehrmacht entlassen, da er dem Widerstandskreis um General von Stülpnagel nahestand.[7] Doch wie Uwe-K. Ketelsen zu Recht bemerkt, war „der intellektuelle Faschismus/Nationalsozialismus ... mit dem politischen nicht unbedingt identisch, ja er konnte sogar in Opposition dazu stehen."[8] Der „heroische Realismus", sowie die „stählerne Romantik" (so Loewy), ließen die *Stahlgewitter* auch im Dritten Reich zur beliebten Lektüre werden. Für Russell A. Berman zeigt gerade dieses Buch die besonderen Eigenschaften faschistischer Literatur, in welcher der bürgerlich-liberale Einzelmensch durch das soldatisch-nationale Kollektiv ersetzt wird.[9] Die Frage nach Herkunft, Sinn und Ziel des Krieges spielt im Kontext dieser Jüngerschen Ästhetik keine Rolle, da diese sich über jedes rational fortschrittliche Denken hinwegsetzend in mystische Bereiche begibt. Schlachtszenen werden ihres individuellen Inhalts enthoben und in eine kontemplative Ästhetik von Statik und Wiederholung transponiert.[10] Die detaillierte Beschreibung selbst von verstümmelten Leichen hat nur oberflächlich ästhetische Funktion. Von einem „süßlichen Geruch" angezogen, untersucht Leutnant Jünger ein „im Drahtverhau hängendes Bündel." Er findet einen halbverwesten französischen Soldaten: „Fischartiges verwestes Fleisch leuchtete grünlichweiß aus der zerfetzten Uniform."[11] Diese und andere grausame Bilder sollen keineswegs den Leser zum Pazifismus bekehren. Jünger beschreibt alles nur kühl-distanziert; genauso wie einen Spaziergang auf einem Feldweg in der Champagne, nur daß er sich jetzt im Schützengraben befindet: „Ich schlenderte ... den verwüsteten Graben entlang" (23). Von einer emotionellen Reaktion ist nicht die Rede. Gefühle spielen in diesem Buch praktisch keine Rolle, höchstens auf eine sehr distanzierte Weise. Eine englische Mine hat beispielsweise „eine unangenehme Wirkung auf die Nerven" (34). Nach einem Gasangriff hat der Ich-Erzähler Jünger „das eisige Gefühl, daß man sich nicht mehr mit Menschen, sondern mit Dämonen unterhielt. Man schweifte wie auf einem riesigen Schuttplatz jenseits der Ränder der bekannten Welt" (120). Die Schrecken und der Tod, die sich dem Autor im Krieg zeigen, rufen kein bodenloses Entsetzen in ihm hervor. Im Gegenteil. Süßlicher Leichengeruch, vermischt mit stechenden Nebeln des Sprengstoffs erzeugen in ihm „eine fast hellseherische Erregung" (96). Als im Lazarett ein Kamerad im Nebenbett stirbt, ist er keineswegs traurig: „Ich fühlte hier zum ersten Male, daß der Tod eine große Sache ist" (122). Trommelfeuer gibt ihm „das Empfinden des Unentrinnbaren und unbedingt Notwendigen wie einem Ausbruch der Elemente gegenüber" (99). Daß Kriege vom Menschen angezettelt werden, warum sie geführt werden, wie sie entstehen, wer davon profitiert – darüber verliert Jünger nicht ein Wort. Furchtbare Schlachtszenen werden detailliert beschrieben, doch das Leiden der Opfer interessiert ihn nicht:

> In solchen Augenblicken triumphiert der menschliche Geist über die gewaltigsten Äußerungen der Materie, der gebrechliche Körper stellt sich, vom Willen gestählt, dem furchtbarsten Gewitter entgegen (104).

Ähnlich wünschte sich bekanntlich auch Adolf Hitler seine deutsche Jugend: „Hart wie Kruppstahl." Mit Soldaten, die Gefühle haben, läßt sich kein Krieg führen. Als Verhaltensmodell wird ein bestahlhelmter Melder vorgeführt, der in eintöniger Stimme von der Front berichtet; in seiner Stimme ist nichts „als eine große und männliche Gleichgültigkeit. Mit solchen Männern kann man kämpfen" (95). Die Endgültigkeit des Todes wird dadurch entschärft, daß er in den schicksalhaft-elementaren Lebenskreis einbezogen wird, zu dem auch der Krieg gehört: „Irgendwie drängt sich auch dem ganz einfachen Gemüt die Ahnung auf, daß sein Leben in einen ewigen Kreislauf geschaltet, bedeutungsvolles Ereignis ist" (151). Der Krieg schafft nicht unsägliches Leid für Jünger, sondern eine aristokratische und männliche Elite, wie er nach der Schlacht am Offizierstisch erkennt:

> Hier, wo die geistigen Träger und Vorkämpfer der Front zusammenkamen, verdichtete sich der Wille zum Siege und wurde Form in den Zügen wetterharter Gesichter. Hier war ein Element lebendig, das die Wüstheit des Krieges unterstrich und doch vergeistigte, die sachliche Freude an der Gefahr, der ritterliche Drang zum Bestehen eines Kampfes. Im Laufe von vier Jahren schmolz das Feuer hier ein immer reineres, ein immer kühneres Kriegertum heraus (148).

Krieg adelt; die Frontsoldaten werden zu „Fürsten des Grabens mit den harten, entschlossenen Gesichtern, tollkühn, so sehnig, geschmeidig vor- und zurückspringend, mit scharfen blutdürstigen Augen." Bei all der sonst vorherrschenden Sachlichkeit wird dieser Frontgeist als All-Schöpfer ins Mystisch-Religiöse überhöht: „Der eherne Geist des Angriffs, der Geist der preußischen Infanterie, schwebte über den Massen" (237). Ein Verteidiger, „der dem Angreifer bis auf fünf Schritt Entfernung seine Geschosse durch den Leib jagt, ... steht im Banne gewaltiger Urtriebe" (256). Der oft beschworene Kameradschaftsgeist ist keineswegs gleichbedeutend mit rangloser Gleichmacherei. Für Jünger gilt auch hier als elementares Prinzip der Unterschied von Führern und Geführten. Oberst von Oppen ist beispielsweise eine geborene Führernatur: „Der Oberst v. Oppen war ein lebendiges Beispiel dafür, daß es Menschen gibt, die zum Befehlen geboren sind. Er war ein Vertreter der führenden Rasse" (236).

Die das Tagebuch durchwaltende aristokratisch-soldatische Ritterlichkeit erstreckt sich auch auf den englischen Gegner. Beim Anblick eines stoisch pfeiferauchenden englischen Sergeanten, dem „durch Handgranatensplitter beide Beine fast abgerissen waren," schreibt Jünger: „Auch hier hatten wir wieder wie überall, wo wir Engländern begegneten, den erfreulichen Eindruck kühner Männlichkeit" (132). Im Vorwort zur englischen Übersetzung seines Buches (das im Jahre 1929 bereits in der fünften Auflage erschien) verdeutlicht Jünger seine Bewunderung der Engländer: „Of all the troops who were opposed to the Germans on the great battlefields the English were not only the most formidable but the manliest and the most chivalrous."[12] Die Franzosen dagegen sind für Jünger nicht „Gegner," sondern „Feinde," ihre Gräben waren „von einer Urfeindschaft umwittert" (204).

Gegen Ende des Krieges verzeichnet Jünger ein „Abbröckeln der Kriegszucht"; auch ein „preußischer Anpfiff" verscheucht nicht mehr bei allen den „moralischen Schweinehund." Jünger spürt, daß der Sinn des Krieges sich verändert hatte. Was dieser war, wurde allerdings nie gesagt; er bleibt ein Rätsel: „Der Krieg warf seine tieferen Rätsel auf. Es war eine seltsame Zeit" (278). Das bittere Ende zeichnet sich ab: „Mit jedem Angriff trug der Feind eine mächtigere Ausrüstung vor; seine Stöße wurden schneller und wuchtiger. Jeder wußte, daß wir nicht mehr siegen konnten" (296). Nur die Erfinder der Dolchstoßlegende wußten es anscheinend nicht oder hielten dieselbe bewußt wach – wie die Nazis, um daraus politisches Kapital zu schlagen.

Was die Nationalsozialisten aus dem Buch für ihre Zwecke entnehmen konnten, war das Lob des Krieges als Schöpfer von soldatisch-heroischen Kämpfern. In der Einführung zur englischen Übersetzung empfiehlt R. H. Mottram, das Buch als historisches Dokument eines deutschen Frontoffiziers samt dessen begrenzter Perspektive sowie als Anti-Kriegsbuch zu lesen.

Edwin Erich Dwingers Roman *Die letzten Reiter*, der 1935 bei Eugen Diedrichs in Jena erschien, ist dem „Generalfeldmarschall von Mackensen, dem letzten Reitergeneral des Großen Krieges," gewidmet. Das Buch zeigt, wie der Kameradschafts- und Frontgeist nach dem ersten Weltkrieg noch in den sogenannten Freikorps nachwirkt, die es sich zur Aufgabe gesetzt hatten, den Bolschewismus innerhalb und außerhalb des deutschen Reiches zu vernichten. Die Freikorps bestanden zumeist aus ehemaligen Frontsoldaten, die den Übergang von einer autoritären zu einer demokratischen Staatsform und vom Militärdasein zum Zivilleben in der Weimarer Republik nicht fanden, obwohl der neue Staat durchaus nicht so linksliberal orientiert war, wie viele der arbeitslosen Offiziere der ehemaligen kaiserlichen Armee meinten.[13]

Adolf Hitler schrieb über die Rolle der Freikorps im Weimarer Staat unter anderem:

> Als die Matadoren der Revolution in den Tagen des Dezembers, Januars, Februars 1918-19 den Boden unter den Füßen wanken fühlten, hielten sie Umschau nach Menschen, die bereit sein würden, die schwache Position, die ihnen die Liebe ihres Volkes bot, durch die Gewalt der Waffe zu stärken. Die 'antimilitaristische' Republik brauchte Soldaten.[14]

Da ihre eigenen Anhänger nur aus „Dieben, Drückebergern und Deserteuren" bestanden – so Hitler –, riefen sie in ihrer Not wieder nach den viel bescholtenen Frontsoldaten, die sich dann freiwillig „im Dienste der 'Ruhe und Ordnung,' wie sie meinten," noch einmal den Soldatenrock anzogen, „um mit angezogenem Stahlhelm den Destrukteuren der Heimat entgegenzutreten."[15] Die Freikorps und die Regierung, die sie rief, wurden bekanntlich von links scharf kritisiert. Obwohl er den Idealismus und den guten Glauben der Freikorpsmannen durchaus lobte, übte jedoch auch Hitler Kritik an den freien Korps, da ihm der ironische Widerspruch nicht verborgen blieb, daß hier Männer, die „die Revolution grimmig haßten", begannen, „dieselbe Revolution zu beschützen und dadurch praktisch zu festigen." Das konnte natürlich nur geschehen, weil diesen Leuten verborgen blieb, was Hitler längst bekannt war: „Der wirkliche Organisator der Revolution und ihr tatsächlicher Drahtzieher" war „der internationale Jude."[16]

Dwingers Roman *Die letzten Reiter* war einer seiner erfolgreichsten Werke; er erreichte 1940 eine Auflage von 230 000[17] Exemplaren und schildert das Schicksal der Freikorps, die im Baltikum den Bolschewismus bekämpften und sich von der Entente und der Weimarer Republik „verraten" fühlten. Im Mittelpunkt der Handlung stehen die Männer des „Reitenden Freikorps Mansfeld," die im Jahre 1919 unter Opfern und Strapazen bis Riga vorrückten, dann stark dezimiert und geschlagen wieder die deutsche Grenze erreichten, wo sie wie Parias behandelt wurden. Das Freikorps setzte sich zusammen aus „ehemaligen afrikanischen Kolonisten," Studenten, Bauern und „blutsmäßigen Landsknechten," die „das Abendland vor der bolschewistischen Überrennung" bewahren wollten.[18] Hier in Kurland wollen sie „einen Brunnen graben, aus dem das wahre Deutschland quillt" (46) und eine Generation zeugen, die das Weimar-Deutschland aufrollt und wieder ein Potsdam-Deutschland errichtet. Diese „hehre" Aufgabe reizte sie mehr als „Weinreisender ... in dieser Proletenrepublik" zu werden (15).

Die Verehrung des adligen Landjunkertums, die den ganzen Roman durchzieht, steigert sich zu einer Apotheose, wenn Dwinger den Leidenszug gefangener Adeliger auf dem Weg nach Riga mit Christi Gang nach Golgatha vergleicht. Lebens- und Denkweise des preußischen Adels sollen vorbildlich für ein neues Deutschland sein, denn hier zeigt sich für Dwinger noch das natürliche Verhältnis von Führer und Gefolgschaft und nicht der gleichmacherische und verräterische Krämergeist der Weimarer Republik, verkörpert vor allem in Erzberger, der Deutschland in Versailles angeblich verschacherte.[19] Deutschland muß in seiner alten Größe wiedererstehen; das ist nur durch eine Revolution von rechts im alten Frontgeist möglich, der der sogenannten klassenlosen Gesellschaft der Marxisten eine „natürliche" Ordnung von Führern und Geführten, durchdrungen von einem opferbereiten Kameradschaftsgeist, entgegensetzt. Doch „mit Kragen und Kravatten gibt es keine Kameradschaft" (319). Dazu gehört die Uniform: „Uniform ist Gleichschritt, Uniform ist Gemeinschaft, Uniform ist Führung" (320). Der individuelle Einzelmensch muß ausgelöscht, sein Eigenwille gebrochen werden, auch wenn er dabei zugrunde geht:

> Um diesen Zustand zu erreichen, in dem er weder Frau noch Kinder hat, in dem er das Leben mit allen Reizen völlig vergißt, hat sich eine Methode als unumgänglich erwiesen, die man mit einem Wort das 'Brechen' nennt! Es ist dieselbe Methode ... die man bei jungen Pferden anwendet. Zuweilen geht dabei ein einzelner drauf, aber bei uns gilt ja nicht das 'ich', sondern nur das 'wir'! (152).

Zu Führern gehören idealische, gläubige, starke und opferbereite Geführte. Als leuchtende Vorbilder gelten die Gefallenen des ersten Weltkriegs, vor allem die jungen Freiwilligen, die vor Langemarck in Flandern singend in den Tod marschierten.[20] Ihnen war der Tod Erfüllung, „uns Überlebenden aber Verheißung! ... Ach, wenn das wahrhaft wachsen würde, dies ungeheuere Vermächtnis von Langemarck, dann würde es auch schließlich gelingen, denn es gibt keine stärkendere Kraft!" (114-115). Wie Jünger sieht auch Dwinger den Krieg nicht als etwas Furchtbares, sondern als Erfüllung und Läuterungsprozeß, als Katharsis. Langemarck und Krieg als Vorstufe zur Größe durch Opfer lassen sich nicht mehr mit dem Verstand erfassen. An den will jedoch Dwinger auch gar nicht appellieren. Im Gegenteil; er weist die „blutarme Realität" und die Ratio bewußt zurück. Das Problem, so wie Dwinger es sieht, liegt ja gerade darin, daß zur Zeit der Weimar Republik in Deutschland die kühle Ratio herrscht. Und Ratio bedeutet Technik, Zivilisation, Zertrümmerung der Volksseele. Gerade dem will der Freikorpsmann Reimers entfliehen. Zuerst in der Jugendbewegung um 1900, als Wandervogel, und jetzt im Freikorps. Hier in der weiten Landschaft Kurlands meint er zu finden, was er suchte: „den fruchtbaren Seelenraum" (173). Und hier sieht er auch die tiefere Bedeutung der Jugendbewegung:

> Zum erstenmal brach durch sie der Instinkt in die Lebensgesamtheit, zum erstenmal entschied sie sich jenseits der Vernunft. Nicht mehr das Wissen machte sie zum Wegweiser, sondern das Aufbäumen ihres jugendlichen Gefühls! Alle väterlich übermittelten Erfahrungen schwemmte sie hinweg, alle Sicherungen vor der Dämonie des Unbewußten verlachte sie! (173-74).

Der deutsche Staat muß umgebildet werden durch einen „Umsturz aus dem Irrationalen ... nicht aus der Ratio, sondern aus der Seele" (174-75). Nur Deutschland kennt einen solchen Verjüngungsprozeß durch Aufstand der Jugend: „Das ist vor allem Deutschlands eigenste Art." Die Schlacken der Zivilisation sollen durch eine solche Revolution abgeworfen werden, denn „Zivilisation ist Alter" (175). Das Ziel rechtfertigt dabei die Mittel, auch brutale Gewalt:

> Verjüngen wir uns also – wenn's anders nicht geht – durch einen Schuß Barbarei! Und wenn manches dabei in die Binsen fliegt, Zivilisation kann man immer wieder aufbauen, eine erdrückte Jugend bleibt für immer verloren! (175).

Das alles soll natürlich nicht wie bei anderen Völkern um der Dividende willen geschehen, sondern zu einem höheren Zweck:

> Nur bei uns Deutschen ist das anders, nur wir allein wollen sie [die Macht], um die Welt besser zu machen ... jeder Deutsche fühlt das mit ganzer Seele, jedem Deutschen ist das letzte Bestimmung (417).

Die Freikorps im Baltikum, die sich als die letzten Außenposten des wahren Deutschland begreifen, gehen unter (trotz solcher „wilden Draufgänger" wie Leutnant Schlageter) und mit ihnen eine Welt und eine Weltanschauung. Technik, Materialismus, Vermassung und Bolschewismus sind auf dem Vormarsch. Doch nicht damit endet das Buch, sondern mit der Mahnung, den Kampf gegen das Chaos aufzunehmen, um Deutschland zu retten. Es geht Dwinger darum, das Problem der Masse zu lösen, das „durch die falschverstandene Überdrehung unserer Technik" und „mit dem nahenden Ende des Hochkapitalismus ganz zwangsläufig kommen muß" (430). Rußland versucht dem Problem „auf seine Art" zu begegnen; „wir müssen es auf unsere versuchen" (430). In Rußland heißt die Lösung Bolschewismus, Deutschland braucht eine andere, „die wir ohne Scham deutsch nennen können: Volk, Staat, Arbeit – das muß die Religion unserer Zeit werden" (431). „Religion der Volkheit" steht gegen „Entmenschlichung durch die technische Zivilisation." Dafür verstehen sich die Freikorps als Vorkämpfer und als letzte Bastion des Abendlands gegen den Bolschewismus.

Die Wiederauflage des Romans im Jahre 1953 während des Höhepunktes des kalten Krieges läßt sich aus der anti-bolschewistischen (nicht anti-russischen) Tendenz des Romans erklären. Im Gegensatz zum preußischen und baltischen Adel werden die Roten als absolute Barbaren gezeichnet. Sie besitzen keine Kultur, haben kein Benehmen, hausen wie Tiere in Palästen, verlustieren sich mit „Flintenweibern" in gräflichen Betten und quälen ihre Gefangenen grausam zu Tode. Nicht einmal ordentlich kämpfen können sie. Stoßen die Freikorps auf energischen Widerstand der Roten, dann sind es deutsche Arbeiterbatallione oder kommunistische deutsche Matrosen. Im „Großen Kriege" waren selbst verwundete russische Truppen anders: sie bereiteten sich still aufs Jenseits vor. Jetzt schreien und fluchen sie „unmenschlich." „Zum erstenmal erkannte Reimers, im Innersten erschauernd, was der Bolschewismus diesen einfachen Menschen genommen hatte" (83). Der im deutschen Freikorps kämpfende weißrussische Offizier Platoff sieht im Bolschewismus „einen ungeheuren Ausbruch des urhaft Tierischen, den man durch maßlose Demagogik immer weiter schürt!" (177). Als System ist der Bolschewismus der absolute Gegensatz des irrational-gefühlsmäßig Volkhaften, das als letzte Rettung Deutschlands propagiert wird; er ist ein „System der letzten Ratio ... eine Macht von solch rationalem Vernichtungswillen ..., daß man ihrer nur mehr mit der Hingabe von Kreuzfahrern Herr werden konnte" (178).

Vom literarisch-aesthetischen Standpunkt aus gesehen erhebt sich der Roman kaum über die Ebene des Trivialromans. Die Figuren bleiben Typen, oft nur durch besondere Sprechweise gekennzeichnet wie Truchs oder der Reiter Christiàn, der den Buchstaben i immer als ü ausspricht („Sücher lübt er sü" – S. 310). Reiter Feinhals hat einen „knolligen Kartoffelkopf," Walter ist „der große Becherer." Der Parteifunktionär und Vertreter der Republik aus Berlin ist ein „biederer Philister" und wird durch folgende Beschreibung abqualifiziert: „Seine kurzsichtigen Augen blinzelten hinter einem Kneifer, sein Kinn zierte als typisches Abzeichen des Funktionärs ein Knebelbart" (355). Auch die Sprache bleibt sterotyp: Offiziere haben messerscharfe Stimmen, Geschützmäuler gähnen lechzend (315). Sinnend, zart, verträumt sind bevorzugte Adjektive für pseudo-romantische Einlagen. Die kreisförmige Struktur des Romans unterstreicht die fortschrittsfeindliche Ideologie des Romans: die Handlung beginnt in den alten Stellungen der deutschen Armee von 1917 und kehrt dorthin am Ende zurück.

Durch die Forderung nach Restauration der Volkheit aus dem Kameradschaftsgeist des Frontsoldatenerlebnisses und der „natürlichen" Ordnung von Führer und Gefolgschaft spiegelt der Roman wesentliche Merkmale des Nationalsozialismus. Einer der grausamsten Aspekte desselben spielt allerdings keine Rolle in Dwingers Roman: der Anti-Semitismus. Dafür richtet sich der ganze Haß Dwingers auf die „Untermenschen" der „asiatischen Horden" des Bolschewismus.

Von Kampf handelt auch Hans Zöberleins Roman *Der Befehl des Gewissens* (1936). In ihm geht es allerdings nicht mehr um den ersten Weltkrieg, sondern um den Kampf gegen die „rote Räterepublik" in München und die Kämpfe aus der Anfangsphase der Hitlerpartei, wie bereits der Untertitel andeutet: „Ein Roman von den Wirren der Nachkriegszeit und der ersten Erhebung." Nach Günter Hartung ist dieser

Roman „einer jener Entwicklungsromane, welche die nationalsozialistische Ideologie am vollständigsten verkörpern, und unter ihnen derjenige mit der größten Konsequenz."[21] Für Ernst Loewy zählen Zöberleins Bücher „zu den übelsten Machwerken der Nazi-Literatur."[22] Vor allem der penetrante Anti-Semitismus des Buches macht die Lektüre der rund tausend Seiten zu einer kaum erträglichen Strapaze. Während der Nazizeit jedoch war Zöberlein ein hochgelobter Autor, dessen Werke in hohen Auflagen verbreitet waren. *Der Befehl des Gewissens* lag beispielsweise im Jahre 1941 in der 13. Auflage und 261-280 Tausend Exemplaren vor.

Der Roman *Der Befehl des Gewissens* trägt starke autobiographische Züge; er schildert den Weg des Schumachersohnes und Frontsoldaten mit dem symbolträchtigen Namen Hans Krafft zum glühenden Nationalsozialisten in den kritischen Jahren von 1919 bis 1923. Die Handlung des Romans ist schnell erzählt. Hans Kraft kehrt von der Front zurück, schließt sich einem Freikorps an und bekämpft die Räterepublik in München. Nach Besuch einer Bauschule wird er zunächst Mitarbeiter in einem Architekturbüro, dann selbständiger Architekt. Nach langer Suche meint er, in Hitlers nationalsozialistischer Arbeiterpartei eine Rettung für sich und Deutschland gefunden zu haben. Aber durch sein Bekenntnis zum Hakenkreuz werden ihm berufliche Schwierigkeiten gemacht, bis er seine Stellung aufgeben und als einfacher Maurer arbeiten muß. Schuld an seinem und dem deutschen Unglück sind für ihn natürlich die Juden. Er lebt mit Frau Berta, geborene Schön, und Kind in einem Münchner Arbeiterviertel, das er mit seinen SA-Genossen den Roten in bitteren Straßenkämpfen entreißen und für Hitler gewinnen will. Nach vielen Rückschlägen und Schwierigkeiten wächst die Bewegung bis zum schicksalsreichen Hitlerputsch in München im November 1923, mit dem das Buch endet. SA und NSDAP haben sechzehn Tote zu beklagen und werden verboten. Das Vermächtnis der Toten muß jedoch erfüllt werden, wie das Motto des Buches verkündet: „Der Kampf um Deutschland geht weiter." Der Rest des umfangreichen Buches besteht aus Beschreibung von Kampfszenen und Straßenschlachten gegen die Roten, sentimentalen Heimat- und Liebesszenen, Parteitreffen, sowie Hetze gegen Juden, Freimaurer und die Weimarer Republik.

In der Heimat trifft Hans nur Schieber, Rote, Juden, Freimaurer, Sittenverrohung, Drogengenuß und Dekadenz. Die alte Frontkameradschaft der im Trommelfeuer Gehärteten ist dahin; Frontsoldaten werden überall verlacht und benachteiligt: niemand versteht sie. Nur Hans Krafft durchschaut alles; denn seine Augen haben ein „rätselhaftes Schauen und Durchblicken aller Dinge."[23] Ruhelos treibt er umher und wartet auf „irgendein Wunder, eine Erhebung, eine Auflehnung" (44). In seinem Suchen und Zweifeln fühlt sich Hans Krafft gar dem Faust verwandt (252), und sein Gretchen findet er in der „edlen Seele" Berta Schön. Der leutselige, grundehrliche, dialektschwätzende Friedl aus Hessen fordert ihn auf, mit zum Freikorps ins Baltikum zu gehen, um gegen die Bolschewiken zu kämpfen; denn gegen die „hilft nor eens, die brutalste rohe Gewalt, denn des sen Teufel, schlimmer wie Teufel" (47). Hans will aber erst sein Baustudium hinter sich bringen. In München sieht er mit Abscheu das Gehabe der Roten wegen des „sogenannten politischen Mordes am Juden Eisner" (68). Jetzt, „da man einen der gemeinsten Juden zu Grabe trug, der Volk und Land verraten" (69-70), weinen mehr Leute als bei der Kreuzigung Christi. So wie hier artet das Buch oft in primitive Haßtiraden aus; Zöberlein macht sich meist nicht einmal die Mühe, solche unkontrollierten Ausbrüche einem seiner Charaktere in den Mund zu legen und so in die Struktur des Buches zu integrieren.

Auch bei der Darstellung der Roten arbeitet Zöberlein mit den billigsten Klischees. Die roten Räte stehen für Gleichmacherei von Fleißigen und Faulen, Ehrlichen und Gaunern, Gescheiten und Dummen; sie plündern, morden, schänden und praktizieren freie Liebe, die sie geschlechtskrank macht (116). Dabei sind sie feige, dekadent und drücken sich mit Halbweltdamen in Schieberlokalen herum. Ihre Führer sind natürlich Juden, die ihre Genossen verraten, wenn immer es dem eigenen Vorteil dient. Bei allem geben sie aber vor, im Interesse des Volkes zu handeln; mancher treu-gläubige Frontsoldat schließt sich ihnen sogar an – wie Kraffts Kameraden Max und Fritz. Die Volksstimme aber verlangt nach einer eisernen Faust, um diesem „Rätesaustall" ein Ende zu machen. Das geschieht dann auch durch die Freikorps, in der die „wahre Demokratie" herrscht; alte Ränge und Waffengattungen gelten dort nicht mehr, es gibt nur „die herrlichste Demokratie, die hier kriegerische Gestalt gewonnen hat" (140). Die Bauern, die auf der Seite der Freikorps kämpfen, sind „klar, offen und gerade" und nicht „finster, falsch und verbissen" wie die Roten (241). Das „rote Gesindel" muß „ausgerottet werden wie die Pestratten. – Und wenn der eigene Bruder dabei wäre!" (185). Die Freikorps kämpfen nicht für die „politischen Krautköpfe" der Weimarer Republik, sondern für „ein ganz – ganz gewaltiges, hohes Ziel! Ein Deutschland in Ehre und Freiheit!" (186). Ziel der Roten dagegen ist „die Vernichtung alles dessen, was schön, gut und erhaben ist" (220). Heute ist das deutsche Volk in Arbeiternehmer und Arbeitgeber gespalten – so Zöberlein. Diese Spaltung muß überwunden werden durch den Geist der Kameradschaft. Doch der Weg dahin wird nicht leicht sein: die Besten sind im Feld geblieben und es muß „noch viel, viel Blut fließen, bis diese Menschen alle wieder zu einem Volke geworden sind" (229). Die Lage ist ernst, doch nicht hoffnungslos. Das „gute gesunde Blut" kreist noch in den alten Kriegskameraden, die mit ihren Frauen den neuen deutschen Menschen zeugen können: „Ein neuer deutscher Mensch könnte durch uns Soldaten aus unseren Frauen herauswachsen. In einer Generation könnte das deutsche Volk schöner, größer und herrlicher dastehen als vorher" (247). Die neue Zeit, die Zöberlein sieht, ist nicht auf die Ratio gegründet, sondern wächst aus dem Irrationalen, „aus den Tiefen der Seelen," aus dem Blut: „Nicht was im Hirn sitzt, sondern was im Blut webt, das ist der Baustoff für eine neue Zeit" (263). Aber dieser „Baustoff" ist nach Zöberlein durch die Juden schwer bedroht. Mit der Judenfrage ist der Kern des Romans und sein absoluter Tiefpunkt erreicht. Ein schlimmerer Anti-Semitismus läßt sich kaum vorstellen. Er durchzieht das ganze Buch, konzentriert sich aber vor allem in den Kapiteln „Die Judenfrage" und „Mirjam."

Im erstgenannten Kapitel wird Berta im Schwimmbad von „dreckigen Juden" angegeilt. Voller Ekel wendet sie sich an Hans: „Diese Judenschweine richten uns zugrunde, das ganze Blut versauen sie uns" (298). Darauf Hans: „Und Blut ist das Beste und das Einzige, was wir noch haben" (298). Dann stellt ihm Berta die Gretchenfrage des Nationalsozialismus: „Hans, wie stehst du zur Judenfrage?" (298). Nun geht es erst recht los. Für Berta steht fest, „daß es die brennendste Frage für uns ist. Der Prüfstein, an dem sich alles Echte und Unechte im Deutschen scheiden muß" (298). Gespannt wartet Berta auf Hans' Antwort, „als erwarte sie von ihm ein Urteil über Leben und Tod" (298). Doch sie brauchte nicht zu zagen; ihr Hans ist gleichen

Sinnes. Er hat die Juden nie gemocht: „Das liegt uns im Blut. Die Juden sind für unser Empfinden schmutzig, schweinisch, ehrlos – kurz gesagt, das genaue Gegenteil von uns" (299). Mit „uns" meint Hans alle „echten" Deutschen, nicht nur sich und Berta. Die Juden sind für Berta, Hans und Zöberlein „Ungeziefer," das nur auf dem Mist der Weimarer Republik gedeihen kann (299). Nach diesem Erlebnis im Schwimmbad rudern beide in den See hinaus, um sich im Anblick der schönen Heimat nackt ins Wasser zu stürzen und den „Judendreck" abzuwaschen (300).

Im Kapitel „Mirjam," das fast genau den Mittelpunkt des Romans bildet, gelingt es Zöberlein, seinen Rassenhaß ins Mythische zu steigern.[24] Auf einer Party trifft Hans die schöne Tochter Mirjam des Generaldirektors und Juden Kupfer, die ihn sofort zu umgarnen sucht. Doch ein Apothekerfreund warnt Hans vor dieser „gleißenden Katze," denn sie ist von „der Judenpest ... der Syphilis" infiziert (495). Bei seiner folgenden Unterhaltung mit der unglücklichen Mirjam weht Krafft „ein eisiger Moderhauch... an, wie aus einem tiefen, uralten Kerker unter der Erde" (509). Mit „Schaudern" erkennt Hans darin „den Fluch von Ewigkeit her," der auf den Juden lastet. Nachdem Hans mit Mühe und im Vertrauen auf seine deutsche Berta den Fängen Mirjams entronnen ist, erklärt ihm der Apotheker, warum Mirjam als Jüdin so handeln mußte: Zum Überleben ihrer Rasse brauchen Juden frisches Blut, um ihr krankes zu regenerieren. Sonst würden die Juden an ihrer Inzucht zugrunde gehen. „Schnell wird ein frischer Zweig von anderem Blut aufgepfropft, und das Zeug wuchert weiter. ... Die Juden leben nicht nur von unserer Arbeit, sondern auch von unserem Blut. Das ist das Gesetz ihrer bisherigen Unsterblichkeit, mit dem sie die Natur betrügen. Zucht nennen sie das, aber es ist Unzucht, denn es ist kein Veredelungsprozeß, sondern ein Entartungsprozeß" (512). Zöberlein bietet auch eine Lösung dieses Problems: „Den Baum, der giftige Früchte trägt, muß man umhauen und ins Feuer werfen. Hier darf es kein Mitleid geben. Mitleid ist hier Schwäche" (515). Der Weg nach Auschwitz zur „Endlösung" ist hier klar vorgezeichnet. Dem „schmarotzenden" und „degenerierten" Blut hält Zöberlein das gesunde deutsche entgegen: „Unsere Götter sehen anders aus. Da zittert die Erde, wenn sie einmal wieder drauftreten" (515). *Eine* Quelle für die Ansichten des Apothekers bildet dessen Paracelsus-Lektüre. Eine andere Adolf Hitler. In ihm sieht er den Arzt für den kranken Volkskörper! Hitler hat seiner Meinung nach die seltene Fähigkeit, die schicksalhaft vorgezeichneten Gesetze der Natur zu erahnen, die ihm unbesiegbare Kräfte verleihen (517). Auch Berta schreibt ihrem Hans aus München begeistert von Hitler. „Dieser Hitler ist der Prototyp des aufrechten Deutschen. Dieser Mann ist der Sprecher und Ankläger im Namen aller guten Frontsoldaten" (441). Sie vergleicht ihn gar mit Luther:

> Sein Programm..., die Richtsätze der Nationalsozialistischen Deutschen Arbeiterpartei, sind so gewaltig ... wie damals das Anschlagen von Luthers Thesen an der Kirche in Wittenberg gewesen sein muß, noch größer, weitschauender und gewaltiger... (448).

Als Hans dann Hitler selbst hört, wirkt dieser auf ihn wie eine göttliche Naturgewalt:

> Er ist wie das Licht, die Luft und der Tau, das aus uns das Wunder des neuen Knospens und Blühens weckt, das wir nicht von selber können, so wenig wie ein Samenkorn allein

aus sich es könnte ohne Erde, Sonne und Regen. Er ist mehr als ein Redner, er ist ein Kraftausstrahler, ein Lebenserwecker, ein Schöpfergeist (545-46).

Hitler wird schon mit dem „Sauhaufen der Parteien" und der Republik aufräumen. Die Parteien und die Regierung sind – so Zöberlein – nur Hilfstruppen der Franzosen; statt zu handeln, schwenken sie nur die „schwarzrotsenftene Fahne" (572). Die maßgebenden Lumpen sind wiederum die Juden, vor allem Rathenau – der dann auch folgerichtig am 24.6.1922 von rechten Terroristen ermordet wird. Bei Hitlers Nationalsozialisten findet Hans Krafft, was er suchte; denn bei ihnen werden „Männer gebraucht, nicht Stimmvieh" (660). Die Lösung für Deutschlands Probleme liegt nach Zöberlein nicht in der Demokratie, sondern in der Diktatur: „Der kürzeste Weg geht über die Diktatur eines starken Mannes" (660). Hans Krafft schließt sich der Hitler-Partei an, kämpft, redet, leidet für seinen Führer, bis der Hitlerputsch im November 1923 seiner Aktivität ein vorläufiges Ende setzt. Doch der Traum vom Reich bleibt: „Adolf Hitler wird euch hinführen" (990). Mit dieser Vision endet das Buch, es ist die Vision des „Dichters" Dietrich Eckart, der ob „soviel Verrat" starb: „Ein heißes deutsches Herz ist gebrochen" (989). Dietrich Eckart wurde von Zöberlein hochverehrt als „ein gewaltiger Meister der Dichtung aus dem neuen Geist der Zeit" (783) der das „großartige" neue Sturmlied der SA dichtete:

> Sturm! Sturm! Sturm!
> Läutet die Glocken von Turm zu Turm! (784)

Wie anders ist doch diese „hehre Dichtung" als die „sittenverderbende jüdische Asphaltliteratur" (633). Zöberleins Buch illustriert anschaulich, wie der neue Geist beschaffen ist und welche literarischen Leistungen er hervorbringt. Dabei ist der neue Geist so neu nicht; Zöberlein geht in keinem Punkt über Artur Dinters „Roman" *Die Sünde wider das Blut* aus dem Jahre 1917 hinaus, der bereits „die Besudelung deutsch-arischen Blutes" durch „jüdisches Blut" in einer nur dürftig verkleideten Romanhandlung um die Leiden des deutsch-völkischen Helden Hermann Kämpfer darzustellen versuchte.

Karl Aloys Schenzingers Roman *Der Hitlerjunge Quex*, erschienen 1932, war im Jahre 1940 bereits in mehr als 244000 Exemplaren verbreitet und diente als Vorlage für einen der populärsten Filme der NS-Zeit (vgl. Filmkapitel). *Der Hitlerjunge Quex*, geschrieben „von Mai bis September 1932," ist ein Märtyrer-Roman aus der „Kampfzeit" kurz vor der Machtübernahme durch die Nazis. Er richtet sich vor allem an jüngere Leser, denen die Geschichte und Entwicklung des fünfzehnjährigen Hauptcharakters Heini Völker zum Vorbild und zur Nachahmung dienen soll.

Heini Völker wohnt mit seiner fürsorglichen Mutter und seinem arbeitslosen Vater im Berliner Arbeiterviertel Moabit, das von kommunistischen Organisationen kontrolliert wird, denen auch Heini und sein Vater angehören. Heini ist jedoch nur widerwillig dabei; denn ihn stören die Unordentlichkeit, Undiszipliniertheit und Grobheit seiner Kameraden. Er sehnt sich nach Ordnung und Disziplin, wie er sie durch den Schutzmann an der Ecke oder die Reichswehr demonstriert sieht: „Er mochte die Schupoleute gern leiden. Sie sahen so ordentlich aus, sauber, stramm, das Lederzeug blitzte. Sie erinnerten an Ordnung, Zucht, Disziplin, wie es noch in den alten Geschichten zu lesen war. Noch besser gefiel ihm die Reichswehr, wenn die

Wache aufzog, oder am Reichstag die Ehrenkompagnie präsentierte."[25] Der blank-geputzte Schutzmann erinnert ihn an eine Gruppe von Jungen, die neulich „blitzblank, lebendig und frisch, eine Fahne voraus," an ihm vorbeizogen (8). Als Heini bei einem Ausflug seiner kommunistischen Jugendgruppe das wilde Treiben seiner Kameraden zuwider wird, schleicht er sich weg und trifft auf eine Gruppe von jungen Leuten, die so ganz anders sind:

> Ganz dicht vor ihm standen, in Reihen geordnet, Jungens wie er. Jeder hielt neben sich an langer Stange einen Wimpel senkrecht gegen den Himmel, schwarze Wimpel und leuchtend rote mit zackigen Zeichen im Grund des Tuches. Einer sah aus wie der andere, kurze Hosen, nackte Knie, braunes Hemd, ein Tuch um den Hals geschlungen (44).

Er hörte Worte wie „Bewegung," „Führer," und das Deutschlandlied fiel „wie eine heiße Welle über ihn her" (44). Nun erst wird ihm seine Deutschheit bewußt, hier mitten im deutschen Wald: „Dies war deutscher Boden, deutscher Wald, dies waren deutsche Jungens, und er sah, daß er abseits stand, allein, ohne Hilfe, daß er nicht wußte, wohin mit diesem jähen großen Gefühl" (44-45). Zu diesen Jungen möchte er gehören, und das Wort Ordnung will ihm nicht mehr aus dem Kopf (45). Es gelingt ihm, mit den Hitlerjungen in Verbindung zu treten. Dabei erfährt er, daß auch sie keine Klassengesellschaft wollen, sondern gegen den kommunistischen Internationa-lismus aller Proletarier vereint im Klassenkampf gegen Ausbeuter eine natürliche und nationale Volksgemeinschaft aller Deutschen anstreben, die auf Rassenreinheit, Disziplin und Ordnung basiert. Einer der Hitlerjungen erklärt ihm:

> Ich will mich trainieren, außen und innen, daß die Courage in einem selbstverständlich wird. Ich will mein Blut spüren und das der anderen, die dasselbe Blut haben wie ich. Wir müssen wieder eine natürliche Gemeinschaft werden. Wir haben ja nur noch Bastarde. Das Wort Volk ist bei uns lächerlich geworden (60).

Doch es gibt Schwierigkeiten und Gefahren. Er erfährt vom Schicksal des Hitlerjun-gen Norkus, der beim Verteilen von Flugblättern von Kommunisten erschlagen wurde und dadurch zum heldenhaft leuchtenden Vorbild der Bewegung wurde. Hei-nis Vater ist Kommunist und will seinen Sohn natürlich nicht im Braunhemd sehen. Der Kommunistenführer Stoppel setzt alles ein, um Heini am Überlaufen zu hindern. Doch es ist bereits zu spät, Heini hat seinen Entschluß gefaßt. Der endgültige Bruch mit seinen roten Kameraden kommt, als er deren geplanten Überfall auf seine neuen braunen Freunde an diese verrät. Heinis Mutter hält die Spannung nicht mehr aus, sie dreht den Gashahn auf und begeht Selbstmord. Heini entgeht dem Gastod nur mit knapper Not und lebt danach unter dem Schutz seiner braunen Genossen, deren Uni-form er nun voller Stolz trägt. Die Gemeinschaft der Hitlerjugend wird Familien-ersatz.[26] Der Bannführer macht ihm klar, was diese Uniform bedeutet: „Sie ist die Kleidung der Gemeinschaft, der Kameradschaft, der Idee, der Eingliederung. ... Sie macht alle gleich, sie gibt jedem das Gleiche und verlangt das Gleiche von jedem. Wer solch eine Uniform trägt, hat nicht mehr zu wollen, er hat zu gehorchen" (164). Doch Heini ist bereit: „Er wollte Befehle, er wollte gehorchen" (176); denn er glaubt nun an Volk und Führer. Gewissenhaft und schnell führt er alle Befehle der Zentrale aus, was ihm den Namen Quecksilber oder Quex einbringt.

Noch einmal versucht sein früherer roter Mentor, Heini zurückzuholen, doch vergebens: Heini glaubt an Führer und Fahne. In der Rückschau ist des Mentors Antwort darauf die einzig mögliche: „Plemmplemm biste! Aber total" (199). Heini bleibt bei der Hakenkreuzfahne und steigt sogar zum Kameradschaftsführer auf. Doch seine früheren Genossen haben ihm seinen Verrat nicht vergessen: nach einer Flugblattaktion wird er auf dem dunklen Heimweg erschlagen und damit zum Märtyrer der Bewegung.

Hintergrund zu diesem Roman bilden die Straßenschlachten zwischen Kommunisten und Nazis in der Endphase der Weimarer Republik und die Gewalttaten auf beiden Seiten. Heinis Entwicklung und Entscheidung für die Nazis, die vermeintlichen Heil- und Ordnungsbringer, sollen vor allem die Arbeiterjugend anregen, denselben Weg zu gehen. Wir wissen heute, wie sich der größte Teil entschieden hat. Sicherlich haben auch Film und Buch vom Hitlerjungen Quex ihren Anteil an dieser Entwicklung gehabt. Literarischen Wert besitzt das Buch nicht, doch als spannendes Propagandawerk hat es seine Wirkung nicht verfehlt.

Schenzingers Buch vom Hitlerjungen Quex ist beispielhaft für eine ganze Reihe von Werken, in denen ein Held im Kampf für das gute Prinzip tragisch endet. Da in diesen Werken das Grundschema des Kriegsromans auf das innenpolitische Feld übertragen wird, spricht Ketelsen auch von „Bürgerkriegsliteratur."[27]

Hans Heins Ewers' Roman *Horst Wessel. Ein deutsches Schicksal* (1932) stammt ebenfalls aus der Zeit des Kampfes zwischen den Nazis und den Kommunisten um die Vorherrschaft in Berlin gegen Ende der zwanziger Jahre. Er konzentriert sich auf die letzten zwei Lebensjahre des SA-Mannes Horst Wessel, von den Nazis verehrt als Märtyrer und Verfasser der NS-Hymne „Die Fahne hoch." Wie Ewers im Nachwort kundtut, kam die Anregung zu diesem Roman vom Führer selbst: „Er war es, der mir vor Jahresfrist im Braunen Hause die Anregung gab, der mich bestimmte, den 'Kampf um die Strasse' zu schildern."[28] Obwohl Ewers sich nach eigener Aussage auf Tagebücher, Briefe, Archivunterlagen und persönliche Interviews stützt, ist sein Buch ein reines Propagandawerk und kein historischer Roman. Der Autor ergeht sich in subjektiver Schwarz-Weiß-Malerei: die SA-Männer werden durchweg als treu-deutsche Kerle und die Roten entweder als irregeführte Deutsche, die man zur richtigen Fahne bringen muß, oder als Schieber, Juden und Zuhälter dargestellt. Im Jahre 1934 hatte der Roman eine Auflage von über 200.000 erreicht.[29] Ewers Horst-Wessel-Buch gab auch die Vorlage für einen Film und ein Hörspiel ab, beide aus dem Jahre 1933.

Der Roman beginnt im Oktober 1928. Horst Wessel – „braungebrannt war das Gesicht, edel die scharfgebogene Nase. Hoch die Stirn, helleuchtend die Augen" (11) – hat sein Korps Normannia und sein Studium der Rechte aufgegeben, um sich ganz dem nationalsozialistischen Kampf um Deutschland zu widmen. Sein Motto ist des NS-Barden Dietrich Eckarts bekannte Zeile: „Deutschland erwache!" (10-11). Er ist entschlossen, Goebbels in seinem schweren Kampf als Führer des fünften SA-Sturms zur Seite zu stehen und den Roten die Herrschaft über Berlin zu entreißen. Den missionarischen Eifer dazu hat er von seinem Vater, dem lutherischen Pfarrer Dr. Ludwig Wessel, aus dessen Predigten er so manches Trostwort schöpft, wenn seine braune Bekehrungswut nachzulassen droht. Für ihn gab es nie einen Zweifel, auf welcher Seite wer im Kampf um ein neues Deutschland steht:

Ganz bewußt kam er zu den Nazis; er war sich klar darüber, daß nur ihnen oder den Kommunisten die Zukunft gehöre. Beiden war das Revolutionäre und Unbürgerliche, war der Kampfesmut für einen grossen Gedanken gemeinsam: hier für Weltherrschaft der einen proletarischen Klasse, dort für ein freies Deutschland aller Stände und Berufe (33).

Mit einigen sozialistischen Zielen der Marxisten stimmt Wessel durchaus überein: sichere Arbeit, hohe Löhne, kurze Arbeitsstunden, Spiel, Sport und Vergnügen in der Freizeit. Doch bleibt ihm das alles bei den Roten so einseitig, blutleer und zerebral, es kommt nicht aus einem geheimnisvollen, mystischen Urgrund von Herz und Seele (39).

Leuchtendes Vorbild ist allen Berliner SA-Männern der von Hitler persönlich nach Berlin entsandte Rheinländer Dr. Joseph Goebbels:

> Sie liebten *ihren Doktor*, Joseph Goebbels; fühlten sich eins mit ihm und ein Stück von ihm. Und Goebbels, der war der ferne Platzhalter des Führers, war ein Teil Hitlers. So war der Glaube dieser Jugend: Deutschland, das wahre, das echte Deutschland, das Deutschland herrlicher Vergangenheit und trotz aller Schmach großer Zukunft – das hieß Adolf Hitler und Goebbels und all die andern um ihn – und auch sie, die SA! Eins waren sie, ein Leib und ein Geist, eine Hoffnung und ein Traum, festgeschmiedet und unzerreißbar (38).

Horst Wessel, der Verfasser zahlreicher Nazi-Lieder, fühlt noch eine besondere Affinität zu Hitler und Goebbels durch das „Künstlerische," wie einer seiner SA-Kameraden formuliert:

> Das ist eigentlich komisch, ... daß all unsre Führer was mit Kunst zu tun haben. Ich versteh nicht viel davon, aber ich fühl es doch. Der Hitler ist sicher ein Künstler, sonst hätte er nie die Fahne erdenken können und nie die S.A. auf die Beine gestellt. Unser Doktor – dem ist nichts lieber, als wenn er im engen S.A.-Kreis keine Reden halten braucht, sondern statt dessen uns irgendeine Dichtung vorträgt. Und du, Horst, weißderteufel, bei dir ist's genau so (40).

Kunst übernimmt hier Mystifizierungs- und Hellseherfunktion, die den Nazi-Führern einen tieferen Blick als dem einfachen S.A.-Mann verleiht.

Über weite Strecken bietet Ewers Buch heroische Beschreibungen von S.A.-Umzügen durch die Straßen Berlins und Straßenschlachten gegen Kommunisten und Polizei, die im einzelnen aufzuführen sich nicht lohnt. Zwischendurch holt sich Horst Wessel Kraft und Stärke bei seiner verständnisvollen Mutter, mit der er sich besonders eng verbunden fühlt, oder bei seiner Erna, einer von ihm aus dem Sumpf geretteten Prostituierten, bei der er wohnt, und die für ihn Spitzeldienste bei den Roten leistet. Diese Rettungsaktion eines braven Mädels aus der von roten Zuhältern beherrschten Unterwelt wird beispielhaft für die Rettung des deutschen Volkes durch die S.A., deren Anfangsbuchstaben ja auch „Salvation Army" bedeuten können (97). Für seine „edle" Tat ist Horst Wessel bei den Roten als Zuhälter verschrien, doch auch seine eigenen S.A.-Leute halten zu Erna Distanz. Horst Wessel aber steht treu zu ihr. Ewers versucht immer wieder klar zu machen, daß den Roten nicht zu glauben ist. Ihre Berichte von Nazi-Untaten und Judenprogromen, die in der „Roten Fahne" erscheinen, sind nach Ewers frei erfunden – als Zeugen dafür läßt er einen sozialistischen Augenzeugen auftreten.

Um das proletarische Milieu besser kennenzulernen, verdingt sich der Pastoren-
sohn Horst Wessel als Taxifahrer und Schipper. Mit echten Schwielen an den Händen hofft er, bei Arbeitern größere Resonanz zu finden – mit einigem Erfolg; denn,
so Ewers, der Kampf der Roten konzentriert sich zusehends auf Horst Wessel, der
ihnen immer mehr Leute abwirbt. Der Tod seines Bruders Werner, der bei einem
Schneesturm im Riesengebirge Kameraden retten wollte, weist auf Horst Wessels
eigenes Ende voraus und gibt Ewers Gelegenheit, nationalsozialistische Todesmystik
zu beschwören. Am Grabe sprechen Goebbels und S.A. Führer:

> „Du verstandest, daß der deutsche Student dicht neben dem deutschen Arbeiter stehen
> müsse, wo es den Kampf gilt um Freiheit und um einen ehrlichen und wahren Sozialis-
> mus." Und die Trommeln, die Trommeln rührten dumpf ihre Wirbel. Glührot leuchteten
> die Fackeln über dem finstern Gottesacker (195-196).

Durch Verrat wird Horst Wessel schließlich von den Roten zur Strecke gebracht:
„Die Drahtzieher im Karl-Liebknecht-Haus spielten ihr Spielchen und spielten es
gut" (227). Else Cohn, „ein Antifamädel, eine kleine, häßliche Person" (214), besteht
auf sofortiger Durchführung des Befehls von Kronstein, dem Führer der roten Sturm-
scharen aus Warschau, daß Horst Wessel sofort beseitigt wird. Ohne daß Ewers es
ausdrücklich zu sagen braucht, soll dem Leser klar werden, daß der Nazi-Held einer
jüdisch-international-marxistischen Verschwörung zum Opfer fiel. Die Vollstrecker
waren rote Zuhälter und Kriminelle, die Wessel hinterrücks in seinem Zimmer ermordeten. Die rote Presse verbreitete dann nach Ewers das Gerücht, der Zuhälter
Wessel sei im Streit mit einem Kollegen umgekommen.

Im Krankenhaus ringt Wessel noch einige Wochen mit dem Tod, veranlaßt die
Aufnahme vom Kaisersohn Prinz August Wilhelm in die S.A., und stirbt in den Armen seiner Mutter. Zahllose zähneknirschende S.A. Männer mit „verbissenen" Mie-
nen nehmen Abschied von Horst Wessel, der „im braunen Zimmer" aufgebahrt ist,
umgeben von Kerzen, NS-Standarten und Korpsfahnen. Am Grabe sprechen unter
anderem Hermann Goering und Joseph Goebbels: „Und wenn dann die S.A. zum
grossen Apell versammelt steht, wenn jeder einzelne aufgerufen wird, dann wird der
Führer auch deinen Namen rufen, Kamerad Wessel! Und alle, alle S.A.-Männer werden antworten wie aus einem Munde: 'Hier!' – Denn die S.A. – das ist Horst Wessel" (261). Doch nicht damit schließt der Roman, sondern mit einer apotheoseartigen
Verklärung des Helden, die an kitschiger Sentimentalität ihresgleichen sucht:

> Wieder träumte die Mutter. Hochaufgerichtet ein riesenhaftes Kreuz, am Querbalken
> durchflochten mit einem Hakenkreuz. Horst stand darunter in seiner braunen Sturmtracht;
> er hielt die Kappe in beiden Händen, sah ernst hinauf. ... Und sie wußte: wenn des Volkes
> Jammer ein Opfer verlangt – immer sind es die Tapfersten, sind es die Edelsten und
> Besten, die auserwählt sind. Und immer, immer ist dies das Ende: *unten am Kreuz steht
> eine Mutter* (288-89).

Im Nachwort zieht Ewers eine Parallele zu dem nationalen Freiheitskämpfer Theodor
Körner, durch die er seinem Horst Wessel noch historische Weihe und Legitimation
erteilen will.

Trotz der Thematik, des hohen Auftrags und der hohen Auflagen war Ewers'
Horst Wessel Buch nicht recht beliebt bei den Nazis; es wurde schließlich sogar ver-

boten und Ewers als „Konjunktur-Literat" abgetan.[30] Das lag nicht nur am schlechten Stil des Romans, sondern an der anrüchigen Schriftstellervergangenheit des Autors. Den „sauberen" Nazis erschien ein Schriftsteller von solch zweifelhaftem Ruhm wie Ewers denn doch ungeeignet als Biograph ihres Nationalhelden. In einer Besprechung des Buches, die 1933 in *Die Neue Literatur* erschien, schrieb Ewers' Schriftstellerkollege und Nazi-Dichter Will Vesper unter anderem:

> Auf Grund von Mitteilungen der Familie Horst Wessels hat Hanns Heinz Ewers aus dem Leben des jugendlichen Märtyrers, des Theodor Körner der nationalsozialistischen Bewegung, einen Reportageroman gemacht, geschickt gemacht, soweit eben die Kräfte des grissenen Unterhaltungsschriftstellers reichen. Die Tatsache, daß ausgerechnet Hanns Heinz Ewers einen solchen Roman schreiben durfte, kann man nicht ohne peinliche Gefühle betrachten.

Vesper wirft Ewers vor, erst kürzlich sein Deutschtum erkannt und das dann öffentlich hinausposaunt zu haben, um gute Geschäfte zu machen. Vesper fährt fort:

> Wahrhaftig, wir hätten dem leidenschaftlichen, sein Leben für das ganze Deutschland mutig opfernden Kämpfer Horst Wessel gewünscht, daß es ihm erspart geblieben wäre, von Fingern angefasst zu werden, die noch allzu deutlich nach 'Morphium,' 'Alraunen,' 'Vampiren,' 'Toten Augen' und ähnlichen Dingen riechen.[31]

Kritik kam, wie zu erwarten, auch von links. Kein geringerer als Bertolt Brecht schrieb im Jahre 1935 eine ausführliche Besprechung des Ewerschen Romans unter dem Titel „Die Host-Wessel Legende." Brecht greift dabei das Zuhälterthema auf, beleuchtet dessen ökonomische Seite und sieht das Zuhälter-und Ausbeutermilieu als symptomatisch für die ganze Nazibewegung, die durch Horst Wessel und den geeigneten Schriftsteller treffend beleuchtet wird:

> Zur Herstellung einer endgültigen Lebensbeschreibung des jungen Helden suchte Joseph Goebbels einen Fachmann und wandte sich an einen erfolgreichen Pornographen. Dieser Experte, ein Herr namens Hanns Heinz Ewers, hatte unter anderem ein Buch geschrieben, in dem ein Leichnam ausgegraben und vergewaltigt wurde. Er schien hervorragend geeignet, die Lebensgeschichte des toten Wessel zu schreiben. Es gab nicht zwei Leute mit soviel Phantasie in Deutschland.[32]

Mit beißendem Spott bedenkt Brecht die proletarischen Verrenkungen des im Arbeiterviertel wohnenden Zuhälters Horst Wessel, der das Volk und die Prostituierte Erna zu sich emporziehen wollte. Doch Wessel ist in Brechts Augen nicht nur ein gewöhnlicher, sondern auch ein politischer Zuhälter und damit typisch für die ganze Nazibewegung:

> So wie der gewöhnliche Zuhälter sich zwischen die arbeitenden Prostituierten und ihre Mieter einschaltet, den Geschäftsakt überwacht und Ordnung in das Geschäft bringt, schaltet sich der politische Zuhälter zwischen die Arbeiter und ihre Käufer ein, überwacht den Verkaufsakt der Ware Arbeitskraft und bringt Ordnung in das Geschäft. Tatsächlich gibt es kaum eine bessere Schule für den Nationalsozialismus als das Zuhältertum. Er ist politisches Zuhältertum.[33]

Mit Horst Wessel haben die Nazis sich selbst ein Denkmal gesetzt, allerdings in einem ganz anderen Sinne als sie vermeinten:

> Die Nationalsozialisten haben mit dem Wessel einen sicheren Griff gemacht. In ihm hat das regierende Triumvirat aus einem verbummelten Studenten, einem entlassenen Offizier und einem Reichswehrspitzel das Symbol ihrer Bewegung gefunden, den jungen Helden, von dem man sagen kann: an ihn denkend, denkt man sogleich an die Bewegung, und an die Bewegung denkend denkt man sogleich an ihn.[34]

b. Der historische Roman

Eine große Rolle spielte auch der im weitesten Sinne historische Roman, mit dem sich das Dritte Reich mit Beispielen aus der Geschichte zu legitimieren suchte. Dabei kam es zu keiner ensthaften Auseinandersetzung mit der Geschichte als dem Andersartigen; Geschichte wird lediglich als Heilsgeschichte in enger Beziehung zur Gegenwart gesehen.[35] Hierhin gehören Romane wie *König Geiserich* (1936) von Hans Friedrich Blunck, die *Paracelsus*-Trilogie (1917-25) von Erwin Guido Kolbenheyer, *Tristan und Isolde* (1911) und *Parzival* (1911) von Will Vesper, *Bismarck gründet das Reich* (1932), *Mont Royal. Ein Buch vom himmlischen und vom irdischen Reich* (1936), *Kaiser und Herzog. Kampf zweier Geschlechter um Deutschland* (1936), *Reich und Rom. Aus dem Zeitalter der Reformation* (1937) und *Der König und die Kaiserin. Friedrich der Große und Maria Theresia* (1937) von Werner Beumelburg, und historisch-biographische Romane über große Führergestalten wie Caesar, Cromwell, Hannibal, Heinrich den Löwen, Franz von Sickingen, Scharnhorst und Prinz Eugen von dem österreichischen Bestsellerautor Mirko Jelusich (1886-1969), dem „'Haus- und Hofdichter' der österreichischen NSDAP.“[36] Im folgenden sollen die zwei Romane *Mont Royal* und *Reich und Rom* von Beumelburg ausführlicher behandelt werden.

Werner Beumelburg gehörte mit zu den populärsten Autoren des Dritten Reiches. Schon 1939 hatten seine Bücher die Millionengrenze überschritten;[37] allein sein Roman *Sperrfeuer um Deutschland* (1929) erreichte 1940 ein Auflage von 328.000 Exemplaren.[38] Mit seinen historischen Romanen wollte Beumelburg „das Bewußtsein vom Sinn des deutschen Schicksals... wecken und das Volk zu den Quellen seiner geschichtlichen Herkunft... führen,“ eine Aufgabe, die er sich auch als Herausgeber der *Schriften an die Nation* gesetzt hatte.[39]

In *Mont Royal* (1936) führt Beumelburg den Leser zurück in „die Zeit tiefster Erniedrigung“ (6). Der Roman spielt in den Jahren zwischen 1680 und 1700, als im deutschen Kaiserreich große Uneinigkeit herrschte, der deutsche Kaiser vor Wien die Türken abwehrte und „seine Allerchristlichste Majestät“ Ludwig der Vierzehnte die Unruhe geschickt ausnutzend dem Reich große Teile entriß. Zur Festigung der französischen Macht legte der Baumeister Vauban bei Trarbach an der Mosel eine gewaltige Festung an: Mont Royal. Von hier aus beherrschten und unterdrückten die Franzosen – so Beumelburg – die deutsche Bevölkerung und versuchten, Frankreich bis zum Rhein und darüber hinaus auszudehnen; selbst das im Aufstieg begriffene Brandenburg unter dem Großen Kurfürsten und Friedrich III. vermochte wenig dagegen auszurichten. In diesen historischen Rahmen wird die Geschichte von Jörg und seinem Bruder Martin aus Trarbach an der Mosel eingebettet. Am Anfang des Romans schließt sich Jörg bei Boppard am Rhein niederländischen Truppen unter dem Hugenotten Herrn de Sierge an, um mit ihnen gegen die Türken vor Wien zu ziehen. Jörg zeichnet sich im Kampf gegen die Türken aus und erhält vom sterbenden de Sierge zum Andenken ein Elfenbeinkettchen, das er später an Gaston de Sierge, den Sohn seines verehrten Führers, weitergibt. Gaston ist französischer Offizier und später Jörgs gefährlichster und tapferster Widersacher. Nach der Rückkehr von Wien wird Jörg selbst eine zeitlang französischer Soldat, desertiert jedoch zu den Brandenburgern, von denen er sich die Befreiung seiner Heimat erhofft. Als das nicht geschieht, kehrt er unbemerkt in seine Heimat an der Mosel zurück, um als Saboteur, Guerilla und Partisan gegen die Franzosen und für ein deutsches Reich zu kämpfen, nicht zuletzt auch gegen seinen Bruder Martin, der als Benediktiner-Mönch nur an einem himmlischen Reich interessiert ist. Jörg wird von den Franzosen gefaßt und gefoltert, entkommt aber und stirbt als Visionär und Vorkämpfer des deutschen Reiches in der Nähe von Boppard, von wo er seinen Ausgang nahm. In einer Zeit der widerstreitenden Interessen will Jörg die Sehnsucht nach dem ewigen und einigen deutschen Reich entfachen:

> Man muß die Menschen bereit machen, daß sie das Ewige erstreben über das Gegenwärtige. Man muß einen Ruf an sie richten, es muß einer kommen, der sie führt und ihnen die Augen öffnet... sie sollen erfahren, daß es ein irdisches Reich gibt, in dem sie sich bewähren müssen, ehe das himmlische ihnen geöffnet wird. Wer aber das himmlische vor dem irdischen erstrebt, der wird zum Verräter an ihnen... . Es trägt ein jeder eine Sehnsucht in sich, und alle diese Sehnsüchte muß man zusammenfassen zu einem großen Willen, und es mag sein, daß dadurch viel Grausamkeit und Blut über die Welt kommt, aber das Ende wird die große Gerechtigkeit sein, um die es geht... . Man soll sein Schicksal lieben mehr denn sich selbst und soll dem Gebot gehorchen, das einen treibt... . Die Gerechtigkeit aber, die wir erstreben, ist das Reich. Unser Reich komme, ja, unser Reich komme! (72-73)

In einer Mondnacht sieht Jörg im Traum die Verwandlung der Feste Mont Royal in ein mythisches Naturbild: „Der Berg war wieder verstummt und heimgekehrt in seine tausendjährige Ruhe, und auf seinem Haupt standen die dunklen Tannen wie ein See von unergründlicher Tiefe" (178). Zur Erschaffung des Reiches ist vor allem Glaube nötig: „Für das Reich muß man sterben und für den Glauben an das Reich. Es muß aber dieser Glaube so stark sein, daß er durch nichts erschüttert werden kann, denn nur aus solchem Glauben vermag das Reich zu wachsen" (104). Der Reichsgedanke vom ewigen Deutschland wird zur neuen Religion. Andere Nazi-Schriftsteller machen das bereits im Titel ihrer Werke klar, wie Zöberlein in seinem Roman *Der Glaube an Deutschland* (1931). Alle Glaubensbekenntnisse lassen sich letztlich auf den gemeinsamen Nenner Adolf Hitler zurückführen, der bereits 1923 in *Mein Kampf* von der Notwendigkeit des Glaubens schrieb, da „die große Masse weder aus Philosophen noch aus Heiligen besteht."[40] Allerdings fordert Hitler, daß dieser Glaube auf ein bestimmtes politisches Programm fixiert sein müsse: „Aus allgemeinen Vorstellungen muß ein politisches Programm, aus einer allgemeinen Weltanschauung ein bestimmter politischer Glaube geprägt werden."[41]

Wie Hochschul-Professor Dr. Karl Plenzat in seinem Geleitwort zu Beumelburgs *Geschichten vom Reich* seinen Lesern verkündet, ist die Sehnsucht Jörgs nach dem

Reich unter Hitler in Erfüllung gegangen: „Dieses heute endlich gewordene, noch kämpfende und gleichzeitig doch schon gestaltende Reich ist das Reich, das in der Sehnsucht der bewußten Deutschen aller Zeiten gelebt hat." Plenzat zufolge ist es „erwachsen im Kampfe gegen jenen von fremdrassischer Machtwelt umgebogenen universalistischen Reichsgedanken ..., der römisch-kirchlich oder jüdisch-kapitalistisch bestimmt, an das Imperium Romanum und nicht an die artgebundene Volkswelt anknüpfte."[42] Die anti-römische Tendenz und der durch den gesunden deutschen Bauernburschen Jörg verkörperte völkische Gedanke sind in Beumelburgs Roman, der jedoch frei ist von anti-semitischer Polemik, deutlich spürbar.

Beumelburgs Roman *Mont Royal* war anscheinend recht beliebt; er wurde sogar vom Oberkomando der Wehrmacht speziell für die Wehrmacht herausgegeben. Ausschnitte aus dem Roman erschienen gesondert, so als Geschichte „Unser Reich komme" in Beumelburgs *Geschichten vom Reich* und als gesondert gedruckte Geschichte mit dem Titel *Jörg*.[43] Kurt Kölsch stilisiert Jörg in seiner Einleitung zu dieser Geschichte gar zu einer „der wenigen unvergeßlichen Gestalten der Literatur, wie Grimmelshausens Simplizissimus oder Charles de Costers Til Ulenspiegel" hinauf.[44]

Beumelburgs Roman *Mont Royal* enthält deutliche Anspielungen auf den Reformator Martin Luther, den Kurfürst Friedrich der Weise bekanntlich als Junker Jörg auf die Wartburg bringen ließ, um ihn vor seinen Feinden zu schützen. Der Bruderzwist Jörg-Martin spiegelt den Kampf zwischen einem irdischen und einem himmlischen Reich. Ganz deutlich wird die Parallele zwischen Luther und Bruder Martin an der Stelle des Romans, an der Beumelburg Bruder Martin in der Mönchszelle mit seinem Gott ringen läßt: „Er schlug und peinigte sich in seiner Zelle, daß man sein Stöhnen mitten in der Nacht vernahm. Er rang mit Gott, daß er ihm die Gnade der Überzeugung und der Erkenntnis verliehe, damit er das Kreuz wieder erhöhe und den Satan in seine Höhlen zurücktreibe" (215). Es verwundert daher auch nicht, daß Beumelburg einen Luther-Roman verfaßte mit dem Titel *Reich und Rom* (1937), der bis 1940 immerhin eine Auflage von 35.000 Exemplaren erreichte.[45]

Der Roman beginnt mit dem deutschen Reichstag in Lindau im Jahre 1496 und endet mit dem Reichstag zu Speyer im Jahre 1526. Es sind Jahre der Unruhe und des Umbruchs, die, bewegt vor allem von Luthers Predigten und Schriften, große Möglichkeiten für das deutsche Reich in sich bargen; Möglichkeiten, die jedoch durch die wankelmütige Haltung Luthers, die kapitalistischen Machenschaften der Fugger, die Papisten, die Intrigen des französischen Königs Franz I. und die Uneinigkeit der Fürsten, die Zersplitterung der Bauern und die Schwäche des Kaisertums vertan wurden – so jedenfalls sieht es Beumelburg.

Im Widerstreit von eigensüchtigen Interessen der verschiedenen Parteien sowie im Gegensatz zwischen dem irdischen und dem himmlischen Reich unterlag die Sehnsucht nach einem eigenen deutschen Reich und einer eigenen deutschen Kirche. Es fehlte vor allem der überragende Führer, der den gordischen Knoten von Eigeninteressen zu durchschlagen in der Lage gewesen wäre:

> In diese gärende Masse, in diesen Kessel, bis zum Rande gefüllt mit aufrührerischen Gedanken, mit Unzufriedenheit und mit dem Verlangen nach eigener Macht, die Brandfackel einer Ketzerreligion hineinwerfen, hieß, eine Revolution entfesseln, deren Ende im Chaos lag, es sei denn, daß es Männer gab, oder einen Mann, der sich ihrer bemächtigte und sie in eine Form zwang.[46]

Kaiser Maximilian war zu alt, um zu erkennen, daß er Luthers „Ketzerei" gegen den Papst zur Stärkung des Reiches hätte benützen können. Da er das nicht begriff, verpaßte er „die große und unwiederbringliche Stunde, in welcher ein Reich deutscher Art und deutschen Glaubens hätte geboren werden können" (90). Nach Maximilians Tod im Jahre 1519 übertrugen die Deutschen ihre Hoffnungen und Sehnsüchte nach dem deutschen Reich auf Kaiser Karl V., Maximilians Nachfolger. Doch

> er wußte von Deutschland nicht sehr viel... (156). Niemand hatte diesem Jüngling je ein Wort darüber gesagt, daß die Deutschen in ihm ihren Retter erwarteten, ihren Befreier... . Kein Sterbenswörtlein war je zu ihm gedrungen von der großen Sehnsucht, der heißen Inbrunst, mit der sich die Deutschen in ihrer Not an ihn klammerten, von dem es hieß, er komme mit dem unbändigen Willen, das deutsche Reich an die Spitze des Abendlandes zu stellen und es zu befreien aus den Klauen seiner Feinde im Inneren und Äußeren. Keine Zeile war je zu ihm gelangt von den hundert Schriften und Entwürfen, wie dies Reich an Haupt und Gliedern zu reformieren; daß man die Macht des Teufels brechen müsse, die Eigensucht der Fürsten, die Geldmacht der Bankhäuser, die Fronlasten der Kirche und die tausendfache elende Zerrissenheit auf allen Gebieten (158).

Auch Martin Luther war nicht der Mann, der in dieser chaotischen Zeit dem Reichsgedanken mit starker Hand zum Durchbruch verhelfen konnte. Dieser „unscheinbare Mönch aus Wittenberg," dem das Volk in seiner „Sucht nach Wahrheit" in Scharen zulief, „war schmal, blaß, unruhig, seiner selbst unsicher" und hatte sich über die Bedeutung seiner Ketzerei „gewiß niemals Gedanken gemacht" (96). Er lag mit sich selbst im Streit und sah sich nicht zum Vorkämpfer eines weltlichen Reiches berufen: „Wie, dachte er, sollten das reine Wort und die wahre Lehre vermischt werden mit weltlichen Dingen?" (104). Das Reich widerhallte von dem Ruf „Los von Rom! Das Reich den Deutschen! Ein deutscher Kaiser! Eine deutsche Kirche! Freiheit für das Gewissen und Freiheit für den Glauben!" (140). Aber wie Beumelburg Luthers Gegner Eck erkennen läßt, war Luther nicht der Mann, „von dem die große Gefahr drohte" (139-140). Und doch sah Luther sich schließlich gezwungen, in den Konflikt von „Reformation oder Revolution, weltlichem oder geistlichem Reich einzugreifen und neben geistlichen auch weltliche Reformen zu fordern, so vor allem in seiner Schrift „An den christlichen Adel deutscher Nation." Für Beumelburg stellt diese Schrift „ein ungeheuerliches Reformprogramm für die innere Neugestaltung des Reiches" dar,

> für die Erneuerung der Moral, die Eindämmung des Besitzes, für die Vernichtung der Kapitalherrschaft, für eine Rückkehr zum Einfachen und Volkstümlichen, für die Belebung des Nationalgefühls und die rücksichtslose Ausrottung jeglicher Fremdherrschaft auf kirchlichem und finanziellem Gebiet (167).

Derselbe Luther jedoch, Autor der revolutionären Schrift und standhafter Widersacher des mächtigen Kaisers Karls V. in Worms (für den „diese Deutschen so abgründig, so gefährlich, so unheimlich" waren – 242), wird wiederum von Zweifeln geplagt, als er sieht, wie der neue Glaube „zum Spielball der politischen Kräfte" wird (354). Er ruft mit beschwörenden Worten zum Ausgleich auf: „Es war eine Rechtfertigung vor sich selbst" (356). Die Entwicklung seiner Reformation, die er nicht voraussah und nicht wollte, ist seinen Händen entglitten. In seinem Zorn ließ er sich

schließlich zu dem zweifelhaften Manifest „Wider die mörderischen und räube-
rischen Rotten der Bauern" hinreißen, das später sein Gewissen nicht mehr ruhen
ließ, und das seinem Werk unheilbaren Schaden zufügte (393). Der schwankende
Luther war für Beumelburg auch nicht der Mann, der „über alle miteinander ringen-
den Gewalten Macht" gewinnen und der Reichsidee zum Sieg verhelfen konnte –
trotz seiner Verdienste. Er gab große Anregungen, er war Wegbereiter, aber er ver-
sagte.

Einer von denjenigen, die Luthers Ruf aufnahmen und trotz mancher Schwächen
ein feuriger Streiter für das weltliche Reich wurde, war nach Beumelburgs Ansicht
Ulrich von Hutten. Dieser Hutten, „ein Vertreter des jungen Deutschland," be-
dauerte, daß die nach großen Taten begierige deutsche Jugend führerlos der Erschlaf-
fung anheimfalle (107). Er nannte die kapitalistischen Fugger „Kurtisanen der Fürsten" und die Kardinäle „in Purpur gekleidete Faulenzer" (150). „Er verstand schon
etwas vom Volk und seinen Regungen, ... schrie nach Waffen für dies Reich" und
nach „einer geistigen Erneuerung..., wenn man das Vaterland retten wolle" (153).
Hutten fürchtete, daß Luthers Reformation und damit die Hoffnung auf ein neues
Deutschland zuschanden würden und plante daher, Luther mit Sickingens Hilfe auf
seine Burg, die Ebernburg, zu bringen. Im Bunde mit Luther hofft er, „die deutsche
Nation zu den Waffen" zu rufen gegen das „Geschmeiß" von Fürsten, Pfaffen und
Römern. In einer Vision taucht ein nationales, antikapitalistisches neues deutsches
Reich vor ihm auf: „Verkündigung der Kirchenreform in einem Atemzuge mit der
Reform des Reiches, Abschaffung der Monopole, Befreiung der Bauern, Einführung
des Zolls, der einheitlichen Münze, Entfernung aller Nichtdeutschen aus deutschen
Ämtern, Einziehung der Kirchengüter" (224). Doch auch Huttens Pläne von einem
deutschen Nationalstaat und einer deutschen Nationalkirche scheiterten am Eigensinn deutscher Fürsten, nicht zuletzt demjenigen seines ehemaligen Freundes Franz
von Sickingen: „Aus einer deutschen Revolution ward in Sickingens Hand der be-
waffnete Aufstand einer enterbten Ritterschaft gegen fürstliche Territorialgewalt"
(285).

Doch war noch nicht alle Hoffnung auf eine deutsch-nationale Revolution be-
graben:

> Was Sickingen nicht vermocht und was die Wittenberger ängstlich vermieden, schien jetzt
> dem gemeinen Mann zu gelingen. Die deutsche Revolution gegen Kirche, Fürstenherr-
> schaft, Standesschranken, Kapitalismus, gegen das Römische Recht und für ein deutsches
> Kaisertum und einen nationalen Staat auf ständischer Grundlage war angetreten, und es
> schien, als ob sie zum siegreichen Durchbruch gelangen würde (372).

So sieht Beumelburg die Bauernkriege. Ihre Führer wie Thomas Münzer, Wendelin
Hippler und Georg Metzler sind aus seiner nationalsozialistischen Perspektive als
Männer aus dem Volke echte Vorkämpfer des Reichsgedankens. Nach Beumelburg
war Thomas Münzer „der erste, der vom Heiligen Evangelium predigte und vom tausendjährigen Reich, das nun anbreche, und daß sie alle Brüder sein müßten und frei
von den Tyrannen" (331). Als besonders bedeutsam stellt Beumelburg die vierzehn
Artikel der Bauernführer Wendelin Hippler und Friedrich Weigand aus dem Jahre
1525 heraus, mit denen er sich ausführlich beschäftigt:

Sie stellten an den Anfang und das Ende ihrer Reform die deutsche Nation und das deutsche Reich unter einem deutschen Kaiser. Sie schufen ein Programm, das wir Heutigen nur mit tiefer Erschütterung lesen können, wenn wir bedenken, was nachher in Wahrheit geschah durch die Jahrhunderte hindurch (326).

Aber auch den Bauern fehlte der überragende Kopf; Verrat und Mangel an straffer Führung wurde ihnen zum Verhängnis. Die Idee der Nation blieb für Jahrhunderte im Untergrund. Alle – Kaiser, Reichsregiment, Hutten, Sickingen, die Stände, die Fürsten, der Wittenberger Reformator und die Bauern – hatten ihre Chancen vergeben: „Jeder für sich versäumte die eigene Stunde, und alle gemeinsam verraten die eine große, entscheidende und unwiederbringliche Stunde der deutschen Nation" (384). Auf dem Reichstag zu Speyer im Sommer 1526 redete man nur noch über Glaubensdinge, nicht mehr vom Reich, nicht mehr von Reformen: „Die Rufer zum Reich lagen alle im Grabe" (435). Statt zur deutschen Einheit aufzurufen, beschlossen sie, daß „ein jeder... tun und lassen [könne], was er wolle. Sie verurteilten mit klarem Bewußtsein das Reich der Deutschen zu einem furchtbaren Leid durch die Jahrhunderte hindurch, weil sie den Glauben nicht hatten an dies Reich" (436). Damit schließt Beumelburg sein Buch, wobei er natürlich impliziert, daß nun mit dem Nazi-Reich das Ende des Leidens und die Stunde der Erfüllung gekommen sei, vorausgesetzt man hat den festen Glauben an dieses Reich.

Beumelburgs Roman ist eine Mischung von Geschichte, Fiktion und Propaganda, in der die einzelnen Teile nicht immer nahtlos miteinander verbunden sind; das gilt vor allem für die eingebauten Zitate aus historischen Dokumenten. Zu den stärksten Teilen des Buches zählen die Abschnitte über die Bauernaufstände in Süddeutschland. Hier kann Beumelburg in epischer Breite den Aufstand geballter und ungezügelter Volkskraft darstellen, die dem Nationalsozialismus heilig war – jedenfalls in seinem Schrifttum. Von hier aus läßt sich somit unschwer eine Verbindungslinie zu einem weiteren wichtigen Genre des Romans ziehen, das sich in der Nazizeit besonderer Beliebtheit erfreute: der Heimat- und Bauernroman. In den zwanziger und dreißiger Jahren wurde der Bauernroman „zur meistgelesenen Gattung dieses Zeitraums überhaupt."[47] Absoluter Höhepunkt in der Produktion von Bauernromanen wurde in den Jahren 1934-38 erreicht.[48]

c. Der Bauernroman

Die Entwicklung des Bauernromans vom frühen 19. Jahrhundert bis zum Dritten Reich ist differenziert und kann nicht durch ein umfassendes Etikett beschrieben werden, wie Gerhard Schweizer und Peter Zimmermann zeigen. Auch die Nazis hatten Schwierigkeiten, die einzelnen Werke idologisch gleichzuschalten.[49] Ein und dasselbe Werk erfuhr oft die gegensätzlichsten Interpretationen. So zählten sowohl Adolf Hitler als auch Lenin den Roman *Der Büttnerbauer* (1895) von Wilhelm von Polenz zu ihrer Lieblingslektüre.[50] Was die Nazis für die Bauernromane einnahm, war deren Volksverbundenheit, Blut- und Bodenthematik, Flucht aus den Problemen der Industriegesellschaft und Sehnsucht nach dem einfachen Leben. Nach Alfred Rosenberg ist „die mit Händen nicht faßbare Idee der Volksehre ... im Ackerboden einer Nation" verwurzelt, „d.h. in ihrem Lebensraum."[51] Auch sein Lehrmeister

Adolf Hitler sah im Bauernstand das „Fundament der gesamten Nation" und den besten „Schutz gegen alle soziale Erkrankungen."[52] Wie Zimmermann ausführt, brauchten die Nazis solche Werke zur Verdeckung der Widersprüche zwischen Programm und Praxis; denn die Nazis förderten bekanntlich durchaus bürgerlich-kapitalistische Produktionsmethoden und Industrialisierung.[53]

Aus der Fülle des Materials soll im folgenden der Roman *Der Femhof* (1934) von Josefa Berens-Totenohl ausführlicher besprochen werden. Der Roman erreichte 1940 eine Auflage von 160.000 Exemplaren[54] und gehörte somit zusammen mit den Bauernromanen *Der Wehrwolf* von Hermann Löns (1910, Auflage 1939 über 565.000), *Vom Hofe, welcher unterging* von Hermann Burte (1912, Auflage 1939 über 140.000) und *Bauernstolz* von Lulu von Strauss und Torney (1901, Auflage 1938 über 100.000) zu den am weitest verbreiteten Bauernromanen im Dritten Reich. Schonauer berichtet, daß von *Der Femhof* und dem im Jahre 1935 erschienen Roman *Frau Magdalene* von Berens-Totenohl bis 1942 „insgesamt fast eine halbe Million Exemplare gedruckt und verkauft" wurden.[55] Beide Romane wurden noch im Jahre 1957 neu herausgegeben unter dem Titel *Die Leute vom Femhof*.[56]

Der Roman *Der Femhof* spielt um die Mitte des vierzehnten Jahrhunderts im oberen Lennetal des Sauerlandes. Die Zeiten sind voller Unruhe: die Grafen von Mark und Arnsberg sowie der Erzbischof von Köln liegen im Streit miteinander; die Straßen werden durch umherstreunende Wegelagerer und Zigeuner verunsichert. In den „wilden Bergen und engen Talschluchten" des Sauerlandes gehen Gerüchte um von geheimnisvollen Runen und Vögeln. Vor diesem Hintergrund kreist die Handlung vor allem um den freien Wulfshof an der Lenne: „Hier hauste das Geschlecht der Wulfe, herrisch, frei, abgeschlossen."[57] In ihren Adern brauste „starkes, mutig-wildes Blut" (14). Die Wulfs hatten sich gemehrt, allen Gefahren getrotzt und den Hof frei gehalten. Das starke Geschlecht der Wulfs neigt sich jedoch dem Ende zu; der Wulfsbauer hat nur eine Tochter namens Magdalene: „Nun aber trieb die starke Eiche zum erstenmal keine eigene Spitze mehr" (18). Die Nachfolgefrage wird brennend wichtig. Der Wulfsbauer bestimmt, daß Magdalene Erik vom Stadelerhof heiratet. Magdalene jedoch ist aus echtem Wulfsholz. Sie widersetzt sich dem Willen ihres Vaters und will Ulrich heiraten, der sie in einer Sturmnacht aus den Fluten der Lenne gerettet hatte und seither auf dem Wulfshof lebt. Ulrich besaß einen Hof im Westfälischen, verlor ihn aber, nachdem er in Notwehr den dreisten Junker Bruno im Brakelerholz an der Weser erschlagen hatte. Nun stehen Tochter gegen Vater, Wille gegen Wille. Auch in Ulrich kocht es; er hält es in der Enge des Hauses nicht mehr aus: „Er mußte ins Freie, den Brand seines Lebens mußte er lodern lassen können unterm Himmel!" (135). In sternklarer Nacht steigt er durch den Wald hinauf zum Uhufelsen. Dort oben trifft er auf den Wulfsbauern, der mit dem Dolch auf Ulrich losgeht, doch unterliegt. Ulrich verläßt den Hof, irrt umher, wirbt als Söldner beim Märker Graf Adolf an, desertiert in die Berge, als man ihm nachspürt und wird schließlich in absentia auf Drängen des Wulfsbauern auf dem Femegericht, das im Freien unter einer großen Linde unter Vorsitz des Grafen Gottfried von Arnsberg tagt, der Feme überantwortet. Der Wulfsbauer spürt Ulrich im Gebirge auf, tötet ihn in rasender Wut, geht aber dabei selbst zugrunde. Der Hof, jetzt Femhof genannt, blüht auf unter dem Sohn von Ulrich und Magdalene.

Der eigentliche Drahtzieher der Ereignisse ist der zwielichtige, dicke Händler Tobias, genannt Robbe. Robbe ist nicht aus der Gegend; er hat etwas Südliches an sich, eine Zahnlücke im grinsenden Mund und einen lauernden, schmalen Blick. Dieser unstete Kriecher (robben = kriechen) erpreßt den freien und bodenständigen Wulfsbauern nach Belieben, da er um eine Jugendsünde des Bauern weiß. Der junge Wulf hatte einst einen „glühenden" Herbst lang seine blonde, reiche, doch stille Bauernbraut Margaret über einer „wilden schwarzhaarigen Zigeunerhexe" (40) vergessen. Nach dem er ihr ein Kind gemacht hatte und seine Gier gesättigt war, kam er zu Sinnen, verließ sie und wurde vom „gerechten Haß" gegen sie, die glutäugige Verführerin eines freien Bauern, übermannt: „Der gerechte Instikt seines Bauernblutes erhob dieses furchtbare Schwert zur Rache für die Sünde an seinem Wesen" (41). So jedenfalls sieht es Berens-Totenohl: nicht der Bauer ist schuldig, sondern die Zigeunerfrau, die es wagte, freies deutsches Bauernblut zu verunreinigen. Nun zahlt der Wulfsbauer Schweigegeld durch den Vermittler Robbe. Es wird nie recht klar, ob Robbe Jude oder Zigeuner ist; das Wort Jude wird nicht einmal genannt im Roman – im Gegensatz zu der unerträglichen Judenhetze in Zöberleins früher besprochenem Roman. Der Nazi-Ideologie entspricht jedoch das von Berens-Totenohl gepriesene trotzige, freie, wuchtige und fest im Heimatboden verwurzelte Bauerntum, das sie mit dem unsteten, kriecherischen, unzuverlässigen, umherschweifenden, fremden Element in Gestalt von ausbeuterischen Händlern und Zigeunern konfrontiert: „Bauerntum der Berge erbebt vom Zürnen der Wetter, aber es stürzt nur, wenn die Wurzel morsch, wenn kein Verklammern im Boden und keine Kraft zum Trotze mehr ist" (43).

Der Roman bewegt sich größtenteils auf recht trivialer Ebene, wie Schonauer zu Recht über diesen Roman schreibt: „Der Bauern-Mythos, das Beispiel der Berens-Totenohl zeigt es deutlich, ist nichts anderes als die Projektion verkitschter und sentimentaler Kleinbürger-Vorstellungen und Wunschträume."[58]

Vor allem durch den Namen Wulf der Zentralfigur ist Berens-Totenohls Roman *Der Femhof* mit dem beliebtesten und zugleich wesentlich besseren Bauernroman *Der Wehrwolf* (1910) von Hermann Löns verbunden, in dessen Mittelpunkt der Bauer Harm Wulf steht. Die Wolfsangel, eine Rune mit hakenkreuzähnlicher Form, die als Schutz- und Hausmarke der Lönsschen Wulfsbauern diente, ziert auch den Femhof der Berens-Totenohl. Auch Löns nimmt den Stoff seines Romans aus deutscher Vergangenheit. Seine Wehrwölfe sind Heidebauern aus Ödringen, die sich zu einem Schutzbund gegen räuberische Soldaten des Dreißigjährigen Krieges zusammenschließen: „Und anjetzt wollen wir uns verbrüdern auf Not und Tod, Gut und Blut, daß alle für einen stehen, und einer für alle, aber wir alle für alles, was um und im Bruche leben tut und unserer Art ist."[59] Ihr Hauptmann ist Harm Wulf, ihr Zeichen ist die Wolfsangel. Nachdem sie Hab, Gut und Familienangehörige verloren hatten, sahen sie keinen anderen Weg mehr, als Gewalt mit Gewalt zu beantworten. Löns macht in seiner Bauernchronik deutlich, daß die Bauern sich nach Frieden sehnen, des Tötens müde sind und es nur aus Notwehr üben. Löns' Roman spielt in einer gewalttätigen Zeit; die Darstellung von Brutalität und Gewalt, die fast an Verherrlichung grenzt, kommt jedoch sozialdarwinistischen Ideologen gelegen, wenn sie auf das Recht des Stärkeren pochen – wie die Nazis das tun.[60] Es fiel letzteren daher nicht schwer, Löns' *Wehrwolf*- Roman in ihre ideologische Zwangsjacke zu pressen und den Schriftsteller und Kriegsfreiwilligen, der am 26. September 1914 bei Reims fiel, vor ihren Wagen zu spannen. So stellt Alfred Rosenberg den *Wehrwolf* neben Goethes *Faust*: die „Werwölfe" handeln wie Faust „nach ihrem innersten seelisch-rassischen Freiheitswillen."[61] Wie Günter Hartung ausführt, hat *Der Wehrwolf*, „den Walter Linden mit Recht ein 'völkisches Grundbuch' nannte, ... den Freikorps und Femeverbänden Verhaltensmodelle, der völkischen Jugendbewegung ein Zeichen (die 'Wolfsangel') und schließlich dem letzten Aktionsversuch der Hitlerjugend Namen und Symbol gegeben; seine Breitenwirkung ist schwerlich zu überschätzen."[62] Der Roman erreichte im Jahre 1939 eine Auflage von mehr als 565.000 Exemplaren.[63]

Es wäre irreführend, den Roman *Volk ohne Raum* von Hans Grimm als reinen NS-Roman zu bezeichnen und neben Zöberleins Machwerke zu stellen. Und doch gehört er in dieses Kapitel, da er sich mit seiner Forderung nach Lebensraum für das deutsche Volk genau in die NS-Ideologie einpaßte und nach seinem Erscheinen im Jahre 1926 eines der einflußreichsten Bücher der NS-Zeit wurde: im Jahre 1942 hatte er eine Gesamtauflage von 540.000 Exemplaren erreicht. Im Jahre 1956 wurde er erneut aufgelegt.[64]

Der Roman erzählt die Geschichte des Bauernsohnes Cornelius Friebott, genannt Nelius, aus dem Weserdorf Jürgenshagen, der wegen Landmangel nach Südafrika auswandern muß, es dort zu Ansehen und Wohlstand bringt, doch nach dem verlorenen ersten Weltkrieg in ein zerrüttetes Deutschland zurückkehrt und kurz vor dem 9. November 1923 (dem Tag des Hitlerputsches in München) mitten in seiner Rede über die Notwendigkeit von deutschen Kolonien von einem sozialistischen Steinwerfer getötet wird.[65]

Uwe-K. Ketelsen bezeichnet das Werk mit einigem Recht als „kolonialen Heimatroman."[66] Man kann den Roman auch als völkischen Entwicklungs- und Bildungsroman lesen, in dem jedoch nicht die individuelle Bildung des Hauptcharakters Cornelius Friebott im Mittelpunkt steht, sondern seine Erziehung für das völkische Kollektiv.[67] Tatsächlich übersteigt der Roman jedoch alle Einzelkategorien, da er die meisten Themen behandelt, die für den NS-Staat von Bedeutung waren. Da das Zentralthema des Romans um Blut, Boden und Bauern kreist, gehört er am ehesten zum Kapitel Bauernroman, es sei denn, man wollte ihn in eine besondere Kategorie der Kolonialliteratur einordnen, wie Peter Zimmermann es tut.[68]

Hans Grimm verbrachte fünf Jahre als kaufmännischer Angestellter in Port Elizabeth und weitere acht Jahre – bis 1910 – als selbständiger Kaufmann in East London im Kapland. Während dieser Zeit sammelte er die für sein Hauptwerk nötigen Erfahrungen, oder wie Langenbucher im Jahre 1937 formulierte, „die für seine zukünftige dichterische Aufgabe bestimmenden Erlebnisse und Eindrücke seiner Südafrikajahre," die „ihn früher und deutlicher als viele andere die Schwere deutschen Schicksals in der Welt sehen" ließen.[69] „Volk ohne Raum" wurde zu einem der bekanntesten Schlagworte im Dritten Reich, und Hans Grimm, obwohl nicht Mitglied der NSDAP, zu einer Art von „klassischem Nationalautor."[70] Hans Grimm hatte zwar Differenzen mit Goebbels, doch stand er mit seinem Gedankengut dem Nationalsozialismus sehr nahe. Im Jahre 1932 erklärte er beispielsweise: „Ich sehe im Nationalsozialismus mit einigen andern die *erste* und bisher *einzige echte* demokratische Bewegung des deutschen Volkes."[71] Edgar Kirsch ergänzt in seiner Dissertation *Hans Grimm als Wegbereiter nordischer Gedankenschau* aus dem Jahre 1937: „In diesen drei grundsätzlichen Fragen: Rasse, Judentum und Arier (= Nordmann) stimmt Grimm mit den Grundsätzen des Führers nicht nur in den Ergebnissen überein, sondern auch in den Überlegungen, die zu diesen Ergebnissen führen mußten."[72]

Die Frage nach dem nötigen „Lebensraum" für das deutsche Volk zählte mit zu den wesentlichsten Aufgaben, die das Dritte Reich unter Anspruchnahme aller Mittel zu lösen gedachte. Dazu lesen wir in Grimms Hauptwerk: „Das ganze deutsche Land ist klein und schon übervoll von drängenden Menschen, und man muß das Brot nehmen, wo es zu finden ist."[73] Ohne Lebensraum werden die deutschen Menschen durch abhängige Lohnarbeit ihrem Wesen entfremdet und „niemals mehr Schicksalsherren ihrer Scholle und Freiherren ihres Armes sein können" (19). Für Grimm lag die Antwort im Wiedererwerb von Kolonien: „Ja, wenn diese Bauernenkel Briten wären und die Weiten Kanadas und Australiens und Neuseelands und Südafrikas hinter sich wüßten und also eine andere Wahl hätten als den Gang zu Fabrik und Großstadt!" (19). Ohne Lebensraum nimmt der Mensch Schaden an Körper und Seele: „In Enge und Gedrängtheit wird jedes Geschöpf und jeder Leib und jede Seele krank" (309). Auch Nelius wird zur Lohnarbeit gezwungen, da das Land ihn nicht mehr ernährt. Er geht nach Bochum ins Ruhrgebiet und wird Bergarbeiter. Nach einem Bergunglück wirft er der Zechenleitung unmenschliches Verhalten aus Profitgier vor und wird entlassen, verhaftet und ins Gefängnis geworfen. Doch weder der vom Sozialisten Martin Wessels vorgeschlagene Weg aus proletarischer Enge durch Klassenkampf und Sozialismus noch der von seinem Bochumer Meister empfohlene Pietismus kommen für Nelius-Grimm in Frage. Da die Heimat ihm keinen Raum mehr bietet, wandert Nelius nach Südafrika aus. Doch als er nach Südafrika kommt, findet er auch hier zwei verschiedene Gesellschaften: die Welt des bodenständigen Bauerntums bei den Buren und die Welt des profitgierigen Kaufmanns bei den Engländern:

> Ein weitzerstreuter Haufe zäher, viel betrogener und deshalb argwöhnischer, auf sich gestellter, mit ihrem Neulande in Sonne und Not eins gewordener Bauern und Rudel auf die Fremde gestützter beweglicher Zwischenverkäufer; es befinden sich einander entgegen: zwei Sprachen, zwei Vaterländer, zwei wirtschaftliche Anschauungen, ja zwei Glauben an die Gotterwähltheit (189).

Diese zwei Reiche müssen nach Grimm schicksalhaft aufeinanderstoßen. Cornelius Friebott kämpft in diesem „Burenkrieg" auf Seiten der Buren, gerät in englische Gefangenschaft und verliert Frau und Kind in englischen „Konzentrationslagern." In diesem Krieg geht es nach Grimm um die Macht der „Geldsäcke," die die Bodenschätze des Burenlandes schamlos ausbeuten wollen. Hinter diesen Bestrebungen stehen „natürlich" die Engländer und die Juden: „Das Spiel ging aus von den englischen und jüdischen Geldleuten" (439). Es geht darum, ob die „Liebe zur Scholle" oder die „Liebe zu Geldsack und Handel" zum „Schicksal der Heimat" wird (440). Nach Meinung der „Geldsäcke", so Grimm, wird auch der deutsche Einfluß im Burenlande zu groß und muß zurückgedrängt werden (439).

Die gefangenen Buren, darunter auch Cornelius Friebott, werden auf die Insel St. Helena gebracht. Dort werden sie von als Spitzel eingesetzten deutschen und polnischen Juden ausgehorcht, Juden, „die sich aus den Burenrepubliken fortgemacht hatten, um nicht Kriegsdienste leisten zu müssen" (501). Im Gefangenenlager denkt Nelius über Deutschlands Schicksal nach: „Adel, Junkertum und Heer haben bei uns die geistige Verpflichtung nicht begriffen ..., was soll aus uns werden ohne geistige deutsche Führung? – Ist es nicht so, daß von deutscher Kultur allenfalls noch in Zeitungen und in Büchern zu lesen ist?" (508). Nach seiner Entlassung aus der Gefangenschaft trifft Friebott in Johannesburg auf einen englischen Arbeiter namens Kennedy, der ihn und alle Deutschen aus den britischen Kolonien entfernt sehen will und rät:

> Seid ihr Deutschen solche Schwächlinge, daß ihr auf fremden Rücken reiten müßt? Euer Staat soll für euch holen, was er für euch braucht, das ist meine Meinung. Sind uns unsre Kolonien zugebracht oder geschenkt worden? Sondern Altengland war früh auf und hat es gewagt und hat Blut gezahlt, und an das Schelten hat es sich nicht gekehrt (573-74).

Die Rede des Engländers ist Grimms Aufforderung an das deutsche Volk, es den Engländern gleichzutun, das Recht des Stärkeren zu benutzen, um sich „Lebensraum" zu beschaffen und sich um die Meinung des Auslands nicht zu scheren. Wie Friebott seinem nach Südafrika gefolgten früheren Freund und Sozialisten Martin Wessel klar macht, liegt der große Fehler des Sozialismus darin, von Klassen und nicht vom Volk ausgegangen zu sein: „Der Sozialismus hat bei den Klassen angefangen statt bei den Völkern. Die internationale Sozialdemokratie hat die Völker zu gering geachtet, vielleicht darum, daß ihr Begründer ein Jude war" (575). Internationaler Sozialismus auf klassenkämpferischer Grundlage ist also durch einen nationalen Sozialismus auf völkischer Grundlage zu ersetzen. Wenn Deutsche nicht um ihr deutsches Wesen betrogen werden sollen, so erkennt Friebott auf dem Weg seiner nationalen Erziehung, dann müssen sie sich aus sich heraus erneuern: „Kennedy hat recht, wir müssen aufhören, zu anderen zu laufen, wir müssen zu uns selber gehen, wir müssen, wir müssen, wir müssen. Ansonsten wird die Kraft der Erneuerung aus Deutschland abgelenkt und weggesogen!" (594-95). Schlimmer noch, ohne ein erneuertes Deutschland gibt es auch – so Grimm – keine Hoffnung für die Welt, die – auch nach Ansicht der Nationalsozialisten – am deutschen Wesen genesen soll: „Und ansonst, wenn wir ganz aufhören, gibt es auch sicher niemals eine Hilfe für die Welt!" (595).

Friebott beschließt, aus dem von den englischen und jüdischen „Geldsäcken" beherrschten Kapland nach Deutschsüdwestafrika – dem heutigen Namibia – zu gehen. Vor seiner Abreise besucht er noch den deutschen Kaufmann Hans Grimm, der in der Nähe von East London auf seiner Farm abseits von Stadtleben und wesensfremden englischen Sitten „ein wenig Nahrung für seine Seele" zu finden hofft (632). In einem abschließenden Gespräch mit Grimm faßt Friebott das bisherige Ergebnis seiner Suche nach einem Weg zu eigener und nationaler Identität wie folgt zusammen: „Aber wie ich nun alles nachzuwägen und immer wieder zu verstehen versuche, Deutschland kommt um etwas nicht herum, Deutschland muß seine Massen, und das heißt, Deutschland muß seine kleinen Leute gewinnen" (658). Aber er weiß auch, daß dazu ein neuer Führer notwendig ist:

Ja, wenn ich selbst den Weg wüßte: Ich weiß nur, daß das deutsche Schicksal noch ganz unfertig und jung ist und daß die alte Führerschicht bei uns vor lauter Fürstendienst und Aufblick und Ehrenhoffen das Voranstehen und die oberste Majestät der Volksgemeinschaft vergaß, und ich weiß, daß das Volk selbst in Verwirrung ist. So weit bin ich. Darauf kommt es an, daß wir weiter finden (659).

Damit schließt das erste Buch „Heimat und Enge."

Das zweite Buch, „Deutscher Raum," beginnt mit einer Rückerinnerung des auktorialen Erzählers Grimm an die Schönheiten der deutschen Kolonie Südwestafrika: „Ich sehe rote, gelbe und grüne Farben unter blauem Himmel: Das Rot des tiefen Sandes und das Gelb des hohen, harten Grases und das Grün der verschiedenen Dornbäume" (663). In wehmütiger Rückschau aus dem letzten Stadium Weimar-Deutschlands beklagt er, daß die Heldentaten des kaiserlich-deutschen Offiziers Friedrich von Erckert und seiner Leute im Kampf um Lebensraum in Deutsch-Südwestafrika gegen aufständische Hottentotten in den Jahren 1907 und 1908 so völlig in Vergessenheit geraten sind. Cornelius Friebott hatte an diesen Kämpfen teilgenommen, und durch ihn führt Grimm den Leser wieder zurück in diese Zeit. Natürlich kommt es Grimm nicht in den Sinn, daß „der Hottentott" vielleicht nur sein Land gegen fremde Eindringlinge verteidigte, „weil er als Mensch weniger gilt als wir" (707). Gewiß dachten nicht nur die deutschen Kolonialisten so, doch im Umfeld der rassistischen Nazi-Propaganda wiegen solche Aussprüche besonders schwer, auch Grimms Warnung vor Rassenvermischung. Seine Lösung für Südafrika ist Apartheit:

> Wer viele Jahre in Südafrika gelebt hat in den mehr entwickelten Verhältnissen, weiß nicht nur, sondern lernt auch glauben aus festem Gefühle, daß die Rassen, die weiße und die farbige, sich nicht vermischen dürfen, wenn die weiße Rasse dauern soll in der geistigen Herrschaft und mit ihrem kleinen aber unersetzlichen menschlichen Gute an Heiterkeit, Sachlichkeit und Mystik (714-15).

In Deutsch-Südwestafrika findet Friebott auch, was er in der Heimat vermißte: echte Volksgemeinschaft:

> Und hier gibt's auf einmal nur die schwarzweißrote Flagge; und hier gibt es auf einmal keine Parteien; ... und wir hier dürfen noch einmal anfangen, wo die alten deutschen Urväter aufhörten im großen Raume und bleiben dabei doch Menschen der Gegenwart (809).

Nach Jahren der Arbeit in Lüderitzbucht hat Friebott endlich das Geld für seine eigene Farm gespart, die er 1911, im Alter von 36 Jahren, übernimmt. In seiner Freizeit beschäftigt er sich mit Büchern wie *Die Buddenbrooks* von Thomas Mann und *Die Erschütterung der Industrieherrschaft und des Industriesozialismus* von Gerhard Hildebrand, Bücher, die zu seiner weiteren Erziehung beitragen. Bei Hildebrand sieht er seine These bestätigt, daß Industiearbeit entfremdet und nur Bauernarbeit wahrlich frei macht (922-23).

Im dritten Teil des Romans, „Volk ohne Raum," reist Friebott zum ersten Mal seit sechzehn Jahren wieder in die alte Heimat. Beim Besuch des sozialdemokratischen Parteitages in Chemnitz stößt er auf Hildebrand, der gerade wegen seiner kolonialfreundlichen Gesinnung vor dem Parteigericht steht. Dabei spürt Friebott „eine seltsame Verbundenheit" mit dem Mann, der Lebensraum und Bauerntum über Klassengegensätze stellt und deswegen aus der Partei ausgeschlossen wird (954ff).

Trotz allem Politisieren bleibt jedoch auch Raum für Romantik, deutsche Romantik. Im Reinhardswald bei Kassel begegnet Friebott bei einer Wanderung der keuschen Melsene, zu der sich unter den wohlwollenden Augen der Mutter zarte Liebesbande knüpfen. Doch nach wehmütigem Abschied von Melsene trifft Friebott auf seinen alten Sozialistenfreund Martin Wessel, der inzwischen nach einem Streik aus Südafrika nach Deutschland deportiert worden war, aber, so Friebott, nichts dazu gelernt hat und nicht merkt, wie andere Völker unter der Flagge des Internationalismus nur ihr eigenes Nationalinteresse verfolgen: „Aber daß wir solche Esel sein sollen, uns um der Internationalität willen immer wieder vor fremde Karren zu spannen, dagegen wehre ich mich" (1002). Enttäuscht von Deutschland kehrt Friebott nach Deutsch-Südwestafrika zurück. Dort erlebt er den Ausbruch des ersten Weltkrieges, den er begrüßt, da er dem deutsche Volk Raum schaffen wird:

> Cornelius Friebott dachte, den Raum, der dem deutschen Volke fehlt, wird dieser furchtbare Krieg ihm verschaffen. Dieser Krieg ist gar nichts anders als der Krieg um Raum. Und es ist beinahe zum Lachen, daß die Deutschen nicht zu wissen scheinen, was ihnen fehlt und worum es geht (1073).

Doch nach zehnmonatiger, heldenhafter Gegenwehr erliegt die deutsche Kolonie, vom Vaterland „schmählich" im Stich gelassen, der feindlichen Übermacht von Buren und Engländern. Friebott, der aus Selbstschutz einen Buschmannräuber getötet hatte, wird von einem englischen Gericht erst zum Tode, dann zu zehn Jahren Zuchthaus verurteilt und ins Gefängnis nach Windhuk gebracht. Die beim Urteilsspruch anwesenden Deutschen fragen sich kopfschüttelnd: „Wie ist das möglich? – Wie konnte nur alles so weit kommen? Wie kann das reinlichste und anständigste und ehrlichste und tüchtigste und fleißigste Volk der Erde so völlig unter die Niedertracht geraten?" (1110). Doch Friebott lebt in der Gewißheit: „Wenn Deutschland so weit ist, dann hört alle Quälerei in der Welt wieder auf. ... Deutschland wird das Unrecht ausstreichen an seinem Tage" (1113 und 1116-17).

Es gelingt Friebott schließlich, auf abenteuerliche Weise aus dem Gefängnis und Afrika nach Deutschland zu fliehen. Doch in der Heimat muß er die Schmach des verlorenen Krieges mit allen negativen Folgen erleben: „Es ist jetzt das Jahr, in dem die Ausführung des Friedensvertrags begann mit der Abtretung der altdeutschen Länder, mit der schwarzen Schmach, mit der Auslieferungsliste" (1150). Schuld an dem Unglück ist vor allem der internationale Marxismus:

> Es ist jetzt das Jahr, in dem die lange Saat der marxistischen Lehre und der fremden geistigen Gängelung, die beide seit einem Menschenalter eine wirkliche freiheitliche Bewegung im Deutschen Reiche verhindert hatten, aufging und der deutschen Arbeiterschaft und dem deutschen Volke furchtbares Unheil zu tragen begann (1150).

Kriegsgefangene, Kolonisten, Kaufleute kehren „in die übervolle verkleinerte, ziellose Heimat" zurück, „damit dort der Streit der Zuvielen, die Not, die Enge unentwirrbar werde" (1150-51). Schwätzer, Bürokraten und Parteienstreit beherrschen die

Szene; das alte Deutschland, der Kaiser „und alles, das einst stolz gewesen war," werden verunglimpft und lächerlich gemacht (1185). Unter den Rückkehrern befindet sich auch der Kaufmann Hans Grimm, der nun beginnt, über seine afrikanischen Erlebnisse zu schreiben. Auch diesen Heimkehrer „verwirrte" die Heimat (1232), in der nun „Geschäftemacher, Tröpfe und Verräter" am Werke sind (1244), dieselben, die 1918 der Front in den Rücken fielen. Immer deutlicher wird dem Autor Hans Grimm und seiner gleichnamigen Romanfigur, „daß hinfort Zahl und Leistungskraft und nicht Erbe das Recht geben bei der Verteilung der Erde unter die Völker" (1243-43). In Deutschland treffen auch Friebott und Grimm wieder zusammen; beide teilen gleiche Ansichten über Raum und Volk. Friebott reist durch deutsche Lande mit seiner Botschaft von der Notwendigkeit für deutschen Lebensraum, während Gimm im Dezember 1920 mit seinem Roman *Volk ohne Raum* beginnt – es ist ihm eine „Berufung" (1285). Auch Melsene, die Friebott inzwischen wiedergefunden und geheiratet hatte, ist „gläubig" geworden, wie sie in einem Brief an Hans Grimm mitteilt: „Ich glaube, daß es das ganze deutsche Volk eines Tages begreifen und in einer ungeheuren Bruderkette seinen Raum und sein Recht fordern und erzwingen wird von der anderen Welt" (1288-89). Der Roman endet im Jahre 1923 mit dem Tod Friebotts und Melsenens Aufruf und Vermächtnis an den Leser, den Opfertod Friebotts und der zwei Millionen im ersten Weltkrieg Gefallener nicht zu vergessen, denn alle seien doch „für das eine selbe gestorben" – den Lebensraum (1297).

Trotz seiner hohen Auflagen und der offensichtlichen Nähe zur NS-Ideologie wurde Grimms Roman *Volk ohne Raum* – wie auch andere Kolonialliteratur – bei offiziellen Nazibehörden nicht mit ungeteilter Freude aufgenommen. In den Ende 1933 von Goebbels erlassenen *Richtlinien für Kolonialwerbung* heißt es unter anderem:

> Zukünftiger überseeischer Kolonialbesitz soll zur Gewinnung von Rohstoffen und Kolonialerzeugnissen für die deutsche Wirtschaft und nicht als Siedlungsland für den deutschen Bauern dienen. Jede andere Werbung ist unter allen Umständen zu verhindern. Im übrigen wird darauf hingewiesen, daß die ganze Kolonialpropaganda heute keine vordringliche Lebensfrage unseres Volkes ist.[74]

Lebensraum für das deutsche Volk sollte im Osten gefunden werden, nicht in überseeischen Gebieten:

> Damit ziehen wir Nationalsozialisten bewußt einen Strich unter die außenpolitische Richtung der Vorkriegszeit. Wir setzen dort an, wo man vor sechs Jahrhunderten endete. Wir stoppen den ewigen Germanenzug nach dem Süden und Westen Europas und weisen den Blick nach dem Land im Osten. Wir schließen endlich ab die Kolonial- und Handelspolitik der Vorkriegszeit und gehen über zur Bodenpolitik der Zukunft. Wenn wir aber heute in Europa von neuem Grund und Boden reden, können wie in erster Linie nur an Rußland und die ihm untertanen Randstaaten denken.[75]

Hitler, Nationalsozialisten und Hans Grimm stimmen darin überein, daß ein gesunder Bauernstand als Fundament der gesamten Nation Lebensraum zu seiner Entfaltung benötigt, und daß das zu eng gewordene Deutschland das natürliche Recht des Stärkeren zur Durchsetzung dieser Ansprüche besitzt:

> Man muss sich damit kühl und nüchtern auf den Standpunkt stellen, daß es sicher nicht Absicht des Himmels sein kann, dem einen Volk fünfzigmal so viel an Grund und Boden

auf dieser Welt zu geben, als dem anderen. Man darf in diesem Falle sich nicht durch politische Grenzen von den Grenzen des ewigen Rechtes abbringen lassen.[76]

Doch während Grimm den Lebensraum in Kolonien sieht, wollten die Nationalsozialisten ihn in Osteuropa erwerben. Trotz dieser Differenzen wußten die Nazis Grimms Werk zu schätzen:

> Hans Grimms Volk ohne Raum gehört zu jenen Werken unserer Dichtung, die die Zeiten überdauern werden und in denen noch fernste Geschlechter die Art ihres Volkes, die ewige Kraft seines Wesens und die Stimme seines Blutes, erschauernd vor der Schwere und Größe seines Schicksals, erleben werden.[77]

d. Nordische Renaissance

Die Nationalsozialisten erhofften sich eine Regeneration des deutschen Volkes durch Rückbesinnung auf seine nordischen Ursprünge: „Heute erwacht im Herzen und im Norden Europas mit mythischer Kraft die gleiche Rassenseele, die einst in Zarathustra lebendig war, zu erhöhtem Bewußtsein. Nordische Gesinnung und nordische Rassenzucht, so heißt auch heute die Losung gegenüber dem syrischen Morgenlande."[78] Herausragender Vertreter der sogenannten „Nordischen Renaissance" in der Literatur war der Norddeutsche Hans Friedrich Blunck, der in seiner Trilogie *Die Urvätersaga* (1926-28) den mythologischen Ursprüngen des Nordmenschen nachspürt.

Im ersten Buch der *Urvätersaga*, „Gewalt über das Feuer," greift Blunck auf den mystischen Urzeitraum der Menschheit zurück. Es ist die

> Sage vom Menschen, der aus der Tiefe von Gott gerufen wurde. Sie reicht weiter zurück als unsere erinnernden Worte und beginnt in einer Zeit, als der Mensch das Feuer zähmte, als er sich in Horden über den schwarzen stiergroßen Löwen warf und mit ihm auf seinen Felskanten kämpfte, als er, wir und dumpf auf das Morgenlicht wartend, zum erstenmal den Mund zum Singen öffnete.[79]

Im Mittelpunkt der Handlung aus jenen dunklen Tagen steht der Jäger Börr, geboren von der Mutter Mo. Börr lebt in Höhlen, zähmt Feuer, kämpft mit anderen Horden, baut eine Art Haus, leidet unter riesigen Naturkatastrophen, heiratet Arra und zeugt mit ihr den Sohn Mann. Noch versteht der Mensch die Sprache der Natur, obwohl erste Anzeichen einer Spaltung Mensch – Natur sich abzuzeichnen beginnen. Doch er lebt wie diese unter dem gleichen Gesetz, demzufolge nur die Stärkeren überleben. Leben bedeutet Kampf, Kampf mit der Natur, Kampf gegen andere Menschenhorden, und vor allem Kampf gegen den Löwen, den Beherrscher der Erde. Börr, dem mutigen, vom „großen Mannwanderer" begnadeten Helden, gelingt es in blutigem Kampf, den Löwen zu besiegen und damit den Menschen zum Herrscher der Erde zu machen. Hier eine typische Kampfbeschreibung, in der die Horde sich in atavistischem Rausch auf den Höhlenkönig wirft:

> Und sie warfen sich, heulend vor Angst und Wut, darüber hin, und als der Jäger Börr fiel und die Knaben vor den furchtbaren Tatzen und dem sieggewissen Gebiß der Katze nie-

derstürzten, hingen sie sich in schwarzer Menge über den Höhlenherrn, stießen zu, krall-
ten und bissen sich fest, wo sie sein Fell zu packen bekamen, und wanden sich, ein
Knäuel blutender, zuckender Leiber, schlingend um den König der Erde (78).

Doch der Kampf geht weiter, statt der Löwen wird nun der Mensch zum ärgsten
Feind des Menschen (86). Auch Frauen stehen da nicht zurück, schweifende Frauen-
horden sind oft blutgieriger und grausamer als der „nach ungestümer Tat neuord-
nende Mann" (86). Kampf besteht auch zwischen den Mächten der Dunkelheit und
des Lichtes. Dem Menschen zum Beistand aber schickten nach Blunck die Götter
den Vermittler zwischen Göttern und Irdischen, den getreuen Boten und Warner
Eckart (111). Das Mysterium der Flamme, dieser „Flammenbart, Flackerauge," das
seinen Ausgang vom „Großen Jäger" nahm, durchdringt den Menschen, „es brannte
in seinem Blut" (21) und bindet ihn an ewig waltende Kräfte: „Aufsässig spürte der
Mensch den Ruf eines unter der Flamme wartenden Geschehens (25)... . Flammen
schaffen Frömme hinter den Augenlidern, sie flackern in Blut und Hirn – die Flammen oder der, welcher sie vor die Füße der Menschen warf" (30). Wie gut sich solche und andere, ähnliche Stellen das Romans in den Flammenkult der Nazis einfüg-
ten liegt auf der Hand – man denke nur an die beliebten Lagerfeuer, Sonnwendfeuer,
Fackelzugaufmärsche, etc.

Auch die Sprache kommt aus mystisch-mythologischen Urtiefen in Bluncks
Buch, das zeigt schon der intensive Gebrauch des Stabreims (siehe obiges Zitat). Ein
unbekannter Fremder (= Gott = der Große Mannwanderer = Schneller Läufer =
Großer Jäger = Wortspender) macht die Erde zur Trommel, so daß „gewaltig der
Laut aus tiefem Grund zurückschallt." Börr spürt die Nähe des Fremden wie einen
Rausch: „Nicht aufhören wollte er, diesen tiefen, dröhnenden Tanz des trillernden
Speeres und seines Blutes zu kosten" (40). Und der Gott berührte die Lippen der
Menschen, die nun die Laute zur Sprache banden, statt nur dahin zu lallen. Mit Hilfe
der Götter entwickeln die Menschen auch Kunst in Form von Höhlenzeichnungen
und Musik. Der „große Wanderer" holt am Ende schließlich Börr über den Regenbo-
gen zu sich (118).

Im zweiten Buch, „Kampf der Gestirne," das wiederum in unbestimmter, lang
zurückliegender Vergangenheit spielt, wird der Kampf ins Kosmische erweitert als
Kampf der Helle gegen das Dunkel: „Götter und Riesen kämpften in blauen Fernen
miteinander. Die hellen Lichter des Tags und der Nacht schienen die höchsten
Wesen, die den Sinnen der Menschen offen waren" (150). Kampf und Recht des
Stärkeren bestimmen auch das Leben der Menschen. Der Lichtverehrer und Jäger
Elk wird von dem stärkeren Feind Lärmer in der Nacht erschlagen. Doch Elks Sohn
Ull tötet Lärmer in einer wilden Schlacht. Der Hüne Ull wird nun zur herrschenden
Figur des Buches, der „überall aus seinem Blut opfernde Nachfahren wissen wollte"
und in seinem Übermut gar versucht, die Sonne einzufangen. Ull und seine Mannen
wohnen als Bauern, Fischer und Jäger in Pfahlbauten, gehen auf Weiberraub und
ausgedehnte Plünderfahrten, bei denen Schwache und Feige getötet werden. Schon
König Ulls Äußeres lehrt die Menschen das Fürchten: „Das linnene Hemd am Hals
geöffnet, den Otternpelz über die Schultern zurückgeschlagen, im bernstein-
geschmückten Gürtel die mächtigen Steinwaffen" (173). Doch nachdem sich ihm die
Morgenröte geoffenbart und ihm die blonde Solmund zugeführt hatte, nennt er sich
Diuvis, „das heißt der vom ewigen Himmel Gerufene" (178) und gründet ein Reich

der Sonne, in dem er mit Solmund „den Menschen Glück bringen werde nach den Träumen, die ihm geworden waren" (178). Nach den wilden Fahrten seines Lebens verspürt er den Drang, „von seiner Freude über viele auszuschütten; Freund des Himmels und für seine Königin aller Völker Herr zu sein" (179). Alles in ihm fiebert der Sonne entgegen, der Sonnenaufgang wird zum religiösen Weiheakt:

> Während Ull noch die Weihe des Bodens fühlt, tun sich Tore zu den Höhen auf; bräunlich lodernd steht der Dämmerungsbogen über den dunklen Wäldern der Erde. Und wie er sich demütig vorm Morgen neigt, sieht er das brennende Licht der Welt leibhaft das Lid aufschlagen und flammend über die Wipfel der Ferne schauen (174).

Mit diesem Bombast will Blunck schlicht mitteilen, daß die Sonne aufgeht. Für ihn allerdings ist die Morgenröte die Stunde, „wo die Schöpfung sinnlich und wesenhaft wird" (194). Nach kurzer Zeit gebar Solmund ihrem Hünen eine Tochter Osatara, „die hatte schon bei der Geburt lange helle Haare" (181). Ihre blonden Haare dünken Diuvis als der irdische Abglanz der Himmlischen, der sich von Geschlecht zu Geschlecht vererben würde (181). Diuvis scheint auf dem Höhepunkt seiner Macht, und „wild war der Glaube Diuvis' und voller Inbrunst für das gewaltige Gestirn des Tages" (182), das über allem thront und in Sonnwendfeiern verehrt wird: „Über alle aber erhob sich nach uraltem Geheimnis Diu, der strahlende Himmel, und seine Tochter, deren Rad, aus gelbem Stein gehämmert, auf hohen Wagen im Frühling und in den Wendetagen ins Land hinausgetragen wurde" (198-99). Doch das Böse ist nicht gebannt: im unsteten Goll erwächst dem Diuvis ein arger Feind und Anbeter der Nacht und des Mondes. Es kommt im Kampf zwischen Ull=Diuvis und Goll, zum Kampf zwischen den Elementen Hell-Dunkel:

> Nacht und Tag, Erde und Sehnsucht – furchtbar in ihrer Kraft, rasend in ihrem Zorn, und blind in ihrem Haß gegeneinander... . Es war nicht anders, als rängen zwei Erden urweltlich miteinander, so grauenvoll war der dumpfe Schall ihrer stürzenden Leiber, stampfenden Füße und stöhnenden Brüste (204).

Ull gewinnt, weil er den stärkeren Glauben hat, nicht weil er der Kräftigere ist: „Nur der Glaube war größer bei Ull" (204). Glaube woran verrät Blunck nicht. Doch mit rationalen Erklärungen ist dem Buch sowieso nicht beizukommen. Osatara wächst heran als nordischer Lichtmensch, Tochter der Sonne, mit blauen Augen und blonden Haaren (208-209). Vater Ull schwört ihr, daß er die unsteten Götter der Nacht „ganz ausrotten" wolle. Selbst vor seiner eigenen Frau Solmund macht er dabei nicht Halt: er erschlägt sie, als er in ihr Spuren der Nacht findet.

Von dem Warner und Zauberer Bra will Diuvis wissen, warum er noch nicht Herr der Welt ist. Bra antwortet ihm, daß noch ein langer Weg zu durchschreiten ist: „Es entstand viel Leben in der Tiefe, und es werden noch viel Helle und Arge über der Menschen Weg schreiten, Diuvis!" (231-32). Bra bedeutet ihm, daß viele Helden geopfert werden müssen, bis schließlich der Retter kommt: „Immer wieder werden die Helden aufstehen und verbluten! Bis der letzte Euch heimführt" (232). Auch Diuvis erreicht das Ziel nicht. Seine Tochter Osatara liebt Imber, „der zur Nacht betet" und Diuvis mit einer Übermacht be- und verdrängt. Imber herrscht mit Osatara, wird ein gewaltiger König und versöhnt Tag und Nacht. Doch nach ihm zerbrach auch sein Reich, da die Menschen zu unstet waren und keinen festen Glauben hatten; denn wie der Seher Bra dem König Diuvis versichert hatte, hilft nur unerschütterlicher Schicksalsglaube: „Nur eines schützt die Völker: die Kraft, an die guten Gestirne zu glauben und an den ewigen Vater, der unhörbar hinter ihnen wohnt" (231). Von hier aus führt eine direkte Verbindung zu anderen nazistischen Glaubensbekenntnissen wie Hanns Johsts „Ich glaube" oder Adolf Hitler, der in *Mein Kampf* über den Glauben schrieb: „Indem der Glaube mithilft, den Menschen über das Niveau eines tierischen Dahinlebens zu erheben, trägt er in Wahrheit zur Festigung und Sicherung seiner Existenz bei."[80]

Die Geschicke des von den Göttern verstoßenen Riesen und Götterschmieds Weland, Dunnars Sohn, bilden den Inhalt des dritten Buches, „Streit mit den Göttern." Die Zeit ist unbestimmt, doch die Geschehnisse spielen im nordischen Raum der Friesen, Sachsen, Gauten und anderer Stämme. Aber wie in den vorausgegangenen Büchern besteht das Leben der Menschen aus Kampf und Grausamkeit. So läßt König Niod, „nächst den Göttern der mächtigste Fürst unter den zwölf Stämmen des Nordens" (259), dem Weland die Sehnen durchstechen, weil jener Niods Tochter Baduhild am heiligen Stein überraschte (S. 262) und befiehlt, daß Weland für ihn schmiede und Runensteine meißele. Weland aber sinnt auf Rache und ermordet Niods junge Söhne (271). Weland entflieht Niod und Wodans Zorn zum Fels Rauchzahn vor Helgoland, schmiedet Vogelschwingen und wird bedrängt von bösen Drullen, Unholden der Tiefe und des Dunkels. Weland sucht Wodans Fluch zu entkommen, doch er muß sein Schicksal erfüllen (286), Unglück bringen und viele Kämpfe bestehen, ehe er in höchster Not von der Insel Rauchzahn mit Hilfe seiner Schwingen entflieht. Nun durchstreift er die Ebenen und Weserberge ruhelos und wehbringend, er erschlägt König Niod und sehnt sich nach Schwingen, um zur Sonne aufzufahren. Eine zeitlang findet er als Knecht Ruhe im Blut und im Boden bäuerlicher Arbeit: „Wie tat das Werk wohl, wie die Kraft der Erde in ihm stieg!" (331). Aber der Bann der Götter treibt ihn weiter: „Wer kann gegen das Schicksal?" (342). Schließlich erbarmen sich die Götter. Wodan, der Göttervater, will Weland aus dem Fluch entlassen, wenn er über die Götter fliegt (361). Daraufhin beginnt Weland, wie einst am Rauchzahn Flügel zu schmieden. An einem stürmischen Morgen erhebt er sich mit seiner Geliebten Sintgund in die Lüfte, „wie ein ungeheures Wunder, mit sausenden Schwingenhieben zu den Wolken hinein" (363) und über die Götter empor, damit die Götter versöhnend.

Obgleich Hans Blunck, der erste Leiter der Reichschrifttumskammer (1933-35), in diesem Buch nicht direkt und unmittelbar die Nationalsozialisten unterstützt, paßt der Roman *Die Urvätersaga* mit seiner Flammen-und Hell-Dunkel-Symbolik, seiner Schicksalsthematik, der Verherrlichung des Kampfes, der Stärke nordischer Menschen und Götter sowie dem Kult von Sonne, Erde, Blut in die nationalsozialistische Ideologie. Wie Langenbucher 1941 formuliert, sind Bluncks Werke „dank der nie fragwürdig gewordenen Verbindung ihres Dichters mit den Kräften des Volkstums ... in einer beglückenden Weise doch auch Deutungen volkheitlichen Lebens und als solche Zeugnisse der selbstverständlichen schicksalhaften Verwurzelung des Dichters in dem Wesenserbe seines Volkes." [81] Ein heutiger ahnungs- und geschichtsloser Leser mag den Roman anders lesen wollen, nicht jedoch ein Leser, der mit Sprache und Ideologie der Nazizeit auch nur annähernd vertraut ist; Sätze wie „oben im Gewölk schreitet ein großer weißer Pflüger und wirft die riesigen Schollen stößig auseinander" als Bild für Wind und Wolken sind eben zu verräterisch und zu eng mit Nazi-Vokabular verbunden, um anders gelesen zu werden.

1   Vgl. Donald Ray Richards, The German Bestseller in the 20th Century. A Complete Bibliography and Analysis 1915-1940. Bern: Lang 1968.
2   Karl Prümm, Das Erbe der Front. Der antidemokratische Kriegsroman der Weimarer Republik und seine nationalsozialistische Fortsetzung, in: Horst Denkler und Karl Prümm (Hrsg.), Die deutsche Literatur im Dritten Reich (Stuttgart: Reclam 1976), S. 157.
3   Prümm, 139.
4   Zitiert nach Prümm, 157.
5   Vgl. Karl Prümm, „Das Erbe der Front. ..."
6   Karl Prümm, Die Literatur des Soldatischen Nationalismus der 20er Jahre (1918-1933), 2 Bde. (Kronberg/Ts.: Scriptor 1974). Zur Interpretation von *Stahlgewittern* vgl. 92-129.
7   Wie Karl O. Paetel berichtet, hat Jünger es allerdings abgelehnt, „sich an den Staatsstreichvorbereitungen selbst zu beteiligen." Zit. nach Wolfgang Kaempfer, Ernst Jünger (Stuttgart: Metzler 1981), 34. Auch seine Weigerung, nach 1933 der Dichter-Akademie beizutreten, hat mehr persönliche als politische Günde; mit seinen Ideen „bleibt er dem Regime auf 'höhere' Art verbunden," so Kaempfer, p. 34. Für weitere Information und Literatur siehe Kaempfers Ernst Jünger Buch. Vgl. auch Günter Hartung, Literatur und Ästhetik des deutschen Faschismus (Berlin: Akademie-Verlag 1983), 69 ff.
8   Uwe-K. Ketelsen, Die Literatur des 3. Reichs als Gegenstand germanistischer Forschung, in: Wege der Literaturwissenschaft, hrsg. v. Jutta Kolkenbrock-Netz u.a. (Bonn: Bouvier 1985), S. 299. Ketelsens Bemerkung ist hier auf Benn gemünzt, aber sie paßt auch auf Jünger.
9   Vgl. Russell A. Berman, The Rise of the Modern German Novel (Cambridge, MA, and London: Harvard U. Press 1986), 216: „Jünger's version of fascist modernism is purest in his pre-1933 writings, such as the war memoirs *In Stahlgewittern* ... which represents the ideal type of a fascist epic, the substitute for the novel of bourgeois subjectivity in a post-subjective cultural context."
10 Vgl. dazu Berman, 225.
11 Ernst Jünger, In Stahlgewittern (Berlin: Verlag von E.S. Mittler & Sohn, 24ste Auflage, 1942), 22. Die Seitenangaben im Text beziehen sich auf diese Ausgabe. Für Karl-Heinz Bohrer gehören diese und ähnliche Szenen im Roman zu Jüngers „Ästhetik des Schreckens." Vgl. Karl-Heinz Bohrers Buch über Ernst Jüngers Frühwerk Die Ästhetik des Schreckens. München: Hanser 1978; dazu auch Kaempfers Kritik an Bohrer in: Ernst Jünger, p. 164-68. Die von Jünger hier geübte Ästhetisierung des Krieges und des Grauens war durchaus weitverbreitet, nicht nur in Deutschland. Es sei nur an die Bilder der Verwesung in den Gedichten des frühen Benn erinnert. Noch im Jahre 1942 schrieb André Gide über Jüngers Kriegstagebuch: „Das Buch Ernst Jüngers über den Krieg 1914, In Stahlgewittern, ist unbestreitbar das schönste Kriegsbuch, das ich gelesen habe, von einer vollkommenen Redlichkeit, Wahrhaftigkeit und Noblesse." Zit. nach Karl-Heinz Bohrer, 520. Bei der Lektüre ist zu beachten, daß Ernst Jünger das Buch mehrmals überarbeitet hat; von den fünf Versionen hat „die letztgültige Fassung mit der ersten Auflage so gut wie nichts mehr gemein," so Karl Prümm in: Die Literatur des Soldatischen Nationalismus, 90-91. Die 1. Aufl. war mehr militärische Memoirenliteratur

mit Namen, Dienstgrad, strategisch-taktischen Reflexionen mit Kritik an Führung etc. Die literarische Überformung kam erst in späteren Auflagen; vgl. Prümm, 102 f.

12 Ernst Jünger, The Storm of Steel. From the Diary of a German Storm-Troop Officer on the Western Front, translated by Basil Creighton (London: Chatto & Windus 1929), xii-xiii.

13 Vgl. dazu Jost Hermand und Frank Trommler, Die Kultur der Weimarer Republik (München: Nymphenburger Verlagsbuchhandlung 1978), 14-34.

14 Adolf Hitler, Mein Kampf (München: Franz Eher Nachfolger, 17. Aufl. der Volksausgabe, 1933), 584.

15 Mein Kampf, 585.

16 Mein Kampf, 585.

17 Vgl. Richards, 54.

18 Die letzten Reiter, 14. Die Seitenangaben im Text beziehen sich auf diese Ausgabe.

19 Matthias Erzberger, geb. 1875, „war für die Rechte der bestgehaßte Mann: als Urheber der Friedensresolution, als sichtbare Verkörperung der Weimarer Koalition, als Ankläger gegen die deutsche Führung im Weltkrieg, gegen die er im Juli 1919 in der Nationalversammlung eine große Rede gehalten hatte." Vgl. Karl Dietrich Erdmann, Die Weimarer Republik (München: dtv 1980, 7. Aufl. 1987), 135. Der Zentrumsabgeordnete und Reichsminister wurde 26.8.1921 von fanatischen Nationalisten ermordet; „die Attentäter, Angehörige der Organisation Consul, eines geheimen Nachfolgeverbandes der aufgelösten Brigade Ehrhardt [die im März 1920 im Verlaufe des fehlgeschlagenen Kapp-Putsches das Berliner Regierungsviertel besetzt hatte], entkamen ins Ausland" (Erdmann, 161).

20 Vgl. dazu Günther Rühles Kommentar zu Heinrich Zerkaulens Stück Jugend vor Langemarck in Zeit und Theater, Bd. 3, Diktatur und Exil (Berlin: Propyläen 1974), 742 ff.

21 Günter Hartung, Literatur und Ästhetik des deutschen Faschismus (Berlin: Akademie-Verlag 1983), 115.

22 Ernst Loewy, Literatur unterm Hakenkreuz (Frankfurt a.M.: Fischer, 7.-8. Tausend, 1987), 329.

23 Hans Zöberlein, Befehl des Gewissens (München: Zentralverlag der NSDAP, Franz Eher Nachf., 38. Aufl. 1942), 43. Die Seitenangaben im Text beziehen sich auf diese Ausgabe.

24 Im zweiten Band seiner sozio-psychologischen Faschismusanalyse Männerphantasien (Frankfurt a.M.: Verlag Roter Stern 1978) zitiert Klaus Theweleit ausführlich aus diesem Kapitel; vgl. 20-22 und 487-92.

25 Karl Aloys Schenzinger, Der Hitlerjunge Quex (Berlin: Zeitgeschichte-Verlag Wilhelm Andermann 1932), 7. Die Seitenangaben im Text beziehen sich auf diese Ausgabe.

26 Vgl. dazu Renate Jaroslawski/Rüdiger Steinlein, Die 'politische Jugendschrift'. Zur Theorie und Praxis faschistischer deutscher Jugendliteratur, in: Die deutsche Literatur im Dritten Reich, 314.

27 Uwe-K. Ketelsen, Völkisch-nationale und nationalsozialistische Literatur in Deutschland 1890-1945 (Stuttgart: Metzler 1976), 70.

28 Hanns Heinz Ewers, Horst Wessel. Ein deutsches Schicksal (Stuttgart, Berlin: J.G. Cotta'sche Buchhandlung Nachfolger 1933), 290. Die Seitenangaben im Text beziehen sich auf diese Ausgabe.

29 Vgl. Richards, The German Bestseller in the 20th Century, 60.

30 Vgl. Klaus Vondung, Der literarische Nationalsozialismus. Ideologische, politische und sozialhistorische Wirkungszusammenhänge, in: Die deutsche Literatur im Dritten Reich, 45.

31 Zit. nach Joseph Wulf, Literatur und Dichtung im Dritten Reich (Frankfurt a.M.: Berlin, Wien: Ullstein 1983), 162.

32 In Gesammelte Werke (Frankfurt a.M.: 1967), Bd. 20, 210.

33 Ebd., 215.
34 Ebd., 219.
35 Vgl. dazu u.a. Helmut Vallery, Enthistorisierte Geschichte. Der nationalsozialistische historische Roman, in Jörg Thunecke (Hrsg.), Leid der Worte. Panorama des literarischen Nationalsozialismus (Bonn: Bouvier 1987), 90-107. Vallery zeigt darüber hinaus, wie sich die politische Entwicklung des Dritten Reichs in der Thematik der historischen Romane spiegelt. Vallery zufolge waren historische Stoffe jedoch keineswegs alleinige Domäne der Nationalsozialisten; von Mitte der zwanziger bis in die vierziger Jahre waren sie allen politischen Lagern von der „inneren Emigration" bis zum Exil gemein.
36 Johannes Sachslehner, Führerwort und Führerblick. Mirko Jelusich: Zur Strategie eines Bestsellerautors in den Dreißiger Jahren (Königstein/Ts.: Hain 1985), 44. Vgl. dazu Rezension von Klaus Zeyringer in Monatshefte 79, no. 4 (1987), 523-24.
37 Vgl. Prümm, 157.
38 Vgl. Donald Ray Richards, The German Bestseller, 57 und 104.
39 Vgl. Mont Royal (Hrsg. v. Oberkommando der Wehrmacht, Abt. Inland, o.J.), 6. Die Seitenangaben im Text beziehen sich auf diese Ausgabe.
40 Mein Kampf, 416.
41 Mein Kampf, 418.
42 Werner Beumelburg,Geschichten vom Reich, hrsg. v. Karl Plenzat (Leipzig: Hermann Eichblatt Verlag 1941), 3.
43 Hrsg. von der Deutschen Arbeitsfront NSG. Kraft durch Freude. Stuttgart: Verlag Deutsche Volksbücher GmbH 1943.
44 Vgl. Jörg, 12.
45 Vgl. Richards, 105.
46 Werner Beumelburg, Reich und Rom (Oldenburg I.O., Berlin: Stalling, 16.-30. Tausend 1937), 95. Die Seitenangaben im Text beziehen sich auf diese Ausgabe.
47 Gerhard Schweizer, Bauernroman und Faschismus (Tübingen: Tübinger Vereinigung für Volkskunde E.V. Schloss 1976), Bd. 42, 7.
48 Vgl. Peter Zimmermann, Der Bauernroman. Antifeudalismus. Konservatismus – Faschismus (Stuttgart: Metzler 1975), 159. Zimmermann stellt hier die Verteilung von 614 Bauernromanen in dem von ihm untersuchten Zeitraum 1830-1970 dar.
49 Vgl. Schweizer, 21.
50 Vgl. Schweizer, 20 und George L. Mosse, The Crisis of German Ideology (New York: Grosset & Dunlap 1964), 27.
51 Alfred Rosenberg, Der Mythus des 20. Jahrhunderts (München: Hoheneichen, 107.-110. Aufl. 1937), 531.
52 Mein Kampf, 151.
53 Zimmermann, 3.
54 Vgl. Richards, 62.
55 Franz Schonauer, Deutsche Literatur im Dritten Reich (Olten und Freiburg: Walter-Verlag 1961), 89.
56 Vgl. Loewy, 288.
57 Josefa Berens-Totenohl, Der Femhof (Jena: Diederichs, 161.-285. Tausend, 1941), 14. Die Seitenangaben im Text beziehen sich auf diese Ausgabe.
58 Schonauer, 90.
59 Hermann Löns, Der Wehrwolf (Jena: Eugen Diederichs 1926), 95.
60 Vgl. dazu Klaus Eberhardt, Literatur – Sozialcharakter – Gesellschaft. Untersuchungen von präfaschistischen Erzählwelten zu Beginn des 20. Jahrhunderts (Frankfurt a.M., Bern, New York: Lang 1986), 70 ff. und George L. Mosse, The Crisis of German Ideology, 25-26.
61 Alfred Rosenberg, Der Mythus des 20. Jahrhunderts, 436.

62 Günter Hartung, Literatur und Ästhetik des deutschen Faschismus, 47-48.

63 Richards, 178. Im Jahre 1976 wurde Der Wehrwolf in München in der „Heyne Nostalgie Bibliothek" neu aufgelegt.

64 Loewy, 299.

65 Zur Geschichte der deutschen Kolonien vgl. Horst Gründer, Geschichte der deutschen Kolonien, Paderborn: Schöningh Verlag 1985, UNI-Taschenbuch 1332 der Arbeitsgemeinschaft UTB für Wissenschaft.

66 Uwe-K. Ketelsen, Völkisch-nationale und nationalsozialistische Literatur in Deutschland 1890-1945, 73.

67 Vgl. dazu Russell A. Berman, The Rise of the Modern German Novel, 210. Für Berman ist Grimms Roman zusammen mit Gustav Frenssens *Jörn Uhl*, Ernst Jüngers Frühwerk und Artur Dinters *Die Sünde wider das Blut* ein Beispiel für „fascist modernism," der dem entwurzelten Individuum in einer regressiven Ideologie vom völkisch-nationalen Kollektiv Halt bietet: „Bourgeois subjectivity and its cultural modes are outflanked by a literary stategy that invokes the regressive temptations of a preindividuated state in the service of postindividual domination" (231).

68 Vgl. Peter Zimmermann, Kampf um den Lebensraum. Ein Mythos der Kolonial- und der Blut-und -Boden-Literatur, in: Die deutsche Literatur im Dritten Reich, 165-82.

69 Hellmuth Langenbucher, Volkhafte Dichtung der Zeit (Berlin: Junker und Dünnhaupt, 6. Aufl. 1941), 613.

70 Loewy, 299.

71 Zit. nach Joseph Wulf, Literatur und Dichtung im Dritten Reich, 337.

72 Zit. nach Wulf, 338.

73 Hans Grimm, Volk ohne Raum (München: Albert Langen/Georg Müller 1926), 19. Die Seitenangaben im Text beziehen sich auf diese Ausgabe.

74 Zit. nach Peter Zimmermann, Kampf um den Lebensraum. Ein Mythos der Kolonial- und der Blut-und Boden-Literatur, in: Die deutsche Literatur im Dritten Reich, 170.

75 So Adolf Hitler in Mein Kampf, zit. nach Zimmermann, 170.

76 Mein Kampf, 152.

77 Langenbucher, 463.

78 Alfred Rosenberg, Der Mythus des 20. Jahrhunderts, 33. Rosenberg verwendet in seinem Buch „syrisch" und „jüdisch" als Synonyme.

79 Hans Friedrich Blunck, Die Urvätersaga (Jena: Eugen Diederichs 1934), 3. Die Seitenangaben im Text beziehen sich auf diese Ausgabe.

80 Mein Kampf, 416.

81 Langenbucher, 415.

5. Das NS-Drama

In *Mein Kampf* beklagte Hitler unter anderem den Verfall der Kultur und die „geistige Entartung" der Kunst. Der „Bolschewismus der Kunst" ist für Hitler der Künder des „politischen Zusammenbruchs" in Deutschland. Seiner Meinung nach ist es die Aufgabe des Staates zu verhindern, „daß ein Volk dem geistigen Wahnsinn in die Arme getrieben wird."[1] Diese Erkrankung hat Hitler zufolge auch die Theater in Mitleidenschaft gezogen:

> Das Theater sank zusehends tiefer und wäre wohl schon damals restlos als Kulturfaktor ausgeschieden, hätten nicht wenigstens die Hoftheater sich noch gegen die Prostituierung der Kunst gewendet. Sieht man von ihnen und einigen weiteren rühmenswerten Ausnahmen ab, so waren die Darbietungen der Schaubühne derart, daß es für die Nation zweckmäßiger gewesen wäre, ihren Besuch ganz zu meiden (284).

Ebenso beklagte Hitler den Niedergang der Klassiker in seiner Zeit:

> Aber freilich, was sind denn Schiller, Goethe oder Shakespeare gegenüber den Heroen der neueren deutschen Dichtkunst! Alte abgetragene und überlebte, nein überwundene Erscheinungen. Denn das war das Charakteristische dieser Zeit: nicht daß sie selber nur mehr Schmutz produzierte, besudelte sie obendrein alles wirklich Große der Vergangenheit (285).

Diesen „Schmutz" meint Hitler nicht nur im Theater, sondern auf allen Gebieten zu finden. Er machte es sich deshalb zur Aufgabe, Deutschland aus diesem „Schmutz" herauszuführen. Dazu hatte auch die Literatur und nicht zuletzt das Theater beizutragen. Denn gerade im Theater sah Hitler, in pervertierter Anknüpfung an Schiller, eine erzieherische Anstalt, „die in erster Linie für die Bildung der Jugend da sein" müßte (284). Durch den Rückgriff auf die Vergangenheit versprach Hitler Deutschland eine glorreiche Zukunft.

Auch für die Literatur waren damit die Zeichen gesetzt. Dementsprechend sahen nationalsozialistisch orientierte Kritiker im Theater der Weimarer Republik nur Abstieg und Verfall. Helmut Wanderschecks Bemerkungen sollen hier paradigmatisch für viele andere zitiert werden. „Das Drama war zum politischen Zweckstück erniedrigt."[2] Jegliche Bindungen an ewige dramatische Gesetze und ewig-menschliche Werte sah man aufgegeben, „das Volk war geistig und seelisch krank. ... Das Drama wurde zum Spielball in den Händen wurzelloser internationaler Literaten" (3). Vor allem zog man gegen das „epische Theater" zu Felde:

> Parteipolitisch wie das epische Drama im Grundaufbau und in der Gesinnung war, führte es zur restlosen Zerschlagung des Dramas als Kunstform. ... Es wuchs weder aus dem Leben noch aus dem Erleben, weder aus den Tiefen der Volksseele noch aus dem Wollen der kämpferischen nationalen Jugend (3-4).

Mit der Machtübernahme durch die Nationalsozialisten sollte auch im Theater ein neuer Morgen anbrechen: „Weltwende ist zugleich immer Kunstwende! Mit dem

Sieg des Nationalsozialismus vollzog sich die Verwandlung des deutschen Theaters in einem bis dahin ungeahnten Ausmaß. Ein Zwischenreich Nichtkunst, Unkunst, Kunstersatz wurde ausgelöscht" (7). Theater sollte wieder in der unsterblichen deutschen Volksseele verwurzelt sein; Schauspielen wird wieder „ein magischer Prozeß" (10). Drama wird Mythos: „Die politische Sittlichkeit des Nationalsozialismus wird zur Grundlage eines völkischen Mythos im Drama" (13). Schicksal findet wieder Eingang in die Dramatik: „Die Verbundenheit des Dramatikers mit dem Schicksal seines Volkes führt ihn zum schicksalerfüllten Drama zurück" (15). Wichtig ist dabei auch die Rückkehr zu einer dichterischen Sprache im Drama, die durch Naturalismus, Expressionismus und politisches Zweckdrama „entweiht und zur leitartikelmäßigen Alltäglichkeit herabgewürdigt" war (16). Zweck des Theaters ist nicht mehr Belehrung, sondern „Erhebung und Erlösung" (18). Das wird am vollkommensten in der Tragödie erreicht, wie Reichsdramaturg Schlösser erklärte: „Die Bühne ist eine Stätte der tragischen Ideen als der höchsten, die der menschliche Geist überhaupt zu denken vermag, der Idee der Tragödie, welche durch die tiefste Erschütterung die höchste Erhebung erreicht."[3]

Aus diesen Bemerkungen könnte man auf die Entwicklung einer einheitlichen nationalsozialistischen Dramatik schließen. Wie aber Ketelsen zu Recht herausstellt, hat es „*das* Drama des Dritten Reichs" eigentlich nie gegeben. Der knappe Zeitraum von 1933 bis 1945 (davon rund fünf Kriegsjahre) sowie der Wirrwar der Kompetenzen innerhalb offizieller Stellen verhinderten ein einheitliches Konzept. Dazu kommt, daß wie beim Roman auch beim Drama mit 1933 keine neue Periode begann. Zahlreiche vor 1933 entstandene Dramen paßten nahtlos in das Gesamtgewebe der nationalsozialistischen Ziele. Der Unterschied zur Zeit vor 1933 bestand lediglich darin, daß diesen Dramen nun besonderer Vorrang eingeräumt und der NS-Ideologie zuwiderlaufende Stücke verboten wurden. Aber selbst das von den Nationalsozialisten geförderte Theater war nicht einheitlich. Die Vielfalt entgegengesetzter Richtungen innerhalb des national-konservativ-völkischen NS-Dramas resultiert nicht nur aus der Rivalität der für das Theater zuständigen offiziellen Stellen – die unterschiedlichen Ansichten von Rosenberg und Goebbels sind bekannt[4] –, sondern auch aus den unterschiedlichen Vorbildern der Autoren:

> Da orientierte man sich an den griechischen Klassikern und interpretierte sie aus dem 'Geist der Zeit,' schwor auf Shakespeare als den nordisch-germanischen Dichter schlechthin, entwickelte eine entschiedene Vorliebe für nordische Tragik, ... begeisterte sich für die deutsche Klassik oder verdammte sie wütend.[5]

Man knüpfte an Wagner an, an die Jugendbewegung, an Paul Ernst, selbst an den von Hitler so verpönten Expressionismus und sogar an Bertolt Brecht (siehe Eberhard Wolfgang Möller). Das führte verschiedentlich zu Reibereien, Komplikationen und Aufführungsverboten, was manchen Autoren dann nach 1945 ein Alibi verschaffte. Das einzige Bindemittel aller Richtungen war die Weltanschauung des Dritten Reiches. Dabei kann nicht genug betont werden, daß viele Autoren nach 1933 nicht gleichgeschaltet werden mußten, sie waren es schon lange vorher und zwar aus eigenem Willen. 1933 war ihre Stunde gekommen; sie fühlten sich keineswegs von oben gegängelt, sondern als Mitbauer am Staatsgebäude, ganz im Gegensatz zu denjenigen Autoren, die sich traditionell als Gegengewicht zur Staatsgewalt sahen oder sich nicht um sie kümmerten. Fest steht jedoch, daß die Nationalsozialisten dem Theater außerordentlich großen Wert beimaßen.

> Zu keiner Zeit hat der Staat mehr für die Förderung des Theaters getan als zwischen 1933 und 1945. 1936 spielten 331 Theater in Deutschland. Etliche davon (Theater des Volkes) waren neu erbaut, umgebaut, Extrasubventionen des Reiches (1936 12 Millionen Mark) verbesserten die Ausstattung. Eine große Theaterwerbung begann. Reichstheaterfestwochen fanden von 1934 an abwechselnd in Berlin, Hamburg, München, Bochum, Essen und 1938 in Wien statt.[6]

Auf der Reichstheater-Festwoche 1937 in Düsseldorf erklärte Goebbels voller Stolz: „Deutschland ist führendes Theaterland der Welt."[7]

Das Theater blieb nicht auf eigens dafür eingerichtete Bauten beschränkt; das ganze Land wurde mit Theater überzogen. Man kann die NS-Bewegung überhaupt als Theater im weiteren und doppelten Sinne sehen. Aufmärsche, vielfältige Uniformen und Abzeichen, Fahnen, Standarten, Trommeln, Fahnenweihen, Fackelzüge, Zapfenstreich, Reichsparteitage, Hitlerreden waren nichts anderes als „großes Theater." So spricht Joachim Fest in seiner Hitler-Biographie von Hitlers „zirzensischem Bedürfnis nach Tusch, Fanfare und großer Entrade" und seinem Hang, „das eigene Leben als eine Folge grandioser Bühnenauftritte zu sehen, wo er vor atemverhaltendem Publikum, weit ausholend im gleißenden Licht der Kulissenblitze, immer erneut die große Heldenrolle deklamierte."[8] Allerdings nur zu dem Zwecke, die Wirklichkeit zu verdecken – wie das auch der größte Teil der NS-Dramen tat. Von daher ist die Ablehnung der die Wirklichkeit entdeckenden Dramen seit dem Naturalismus von seiten der Nationalsozialisten zu verstehen.

Auch Hitlers Gestik und Stimme, selbst seine Zornesausbrüche, waren zumeist bewußt eingesetzte theatralische Mittel, um bestimmte Wirkungen zu erzielen; das Hoftheater und selbst der aus rassischen Gründen verjagte Theaterdirektor Max Reinhardt hinterließen ihre Spuren in Hitlers theatralischer Sendung, deren Karikierung Bertolt Brecht in seinem Stück *Der aufhaltsame Aufstieg des Arturo Ui* und Charlie Chaplin in seinem Film *Der große Diktator* so meisterhaft gelangen. Hanns Johst, einer der herausragenden Nazi-Autoren und bedeutender Kulturfunktionär (Leiter der Reichsschrifttumskammer von 1935-1945) erkannte diese Tradition sehr genau. Angesichts der Nazi-Aufmärsche mit Fahnen und Fanfaren und Hitlers beschwörender Rhetorik war ihm klar: „Das war Max Reinhardt."[9] Hitler war Joachim Fest zufolge „im Grunde eine Theaterexistenz." Er berauschte sich vor allem an Katastrophen und Weltbränden wie sie ihm Wagner in der *Götterdämmerung* bot, die dann später in grausige Wirklichkeit umschlagen sollte. Nazismus, Hitler und Theater sind also aufs innigste miteinander verbunden. Entsprechend appelierte das NS-Theater auch nicht an den Verstand, sondern an das Gefühl: Religio ersetzte die ratio wie Hanns Johst in dem Aufsatz „Vom neuen Drama" im Jahre 1928 verkündete:

> Ich fordere nun, daß der letzte Akt des kommenden Dramas nicht realistisch, nicht substantiell, nicht rechthaberisch sich bis zum letzten Ende abspielt, sondern ich sehe ein Drama, das die Kraft in sich birgt, die geistige und seelische Kraft, alle Beteiligten dergestalt zu überwältigen, daß der Zuschauer am Ende nicht den Abend abschließt, indem er die Garderobe stürmt, sondern daß dieses Drama sich wie ein Elixir in ihm aufzulösen beginnt. Daß er sich erlebnismäßig überschattet fühlt von der Begegnung mit etwas Meta-

physischem... . Nur der Glaube läßt die Welt als Ganzes ertragen, alle anderen Methoden geistiger Einsicht vermögen nur zu zertrümmern... . Das kommende Theater wird Kult werden müssen oder das Theater hat seine Sendung, seinen lebendigen Ideengehalt abgeschlossen und wird nur noch als eine Art versteinte Fossilie in den Kulturschiebungen mitgeführt. Das kommende Drama wird leben! Die Not, die Verzweiflung, das Elend unseres Volkes braucht Hilfe. Und Hilfe kommt letzten Endes und tiefsten Sinnes nicht aus Betteleien an Banknoten der Hochvaluta, sondern die Hilfe kommt aus der Wiedergeburt einer Glaubensgemeinschaft.[10]

Johsts eigenes Drama, *Schlageter*, ist das anschaulichste Beispiel für seine Theorie, wie wir später sehen werden. Aber sie gilt auch für die überwiegende Mehrzahl anderer NS-Dramen.

Im folgenden Kapitel sollen aus der Fülle von Autoren und Richtungen einige wesentliche Beispiele herausgegriffen, bestimmten Themenkreisen zugeordnet und genauer analysiert werden. Wichtig für die Auswahl waren neben der Weltanschauung Prominenz des Autors sowie Thema und Form des Stückes. Um lange ideologische Definitionen zu vermeiden, werden unter NS-Drama alle solche Werke völkisch-konservativ-nationaler Autoren subsumiert, die im Dritten Reich weite Verbreitung und offizielle Unterstützung fanden. Die vorzustellenden Dramen werden unter bestimmte Themenkreise gruppiert.

a. Kampf und Bewährung

Der Schlageterstoff war ein äußerst geschickter Griff von Johst. Er traf damit den neuralgischen Punkt vieler Deutscher, nicht nur der Nationalsozialisten, die voller Bitterkeit auf die schmach- und leidensvolle Zeit im Anschluß an den verlorenen ersten Weltkrieg zurückblickten. Der historische Schlageter, ein 1918 stellungslos gewordener Frontoffizier, Held von Freikorpsaktionen im Baltikum und im Ruhrgebiet, wurde am 26.5.1923 in der Golzheimer Heide bei Düsseldorf wegen Sabotage gegen die französischen Besatzungstruppen im Rheinland von einem französischen Exekutionskomando füsiliert. Das Urteil löste Empörung und Proteste aus. Seine Rechtmäßigkeit wurde von der deutschen Reichsregierung in Berlin bestritten. Das Internationale Rote Kreuz, der Papst, die Königin von Schweden und der Erzbischof von Köln intervenierten vergeblich. Diesen Schlageter nun stilisierte Johst zu einem Vorkämpfer und Märtyrer für das Dritte Reich, zum „ersten Soldaten des Dritten Reichs,"[11] der für Deutschland und seine Überzeugung freudig in den Tod ging. Das Stück ist dem Führer auf dessen ausdrücklichen Wunsch hin „in liebender Verehrung und unwandelbarer Treue" persönlich gewidmet. Mit den historischen Tatsachen verfuhr Johst allerdings recht großzügig. Der historische Schlageter war keineswegs so patriotisch und heldenhaft wie Johst ihn zeichnet. In Danzig organisierte Schlageter zwar nationale Geheimverbände, diente aber gleichzeitig dem polnischen Spionagedienst als Informant. Vor dem Kriegsgericht schließlich war sein Verhalten kaum helden- und vorbildhaft: um seinen Kopf zu retten, verriet er seine Mitstreiter.[12]

In vier Akten stellt Johst die Wandlung Schlageters vom Volkswirtschaftsstudenten zum nationalen Kämpfer auf die Bühne. Eigentlich ist es mehr eine Wiedererweckung des alten Frontgeistes, denn Schlageters ehemaliger Waffenbruder und jetziger Kommilitone Friedrich Thiemann weiß, daß unter der akademischen Fassade das alte Kameradenherz schlägt, das er nur mit kernigen Sprüchen herauslocken muß. Thiemann wettert gegen tintenklecksende Akademiker und Kapitalisten, die statt mit Maschinengewehr und Handgranate mit Füllfederhalter und Börsenkursen operieren: „Bleistift und Füllfederhalter sind die Waffen, mit denen man Karriere reitet! ... (83). Die Börse als Walstatt, der Dollar als Feldgeschrei! Wie nobel ist doch dagegen ein Maschinengewehr!!" (89). 1918 war für ihn nicht eine vernichtende Niederlage, sondern ein verlängerter „Heimaturlaub" (84). Die Bemühungen um Demokratisierung der Weimarer Republik sind für Thiemann nur dumme Bauernfängerei und Schwächung des Kampfgeistes:

Den Kram kenne ich von 18 ... [1848] Brüderlichkeit, Gleichheit ... Freiheit ... Schönheit und Würde! Mit Speck fängt man Mäuse. Auf einmal, mitten im Parlieren: Hände hoch! Du bist entwaffnet ... Du bist republikanisches Stimmvieh! – Nein, zehn Schritt vom Leibe mit dem ganzen Weltanschauungssalat ... Hier wird scharf geschossen! Wenn ich Kultur höre ... entsichere ich meinen Browning! (87).

Als die schwächlichen, unterwürfigen, und nur auf eigene Karriere bedachten SPD-Politiker der Republik sich nur dazu aufraffen können, beim Einmarsch der Franzosen in das Rheinland den passiven Widerstand auszurufen, gibt Schlageter dem Drängen Thiemanns nach und schließt sich dem aktiven Widerstand ehemaliger Kameraden an, wie das Herz ihm befiehlt: „Das gute Gewissen des Reiches ... schlägt heute nur in Revolutionären!" (108). Auch zarte Liebesbande zu Alexandra Thiemann halten ihn nicht mehr; seine Liebe zu Deutschland ist stärker. Er sprengt für Deutschland und erhofft sich, daß dadurch das deutsche Volk erwacht und die Macht an sich reißt (106). Verzichtend versteht ihn die kerndeutsche Alexandra; die „Erfüllungspolitiker" der Republik jedoch hetzen die Polizei auf Schlageter und seine Parteigenossen: „Deutsche liefern Schlageter an das Messer ... Deutsche fangen seine Kameraden wie streunende Hunde!" (137) und liefern sie an die Franzosen aus, die sie vor ein französisches Kriegsgericht zerren. Ob dieser letzten Schmach bricht es aus Professor Thiemann heraus: „Deutschen Jungen habe ich versprochen: Deutschland, Deutschland über alles!! Und jetzt ist dieses Deutschland unter jedem Hund!" (131) Selbst Exzellenz General K., immer treu bemüht, der Republik zu dienen, wenn auch gegen sein besseres Gefühl, hört nun die neuen Kolonnen „Marschtritt ... Aufbruch ... Deutschland erwacht!!" (138).

Die eigentlichen Sabotageakte bringt Johst nicht auf die Bühne, auch nicht die Verhandlung gegen Schlageter, wohl aber dessen Erschießung in einer dramatisch äußerst wirksamen und emotionell geladenen, apotheosehaften Schlußszene. Mit dem Rücken zum Publikum steht Schlageter „steil, Hände auf den Rücken mit einem Seil gebunden, dessen Ende zur Erde schleppt, als ob er die ganze Erde trüge" (138) auf der „Schädelstätte" (138). Die Salve des französischen Exekutionskommandos geht durch Schlageter hindurch ins Publikum. Er stirbt mit dem Wort Deutschland auf den Lippen:

Ein letztes Wort! Ein Wunsch! Befehl!
Deutschland!!!
Erwache ! Entflamme!!
Entbrenne! Brenn ungeheuer!! (132).

Die Uraufführung dieses Stückes am 20. April 1933, zu Hitlers erstem Geburtstag als Reichskanzler, fast zehn Jahre nach der Erschießung des historischen Schlageter, geriet zu einem Weihespiel des Nationalsozialismus. Statt zu applaudieren, erhoben sich die Zuschauer von ihren Sitzen und sangen gemeinsam mit den Schauspielern das Deutschland- und das Horst-Wessel-Lied. Unter den Zuschauern befanden sich außer Hitler die Spitzen des Nazistaates und zahlreiche literarische Größen desselben wie Blunck, Kolbenheyer und Schäfer. Auf der Bühne stand die Prominenz des Berliner Staatlichen Schauspielhauses unter der Regie von Franz Ulbricht: Lothar Müthel (Schlageter), Emmy Sonnemann (Alexandra Thiemann), Albert Bassermann (General) und Veit Harlan (Thiemann). Alfred Kreienberg, Theaterkritiker der Berliner *Täglichen Rundschau* schrieb am 22. April 1933 über diese Aufführung:

> Literarisch abzirkelnde Kritik hat hier nichts zu bestellen. Dieses Stück und seine Aufführung sind Ansprache, Schlag auf die Schulter, Niederriß und Hinanriß. Kamerad, deine Hand! Dieser Schlageter steht am Eingang einer neuen Kunst, die des Volkes sein wird, oder nicht sein wird. Dieser Schlageter hat von dem Feuer, das deutsche Gewissen weiß zu brennen. Das Kleistische Feuer. Das Fegefeuer der Nation. Schlageter ist der neue, der junge deutsche Mensch. Sein Tod ist Auferstehung, sein Besitztum die Kameradschaft, die Treue, die Brüderlichkeit.[13]

Welche überragende Bedeutung Schlageter und Johsts Schlageter-Drama für den Nationalsozialismus besaßen, geht aus einer Rede Alfred Rosenbergs auf dem Reichstag der NS Kulturgemeinde am 7. Juni 1935 hervor, in der er Schlageter zum Symbol des erwachenden Deutschland erhob.

> Johst, ... der Dichter des „Schlageter," der den Mann verherrlicht, dessen wir auch auf dieser Reichstagung gedenken werden, in seiner ganzen rückhaltlosen Selbstentäußerung und Kampfbereitschaft für das deutsche Volk, ist das Sinnbild des erwachenden jungen Deutschlands geworden. Diesem Märtyrertum des nationalsozialistischen Deutschlands hat Hanns Johst ein Denkmal erschütternder Art in seinem Drama gesetzt.[14]

Schlageter war das letzte Stück des ehemaligen Expressionisten Johst, der sich nach 1933 vor allem parteipolitischen Aufgaben widmete, insbesondere als Leiter der Reichsschrifttumskammer von 1935-45. Wenn heute auch Gedankengut und Ideologie des Stückes nichts mehr bedeuten, so muß man doch Hanns Johst handwerkliches Geschick in der Komposition seines *Schlageter* zugestehen.

Von selbstloser Opferbereitschaft für Deutschland handelt auch Heinrich Zerkaulens Stück *Jugend von Langemarck*. Auch hier liegt ein historisches Ereignis zugrunde: in einer militärisch völlig sinnlosen Attacke erstürmten am 9. November 1914 junge Freiwilligenregimenter bei Langemarck in Flandern singend und unter großen Opfern die feindlichen Vorpostenstellungen, ohne jedoch die gegnerische Front durchbrechen zu können. Hitler hat diesen jungen Freiwilligen in *Mein Kampf* ein Denkmal gesetzt. Wie er schreibt, wurde er selbst als junger Soldat an der Flandernfront vom Gesang des Deutschlandliedes aus den Reihen der jungen Regimenter zum Sturm angefeuert:

> Aus der Ferne aber drangen die Klänge eines Liedes an unser Ohr und kamen immer näher und näher, sprangen über von Kompagnie zu Kompagnie, und da, als der Tod gerade geschäftig hineingriff in unsere Reihen, da erreichte das Lied auch uns, und wir

gaben es nun wieder weiter: Deutschland, Deutschland über alles, über alles in der Welt! Nach vier Tagen kehrten wir zurück. Selbst der Tritt war jetzt anders geworden. Siebzehnjährige Knaben sahen nun Männern ähnlich. Die Freiwilligen des Regiments List hatten vielleicht nicht recht kämpfen gelernt, allein zu sterben wußten sie wie alte Soldaten.[15]

Langemarck, Leo Schlageter und Horst Wessel wurden Schlag- und Reizwörter zur Beschwörung von Frontgeist, Kameradschaft und Opferbereitschaft im NS-Reich. Es ist deswegen nicht verwunderlich, daß der Langemarck-Stoff mehrmals dramatisiert wurde: so von Edgar Kahn *Langemarck*, (1933), Max Geißler-Monato *Flandern 1914* (1933) und Paul Alverdes *Die Freiwilligen. Ein Stück für Langemarck-Feiern* (1934). Hinweise auf den Langemarck-Geist finden sich auch in zahlreichen anderen Werken der NS-Literatur, so in Dwingers Roman *Die letzten Reiter*. Die Langemarck-Thematik ist dabei nur ein besonders markantes Beispiel der Weltkriegsliteratur aus völkisch-konservativ-nationaler Perspektive. Wie Erwin Breßlein ausführt, „überflutete" gegen Ende der Weimarar Republik

> eine schier unübersehbare Anzahl von Kriegsstücken Buchmarkt und Theater in der ideologischen Absicht, dem liberal-demokratischen Staats- und Gesellschaftssystem ein soldatisches revolutionär-konservatives entgegenzusetzen und in letzteres eine geradezu messianische Heilserwartung für Deutschlands innere und äußere Erneuerung zu setzen.[16]

Im Zuge verstärkter Wiederbelebung der Erinnerung an den ersten Weltkrieg, die gegen Ende der zwanziger Jahre einsetzte, entwickelte sich auch ein regelrechter Langemarck-Kult. Ab 1927 feierten rechte Universitätskreise bereits den „Tag von Langemarck." Im Dritten Reich wurde Langemarck „zum Sinnbild der deutschen Vaterlandsliebe und Einsatzbereitschaft bis zum Tode. Die Pflege dieser Idole ist der Sinn der akademischen Langemark-Feiern."[17]

Heinrich Zerkaulen, 1892 in Bonn als Sohn eines Schusters geboren, kam 1914 selbst als Kriegsfreiwilliger an die Ostfront. Zum Langemarck-Drama wurde er im Jahre 1933 durch eine Rede Franz von Papens zum Langemarck-Tag vor der Berliner Studentenschaft angeregt, die er im Rundfunk hörte:

> Mir war, als riß ein Vorhang auseinander, der neunzehn Jahre ein Erlebnis zudeckte. Ich fühlte fast körperlich, wie eine Faust nach meinem Herzen griff. In dieser Stunde wußte ich, daß ich das Weihespiel von Langemarck schreiben würde... . Meine 'Jugend von Langemarck' entstand im Erleben und aus dem Sturm des Aufbruches von 1933.[18]

Die Handlung von Zerkaulens *Jugend von Langemarck* ist auf drei Akte und ein Nachspiel verteilt. Der erste Akt spielt am 7. August 1914 im Hause der verwitweten Fabrikbesitzerin Luise Gärtner. Es herrscht Aufbruchsstimmung und Kriegsbegeisterung; keiner will jetzt zurückstehen, wo „ganz Deutschland maschiert." Franz Gärtner aber soll in dieser Zeit der nationalen Erhebung nach Willen und Testament seines verstorbenen Vaters die Tuchfabrik übernehmen und die Fabrikation auf Uniformtuch umstellen. Damit ist der dramatische Konflikt des Stückes vorgezeichnet. Der kriegsbegeisterte Franz will sich natürlich seinen Freunden als Kriegsfreiwilliger anschließen, soll aber nun den kriegswichtigen Betrieb in der Heimat führen. Zum Konflikt kommt es auch auf privater Ebene: das Verhältnis Mutter-Franz und die

Liebe Franzens zur keuschen Christa werden durch dessen Kriegsbegeisterung getrübt. Die Mutter appelliert an Franzens Pflichtgefühl und Familienehre, um ihn im Werk zu halten, wie der Vater es befahl. Doch Franz ist von der Aufbruchstimmung eines ganzen Volkes überwältigt. Er fühlt den Krieg „dröhnen ... in Blut und Hirn ... Daß man sich die Brust aufreißen möchte, um sein Herz hinzuhalten."[19] Krieg schafft Volksgemeinschaft ohne Klassenunterschiede. „Daß der Student zum Arbeiter du sagt, nur weil sie zusammen marschieren. Endlich wieder zusammen im gleichen Erleben. – Daß Stand und Titel nichts sind, der Soldat alles" (156). Über allen aber flattert das mystische Symbol der Fahne: „Daß die Fahne einem mehr bedeutet als das Leben" (156). Nach kühler Verabschiedung durch die Mutter, und „sehr inniger, aufgewühlt-erregter" Aussprache mit Christa eilt Franz an die flandrische Front, an der die folgenden zwei Akte spielen. Die Truppe besteht zumeist aus jungen Korporationsstudenten; unter ihnen befindet sich aber auch der Arbeiter Karl Stanz, mit dem Franz sich anfreundet. Die wenigen älteren, erfahrenen Soldaten der Korporalschaft wie Unteroffizier Lehmbruck betrachten die Jungen in ihrer Begeisterung verständnisvoll, doch auch mit einer gewissen Skepsis. Lehmbruck versteht nicht, was in diesen jungen Kriegsfreiwilligen vorgeht:

> Wenn der Lehmbruck nur wüßte, wie das ist mit dem Rausch ... Ja, Brüder – es rauscht in uns. In mir und in dir ... in uns allen – allen. Das Blut der Väter rauscht in uns von Jahrhunderten her. Alle, die sie ihr Leben ließen für die Heimaterde, die von Fehrbellin, die von Roßbach, von Leuthen, Jena, die von Sedan – bei uns sind sie – in uns! Ihr Vermächtnis, das Geheimnis ihres Blutes, das liegt wie ein Anker in uns, wir wußten es nur nicht. Aber jetzt, da unserer Erde ein Unrecht geschicht, da unsere Fahnen wehen im Wind, da die Trommel geht an unseren Grenzen – da zerrt er auf einmal, der Anker. Das Blut der Väter, ihr Wille, ihr Sterben um die Ehre und die Freiheit Deutschlands – das alles rauscht in uns (163-64).

Das ist es also, was Franz und seine Kriegskameraden antreibt; die mystische Stimme der Väter, des Blutes, der Erde. Vor diesem mystischen Urgrund brechen natürlich auch alle Klassenschranken zusammen: Arbeiter und Studenten *„reichen sich die Hände... . Die Hände bleiben fest ineinander liegen*: nichts als Kameraden!" (164). Die nationale Volksgemeinschaft überwindet die marxistische Klassengesellschaft. Aus diesem Fronterlebnis wird Franz durch den Befehl herausgerissen, in die Heimat zurückzukehren und den kriegswichtigen väterlichen Betrieb zu übernehmen. Für Zerkaulen und seine Gesinnungsgenossen ist das natürlich eine Tragödie und Zuspitzung des inneren Konfliktes. Die jungen Soldaten „reißen den Waffenrock auf, alle darunter das Burschenband" und protestieren gegen diesen Befehl: „Wir sind deutsche Studenten! Gott zum Zeugen und bei unseren Farben, Herr Hauptmann" (171). Der Hauptmann bleibt unbeeindruckt: Befehl ist Befehl.

Im dritten und letzten Akt führt Zerkaulen uns in die Stellung der Engländer. Szenenanweisungen teilen uns mit, daß „der ganze dritte Akt ... in heißem, angespanntesten Tempo zu spielen" ist (172). Trotzdem bleibt noch Zeit für eine sentimentale Anekdote, die ein englischer Beobachter im Granatenhagel erzählt. Bei Bixschoote wurde er Zeuge, wie deutsche Soldaten nachts zwischen den Linien das Korn mähten, nicht um besser sehen, schießen und stürmen zu können, sondern aus Liebe zu Saat und Erde: „Wenn der Deutsche Korn riecht, dann riecht er seine Erde, und wäre es mitten in Feindesland. Er kann keine Frucht verfaulen sehen, er muß sie ernten. Der Deutsche tut nichts ohne inneren Grund" (173). Dabei läßt Zerkaulen zwischen den Zeilen durchblicken, wie innerlich arm und nüchtern doch die Engländer sind. Aber er billigt ihnen zu, daß sie ritterlich sind, im Gegensatz zu den Franzosen. Als Karl Stanz mit einer deutschen Patrouille von den Engländern gefaßt wird, fürchtet er nichts: „Der Engländer ist ein anständiger Soldat" (181). Die Engländer fühlen sich recht sicher, wohl zu Recht, wie ein englischer Unterleutnant erkennt: „Achtung vor dem Mut der Deutschen – aber Mut kann auch Irrsinn sein. Hier gegen uns anstürmen zu wollen, wäre ein Irrsinn. In kürzester Zeit hätten wir ein Feld von Toten vor uns – " (184). Doch die Deutschen stürmen tatsächlich, und auch noch mit Gesang. Der dritte Akt endet hochdramatisch, als trotz britischen Feuers die ersten deutschen Soldaten in den englischen Gräben erscheinen und von Karl Stanz freudig begrüßt werden: „Kameraden! Sieg!" (185). Mit den „beiden letzten Zeilen des Deutschland-Liedes" auf ihren Lippen („Deutschland, Deutschland über alles, über alles in der Welt"), das „in brausenden, elementaren Gesang übergeht," überrennen die jungen Kriegsfreiwilligen die englischen Stellungen, jetzt mit dem „Burschenband über der Uniform" (185). Mit dem falschen Eindruck eines totalen deutschen Sieges läßt Zerkaulen die Kriegshandlung seines Stückes enden. In Wirklichkeit jedoch blieb der deutsche Angriff unter unsäglichen Opfern im Feuer der Engländer stecken – es war, wie der von Zerkaulen zitierte englische Unterleutnant richtig erkannt hatte: „Irrsinn."

Das Nachspiel kehrt bewußt zum Ausgang des Stückes zurück. Wir befinden uns wieder im Wohnraum im Hause Gärtner. Christa und Luise Gärtner sind in schwarz, Franz ist bei Langemarck gefallen – obwohl Zerkaulen nie erklärt, wie er dem Heimatbefehl entgangen ist. Die Mutter ist nun versöhnt: „Sein Tod hat es mich gelehrt: Es kann keiner gegen den eigenen inneren Befehl. Es kann auch keiner mehr für den anderen geben als sein Leben. Er hat sein Leben gelassen für das Heiligste, was er besaß. Für sein Vaterland" (186). Das Werk übernimmt der aus dem Felde zurückgekehrte Karl Stanz, der wie Franz in Akt I nun feldmarschmäßig das Bühnenwohnzimmer betritt; der Kreis ist geschlossen. Stanz zögert, doch Frau Gärtner macht es ihm zur heiligen Pflicht: „Über Sieg und Niederlage, über Schmerz und Freude, immer ist – die Pflicht da. Die Pflicht, die das Ziel hinter dem Ziel erschaut. Immer gilt es – und bis in Ewigkeit, das eigene Gefühl zu demütigen, um seine Pflicht ganz erfüllen zu können" (192). Pflicht steht nach Zerkaulen und der Naziideologie also noch über Gefühl. Aber auch das Gefühl verpflichtet Karl der nationalen Aufgabe: er fühlt sich als Glied einer langen Kette von Gefallenen, allen Gefallenen der vier Weltkriegsjahre. Etwas mühsam spannt Zerkaulen dabei den Bogen über die vermeintlichen Niederungen der Weimarer Republik zur Gegenwart des Jahres 1933 und dem Gedenken der Toten von Langenmarck:

Und dann kommen wieder Zeiten, Zeiten des Niederbruchs und des Unglücks, in denen unser Volk allein von seiner Geschichte zusammengehalten wird. Dann werden sie wach – die Toten, das gewaltige Heer der Toten. Dann marschieren sie zum großen Appell ihres Volkes. Dann werden ihre Namen aufgerufen, einzeln, Mann für Mann, die bisher Unbekannten, die Namenlosen... . Dann wehen geisterhaft ihre alten Fahnen, dann klingt ein Lied, ein altes Lied, das Vermächtnis von Langemarck. Dann ziehen sie als heilige Führer voran und zeigen ihrem Volk den Weg – den Weg über den Abgrund (193).

Mit diesem „äußeren und inneren Befehl ... erwacht" Karl Stanz „inbrünstig und ganz hell," um seine Pflicht zu tun – und mit ihm, so hofft Zerkaulen –, das Publikum im Theater und das ganze deutsche Volk. Allerdings ahnten damals wenige, daß dieses Vermächtnis von Langemarck nicht über, sondern *in* den Abgrund führte.

Am 9. November 1933, dem Gedenktag an Langemarck und an den Marsch auf die Feldherrnhalle, wurde das Stück gleichzeitig von mehreren Bühnen uraufgeführt: in Dresden, Bremen, Kassel, Darmstadt, Halle, Lübeck, Hagen, Greifswald, Beuthen und Bonn. An vielen Orten war die Uraufführung wie diejenige des *Schlageter*-Dramas mit einer nationalen Gedenkfeier verbunden, die durch eine Ehrung der Toten von Langemarck eingeleitet wurde, an denen sich oft studentische Korporationen in vollem Wichs beteiligten.[20] Die dramatischen Schwächen, die dieses Stück in weit größerem Maße als *Schlageter* enthält, wurden von vielen Kritikern übergangen zugunsten des heroisch-nationalen Inhalts, durch den das Stück seinen Platz neben Johsts *Schlageter* oder Bethges *Marsch der Veteranen* einnimmt.

Aber nicht nur das Schicksal der toten, sondern auch der lebenden Frontkämpfer wurde von völkisch-national-konservativen Autoren dramatisiert. Im Gegensatz zu den links-liberalen Kritikern der Veteranenbehandlung in der Weimarer Republik wie George Grosz oder Ernst Toller, die Veteranen als Opfer kapitalistischer Machenschaften sehen, werfen rechte Autoren der Weimarer Republik Mangel an völkisch-vaterländischer Gesinnung vor, da sie die ehemaligen Frontsoldaten ignoriert. Einer dieser nationalen Autoren ist Friedrich Bethge, selbst ein Veteran des Krieges, der in seinem Stück *Marsch der Veteranen* (ursprünglicher Titel *Der Hungermarsch der Veteranen*) eigene Erlebnisse verarbeitet, um dem Frontgeist wieder Achtung und Ansehen zu verschaffen. Als Vorlagen für sein Stück dienen Bethge eine Zeitungsmeldung vom April 1932 aus den USA und Gogols Roman *Tote Seelen*, wie er im Vorwort zum Stück mitteilt.[21] Im April 1932 zogen amerikanische Kriegsteilnehmer vor das Weiße Haus in Washington, um auf friedliche Weise für Verbesserung ihrer Lage zu demonstrieren. Sie wurden durch Tanks und Tränengas vertrieben, fanden jedoch auf dem Gut einer Gönnerin in Maryland Zuflucht. „Für den nationalsozialistischen Dichter und Frontsoldaten mußte hier ein beispielhafter Dramenstoff vorliegen" wie Bethge ausführt (196). Durch die „zufällige Gogol-Lektüre im Augenblick der Dramenplanung" entscheidet sich Bethge, wegen der Ähnlichkeit des Stoffes sein Drama in die Zeit des napoleonischen Rußlands zu verlegen, „um zeitlich und künstlerischen Abstand zu gewinnen" (197). Zur Zeichnung der Petersburger Gesellschaft macht Bethge Anleihen bei Tolstois *Krieg und Frieden*; der preußische Generalgouverneur ist dem amerikanischen Generalstabschef Douglas MacArthur nachgebildet. Auch Schillers *Räuber* und Hauptmanns *Weber* waren literarische Paten. Trotz aller Historisierung bleibt jedoch immer klar, daß Bethge die Frontsoldatensituation der Weimarer Republik meint und sie aus nationaler Perspektive kritisch beleuchten will.

Das Schauspiel ist in drei Akte gegliedert. Ehemalige Frontsoldaten des Zaren, unter ihnen solche mit zerschossenen Gliedern, bitten beim Minister in der zaristischen Hauptstadt Petersburg um Geld, damit sie leben können. Für die Herrschenden ist jedoch alles andere wichtiger. Als die Veteranen immer wieder auf später vertröstet werden, nehmen sie ihr Geschick in die eigene Hand und überfallen unter Führung des Fähnrichs Ottoff als „noble Räuber" einen zaristischen Geldtransport, um ihren „rückständigen Sold" einzutreiben. Vom Führer der Begleitmannschaft, seinem ehemaligen Hauptmann Kopejkin, zur Rede gestellt, antwortet Ottoff auf die Frage, was für Männer die „Räuber" seien: „Soldaten! – Untauglich geschossen – verhungert – verroht – verlumpt – aber Soldaten! Nicht sie trifft Schuld – die Großen allein in Petersburg! – Fluch über sie, die Soldaten hungern lassen!" (219). Ottoff schlägt eine provozierende Lösung des Veteranenproblems vor: *„Erschießt alle Soldaten, wenn der Krieg zu End' ist, – und der Bürger hat Ruhe!!"* (219). Im Handgemenge kommt einer der „Räuber" namens Georgieff zu Tode, nun knien alle Veteranen – sowohl Räuber als Begleitmannschaft – vor dem Toten nieder. An der Leiche des toten Kameraden geloben alle „Gehorsam, Ehre, Treue bis in den Tod" (220). Hauptmann Kopejkin wird zum Führer ihrer gemeinsamen Sache: „Nicht weichen will ich von der gemeinen Sache, nicht weichen von Ehre, keine Gemeinschaft haben mit den Großen des Reichs, die diesen Tod, die diese Not verschuldet, so wahr mir Gott helfe!" (220). Ottoff aber trennt sich von ihm: „Die Wege scheiden sich, nicht das Ziel" (220). Ottoff will Sofortaktion, Kopejkin will warten, bis die Bewegung erstarkt ist. Damit ist der dramatische Konflikt gegeben. Einige Veteranen entscheiden sich heimlich für Ottoff, die meisten aber stehen zu Kopejkin: „Wir folgen dir – bis in den Tod" (221). Mit der Leiche des getöteten Soldaten Georgieff zieht die Schar zur Hauptstadt, um das Vermächtnis des Toten zu erfüllen, der nun als Märtyrer mit ihnen zieht: „Er lebt! – Er ist mitten unter uns!" (221).

Der zweite Akt spielt im Palast des Ministers Smerkoff. Seine Tochter Lisaweta singt ein „schlichtes und ergreifendes" Volkslied. Der Gouverneur, ehemals preußischer Offizier, ist gerührt: „Ein Volkslied wie dieses, das ans Herz geht – auch des Soldaten! Nur nicht die Musik der Salons, wo sich die Menschen verrückt über sich hinauslügen" (223). Draußen vor den Fenstern wird der Marschgesang der Veteranen – „Blinde, Einarmige, Einbeinige an Krücken" – hörbar:

> In steinernen Palästen
> Ihr Mächtigen, merkt auf!
> Halt' ein in euern Festen,
> Hier nimmt es seinen Lauf.
> Feld, Äcker, euch zu Frone,
> Sie tranken unsern Tod;
> jetzt fordern wir zum Lohne:
> Gebt uns der Felder Brot! (224).

Im Palast breitet sich Unruhe aus; Gutsbesitzer Baron Plassinoff, der erst kürzlich „tausend Hektar Weizen und Mais verbrennen" ließ, „um einen Preissturz zu verhindern" (224), will die Veteranen zusammenschießen lassen. Der Minister versucht, die Veteranen zu spalten und gegeneinander auszuspielen: Ottoff gegen Kopejkin. Wenn es gelingt, Ottoffs Gruppe zum Gebrauch von Gewalt zu provozieren, hat der Minister Gelegenheit zum Eingreifen. Kopejkin ist für friedliche Verhandlung. Der einzige, der auf Seiten der Regierung ernsthaft versucht, die Probleme der Veteranen zu lösen, ist der Gouverneur – aber er war ja auch preußischer Offizier, ehe er russischer General wurde.

Der dritte und letzte Akt spielt im Zeltlager der Veteranen vor dem Palast des Ministers. Während Kopejkin im Inneren des Palastes verhandelt, tötet Ottoff, dem

Kopejkin versöhnungs- und vertrauensvoll das Kommando übergeben hatte, den die Veteranen beschimpfenden Plassinoff. Nur durch die Weigerung der Linientruppen, auf verkrüppelte Veteranen zu schießen, kann ein Blutbad verhindert werden. Als Kopejkin Ottoff verhaften läßt, erschießt Ottoff ihn als Verräter. Kopejkin stirbt als „Blutzeuge" für die Forderungen der Veteranen. Die Veteranen ziehen auf Lisawetas Gut um, „immer wiederkommend," um ihren Forderungen Nachdruck zu verleihen.

Wie Johsts *Schlageter* und Zerkaulens *Langemarck* beschwört auch Bethge den kameradschaftlichen Frontgeist in der Hoffnung, daß er eine nationale Volksgemeinschaft formt, die alle Spaltung überwindet. In jedem der drei Stücke sollen tote Kameraden, zu Märtyrern stilisiert, die Emotionen der Zuschauer aufpeitschen und volkbildend wirken. Dabei knüpft Bethge allerdings nicht wie Johst und Zerkaulen an konkrete und noch im zeitgenössischen Gedächtnis haftende Ereignisse an. Trotzdem wurde der *Marsch der Veteranen* Bethges erfolgreichstes Stück. Die Uraufführung mit neubearbeitetem Text fand 1935 in Augsburg (30. Januar) und Frankfurt a.M. (2. Februar) statt. Trotz anfänglich zurückhaltender Rezensionen wurde das Stück an über sechzig Theatern gespielt. Mit der Aufführung bei den Münchener Theaterwochen 1936 wurde es zu einem der „Hauptdramen der neuen Bewegung."[22] Bei der Überreichung des Nationalen Buchpreises an Bethge erklärte Josef Goebbels, Reichsminister für Aufklärung und Propaganda, am 1. Mai 1937 unter anderem: „Der *Marsch der Veteranen* ist ein hohes Lied preußischer Zucht und soldatischen Gehorsams... . Der *Marsch der Veteranen* darf als eine erste glückliche Erfüllung der von der nationalsozialistischen Kulturpolitik erhofften Bühnendichtung gelten."[23] Vom literarisch-dramatischen Standpunkt her gesehen, ist Johsts *Schlageter*-Stück zweifellos das gelungenste der drei besprochenen Werke, wenn auch Johst nicht der „große deutsche Dichter" war, für den er sich hielt.[24]

Ideologisches Ziel dieser Stücke war die Formung einer nationalen Volksgemeinschaft von Führern und Geführten aus dem Geist des allem Klassendenken übergeordneten kameradschaftlichen Frontgeistes in Erfüllung des Vermächtnisses der Toten und Veteranen aus dem ersten Weltkrieg – in bewußter Opposition zu der bürgerlich-demokratischen Weimarer Republik. Der Frontgeist war, wie Bethge 1937 formulierte, das „Grunderlebnis des Dramatikers," vor allem in der ersten Phase des nationalsozialistischen Theaters.[25] Die hier vorgestellten Dramen bilden nur eine kleine Auswahl aus der Fülle von Stücken zum Frontgeist-Thema wie Eberhard Wolfgang Möllers *Douaumont oder die Heimkehr des Soldaten Odysseus* (1929), Walter Gottfried Kluckes *Einsiedel* (1934), Richard Euringers *Deutsche Passion* (1932), Max Ziesels *Siebenstein* (1933), Hans Rehbergs *Preußische Komödie* (1932), Paul Joseph Cremers' *Die Marneschlacht* (1933), Sigmund Graffs/Carl Ernst Hintzes *Die endlose Straße* (1928), Edwin Erich Dwingers *Wo ist Deutschland* (1934; nach seinem Roman *Wir rufen Deutschland* von 1932) und Kurt Kluges *Ewiges Volk* (1933). Die gleichen Themen, die Zöberlein oder Jünger in Romanen verarbeiteten, erscheinen hier im Rampenlicht der Bühne. Frontgeist steht letztlich auch als Leitmotiv hinter Hitlers *Mein Kampf*. Es ist offensichtlich, daß das Vermächtnis der toten Kameraden gleichzeitig zur Vorbereitung eines neuen Krieges ausgenutzt wird, z.B. wenn in den Stücken der freudige Opfertod für die Volksgemeinschaft an die Stelle natürlicher Todesfurcht tritt. Das Heer der Gefallenen marschiert mit den Lebenden; die Trennwand zwischen Tod und Leben soll eingerissen werden: „So ging der Tod ins Leben über."[26] Damit löst sich das Paradox aus Zerkaulens *Langemarck* „Wir sterben um zu leben" auf in einen nationalmythisch-soldatischen Ahnenkult einer völkischen Ersatzreligion für das „verweichlichende" Christentum, dessen Vokabular allerdings häufig benutzt wird, so in *Schlageter*, wo der Held zur „Schädelstätte" geführt wird. Dabei blieb die ersehnte Volksgemeinschaft ein frommer Wunschtraum oder wurde bewußt als Lockmittel zur Irreführung Gutgläubiger benutzt. In Wirklichkeit bestand auch unter den Nazis das kapitalistische Wirtschaftssystem mit seiner Klasseneinteilung weiter. In seinem Stück *Marsch der Veteranen* stellt Bethge zwar den raffgierigen Kapitalisten Baron Plassinoff an den Pranger und führt ihn seiner gerechten Strafe zu, aber selbst Zerkaulens *Langemarck* zeugt, vom Autor sicherlich unbeabsichtigt, am Beispiel der Fabrik der Familie Gärtner von der Macht und Bedeutung der kapitalistischen Betriebe.

b. NS-Dramen in historischem Gewand

Die mit Frontgeist und Kameradschaft verbundenen und von den Nationalsozialisten hochgepriesenen Tugenden Todesbereitschaft, Opferwilligkeit, Mut, Treue, Glaube und Heldentum, in der Weimarer Republik verloren geglaubt, fand man nicht nur im ersten Weltkrieg und der anschließenden Kampfzeit, sondern vor allem in früheren Epochen der deutschen Geschichte. Nach der Aufbruchs- und Umbruchzeit des „politischen Machtergreifungstheaters" folgte 1935-36 in verstärktem Maße eine Hinwendung zu historischen Stoffen bzw. „historisch drapierten Zeitstücken."[27] Durch Rückgriff auf historische Stoffe, mit Vorliebe auf große Persönlichkeiten, die angeblich besondere Eigenschaften besitzen, bot das Drama dem Dritten Reich geschichtliche Legitimation. Es war beileibe keine Flucht aus der Geschichte. Im *Weg zum Reich* (1940), herausgegeben vom Reichsführer der SS, hieß es:

> Und das neue Reich, dessen Anbruch wir erleben, errichtet nach Jahrzehnten des Verfalls und der Entartung den Neubau der Nation auf den Grundfesten seines Lebens und seiner Sendung. Wir verstehen nunmehr, warum die führenden Männer des neuen Staates immer wieder auf die Vor- und Frühgeschichte unseres Volkes als auf ein Fundament dieses Neubaues hinweisen.[28]

Für den nationalsozialistischen Literaturwissenschaftler Hermann Wanderscheck setzt das historische Drama bei Hegel an, für den „der historische Ort für das politische Drama an den großen Geschichtswenden" liegt, „wo der einzelne Mensch entweder Erfüller weltgeschichtlicher Aufgaben oder das Werkzeug ihrer Gegenmächte ist."[29] Dementsprechend fordert Wanderscheck:

> Für das nationale Theater ist daher nur jene politische und geschichtliche Dramatik berufen und bedeutsam, die die große schicksalformende oder schicksalleidende, weltbildformende oder weltbildvernichtende Persönlichkeit als eine sich in einer politischen und geistesgeschichtlichen Wendezeit erfüllende Erscheinung gestaltet.[30]

Das NS-Geschichtsdrama kehrt damit zu den Wurzeln der „deutschen Rassenseele" zurück und verfolgt deren Kampf gegen Auflösung und Entfremdung durch „artfremde" Mächte wie Christentum (vor allem in seiner päpstlich-katholischen

Version), Kapitalismus, Demokratie und Judentum. Wie Breßlein ausführt, ballen sich die NS-Geschichtsdramen um gewisse historische Knotenpunkte:

> Ein Streifzug durch die Dramenlandschaft könnte bei Widukind beginnen, stößt auf Walther von der Vogelweide und Heinrich den Löwen, muß bei Heinrich IV. und seinen Auseinandersetzungen mit Papst Gregor VII Station machen; er hat Heinrich VI. bei seinen Sizilienfeldzügen zu berücksichtigen, kommt zu Luther und den Bauernkriegen, tritt mit frühen Preußengestalten in eine neue Phase, die in Friedrich II. ihren Höhe-, in Jena und den Verhältnissen von 1806/1807 ihren Tiefpunkt erfährt, der indes zugleich neue Hoffnungszeichen im Aufstieg des Freiherrn vom Stein und anderen preußischen Reformen setzt; er muß General von Yorck wie Heinrich von Kleist berücksichtigen, und er endet fürs erste bei den Bestrebungen, die nationale Frage für Deutschland auf etatistisch-preußische Art gegen die bürgerlich-demokratische Tradition zu lösen, was angeblich das Streben aller wahren Deutschen des 19. Jahrhunderts war.[31]

Besonderer Beliebtheit erfreuten sich daher Martin Luther,[32] Ulrich von Hutten,[33] Thomas Münzer,[34] der Preußengeneral York aus den napoleonischen Befreiungskriegen,[35] Heinrich von Kleist,[36] Kaiser Heinrich IV.,[37] und vor allem die Preußenherrscher.[38] Dazu kommen noch einige verdiente Auslandsdeutsche wie Jakob Leisler,[39] sowie „ehrengermanische" Führer und Reichsgründer wie Oliver Cromwell[40] und Thomas Paine.[41]

Schicksalformend und schicksalleidend zugleich zeigte sich Kaiser Heinrich IV. in seinem Opfergang zu Papst Gregor VII. nach Canossa im Jahre 1077. Wie angedeutet, ist dieser Stoff mehrmals dramatisch gestaltet worden, am eindringlichsten vielleicht von Erwin Guido Kolbenheyer in seinem Schauspiel *Gregor und Heinrich*, das er „dem auferstehenden deutschen Geist" gewidmet hat. Es wurde in den Jahren 1933-34 geschrieben und am 18. Oktober 1934 gleichzeitig in Dresden, Mannheim, Hannover, Erfurt, Königsberg und Karlsruhe aufgeführt.

In *Gregor und Heinrich* gestaltet Kolbenheyer das nach 1933 besonders aktuelle Thema des Kampfes um das Reich, wie ihn auch der junge Heinrich IV. gegen Rom geführt hat. Im Gegensatz zur überkommenen Geschichtstradition deutet Kolbenheyer Heinrichs Bußgang nach Canossa, der im Mittelpunkt des Dramas steht, aus einer Niederlage in einen Sieg für Heinrich und das Reich um. Diese Interpretation übernahm dann auch die nationalsozialistische Geschichtsschreibung. Der Stoff, von Kolbenheyer in antikisierende Sprache gefaßt, ist in fünf Akte aufgeteilt, die ihrerseits wiederum in mehrere Szenen gegliedert sind.

Der gerade zum Papst Gregor aufgestiegene Mönch Hildebrand will die Macht Roms über das Reich konsolidieren, ehe Heinrich IV. zu stark wird. Dabei geht es um die Herrschaft der Welt; die Entscheidung heißt „der Stuhl Petri oder der Barbarenthron jenseits der Berge."[42] Auch Gregor bemüht sich um die Gunst des Volkes: „Nur aus der Inbrust des Volkes kann sich die Kirche erheben... . Im Hauche seiner Stimmen, in den Strahlen seiner Augen, im Pulsschlag seines Blutes liegt das Heil der Kirche" (265). Gelingt es Heinrich, Fürsten und Volk auf seine Seite zu bringen, „ist das Werk der Aufrichtung der heiligen Kirche verloren, und sie bleibt die Magd der Welt, sie, die berufen ist, einzige Herrin zu sein" (272).

Nach dem Sieg über die Sachsen scheint Heinrich auf dem Höhepunkt seiner Macht. Er will die Gelegenheit nutzen, den Eigensinn der deutschen Fürsten zu brechen und zusammen mit ihnen das deutsche Reich zu errichten: „Ihr Herren, wir haben einen Sieg, und aus dem Sieg soll aufersteh'n das heilig Reich deutscher Nation" (284). Heinrich beschwört die göttliche Fügung der Stunde: „Gott hat uns gestellt in eine Stund, die unser Geschick gewaltigen soll durch uns!" (284). Er sieht dieses Reich bedroht durch den Papst in Rom, der seine Hand danach ausstreckt: „Das wird nimmer gescheh'n, so einer bestehet außer dem Reich und streckt aus die Hand und rührt an das Reich in eines jeden Mannes Brust und legt die Hand auf die Kron mit fremder Gewalt und will sie zwingen" (284). Die meisten der Fürsten jedoch sind auf ihren eigenen Vorteil bedacht. Heinrich nimmt trotzdem den Kampf mit Rom auf und läßt in einer glanzvollen Szene durch einen Gesandten in Rom Papst Gregor verfluchen. Als Antwort schleudert Gregor den Bann der Kirche gegen Heinrich. Daraufhin verweigern ihm die Fürsten den Dienst und bewegen ihn dazu, den Bußgang zum Papst anzutreten. Als der stolze Heinrich daran denkt, mit Hilfe seiner lombardischen Vasallen mit Waffengewalt nach Rom zu ziehen, warnt ihn Bischof Benno von Osnabrück: „Herr Heinrich, mit wallischen Waffen wird das Reich nicht erstritten. Und sei er auch Herr über alle Welt, der deutsche König wird sein Reich nicht gewinnen, es muß in deutscher Wehr und Wesen erstritten sein" (313). Statt Waffengewalt rät er zum Büßergewand; denn durch Erniedrigung soll er erhöht werden; der Papst muß einem Büßer die Buße gewähren, sonst verleugnet er sein Christentum. Mit dieser Strategie soll Heinrich seinen Widersacher Gregor überwinden. Heinrich folgt dem Rat, entäußert sich allen Prunks und zieht im Schneesturm über den Paß des Mont Cenis nach Italien, da alle anderen Wege versperrt sind. In der großen Not und Erniedrigung erkennt Heinrichs Gemahlin Berta, daß das Reich aus dem Inneren und in Schwierigkeiten von besonders Erwählten geboren wird: „Es ist der Gott, der nicht will, daß einer ein Reich empfahe, er trage es denn in sich... . Uns ist die Nacht dieses Wegs auferlegt, daß aus dir an den lichten Tag erwachse das Reich, so du ohnvermerkt getragen in der Brust" (318). Ähnlich fühlte sich auch Hitler erwählt und befähigt, mit dem Reichsgedanken im Herzen durch das Dunkel der Weimarer Republik, dem „Zwischenreich" (so Wanderscheck) zu schreiten – dem heeren Licht entgegen, daß mit seiner Machtübernahme am 30. Januar 1933 anbreche; per aspera ad astra war nicht ohne Grund ein beliebter Ausspruch im Dritten Reich.

Im fünften und letzten Akt erreicht das Stück in der Begegnung Heinrich-Gregor und ihrem Ringen um das germanische Reich seinen Höhepunkt; alles andere tritt dahinter zurück. Für Gregor ist dieser Kampf mit Heinrich von absolut entscheidender Bedeutung für seine Herrschaft und die Herrschaft der römischen Kirche; denn „jenseits der Nordberge liegt der Grund, in dem das Schiff der Kirche ankert. Rom ist der Bau, der Grund aber, ... der Grund ist Germanien. Dort fließt aus dem Borne einer barbarischen Jugend die neue Menschheit" (325). Gregors Absicht ist es, auf einem Reichstag in Augsburg Heinrich vor seinem Volk auf die Knie zu zwingen und zu besiegen. Doch dazu kommt es nicht; denn der stolze Heinrich bezwingt in Canossa sich und in dreitägigem Pilgergang, barfuß und in „härenem Gewand," seinen Gegner. Gregor hat – so Kolbenheyer – wohl erkannt, daß Heinrich nicht als büßender Sünder zu ihm kommt: „Nicht den Frieden der Seele suchst Du! Du willst das Reich!" (327). Vom büßenden Heinrich in die Enge getrieben kann Gregor ihm die Vergebung und damit das Reich nicht verweigern. Heinrich zieht von dannen in der Gewißheit:

Mächtig ist in mir geworden und stark das *Reich*... . Lasse mich ziehn in Frieden, Bischof von Rom, *mein* Reich zu gründen auf diesen Menschen Heinrich... Das Reich Christi hat Seel und Leib, sei Herr und Hort der Seel, Bischof von Rom, und laß dem König, was des Königs ist (334).

Obwohl Kolbenheyers Umdeutung der Geschichte nicht aufrecht zu halten ist – Canossa *war* eine Niederlage für den Kaiser –, kann man dem Stück theatralisch-dramatische Wirkung nicht absprechen. Der Stoff enthält dramatischen Konflikt, und Kolbenheyer gestaltet Gregor durchaus als ebenbürtigen Gegner Heinrichs, ohne in platte Schwarz-Weiß-Malerei zu verfallen. In diesem Drama geht es Kolbenheyer um weitaus mehr als nur die Feststellung von Heinrichs diplomatischem Sieg; es geht ihm um das Schicksal des nordisch-deutschen Wesens überhaupt. Für ihn ist Canossa „eines der heroischen Ereignisse der Geschichte," denn

> das Dramatische der außerordentlichen Begebenheit ... liegt ... darin, daß bei einem über-
> wältigenden Geschichtsakte zum ersten Male in der Weite eines Symbols, die europäisch
> genannt werden kann, das mittelländische Wesen gegen das nordisch-germanische unserer
> Rasse zur geistigen Entscheidung gelangt ist, bei der es auf die Unterwerfung des Nordens
> ankam, die wahrscheinlich Reich und Volk einer völlig anderen Entwicklung zugeführt
> hätte. Die Entscheidung ist aber zugunsten des deutschen Wesens ausgefallen.[43]

Das deutsche Wesen, an dem die Welt genesen sollte, sahen die Nazis allerdings auch von den romanischen Franzosen (und natürlich den Juden und Slawen) bedroht.

Kolbenheyers Stück wurde von den Nazis als „veranschaulichendes Gleichnis" für den Schicksalskampf des deutschen Volkes verstanden, in dem sie sich vermeintlich befanden. Zeitgenössische Kritiker bescheinigten „dem Dichter dieses Seelendramas, ... daß dieser deutsche Gestalter tief in die Wesenheit unseres völkischen Wesens eingedrungen ist"[44] – tiefer noch als das dem von den Nazis hochverehrten Paul Ernst in seinem Canossa-Stück gelungen war.[45] Für Wanderscheck ist Kolbenheyers *Gregor und Heinrich* „das wesentlichste und für die Dramatik der Gegenwart bedeutsamste Schauspiel. ... Kolbenheyers gewaltige dramatische Schachpartie gehört als politisches Drama in die vorderste Reihe einer verantwortungsbewußten, geschichtlichen Dramatik der Gegenwart."[46]

Erstaunlich viele NS-Dramen spielen in Amerika oder greifen auf amerikanische Stoffe zurück – so Bethges *Marsch der Veteranen*, Hanns Johsts *Thomas Paine* (nach Wanderscheck „das erste politische Drama des neuen Deutschlands"[47]), Eberhard Wolfgang Möllers *Kalifornische Tragödie* (um Jakob Suter, dessen Farm von gierigen Goldsuchern zertrampelt wird) und Curt Langenbecks *Der Hochverräter*, ein Stück über den Deutsch-Amerikaner Jakob Leisler, dessen Schicksal auch Hans Friedrich Blunck in seinem Drama *Kampf um New York* (1938) und in seinem gleichnamigen Roman von 1951 gestaltet hat.

Mit Jakob Leisler griff Langenbeck einen Stoff aus der Früh- und Vorgeschichte New Yorks auf. Jakob Leisler, Sohn eines Pfarrers der Reformierten Gemeinde Frankfurt-Bockenheim, kam 1660 als Soldat im Dienste der holländisch-westindischen Handelsgesellschaft nach Neu-Amsterdam. Als Kaufmann erwarb er sich in der wenige Jahre später von den Engländern eroberten und in New York umbenannten Stadt Ansehen und Vermögen. Nachdem im Jahre 1688 der protestantische Wilhelm von Oranien in der sogenannten „Glorious Revolution" die Herrschaft des streng katholischen Jakobs II. aus dem Hause Stuart beendet hatte, kam es auch in den Kolonien zu Unruhen. Der englische Generalgouverneur in Boston wurde nach England zurückgeschickt, sein Stellvertreter in New York, Nicholson, in Haft genommen und Leisler als Führer der Protestanten zum Statthalter gewählt, der bis zum Eintreffen des neuen englischen Gouverneurs die Regierung führen sollte. Nicholson intrigierte in London gegen Leisler und inszenierte mit Hilfe von Loyalisten einen Mordanschlag auf Leisler. Die Führer des Aufruhrs, Bayard und Nicholls, wurden deswegen zum Tode verurteilt, aber von Leisler begnadigt. Als der neue englische Gouverneur Henry Sloughter schließlich in New York eintraf, ließ er Leisler wegen Hochverrats verhaften und 1691 hinrichten. 1695 wurde Leisler von einer englischen Untersuchungskommission voll rehabilitiert und 1698 mit allen Ehren auf dem holländischen Friedhof beigesetzt. Als man 1983 die 300-Jahrfeier deutscher Einwanderung beging, legte einer seiner Nachkommen, der westdeutsche CDU-Politiker Leisler-Kiep, an seinem Grabe einen Kranz nieder. Mit dem „Erwachen der deutschen Volksseele" nach 1933, als man sich verstärkt um das Deutschtum im Ausland kümmerte, wurde auch der Leisler-Stoff wieder aktuell und gleich von zwei prominenten NS-Dichtern aufgegriffen: Hans Friedrich Blunck in seinem Drama *Kampf um New York* (1938) und Curt Langenbeck *Der Hochverräter* (1938).

Langenbeck folgt in seinem „tragischen Schauspiel" dem äußeren historischen Ablauf der Ereignisse ziemlich genau, gießt den Stoff in streng traditionelle Form (meist 6-füßige Jamben, dem griechischen Drama nachempfunden) und verteilt ihn über 17 Szenen, die nach seiner Anweisung ohne Pause in etwa 2 1/2 Stunden durchgespielt werden sollen. Die klassischen Einheiten von Ort (Hafenplatz in New York), Zeit (wenige Tage im Jahre 1691) und Handlung sind gewahrt. Die Sträffheit der Handlung wird auch durch die Bühnenbauten unterstrichen: „Die Architektur soll großlinig und streng sein."[48] Trotz des historischen Stoffes wird ein deutlicher Bezug zur Gegenwart verlangt: „Historische Genauigkeit ist (auch im Kostüm) nicht erwünscht" (381).

Zu Beginn des Stückes wartet Jakob Leisler beunruhigt, doch in vollem Vertrauen auf den englischen König, auf das Eintreffen des neuen Gouverneurs. Leisler ist kein Rebell, sondern ein treuer Diener seines Herrn: „Meine Pflicht ist, das Errungene / Dem König zu verteidigen" (384). Leisler hat Feinde, vor allem seinen Gegenspieler Cornelius Nicolls, den er in Ketten legen ließ, weil dieser in einen Mordanschlag gegen ihn verwickelt war. Leislers Tochter Meisje, einst die Geliebte von Nicolls, versucht vergeblich zu vermitteln. Als drei englische Fregatten gesichtet werden, läßt sich Leisler von den Stadtältesten seine ordnungschaffende Handlungsweise auch gegenüber Nicolls bestätigen: „Immer bedarf ein Führer der Gnade / Mehr als die andern, die ihn nur tun sehn, / Und sein Gebet verteidigt dem *Helden* / Sieg und Schuld" (387). Leisler will, daß Nicolls seinen Lügenbrief an den König widerruft, da er eine Beleidigung des Königs darstellt. Nicolls aber weigert sich, da Leisler nicht vom König ernannt ist. Leisler wirft Nicolls Mangel an Kooperation und Volksverhetzung vor. Nicolls und Leisler verkörpern den dramatischen Konflikt zwischen Geschäft und Moral: Nicolls ist der gewissenlose und geschäftemachende Intrigant, Leisler dagegen der aufrechte, gutgläubige Moralist. Für Nicolls zählt nur Erfolg, vor allem im Geschäft. Leisler verabscheut diese Haltung, sie kann ihm nicht als Grundlage einer neuen Welt dienen:

Das seh ich, seh's mit Abscheu! Aber Nicolls, *nicht*
In diesem Zeichen soll die neue Welt erwachsen,
Im Zeichen dieses hündischen Erfolges nicht!
Denn sie soll *gut* sein. Von Europas Lasten frei (390).

Nicolls hat für den Leislerschen Glauben an das Gute im Menschen nur Verachtung übrig; er ist zynischer Egoist: „Der Mensch ist schlecht! / Erbärmlich schlecht ist seine Welt" (390).

Die drei Fregatten bringen jedoch nicht den ersehnten Gouverneur, sondern nur eine Vorhut unter Major Ingoldsby, der den von Leisler gesandten Sergeanten Joost Stoll höhnisch abweist. Schicksalsschwere Wolken ziehen auf, doch Leisler hält alles für ein Mißverständnis; er will den Befehl über Fort und Stadt nur persönlich an den Gouverneur übergeben. Von Meisje um Rat und Hilfe gebeten, antworten die Ältesten der Stadt ähnlich dem Chor der griechischen Tragödie die Handlung interpretierend:

> Keinem ehrlichen Mann ist gegönnt,
> Großen Gewinn zu haben auf Erden und
> Herrschendes Dasein, wenn nicht die Fackel ihm
> Des Leidens vor der Seele glüht (400).

Wie ein Orakel klingt die Deutung der Zukunft aus dem Munde des ersten Ältesten:

> Wehe sage ich voraus und blutige Torheit,
> Denn feigwütender Frevel liegt eingezeugt
> Uraltersher, und wer noch das Rechte will,
> Lebt dem Verhängnis am nächsten (400).

Damit wird Leislers Rolle nach dem Vorbild der antiken Tragödie ins Schicksalhaft-Heroische überhöht – wie Langenbeck bereits durch das von Aischylos geborgte Motto des Stückes andeutete: „Was hiervon wäre ohne Leid."

Ingolsby tritt auch Leisler nur mit Arroganz und Verachtung entgegen. Als alle Leislerschen Versöhnungsversuche fehlschlagen, erfolgt der Zusammenstoß, da beide Seiten sich für rechtmäßige Vertreter der Krone halten. Wiederum begleiten die als Chor fungierenden Ältesten der Stadt das Geschehen, um es ins Schicksalhaft-Überzeitliche zu erheben. In dem Augenblick, in dem Leisler Ingolsby zu Boden schlägt, trifft der rechtmäßige Gouverneur, Sir Henry Sloughter, ein, läßt Leisler verhaften und zusammen mit Stoll, der den spottenden Ingolsby erstochen hatte, als Hochverräter hinrichten. Auch Meisjes Bitten helfen nichts mehr; unerbittlich schreitet die Tragödie dem Ende zu. Meisje schwört, ihr Leben nun dem ehrenden Andenken des Hingerichteten zu widmen:

> So will ich leben ...
> Nicht Blüte mehr noch Frucht; nur Leiden und Gehorsam;
> Ihm, der durch Schuld geheiligt steht, die Ehre pflegen
> Und Balsam aus so bittrem Tod, der mich zerreißt,
> Herniederbringen in die Qual der armen Menschen.
> Vernichtet, wie ich bin, kann ich doch *sein* und dienen (436).

Leisler nimmt sein Urteil an als Strafe für seinen Mangel an Demut, nicht aber für seine Taten. Er stirbt in der Gewißheit, daß er vom Schicksal als Märtyrer für Treue und Pflichterfüllung ausersehen ist und sein Opfer im Volk ein heilig Feuer anzünden wird über Jahrhunderte hinweg:

> Gott steht gewaltig hier in unsrer Mitte glühend,
> Und recht ist, was durch ihn mit uns geschieht für alle,
> In denen Edelmut und tapfre Würde nicht
> Verschüttet wurde von dem Grimm der bösen Zeiten!
> Es gibt noch Wunder, künd ich euch, ihr
> Menschenkinder! Und nichts ist euch verloren noch geraubt, solang
> Mein Schicksal wie ein Opferfeuer brennt und Herzen
> Versammelt, die es hegen wollen für ihr Volk! (437).

Wie Schlageter stirbt er unter den Kugeln des Exekutionskommandos, doch statt „Deutschland erwache" sind seine letzten Worte „Heil New York!" Das Stück schließt mit dem Kommentar der Ältesten, die das Geschehen wiederum ins Heldisch-Zeitlos-Allgemeingültige ausweiten:

> Hart büßen die Guten,
> Weil sie nicht besser waren.
> Grausam zu sterben,
> Werden sie gerufen
> Und zahlen mit Leiden
> Für die andern mit.
> Schmachvoll aber ist,
> Nicht gerufen werden.
> Seinen Helden
> Hat der Herr
> Mit heiligem Lächeln
> Ewig Gedächtnis
> Schützend gestiftet (437-38).

Die vorliegende Fassung des Dramas ist die dritte, wie der Autor selbst in den *Frankfurter Braunen Blättern* 1938/39 angibt. Von Fassung zu Fassung verringerte er die Zahl der Personen, verkürzte den Zeitraum, den das Stück umfaßt, und straffte die künstlerische Form.[49] Nach 1945 gab Langenbeck seinen *Hochverräter* als Widerstandsliteratur aus mit der Begründung, daß er ja in der Figur des Ingoldsby einen Parteibonzen gestaltet habe.[50] Durch Rückkehr zur Formstrenge der griechischen Tragödie hatte er versucht, das zeitgenössische Drama zu erneuern. Über den Sinn der Tragödie schrieb er in seinem dramentheoretischen Werk *Wiedergeburt des Dramas aus dem Geist der Zeit* (1940) unter anderem: „Das ist der Sinn der Tragödie: den Menschen zeigen, wie er am verlorensten ist; wie er, *nicht obwohl*, sondern *weil* er den besten Willen für das Richtige hat, ins Unheil stürzen kann." Ganz auf sich allein gestellt, „muß er durch seine Opferwilligkeit, durch seine Beständigkeit und Kraft und Demut sich selbst durch sich selbst und zugleich alles, wozu er beauftragt zu sein glaubte, ans Ziel bringen."[51] Nach Jahren des Niedergangs sah Langenbeck sich an einer Zeitenwende, an der das Volk bereit sei, „wieder zu den Ursprüngen zu dringen, und empfindlich und gehorsam genug für eine neue völkische Religion" sei.[52] Mit der Zeitenwende ist natürlich 1933 und mit dem Überbringer der Heilslehre Adolf Hitler gemeint, der den Deutschen ihr Verhängnis vor Augen führte. Das Stück wurde am 15. März 1938 zugleich in Düsseldorf und Erfurt uraufgeführt.

Die Keimzelle des Dritten Reiches war nach Ansicht der maßgebenden Nationalsozialisten der preußische Staat. Es ist daher nicht verwunderlich, wenn zahlreiche Autoren preußische Stoffe zu dramatisieren versuchen. Unter ihnen ist Hans Rehberg mit seinem Preußen-Zyklus die herausragendste Figur. Zusammen mit Möller und Langenbeck wird Rehberg als ein „Dramatiker der neuen Form und der politisch-geschichtlichen Unabdingbarkeit" gewürdigt, der „um die Erneuerung des Theaters ringt."[53] Im Gegensatz zu Langenbeck, der an die griechische Antike anknüpft, orientiert Rehberg sich an Shakespeare: „Rehberg aber hat sich zu einem modernen shakespeareschen Theaterklima mit dämonischer Überhöhung bekannt."[54] Rehberg war zwar Nationalist und seit 1930 Mitglied der NSDAP, doch seine Preußen-Dramen wollen sich nicht ganz in das von den Nationalsozialisten geforderte heroische Bild der Preußenherrscher einpassen. Er war ein recht eigenwilliger Dramatiker und deshalb heftig umstritten. Am 6. April 1938 schrieb die *Berliner Börsen-Zeitung*: „Wohl um keinen deutschen Dramatiker der Gegenwart ist ein solcher Streit von Meinungen entbrannt wie gerade um Hans Rehberg und die Werke seiner Hohenzollernreihe." [55] Es kam sogar soweit, daß Alfred Rosenberg erklärte: „Rehberg ist zwar zweifellos ein begabter Dramatiker, aber er will sich nicht beugen, obwohl wir ihn oft gewarnt haben; es ist Zeit, er muß abgewürgt werden." [56] Doch Hanns Johst, Josef Goebbels und vor allem Gustaf Gründgens hielten ihre schützende Hand über ihn.

Für Propagandisten des Dritten Reiches war Friedrich der Große neben Bismarck ein direkter Vorläufer Hitlers; sie alle gründeten ein deutsches Reich unter einem Führer. Wie blaß erschien doch dagegen die Weimarer Republik unter Ebert, wie Hitler in *Mein Kampf* ausführte: „Solange zum Beispiel die geschichtliche Erinnerung an Friedrich den Großen nicht erstorben ist, vermag Friedrich Ebert nur bedingtes Erstaunen hervorzurufen. Der Held von Sanssouci verhält sich zum ehemaligen Bremenser Kneipenwirt ungefähr wie die Sonne zum Mond; erst wenn die Strahlen der Sonne verlöschen, vermag der Rand zu glänzen."[57] Ähnlich äußerte sich Alfred Rosenberg in seinem Hauptwerk *Der Mythos des 20. Jahrhunderts* (1930): „Es ist kein Zufall, wenn gerade heute inmitten eines neuen furchtbaren Sturzes in den Abgrund die Gestalt Friedrichs des Großen von leuchtendem Glanz überstrahlt erscheint."[58] Für Rosenberg verkörperte gerade dieser Preußenherrscher alle Tugenden des echten Deutschtums und der deutschen „Rassenseele":

Persönliche Kühnheit, unerbittliche Entschlußkraft, Verantwortungsbewußtsein, durchdringende Klugheit und ein Ehrbewußtsein, wie es noch nie so mythisch groß zum Leitstern eines ganzen Lebens auserkoren worden war... . Das Gesicht des Perikles und der Kopf Friedrichs des Großen sind zwei Symbole für die Spannweite einer Rassenseele und eines rassisch ursprünglich gleichen Schönheitsideals.[59]

Es ist daher nur naheliegend, daß Friedrich der Große der deutschen Jugend als Leitfigur gepriesen wurde. Selbst in der Niederlage wurde Friedrich beschworen, vor allem dessen schwerste Stunde nach der Niederlage von Kunersdoff 1759. Als

106

Roosevelt am 12. April 1945 starb, glaubten einige Nazis noch an eine Wende, ähnlich derjenigen nach dem Tod der Zarin im siebenjährigen Krieg.

Vor diesem Hintergrund sind Rehbergs Preußendramen zu sehen und zu beurteilen, auch das letzte Stück dieses Zyklus, *Der siebenjährige Krieg*, geschrieben 1936-37. Darin tritt Friedrich der Große keineswegs als übermenschliche Heldenfigur auf, die markant-nationale Sprüche von sich gibt. Im Gegenteil, bei einem Maskenfest im Breslauer Schloßsaal erscheint er im Don Quichotte Kostüm in einem Mantel mit Windmühlenflügeln (II, 2). Andererseits ist zu berücksichtigen, daß der historische Verlauf des siebenjährigen Krieges auch nicht gerade geeignet war, Friedrichs heroische Größe durch strahlende Siegerpose zu unterstreichen. Selbst Friedrichs ganze Feldherrnkunst hätte Preußen nicht vor dem Untergang bewahrt, wenn nicht einige glückliche Zufälle zu Hilfe gekommen wären, vor allem der Tod der Zarin Elisabeth. Nach der Niederlage bei Kunersdorf beispielsweise dachte Rehbergs Friedrich ernsthaft an Selbstmord. Und doch läßt Rehberg in seinem Drama die Größe Friedrichs erstrahlen: ganze Völker mit sich reißend ist er groß im Untergang – wie der Phaeton aus der griechischen Mythologie, auf den im Stück mehrmals angespielt wird. Außerdem beweist der mit seinem Volk leidende Friedrich im Stück vorbildliche menschliche Größe. So will auch der Vorspruch verstanden sein, in dem es unter anderem heißt:

> Anders der Genius!
> Ihn zwingen die Flügel!
> Aber gewaltiger noch
> Zwingt er sie wieder.
> Ihm leuchtet die Sonne!
> Aber gewaltiger noch
> Stürmt er ins Dunkel.[60]

Gute Kenntnisse der historischen Ereignisse werden von Rehberg vorausgesetzt, so daß sein Stück sich mehr auf innere Handlung und Kommentare zur Handlung verlegen kann, was Wanderscheck zu der kritischen Bemerkung veranlaßte: „Ein 'Siebenjähriger Krieg' verlangt schon nach einem hervorragenden Stellungsregisseur wie Gustaf Gründgens, der Handlung schafft, wo Rehberg nur Kommentare der Handlung gibt."[61] Gerade die Kommentare und Andeutungen, ebenso der häufige Szenenwechsel vom preußischen zum österreichischen und russischen Lager machen den Zugang zum Stück nicht leicht.

Das „Schauspiel" beginnt mit Friedrich des Großen dunkelster Stunde: dem Verlust der Schlacht von Kunersdorf im Jahre 1759. In einer eindrucksvollen Eingangsszene wird das Geschehen des Krieges aus der Sicht von drei Leichenfledderern dargestellt, die in der Dunkelheit nach der Schlacht die Leichen berauben und dabei auf den Sieger, den österreichischen General Laudon treffen, der die Toten und das Nichterreichen des totalen Sieges beklagt, da die Russen ihm nicht die nötigen Soldaten zur Verfolgung des geschlagenen Preußenkönigs bereitgestellt hatten. Es gelang ihm nicht, wie Graf Starhemberg dazu in der zweiten Szene bemerkt, „die Sonne zu fangen" (447). Laudon haßt Friedrich, der ihn einst abgewiesen hatte, und will ihn vernichten, den König und den Menschen. Deswegen hat er den auf dem Schlachtfeld eroberten Phaeton-Brief an Friedrich schicken lassen, in dem Prinz

Heinrich, des Königs Bruder, seiner Verzweiflung Ausdruck gibt: „Phaeton ist ge-
stürzt," ein Satz, den der geschlagene Friedrich nicht vergessen kann. Sein Offizier
Ewald von Kleist versucht, ihn über den Schmerz der Niederlage hinwegzutrösten:

> Sein Schicksal, Ew. Majestät, hat gleichwohl eine Welt verändert. Völker gingen zu-
> grunde, Völker wurden zu Asche, Gebirge brannte. Aber die frechen Zweifler seiner Zeit
> mußten gestehen: Er ist der Sohn des Gottes Helios! Unglücklich zwar, doch seine Göt-
> terherkunft aller Welt beweisend, war Phaeton ein Gott. Und wenn auf einem Grabstein,
> Ew. Majestät, das Wort: 'Nicht ganz sich behauptend, erlag er großem Bestreben' steht,
> dann weiß die Nachwelt, einer aus Phaetons Geschlecht liegt hier, und er hat eine Welt
> verändert. Und keiner, der sich Frömmigkeit vor Menschengröße in der Brust bewahrte,
> wird ohne Ehrfurcht weiterziehn (452).

Kleist versichert seinem König, daß die Armee nach wie vor an den Genius des
Königs glaubt. Das nötige Geld werden die Juden schon durch ihre internationalen
Verbindungen herbeischaffen, wie der „einäugige Jude Ephraim" versichert, wenn
nur der Gewinn stimmt. Diese Worte der Treue richten Friedrich auf, er versammelt
seine Generäle, um von ihnen zu erfahren, ob sie die Kraft haben, Schlesien zu erobern, vor allem im Kampf gegen Rußland, „denn Rußland unter Zarin Elisabeth,
Generals, ist der Alp, der Tod, wenn sie nicht bald verendet. Die anderen sind nur
Feinde, sie ist Schicksal" (456). Bruder Heinrich rät zum Frieden; Friedrich wird
unwillig: „Wer das Gefühl im Busen hat, es ließ sich leben ohne Sieg, den werde ich
nicht halten. Ich habe genügend Mittel, um im Unglück meine Freunde mitzuneh-
men" (457). Doch Friedrich zeigt menschliche Größe, er vergibt seinem Bruder den
Phaeton-Brief: „Meine Achtung vor Ihrem militärischen Genie läßt mich den Phaeton vergessen" (458). Seine Seele will trauern, auch weil er seinem Bruder August
Wilhelm einst wegen dessen Unfähigkeit das Kommando entziehen mußte. Aber
jetzt muß er hart bleiben: „Stürz später, Seele, bändige deine Trauer, häng dir den
Lorbeer um, den ich an deine Wände hing" (459). Friedrichs menschliche Größe
wird auch sichtbar, wenn er den jungen österreichischen Offizier Graf Starhemberg
mit dessen General Laudon, Friedrichs ärgstem Feind, versöhnen will. Diesen
menschlichen Sieg stellt Rehberg über Schlachtensieg (was ihm manche Nazis nicht
verzeihen konnten):

> Ach, wenn dies Jahrhundert, Friedrich, dich verflucht und deine Würde nicht begreift,
> wenn dies Jahrhundert deine wilden Taten nur durch das trübe Glas des Leids betrachten
> kann, das du ihm auferlegtest, König, es werden Deutsche einmal deine Menschlichkeit
> verkünden aller Welt! Und ewig immer wieder, bis zu dem Tag, wo die Posaune angesetzt
> wird, um den letzten dieses göttlichen Geschlechts und Volks der Deutschen abzurufen.
> Sieg! Was ist Schlachtensieg?! Ahnungsvoller General Laudon! Noch höher mußt du
> greifen und Sterne aneinanderschlagen (462).

Wie erbärmlich wirkt dagegen die Atmosphäre am korrupten und moralisch ver-
sumpften Zarenhof. Zarin Elisabeth trinkt, hurt, liebt andere Frauen. Zarin Katharina
II., die nach der kurzen Regierungszeit ihres Mannes Peter III. die Regierung übernahm, erweist sich als nicht viel besser. Der Tod Elizabeths bringt neue Hoffnung,
vor allem als der deutschfreundliche Peter III. den Thron besteigt. Auch nach dessen
Ermordung verspricht der russische General Tschernitscheff dem Preußenkönig,

seine Truppen aus dem Kampf herauszuhalten. Österreich, ebenso ermattet wie Preußen, bietet den Frieden und die Abtretung Schlesiens an, worauf Friedrich sofort an Hilfe für die verwüsteten schlesischen Landstriche denkt. Am Ende des Stückes reicht Friedrich selbst seinem Hasser Laudon versöhnlich die Hand.

Die hier sehr kurz zusammengefaßten letzten zwei Akte enthalten auch manche theatralisch wirksamen Szenen, wie den Bojarentanz vor Zarin Elizabeth, in den sich preußische Klänge einmischen, und in dem ein Tänzer in der Maske Friedrichs auftritt, den Elisabeth kurzerhand erschießen läßt, oder das Maskenfest im Breslauer Schloß, kommentiert von zwei Harlekinen.

Bemerkenswert und von Bedeutung im Rahmen der NS-Ideologie ist das nochmalige Treffen von Friedrich und seinem Bruder Heinrich in der dritten Szene des zweiten Aktes. Der englische Gesandte Mitchell hat Friedrich gerade die finanzielle Unterstützung aufgekündigt, da England seine Kriegsziele in der Neuen Welt erreicht und Frankreich geschlagen hat und somit der Hilfe Preußens nicht mehr bedarf. Friedrich erwidert Mitchell sarkastisch: „Ich freue mich, in den Zeiten der Not Englands Freund gewesen zu sein und ihm die Hälfte der Welt zu erobern geholfen zu haben" (476). Damit verschlechtert sich Friedrichs Lage sichtlich. Wieder drängt Heinrich zum Friedensschluß und zur Aufgabe Schlesiens, um nicht Gefahr zu laufen, alles zu verlieren. Friedrich aber packt Heinrich bei seiner militärischen Ehre und läßt ihn auf die preußische Fahne ewige Treue und Gehorsam schwören, über sein Begreifen und seinen Tod hinaus; selbst wenn alles in Scherben fällt, so wird nach Friedrich „die Erde ... uns gehören, wenn nicht uns, nach uns" (478). Das Stück endet aber nicht mit dieser heroischen Pose, sondern mit den Worten Friedrichs zu Laudon: „So alt sind wir geworden, General" (500). Welch ein Gegensatz im Vergleich zum Ende von Johsts *Schlageter*, Zerkaulens *Jugend von Langemarck* oder Langenbecks *Der Hochverräter*.

Die Uraufführung fand am 7. April 1938 in glänzender Besetzung unter der Regie von Gustaf Gründgens, der selbst die Rolle Friedrichs spielte, im Staatlichen Schauspielhaus in Berlin statt. Paul Fechter schrieb darüber im *Berliner Tageblatt*: „Er gab nicht den alten Fritz, wie ihn die Fridericus-Filme brachten, sondern stellte einen Ekstatiker des Gefühls, einen Mann hin, der im Krieg den Rest seiner Jugend entschweben fühlt und mit harter Hand sich und sein Werk zusammenhält." [62]

c. Kapitalismus und Judentum

Der Jude, bei Rehberg nur am Rande auftauchend, wird zur Hauptfigur in Eberhard Wolfgang Möllers Stück *Rothschild siegt bei Waterloo*. Dabei spielt es eigentlich keine Rolle, daß Möller sein Drama vor allem als einen Angriff auf den Kapitalismus verstand und nicht in anti-semitische Haßtiraden ausartet wie beispielsweise Zöberlein in seinem Roman *Der Befehl des Gewissens* (vgl. Romankapitel). Im Umfeld antisemitischer Propaganda muß aber auch Möllers Stück als solche verstanden werden. Den Kapitalismus griff Möller bereits in Stücken wie *Kalifornische Tragödie* (1930) und *Panamaskandal* (1930) an. In der *Kalifornischen Tragödie* zeigt Möller, wie der hart erarbeitete Besitz des deutsch-schweizerischen Einwanderers Johann Jakob Suter (eigentlich Johann August Suter) im kalifornischen Goldrausch um die

Mitte des 19. Jahrhunderts von raffgierigen Elementen zerstört wird: „Unverkennbar tritt in der 'Kalifornischen Tragödie' die spätere, politisch orientierte Auseinandersetzung mit dem Golde, das nur Symbol für den Kapitalismus als Lebensfunktion ist, in Erscheinung."[63] Im Stück *Panamaskandal* zeigt Möller, wie der Idealismus des Erbauers Lesseps von skrupellosen Spekulanten und Politikern ausgenützt wird. Dieses Stück wurde als „Kampfansage gegen seelen- und verantwortungslosen Kapitalismus, gegen bedenkenloses Spekulantentum, gegen politische Geschäftemacherei und morschen Parlamentarismus" verstanden, das in der Zeit der Weimarer Republik, als „die nationalsozialistische Bewegung noch hart um Deutschland und die politische Macht" rang, „bahnbrechende dramatische Bedeutung" erhielt; so jedenfalls sah es Wanderscheck 1938.[64]

Eberhard Wolfgang Möller, 1906 in Berlin als Sohn des Bildhauers Hermann Möller geboren, gehörte mit zu den führenden (und begabtesten) Dramatikern des Dritten Reiches, der heute völlig in Vergessenheit geraten ist. Trotz seiner wichtigen Stellung und hohen Verbindungen blieb er von Kritik nicht verschont. Sein Stück *Der Untergang Karthagos* (1938), in dem er das Ende des gegen ein furchtsam kapitalistisch-bürgerliches Regime kämpfenden Hasdrubal beschreibt, wurde von vielen als Warnung verstanden und mußte abgesetzt werden. Nach scharfen Angriffen gegen Möller in der SS-orientierten Zeitschrift *Weltliteratur*, in der er wegen seines Gedichts „Der Tote" als „Kulturbolschewist" bezeichnet wurde, mußte er 1941 zur Bewährung an die Front (als Kriegsberichterstatter der Waffen-SS). Der junge Möller orientierte sich an Dramatikern wie Hauptmann, Büchner, Strindberg, Wedekind, Kaiser, Johst, ja sogar Brecht und Bakunin. Haupteinfluß aber war Paul Ernst, dem er persönlich im Elternhaus begegnet war, und dessen Renaissance er in den dreißiger Jahren betrieb. Im Krieg rang er sich zur Erkenntnis durch, daß „die Tragödie das höchste Sinnbild eines Lebens ist, dessen Sinn der Kampf ist."[65]

Wie Möller im Vorwort ausführt, gründet sein Stück *Rothschild siegt bei Waterloo* auf der Anekdote, daß der jüdische Bankier Rothschild die Schlacht bei Waterloo zu Bankspekulationen genutzt hat und somit der eigentliche Sieger war. Auf dem Schlachtfeld gewannen zwar Wellington und Blücher über Napoleon, doch in Wirklichkeit waren alle drei die Verlierer. Sieger war

> eine unheimliche dritte Macht, die aus Menschen Zahlen machte, aus Männern Börsenobjekte, aus Leben Profit, aus Blut Kapital. ... Es ist die Anekdote eines ganzen Jahrhunderts, in dem sich alle Begriffe verkehren, Zahlen zu Göttern werden, die Materie zum Ideal, Dienst zu Verdienst wird und an die Stelle der Gefahr das Risiko tritt, an die Stelle des Einsatzes der Bluff, an die Stelle der Kraft der Trick.[66]

In sechs Szenen zeigt das Schauspiel Rothschild mit seinem ängstlichen Buchhalter O'Pinnel auf dem Schlachtfeld des Krieges in Belgien, dann Rothschild bei der stürmischen Überfahrt nach England, Rothschild auf dem Schlachtfeld der Börse in London, wo er durch die geschickte Falschmeldung von Wellingtons Niederlage die ins Bodenlose gefallenen Aktien billig aufkauft und bei der der Wahrheit entsprechenden Nachricht von Wellingtons Sieg zu hohen Preisen wieder verkauft. Für seine Taten soll Rothschild von dem getäuschten englischen Finanzkommissar Herries geehrt werden: „Sie sind unter Einsatz des eigenen Lebens herübergeeilt, um das englische Wirtschaftsleben vor einer Katastrophe zu warnen und zu bewahren"

(123). In dem Moment taucht der verloren geglaubte und bis dahin von Rothschild lächerlich gemachte O'Pinnel („O'Pinnelchen") auf und wird zum moralischen Sieger des Stückes über den am Ende einsam und verlassen dastehenden Rothschild. Vor den versammelten Ehrengästen sagt O'Pinnel dem großen Financier Rothschild seine und des Autors Meinung ins Gesicht: „Sie sind ein Halunke... . Die Toten sind nicht gefallen, damit Sie Ihr Geld mit ihnen verdienen. Und auf so eine schäbige Weise... . Sie haben die Toten bestohlen... um ihr ehrenvolles Begräbnis" (125-29). Rothschild, der O'Pinnel lässig als verrückten Querulanten abtun will, wird immer nervöser und schreit ihn an „Sie Schurke, Sie ehrloser Schurke!" Daraufhin entgegnet O'Pinnel kühl: „Herr Bankier, die Ehre ist etwas, was nichts mit Geschäften zu tun hat. Sie haben das, wie ich langsam begriffen habe, bei Waterloo leider verwechselt" (130). O'Pinnel behält das letzte Wort: „Denn so einem geht eben jeder, der keine [Millionen] besitzt, aus dem Wege" (133). Den Zuschauern, die sich vorher mit Rothschild über O'Pinnel amüsiert haben – das Stück wurde oft als Lustspiel bezeichnet – bleibt das Lachen im Halse stecken und schlägt um in Verachtung für Rothschild, obwohl der Umschwung etwas zu plötzlich kommt; denn eine gewisse Größe ist der Gestalt Rothschilds selbst in Möllers Stück nicht abzusprechen. Seine Zeit hat das Stück jedoch im Umfeld der Nazipropaganda ganz in dem intendierten Sinne verstanden und den aktuellen Bezug zur Weimarer Republik aus der NS-Perspektive nicht übersehen: „Dieser jüdische Rothschild von Waterloo ist der gleiche Dämon, der im Schatten tausend anderer Schlachten seine dunklen Geschäfte besorgt, die Völker aufhetzt und verführt, millionenfachen Gewinn aus der grausamen Ausmünzung von Soldatenblut in Aktienkupons zieht."[67] Reichsdramaturg Schlösser schließt sich an:

Hier stehen die Toten, die da ewig leben, unsere Gefallenen, auf gegen das Lebendig-Tote, das heißt: gegen das Kapital als Selbstzweck. Unter Verzicht auf jeden äußeren Schmuck, sozusagen mit den Mitteln einer stählernen Romantik, stellt Möller die grausige Groteske der liberalistischen Weltverwirrung vor Augen. Theater des Angriffs, Theater als Tribunal des Weltgeistes![68]

Andere Kritiker stellten Möllers Stück neben Shakespeares *Der Kaufmann von Venedig*, indem sie eine Verbindung von Rothschild zu Shylock ziehen; beide Stücke führen ihrer Meinung „die Tragik dieser Rasse" vor, ohne dabei jedoch in antisemitische Hetze zu verfallen.[69]

Vom rein literarisch-dramatischen Standpunkt muß man Möller fachliches Können bescheinigen. Das Stück ist in der Nachfolge Shakespeares technisch gut gebaut, die Dialogführung straff, knapp, schlagfertig; es ist keineswegs primitive Propaganda, aber deswegen sicherlich um so wirksamer.

d. Plattes Land und Nordische Seele

Es ist offensichtlich, daß mit der Rückbesinnung auf völkische Wurzeln in Blut und Boden auch dem Drama, analog zum Roman, neue Stoffe zuwachsen – nur hatte sich bis 1938 noch „kein endgültiger Gestalter" gefunden, wie Wanderscheck klagte.[70] Der vermeintlichen Zersplitterung und Fragmentierung des modernen Industriezeitalters versuchte man durch Flucht in den Mythos von volkhafter Verwurzelung in deutsch-nordischer Erde zu entkommen. Parlamentarismus, Kapitalismus und Marxismus führten nach Ansicht völkisch-nationaler Kreise weg vom organischen Wachstum der Volksgemeinschaft. Bauer sein aber heißt ja ein Gefühl besitzen für das organische Zusammenspiel aller Kräfte am „Werke als Ganzem," wie der Reichsbauernführer Richard Walther Darré in seinem Werk *Das Bauerntum als Lebensquell der nordischen Rasse* (1929) verkündete.[71] Man verstieg sich sogar zu der Behauptung, daß der deutsche Mensch von Natur aus Bauer sei und die Begriffe deutsch und bäuerlich identisch wären.[72] Was den Bauern in den Augen der Nazis besonders auszeichnet, ist ein intuitives Verständnis für natürlich-organisches Werden und Vergehen und die schicksalhafte Einbettung des Menschen in diesen Naturprozeß. Als bodenverwurzeltes Wesen ist demgemäß der Bauer nicht städtisch verzärtelt und intellektualisiert, sondern offen, unverbogen-natürlich, echt im Lieben und Hassen und aufgeschlossen für die schicksalhaft-magischen Kräfte der organischen Natur, die in ewigem Kreislauf alles umschließen. Aus solchen Fäden spinnen zahlreiche Dramatiker ein mythologisches Gewebe, in dem Erde, Boden, Scholle Gottheitcharakter annehmen. In Hans Francks „dramatischer Dichtung" um den deutschen Menschen „Klaus Michel" (1925) erlebt ein abgestürzter Flieger gar eine ekstatisch-koitale Vereinigung mit der heiligen Scholle:

> Und hier der Aufprall
> war vielleicht
> das Schönste! Als die Erde in mich drang,
> aufjubelnd hab ich mich ihr hingereicht.
> ...
> Ich werde
> lebendigen Leibes von der Erde
> empfangen. Blut heißt hier Samen,
> knie nieder! Bete! Amen ... Amen ... [73]

Dumpf-dunkle Erdverbundenheit durchwabert auch Friedrich Grieses Bauerndrama *Mensch, aus Erde gemacht* (1932), das in fünf Akten und einem Vorspiel das Schicksal von Bauer Biermann, seiner Magd Lena und seinem Knecht Konrad Godem vorführt.

Das Drama beginnt mit dem Vorspiel „nach Sonnenuntergang" auf einem Friedhof. Im Gespräch zweier Nachtmahre oder Kobolde wird das düstere Schicksal des Bauern Biermann vorweggenommen. Das eigentliche Geschehen spielt in Niederdeutschland auf dem Biermannschen Hof, „lange vor unseren Tagen." Die Zeitlosigkeit unterstreicht dabei den schicksalhaft-düsteren Charakter des Stückes, wie auch die Eingangsworte des Küsters: „Die Zeit ist ein sausendes Rad; wehe denen, so an die Speichen des Rades gebunden sind."[74] Biermann aber ist nicht nur an die Speichen des Fortuna-Rades gebunden, sondern wagt gar einzugreifen: Nach dem Tod seiner ersten Frau begehrt er seine Magd Lena, die aber dem Knecht Konrad Godem versprochen ist. Schicksal und Gesetz stehen auch in der Gestalt des mysteriösen Amtmannes auf der Bühne: „in unbestimmtem Alter und ganz vorväterlich gekleidet" (7), der Lena ihr Schicksal voraussagt. Die Handlung spielt zumeist in der Nacht, der Mond leuchtet grün und verkündet Unheil: „Die Luft ist giftig, wenn der

Mond ist wie heute. Und das Gift geht dem Menschen in das Blut und macht ihn vollends schlecht" (11). Wegen Lena kommt es zwischen Godem und Biermann zu einer tätlichen Auseinandersetzung; er hat Geld von Biermann gestohlen und will nun mit Lena fliehen. Lena rät zur Rückgabe des mit Kreuzen gezeichneten Geldes, doch Godem betrachtet es als Schicksalsfügung: „Es ist geschenkt, Lena, Stimmen und Hände sind gewesen, unter der Erde. Man sieht und hört sie, man muß nur an sie glauben" (12). Bauer Biermann hat den Diebstahl, auf dem der Tod steht, entdeckt und will Godem an das Gesetz ausliefern, es sei denn, Lena ergibt sich ihm, dem breiten, schweren, hinkenden Endfünfziger. Der fromme Küster warnt Biermann vor des Fleisches Lust, doch Biermann folgt dem dunklen Trieb: „Gott ... hat's in mich hineingelegt, wie es da ist, und nun muß er sehen, was ich damit aufstelle... . Der Leib will es so, er verlangt sein Recht, eh' er vom Stuhl weg und unter den Tisch gestoßen wird" (19). Um Godem zu retten, gibt Lena dem erpresserischen Drängen Biermanns nach und wird seine Frau. Godem verläßt den Hof. In Biermann steigen die Säfte: „Es ist Sumpfzeit, Brutzeit, das Blut schwärt und treibt auf und setzt Blasen" (28). Er versucht nicht einmal, dem Drängen des Fleisches zu widerstehen; wie alle Kreatur ist er urtriebhaft erd- und naturverbunden:

> Ich bin ein Mensch, siehst du, ein Mensch aus Erde gemacht, aus einem Erdenkloß, wie die Schrift es sagt. Ich muß Fleisch fressen, wenn ich leben will, und dem Leib geben, was er fordert. Ich kann mich nicht anders machen als ich bin. Ich brauche kein Fleisch, ich könnt mir auch Erde hinter die Zähne stopfen, ich würde sie kauen, und sie würde mir schmecken (32).

Doch mit der Befriedigung seiner Triebe wird Biermann nicht glücklich. Der mysteriös-unirdische Amtmann prophezeit Unglück: „Du willst dem Fleisch sein Recht geben? Es wird sein Recht bekommen, aber anders, als du in dieser Stunde denkst" (34). Schlaflos irrt Biermann durch das Haus, Lena ist wahnsinnig, der Geist Godems schwebt über beiden, und Biermann muß erkennen: „Es ist etwas da, das ist stärker als der Mensch" (41). Am Ende des Stückes kehrt der ruhelos umhergetriebene Godem zurück, um Frieden zu finden im Todesurteil für seine Tat, Lena versucht sich zu ertränken, und Biermann erhängt sich am Türbalken.

In diesem eigenartigen, dem logischen Verstand nicht zugänglichen Stück sind die Menschen keine blutvollen Charaktere, sondern Spielball „dämonischer Urkräfte."[75] Es zeigt die Menschen in ihrer dumpf-düsteren Gebundenheit, nicht aber als völkisch gesunde Vorbilder, wie auch Wanderscheck kritisiert: „Das Drama ist kein Sinnbild für die Wiedergeburt eines ganzen schaffenden Landes, es zeigt auch kein Menschentum der bäuerlichen Werte."[76] Dennoch erkennt er Grieses Ringen um den „Begriff Blut und Boden an," bevorzugt aber Grieses Bauernkomödien wie *Schafschur* oder *Wind im Luch*, in denen das Düstere „komödisch aufgehellt" vorgeführt wird.[77] Trotzdem fügt sich Grieses düster-dämonisches Drama lückenlos in die Naziideologie ein, nämlich, wie Ketelsen darlegt, indem der Autor die zentrale Bedeutung des Todeserlebnisses als Vereinigung mit den kosmischen Kräften im nationalsozialistischen Heldenkult herausstellt: „Heldisches Sein ist so in seinem tiefsten und eigentlichen Sinn ... Sein zum Tode. Unter diesem Aspekt betrachtet, repräsentiert Grieses Biermann keine Randerscheinung in der Dramatik des Dritten Reiches."[78] Auch verkörpert Biermann etwas von der tierischen Urkraft der Nietzsche-schen blonden Bestie, die sich bei den Nazis großer Beliebtheit erfreute.

Zuweilen werden auch Bauern- und Soldatenleben verbunden. Das dumpfe Ge-worfensein in Grieses *Mensch, aus Erde gemacht* verwandelt sich in heroisches Kämpfertum in dem Drama *Erde* (1935) von Rudolf Ahlers, der Kriegertum und Bauerntum nach altgermanisch-nordischem Mythos wiedererweckt. Im Gegensatz zu seinem Kriegskameraden Peter Wulf, der in den „Sumpf" der Großstadt zurückkehrt, entschließt sich Michael Holt, „groß, sehnig, stark; gesunder Menschenschlag bäuer-lichen Einschlags in abgeschabter Offiziersuniform,"[79] den Kampf gegen das Moor aufzunehmen und ihm Erde abzuringen, der er sich organisch verbunden fühlt. Damit ist in nationalsozialistischer Sicht der Gipfel des deutschen Menschen erreicht: als Bauer ringend und kämpfend auf deutscher Scholle zu stehen, zeugend und frucht-bringend als organisches Glied der Natur:

> Ich kenne nur die Erde hier. Wenn ich die
> Furchen aufziehe, dann wollen sie Saat. Genau
> so ist es mit – uns.[80]

Holts erste Frau, durch einen Unfall gelähmt und unfruchtbar, weicht dem „gesunden Lebensdrang" Holts und der Magd Christin durch Selbstmord.

Der Mythos vom freien Bauern, säend und erntend auf dampfender deutscher Scholle hinter stämmigen Pferden die Furchen zu ziehen, förderte die Flucht aus der ungeliebten technologisierten Wirklichkeit. Zur vermeintlichen Rückkehr in einen wesenhaft deutschen Urzustand diente auch die Wiedererweckung vom Mythos des germanischen Nordmenschen, die sogenannte „nordische Renaissance," die davon ausging, „daß die Deutschen ihrer biologischen, geistigen und kulturellen Ausprä-gung nach ausschließlich dem nordisch-germanischen Typus angehören."[81] In zahl-reichen Werken wird nordischer Mythos mit dem Mythos des Bauerntums verbun-den: Kämpfer-Bauer-Deutscher-Nordmensch verschmelzen zu einer mystischen Ein-heit.

Nordische Stoffe werden nicht nur in Romanen wie Hans Friedrich Bluncks *Urvätersaga* (1925) oder Will Vespers *Das harte Geschlecht* (1931) bearbeitet son-dern finden auch ihren Weg auf die Bühne, so in Curt Langenbecks *Das Schwert* (1940), Otto Erlers *Thors Gast* (1937), Gerhard Schumanns *Gudruns Tod* (1943) oder Erich von Hartz' *Odrun* (1939). Bei der Rückkehr zu „nordischen" Stoffen ist allerdings zu berücksichtigen, daß diese meist schlichtweg erfunden oder wesentlich umgestaltet sind. Wie bei anderen Dramenstoffen, so fanden die Nazis bei ihrer Machtübernahme bereits zahlreiche, in ihrem Sinne vorgeprägte Werke vor, so Eber-hard Königs Drama *Wielant der Schmied* (geschr. 1906, Urauf. 1921), das an die Edda-Sage anknüpft und von den Nazis sehr geschätzt und gefördert wurde.[82] Diese Dramen sind im allgemeinen weder als Schlüsseldramen, noch als historische Stücke ohne Bezug zur Gegenwart zu sehen. Die Nähe zur Gegenwart ist in jedem Falle ge-geben durch den „durch Jahrtausende dahinrauschenden Blutstrom," der alle echten nordisch-germanischen Deutschen wesenhaft verbindet, wie die Nazi-Ideologen pro-pagierten.[83]

Gerhard Schumann (geb. 1911), vor allem als Produzent von Lyrik hervorgetre-ten, knüpft mit seiner „Schicksalstragödie" *Gudruns Tod*, verfaßt in klassischen fünf

Akten und iambischen Fünftaktern an das nordisch-wikingische *Kudrun*-Epos (um 1240) an, das er allerdings für seine Zwecke entsprechend abändert. Schumanns Hegelingen-Königin Gudrun steht zwischen Herwig, mit dem sie aus Gründen der Staatsraison verlobt ist, und Hartmut, für den das Schicksal sie bestimmt hat. Nach Herwigs Sieg über Hartmut erdolcht sie sich an Hartmuts Leiche, da sie keinen Ausweg im Konflikt zwischen ihrer notwendigen Verlobung mit Herwig und ihrer schicksalhaften Bindung an Hartmut sieht. *Gudruns Tod* ist die Schicksalstragödie der Treue bis in den Tod, wie die Nazi-Ideologie es verlangte. Durch den Selbstmord bleibt sie sich selbst treu und Treue ist diejenige Kraft, „die einzig/ Die Welt mit erznem Griff zusammenhält."[84] Gudrun hat keine Wahl, ihr Tod ist vom Schicksal vorgezeichnet. Die unabdingbare Unterwerfung des Menschen unter das Schicksal durchwaltet das ganze Stück, dessen Uraufführung am 14. Februar 1943 in Stettin den Nazi-Machthabern nur vierzehn Tage nach der Tragödie der deutschen Niederlage von Stalingrad (Stalingrad war am 31. Januar 1943 gefallen) sicher nicht ungelegen kam, vor allem nicht schicksalsschwangere Zeilen wie: „Was sind wir Menschen doch? In einer Stunde sternhoch erhoben und zum Grund geschmettert. Nichts Sichres ist. Die Mauern müssen stürzen und alles, was von Menschenhand erbaut, ... in einem Nu ist es der Fraß der Flammen."[85] Der zeitgenössische Bezug wird auch an anderer Stelle des Dramas deutlich: alle schwören Gudrun „ewige Treue." Zweifelnde Stimmen, die die Hegelinger vor dem Überfall der Nachbarn warnen, da Krieg nur „Leid und Blut und Tränen" bringt, werden als Verrat gebrandmarkt und die Zweifler zum Tode verurteilt:

> Aus Treue wächst allein der sichere Sieg.
> Und wenn ein Volk ums nackte Leben kämpft,
> Steht auf Verrat nur gnadenlos der Tod.[86]

Der Krieg, den die Hegelingen führen, gleicht dem kosmischen Ringen um das Überleben des Volkes, analog dem Nazikrieg gegen die „Hunnen" aus den sowjetischen Steppen:

> Die ganze Grenze steht in roten Flammen!
> Die wilden Horden aus den fernen Steppen,
> Schlitzäugig schwarz verschlagene Höllenbrut,
> Die nicht den Bauern auf dem Feld, die Frau
> Im Haus, das Kindlein in der Wiege schonen,
> In Jahren stolzen Friedens auferbaut,
> ...
> Wir werden sie, ein Blitz aus blauem Himmel,
> Mit ungeheurem Schlag zu Boden schmettern.[87]

In Schumanns Stück siegen die Hegelingen. Die Analogie zum Dritten Reich ging nicht auf.

Mit *Thors Gast* ist Otto Erler (1872-1943) in Wanderschecks Worten „ein Bühnenwerk gelungen, das in der neuen dramatischen Literatur kaum seinesgleichen hat. Es ist der deutschen Jugend gewidmet. Thysker, der Deutsche, der aus einer anderen Welt zu den Seinen zurückfindet, wird ein Sinnbild für die Erhaltung des Ahnen- und Germanenerbes."[88] In dem erfundenen nordischen Stoff geht es darum, daß der missionierende Mönch Thysker mit seinen Gefährten nordische Heiden bekehren will. Doch bei einem Sturm kommen alle außer Thysker um. Mit einem Kreuz, das er den Heiden bringen wollte, rettet er sich an die Küste, wo er von der „naiv-innigen"[89] Germanin Thurid gefunden, der christlichen „Sklavenreligion" entrissen und zum mannhaft-heroischen Götterglauben bekehrt wird; Krist wird zu Thors Gast, symbolisch dargestellt durch Einbau des Kreuzes in das Tor vor der Halle zu Thors Hochsitz. Thurid ist erstaunt, von der knechtischen christlichen Religion zu hören, in der die Menschen die Knechte Gottes genannt werden und dieser Gott sich in Steinhäusern verehren läßt. Ihre Religion dagegen ist eine Religion der Stolzen und Freien: „Wir sind nicht Thors Knechte, wir sind seine Freunde und wir verehren ihn im hohen Walde, wo der heilige Quell aus der Erde bricht."[90] Sie bittet Thysker, ihren Leuten vor allem zu verheimlichen, daß sein Gott nur litt, ohne sich zu wehren. Vom Jenseits hat Thurid nie gehört; ihre Religion findet Erfüllung im Diesseits. Überhaupt ist in Thurids Augen ihr hammerschwingender und Gewitter entfesselnder Gott eine viel heldischere und aktivere Figur als der christliche Gott Thyskers. Thysker ist überzeugt und läßt sich von Thurid zu seinem germanischen Urglauben zurückführen, dem er durch die „südländisch-christlich-jüdische" Lehre entfremdet war. Für Wanderscheck hat Erler mit diesem Drama ein beispielhaftes deutsch-völkisches Lehrstück geschaffen: „Die völkische deutsche Dramatik hat mit *Thors Gast* ein theaterwirksames Lehrstück gewonnen."[91]

Auch in Curt Langenbecks „tragischem Drama" *Das Schwert* (1940) lassen sich Bezüge zur unmittelbaren Gegenwart finden, obwohl das Stück keineswegs reine Nazi-Propagandaliteratur darstellt, sondern von Langenbeck als hohes Kunst-Stück beabsichtigt war. Der Germanenführer Gaiso befindet sich in einem Schicksalskampf um Volk und Lebensraum, als ihm sein Bruder Evruin vorwirft, einen Angriffskrieg angezettelt zu haben. Gaiso rechtfertigt seine Haltung damit, daß er nur durch Kampf dem Würgegriff seiner Feinde entgehen konnte:

> Du Narr! Die tödliche Gefahr erkennend, hab ich
> Den ersten scharfen Hieb gewagt zu unsrer Rettung.
> ...
> Ich sah, wie ihre Rüstung wuchs,
> Und ehe sie zu furchtbar wurde, packte ich zu. [92]

Gaiso hat sich nicht zu dieser Aufgabe gedrängt, sondern war vom Schicksal oder der Vorsehung, wie Hitler es zu nennen pflegte, dazu bestimmt. Das Schicksal verstrickte ihn auch in tragische Schuld, da er seinen defätistischen Bruder Evruin um der gerechten Sache des Volkes willen ermorden mußte, eine Schuld, die Gaiso nur durch Selbstmord sühnen kann. Zu der schicksalhaften Schwere der Aufgabe mußte sich Gaiso durchringen:

> Wie mühsam und schweratmend ich aus tiefer Not
> Heraufgedrungen bin, bis meine Seele *sah*
> Und sich dem Ziel vermählte, das sich ihr enthüllte.[93]

Gaiso erkennt, daß er und seine Mannen vom Schicksal dazu auserkoren sind, die vitale Lebensurkraft des Volkes in einer diese bedrohenden, gemein gewordenen und von der Ratio beherrschten Welt zu erhalten:

Mitten in einer alten Welt, die dreist und gottlos
Gemein geworden war, erhielt sich hier bei uns
Ein gläubig brennendes Geschlecht, entschlossen und
Berufen, in des Lebens strengbewegte Fülle
Warmherzig einzusinken wieder, ahnungsvoll
Ergriffen und zu ritterlichem Dienst bereit
  ....   Da
Wurde mir eingeschmiedet der Entschluß: zu schützen
Mit härtesten Waffen unsere Willigkeit und Jugend.
Kein Plan war das des eignen kleinen Hirns, auch nicht
Bezauberung durch brünstige Dämonen – Nein:
Natur war's, und aus ihr der göttliche Befehl! [94]

Bruder Evruin weiß von alledem nichts, wohl aber seine allwissende, alles erahnende Mutter und Schicksalskünderin Awa. Sie ist es auch, die dem jungen Gerri Gaisos Schwert überreicht, damit er den heroischen Kampf weiterführe. Gerri nimmt das Schwert, küßt es und schwört Awa, den Endsieg zu erringen oder zu fallen:

Und nun, mit Ehrfurcht, Schwert, küß ich an dir das Blut
Des Helden, der sich selbst erschlug mit dir für uns.
Dir, Mutter, die du alle Tapfren liebst, dir knie
Zu Füßen ich und schwöre, ins Gebet geborgen:
In Ehren siegen oder fallen wollen wir. [95]

Im Kriegsjahr 1940 waren diese Anspielungen auf die Gegenwart den NS-Kultur-politikern zu deutlich und das Stück wurde von den Bühnen zurückgezogen, nicht jedoch vom Büchermarkt.

e. Das Thingspiel

Zum Abschluß dieses Kapitels muß noch auf eine besondere Form des NS-Theaters hingewiesen werden: das Thingspiel. Während die bisher behandelten Stücke allesamt für das existierende konventionelle Theater geschrieben wurden, ist das Thing-spiel eine besondere, von den Nazis angestrebte Dramenform für einen eigens zu schaffenden Spielraum in der freien Natur. Kunst soll wieder Kult werden und aus den natürlichen Quellen des Volkes fließen, wie Reichsdramaturg Rainer Schlösser in einer programmatischen Rede im Jahre 1935 verkündete; Thingplätze sollten zu „Kultstätten der Nation," Dichter zu echten Volksgenossen werden. Nach Schlösser, der seine Vorstellungen vom Thingspiel in enger Zusammenarbeit mit dem Dramatiker Eberhard Wolfgang Möller entwickelte, sind Oratorium, Pantomime, Aufzug und Tanz Elemente des angestrebten Thingspiels, die aber von einer völkisch-nationalen Weltanschauung und einer dramatischen Form und einem entsprechenden Stoff zu einem volksnahen Gesamtkunstwerk zusammengeschweißt werden müssen. Wie die mittelalterlichen Mysterienspiele für die Kirche, so sollen die Thingspiele mythische Untermauerung für den neuen Staat bieten: *„Die Sehnsucht geht nach einem die historischen Vorgänge zur mythischen allgemeingültigen eindeutigen Überwirklichkeit steigernden Drama. Nur wer um diese Sehnsucht weiß, wird das kultische*

Volksdrama der Zukunft zu schaffen vermögen." [96] Alle Stoffe kommen für diese Thingspiele in Betracht, solange sie „zum nordischen Gedanken in Bezug gesetzt" und „in das Licht unseres echten und gerechten Mythos von Blut und Ehre gerückt" werden; so jedenfalls wollte es Schlösser.[97] Die Bestrebungen der Thingspielbewegung waren so neu nicht – wie alles in der NS-Bewegung; sie konnten an die Freilicht-Theater-Bewegung der zwanziger Jahre anknüpfen, ebenso an andere Bemühungen, die von der Guckkasten-Bühne wegzukommen trachteten: Spiele der Jugendbewegung, Agit-Prop, katholische und protestantische Laienspielbewegung, Massenspiele der Arbeiterbewegungen etc.[98] Völkisch-neuheidnische Stücke aus dem Schoße deutscher Sagen, Stämme und Mythen hatte bereits Ernst Wachler auf seiner im Jahre 1903 gegründeten Harzer Freilichtbühne bei Thale dem Volke nahe zu bringen versucht.[99] Rainer Stommer verfolgt in seinem Buch *Die inszenierte Volksgemeinschaft*[100] die verschiedenen Phasen und Strömungen in der Entwicklung der Thing-Bewegung vom „Reichsbund zur Förderung der Freilichtspiele e. V.," gegründet am 22. 12. 1932, bis zum Ende der offiziellen Bewegung. Erster Geschäftsführer war Wilhelm Karl Gerst; zum Dichterkreis gehörten im Februar 1933 noch prominente Namen aus der Weimarer Zeit wie Ödön von Horvath, Ernst Toller und Carl Zuckmayer. Goebbels' Reichsministerium für Propaganda erkannte den propagandistischen Wert der Bewegung, setzte sich sehr bald an ihre Spitze und veränderte sie in seinem Sinne. Gerst, der vom katholischen Bühnenvolksbund herkam, wurde im Laufe der Entwicklung ausgebootet, der Dichterkreis im nationalsozialistischen Sinn verändert. Otto Laubinger, der erste Präsident der Reichstheaterkammer (1933-1935) plante 400 Thing-Plätze mit einem Fassungsvermögen bis zu 60 000 Zuschauern. 1934, im Jahr der Thing-Euphorie, waren 20 Thing-Plätze im Bau. Nicht alle wurden fertig, da um 1937 die Thingspielbewegung erlahmte und 1939 der Kriegsausbruch die Bemühungen praktisch beendete. Die größte und wichtigste Thingbühne wurde die 1936 zu den olympischen Spielen eröffnete Dietrich-Eckart Bühne in Berlin, genannt nach dem Pseudo-Dramatiker und Freund Hitlers. Diese Bühne wird heute unter dem Namen „Waldbühne" bespielt, allerdings nicht mehr mit Thingspielen![101]

Die Thingspielbewegung erbrachte Stücke wie Richard Euringers *Deutsche Passion* (1933), Kurt Heynickes *Neurode, Spiel von deutscher Arbeit* (u. Thingplatz Halle, 1934) und *Der Weg ins Reich* (1935), Kurt Eggers' *Das Spiel von Job dem Deutschen* (1933) und *Das große Wandern. Ein Spiel vom ewigen deutschen Schicksal* (1934). Das bedeutendste dieser Thingspiele stammt von Eberhard Wolfgang Möller, dessen *Frankenburger Würfelspiel* von Goebbels zur feierlichen Eröffnung der Dietrich-Eckart Bühne im Jahre 1936 auserwählt wurde, als ein die olympischen Spiele begleitendes Kulturprogramm.

Das *Frankenburger Würfelspiel* ist eine große Gerichtsszene in zehn Auftritten mit Vor-und Nachspruch, in der sieben Richter über Kaiser Ferdinand II., Maximilian von Bayern und deren Berater und Untergebene wie den Statthalter von Oberösterreich, den Grafen von Herbersdorf, zu Gericht sitzen, weil sie das Land im 30-jährigen Krieg verwüsten ließen und das Vertrauen des Volkes mißbrauchten. Gerichthalten als Thingspiel geschieht hier entsprechend der von den Germanen übernommenen Bedeutung des Begriffs Thing, der im Altgermanischen eine Wehr-, Volks- und Gerichtsverhandlung bezeichnete. Drei Ankläger verklagen „im Namen des Volks von Oberösterreich / im Namen dieser namenlos gequälten Bauern" Kaiser Ferdinand, „den unheilvollen aus dem Hause Habsburg."[102] Die Bauern mußten wegen ihres Glaubens auf Geheiß des Kaisers ihr Leben lassen. Der Kaiser aber behauptet, durch seine Räte irregeleitet worden zu sein; auch alle anderen berufen sich auf Befehlsnotstand – wie viele Nazis nach 1945.

Die Handlung spielt auf einer dreistufigen Bühne: oben präsidieren die Richter, in der Mitte haben die Ankläger mit Ferdinand und seinen Räten, und unten Statthalter von Herbersdorf und die Bauern ihre Plätze. Ein Vorspruch, vorgetragen „von einem einzelnen Sprecher aus der Mitte der Spielfläche," macht den Gleichnischarakter des Stückes deutlich; denn das vergangene, historische Geschehen illustriert die Gegenwart, und die Zuschauer werden zu eigenem Urteil aufgefordert:

> So nehmt das Spiel als Gleichnis, das verpflichtet.
> Zur Gegenwart wird die Vergangenheit.
> Die Richter stehn, doch euer Wille richtet,
> und euer Mund verurteilt und verzeiht (339).

Ein Chor begleitet das Geschehen; er hat die Aufgabe, an den Höhepunkten der Szenen die natürlichen Spielpausen mit lyrischen Betrachtungen über den tieferen Sinn des Ganzen auszufüllen (337). Seine Texte soll er „nach Art der Chöre im Oratorium singen" (337). So erhebt der Chor beispielsweise die Forderung nach einem wehrhaften Volk:

> 0 hättet ihr Waffen, ihr Armen,
> ihr brauchtet nicht zu stehen
> und die Mächtigen um Erbarmen
> und Milde anzuflehen. (364-65)

Die das Stück begleitende Musik soll nicht illustrieren, sondern „aufgabebetonten Charakter" haben (337) mit Fanfaren und Sturmglocken. Zur Untermalung des volksbetonten Charakters gibt es große Aufmärsche von Volk und Reitern: so läßt Herbersdorf seine Reiter aufziehen zur Unterstreichung seiner und des Kaisers Macht. Auf seinen Befehl erscheinen auch die Bauern. Noch einmal fordert Herbersdorf von den erschienenen 36 ausgewählten Bauern Unterwerfung. Die Entscheidung über Leben und Tod überläßt Hebersdorf dem Würfel; so würfeln die Bauern um ihr Leben. Die Verlierer und Todgeweihten aber wissen, daß sie als Märtyrer für die Nachwelt sterben:

> Wenn man uns an die Kirchturmspitzen hängt,
> so werden wir Laternen sein, die noch
> den Enkeln in der Nacht des Zweifels leuchten.
> Wir werden Fahnen sein, die nie zerreißen,
>
> ...
>
> Die Zukunft wird sich einst an uns entflammen (371).

Die Todgeweihten sehen sich als ein Häuflein Getreuer in einer Zeit, in der auf niemand Verlaß war:

> In dem Jahrhundert, das die Treu gebrochen,
> gab es ein Fähnlein, das die Treue hielt (371).

Als Herbersdorf jedoch zur Exekution schreiten will, fordert die Menge die Todgeweihten zurück. Aus der Menge wird Volk, die das Joch der Tyrannei abstreift:

> Gebt uns die Todgeweihten wieder her,
> die uns auf unserm Weg vorangezogen!
> Wir sind nicht Kinder und nicht Bettler mehr,
> wir sind ein neues Volk, ein neues Heer,
> und wehe denen, welche uns betrogen.
> Wir sind ein Wille, und wir sind ein Schrei,
> und kein Versprechen kann uns mehr entzweien.
> Wir wollen uns von aller Schinderei
> von allem Joch und aller Tyrannei
> in Gottes Namen endlich selbst befrein (373).

So wurde Möllers Stück zur Weihe der Machtübernahme von 1933 und Bestätigung des Nazi-Reiches, in dem der Menge der Mythos von Volk und Selbstbefreiung vorgespielt wurde und Hitlerjugendkolonnen fröhlich vom jungen Volk sangen, zum Sturm bereit mit hochgerissenen Fahnen – wie es in einem HJ-Lied hieß. Als Herbersdorf mit Gewalt eingreifen will, erscheint als deus ex machina eine Gestalt in schwarzer Rüstung, nimmt die Würfel und zwingt die Herrschenden, mit ihr zu würfeln.[103] Alle verlieren gegen die Gestalt und werden den Richtern überantwortet, die die treu- und ehrlosen Knechter des Volkes verurteilen. Ein Nachspruch schließt den Rahmen, unterstreicht den Charakter des Stückes als Weihespiel der nach 1933 aufgegangenen Saat: „Siehe: über den Äckern und blutigen Feldern grünt ein neues Geschlecht, unüberwindlich und groß" (377) und beschwört das Gesetz der Stärke: „Ewig schreitet das Kräftige über das Schwache" (377).

Möllers Stück beruht auf einem historischen Ereignis, das sich im Mai 1625 in Oberösterreich zugetragen hat. Im Zuge der Gegenreform versuchte Graf Herbersdorf als Abgesandter des Kaisers Ferdinand II. die Bauern wieder zur Annahme des katholischen Glaubens zu zwingen. Als abschreckendes Beispiel ließ er 36 Bauern um ihr Leben würfeln; die Hälfte wurde gehenkt. Daraufhin kam es zum letzten Bauernkrieg, in dem 4000 bis 7000 Bauern getötet wurden. Dramatische Vorbilder für sein Stück waren nach Möllers eigener Aussage „außer der Orestie, dem Ludus de Antichristo und einigen Mysterienspielen Georg Kaisers *Bürger von Calais* und Strawinskys *Ödipus Rex*."[104]

Die Uraufführung des Stückes fand am 2. August 1936 vor 20 000 Besuchern auf der Dietrich-Eckart Bühne statt, einen Tag nach der Eröffnung der Olympischen Spiele im benachbarten Olympiastadion. Regie führten Werner Pleister und Matthias Wiemann, der auch die Rolle des unbekannten schwarzen Ritters spielte. Zu den Hauptdarstellern gesellten sich 1200 Mitwirkende aus dem Reichsarbeitsdienst. Die Reaktion der Kritik war unterschiedlich. Die katholische Zeitschrift *Germania* sah im Stück einen Angriff auf die katholische Kirche.[105] Der nationalsozialistische *Angriff* dagegen sprach von einer „theatergeschichtlichen Wunderstunde." Der *Völkische Beobachter* schloß sich an: „Eberhard Wolfgang Möller, der kühnste Wegbereiter der kommenden Form unter den schöpferischen Geistern der jungen Generation, hat eine unerhörte Aufgabe gemeistert."[106] Aber auch aus NS-Kreisen kam Kritik; für die Rosenberg-Gruppe hatte das Stück zu starke christliche Tendenzen.[107] Nach dieser Uraufführung wurde das *Frankenburger Würfelspiel* auf zahlreichen anderen Thingplätzen und in festen Theatern gespielt.[108]

Mit diesem Stück war zugleich der Höhe- und Endpunkt der offiziellen Thing-spielbewegung erreicht, obwohl sie, wie Rainer Stommer gezeigt hat, in veränderter Form durchaus weiter existierte.[109] Aus einer Reihe von Gründen entzogen offizielle Stellen der Bewegung ihre Unterstützung.[110] Die Thingspielbewegung, die nie un-umstritten war (vor allem im Kompetenzstreit zwischen dem Amt Rosenberg und dem Reichspropagandaministerium), verschwand praktisch nach 1937 aus der staat-lichen Theaterplanung, obwohl „das Thingspiel als politisch-kultisches Massenthea-ter den wichtigsten Beitrag darstellte, den der Nationalsozialismus zur Kunstform des Theaters und der Literatur leistete."[111]

f. Zusammenfassung

Dieses Kapitel konnte nur einen kleinen Einblick in die dramatische Literatur des Dritten Reiches vermitteln. In der Ausführung wurde jedoch versucht, einige wesentliche Kategorien, Stücke und Autoren vorzustellen. Durch die Beschränkung auf das „Drama des Nationalsozialismus" könnte der Eindruck entstehen, daß dieses Genre die Bühnen von 1933 bis 1945 beherrschte. Das war aber keineswegs der Fall. Selbst die erfolgreichsten „Nazi"-Dramen blieben weit hinter Unterhaltungsstücken und klassischen Werken zurück. Der meistgespielte Vertreter des NS-Dramas, Hanns Johst, erreichte in den Jahren von 1933 bis 1938 insgesamt 1337 Aufführungen, wäh-rend Bunjes *Der Etappenhase* allein in der Saison von 1936/37 2837 mal gespielt wurde.[112] In seiner Untersuchung von Spielplänen an „fünf systematisch ausge-wählten Provinzbühnen" (Bielefeld, Dortmund, Ingolstadt Coburg, Karlsruhe) belegt Konrad Dussel beispielsweise, daß sich nach 1933 in der Provinz nicht sehr viel ver-ändert hat und der Unterhaltungsanteil der Bühnen eher stieg.[113] Von einem neuen heroischen Theater, das ab 1933 die Bühnen total verändert und beherrscht hätte, kann man daher kaum sprechen. Was Konrad Dussel für die fünf Theater seiner Untersuchung feststellt, gilt vermutlich auch für andere Provinzbühnen, ja sogar für Großstadtbühnen und für Berlin. Zwar beherrschte das Konzept eines heroischen Theaters durchaus die Diskussion in NS-Theaterkreisen, vor allem im Amt Rosen-berg. Doch die tatsächliche Entwicklung verlief anders; das Bedürfnis nach Unter-haltung im Theater wie auch im Film setzte sich immer mehr durch, besonders in schweren Zeiten. Dabei ist zu berücksichtigen, daß auch Unterhaltungsstücke kei-neswegs immer ideologiefrei waren, wie Rainer Stollmann am Beispiel der „unsichtbaren Propaganda" in *Petermann fährt nach Madeira*, dem Erfolgsstück der Saison 1936-37, gezeigt hat.[114]

Die Hoffnung, daß „unser Theater ... wieder deutsch-völkisch ... im Sinne der nationalen Überlieferung und des deutschen Schicksals, nordisch-germanisch im Sinne der Rasse" sein wird, die Wolfgang Nufer im Jahre 1933 in der *Deutschen Bühne* ausdrückte, erfüllten sich nicht – trotz zahlreicher offizieller Maßnahmen und Anweisungen an Theaterintendanten.[115] Ein Ende 1933 vom Reclam-Verlag und dem Propagandaministerium veranstaltetes „Dietrich Eckart-Preisausschreiben für deutsche Dramen" brachte zwar 800 Einsendungen, aber nicht ein einziges brauchbares Stück. Ähnlich ging es mit anderen Preisausschreiben und selbst Direktaufträgen.[116] Immerhin befand sich aber unter den elf Stücken, die in der Spielzeit 1936/37 von insgesamt 237 Uraufführungen jeweils 102 bis 215 Aufführungen erreichten, auch Friedrich Bethges Stück *Marsch der Veteranen*, das aber gegen Lustspiele wie *Eintritt frei* von Just Scheu und Horst Lommer oder *Kämmerchen zu vermieten* von Leo Lenz einen schweren Stand hatte.[117] Der von den Nazis sehr geförderte Heinrich Zerkaulen, Autor des in diesem Kapitel besprochenen Stückes *Jugend von Langemarck*, erzielte den größten Erfolg mit seinem 1935 uraufgeführten Lustspiel *Der Sprung aus dem Alltag*, das bis 1944 auf den Spielplänen stand, als sicherlich die Mehrheit der Bevölkerung den Wunsch verspürt haben mußte, aus dem Alltag springen zu können.[118]

Zwar gelang es den Nazis ohne Mühe, die großen Theaterkünstler der Weimarer Zeit (Leopold Jesner, Georg Kaiser, Max Reinhardt, Erwin Piscator, Ernst Toller, Carl Zuckmayer etc.) zu vertreiben, nicht aber durch Kräfte aus ihren eigenen Reihen zu ersetzen. Die geplante Umwälzung fand nicht statt; die Theaterspielpläne blieben Unterhaltungsmenüs und „Domänen bürgerlichen Kunsttheaters."[119] Doch auch die Nationalsozialisten lehnten die traditionelle Bildungs- und Unterhaltungsfunktion des Theaters keineswegs ab. Im Gegenteil, sie billigten ihr eine gewisse Ventilaufgabe zu. Selbst Hitler war nicht gegen die Ablenkung durch Theater, wie er 1938 sagte: „Die Aufführungen müssen für die Masse 'Illusion' sein. Den Ernst des Lebens kennt der kleine Mann zur Genüge."[120] Für das gebildetere Publikum standen nach wie vor die deutschen Klassiker bereit, allen voran Friedrich Schiller. Mit Bezug auf Schillers Konzept vom Theater als moralischer Anstalt strebte man danach, ein deutsches Nationaltheater zu errichten.[121] Allerdings versuchte die Partei, auch die Klassiker in ihrem Sinne umzufunktionieren. Hitler schrieb dazu im *Völkischen Beobachter* vom 13. 2. 1934: „Erst dem Nationalsozialismus blieb es vorbehalten, den wahren Friedrich von Schiller dem deutschen Volke wiederzugeben und ihn als das zu zeigen, was er wirklich ist: Der Vorläufer des Nationalsozialismus."[122] Doch trotz Hitlers Behauptung und vieler Versuche gelang es den Nazis nicht, die Klassiker wirklich gleichzuschalten.[123]

Nach 1945 verschwanden die diskutierten Stücke und ihre Verfasser in der Versenkung. Auch hier wird keine Wiedererweckung des Nazi-Dramas angestrebt. Doch obliegt es dem Literarhistoriker, auch das Drama des Dritten Reiches möglichst objektiv zu behandeln. Dabei ist festzustellen, daß manche NS-Dramatiker keineswegs untalentiert, sondern durchaus fähig waren, wirkungsvolle Dramen zu schaffen, die mehr als nur platte Propaganda waren. Auch gab es, wie eingangs betont, keine einheitliche Dramenkonzeption des NS-Dramas. Das Theater des Dritten Reiches war daher wesentlich differenzierter als es auf den ersten Blick den Anschein hat. In dramentechnisch-künstlerischer Hinsicht jedoch brachte das Nazi-Drama trotz aller handwerklichen Geschicklichkeit kaum Neuerungen, sondern erschöpfte sich fast ausschließlich im Rückgriff auf ältere Formen – von einigen Ausnahmen wie beispielsweise Möller abgesehen.

1 Adolf Hitler, Mein Kampf, 283.

2 Hermann Wanderscheck, Deutsche Dramatik der Gegenwart (Berlin: Bong, o.J. [1938?]), 7. Seitenangaben im Text nach dieser Ausgabe.

3 Zit. nach Wanderscheck, 26.

4 Vgl. dazu Boguslaw Drewniak, Das Theater im NS Staat (Düsseldorf: Droste Verlag 1983), 13 ff., Kapitel „Der Lenkungsapparat: Organisation, Ziele, Methoden."

5 Uwe-Karsten Ketelsen, Von heroischem Sein und völkischem Tod (Bonn: Bouvier 1970), 7-8.

6 Günther Rühle, Zeit und Theater. Diktatur und Exil 1933-1945, Bd. 3 (Berlin: Propyläen 1974), 27-28.

7 Drewniak, 42.

8 Joachim C. Fest, Hitler (Frankfurt, Berlin,Wien: Ullstein-Propyläen 1973), 708.

9 Rühle, Zeit u. Theater, Bd. 3, 31.

10 Hanns Johst, Ich Glaube. Bekenntnisse von Hanns Johst (München: Langen 1928), 35-36.

11 Schlageter, in: Rühle, Zeit und Theater, Bd. 3, 115. Die Seitenangaben im Text beziehen sich auf diese Ausgabe.

12 Helmut F. Pfanner, Hanns Johst (The Hague, Paris: Mouton 1970), 215-16.

13 Günter Rühle, Theater für die Republik 1917-1933 (Frankfurt a.M. : Fischer 1967), 1159.

14 Alfred Rosenberg, Weltanschauung und Kunst. In: Alfred Rosenberg, Gestaltung der Idee. Blut und Ehre, II. Band. Reden und Aufsätze von 1932-1935. Hrsg. v. Thilo von Trotha (München: Zentralverlag der NSDAP, 1938), 336.

15 Adolf Hitler, Mein Kampf, 180-81.

16 Zitiert nach Erwin Breßlein, Völkisch-faschistoides und nationalsozialistisches Drama (Frankfurt a.M.: Haag + Herchen 1980), 547.

17 Zitiert nach Günter Rühle, Zeit und Theater, Bd. 3, 751-52. Zum Langemarck-Thema vgl. auch die Aufsätze von Uwe-K. Ketelsen, „'Die Jugend von Langemarck.' Ein poetisch-politisches Motiv der Zwischenkriegszeit," in: Mit uns zieht die neue Zeit – Der Mythos Jugend, Hrsg. Thomas Koebner u.a. (Frankfurt a.M. Suhrkamp 1985), 68-96, und Herbert Lehnert, „Langemarck – historisch und symbolisch," in: Orbis Litterarum, 42 (1987), 271-90.

18 Zitiert nach Rühle, Zeit und Theater, Bd. 3, 748-49.

19 Jugend von Langemarck, in: Günther Rühle, Zeit und Theater, Bd. 3, 156. Die Seitenangaben im Text beziehen sich auf diese Ausgabe.

20 Vgl. Rühle, Zeit und Theater, Bd. 3, 749-50.

21 Vgl. Friedrich Bethge, Marsch der Veteranen, in: Günther Rühle, Zeit und Theater. Diktatur und Exil, Bd. 3, 196. Die Seitenangaben im Text beziehen sich auf diese Ausgabe.

22 Rühle, Zeit und Theater, Bd. 3, 761.

23 Zitiert nach Rühle, Zeit und Theater, Bd. 3, 762.

24 Vgl. Pfanner, 301.

25 Vgl. Rühle, Zeit und Theater, Bd. 3, 23.

26 Breßlein, 603.

27 Vgl. Rainer Stollmann, „Theater im Dritten Reich," in: Jörg Thunecke (Hrsg.), Leid der Worte. Panorama des literarischen Nationalsozialismus (Bonn: Bouvier 1987), bes. 72-74 und 76-79. Diese Hinwendung zu historischen Stoffen stellt Stollman auch für die Literatur der „inneren Emigration" und des Exils fest.

28 Zitiert nach Breßlein, 447.

29 Wanderscheck, 20-21.

30 Wanderscheck, 21

31 Breßlein, 452-57.

32 Hanns Johst: *Propheten* (1922), Otto Bruder: *Luther, der Kämpfer* (1933), Kurt Eggers: *Revolution um Luther* (1935). Karl Irmler: *Luthers Kampf und Sieg* (1933), Eberhard Wolfgang Möller: *Martin Luther oder die höllische Reise* (1933).

33 Hans Hermann Wilhelm: *Ulrich von Hutten* (1934), Uli Klimsch: *Hutten* (1933), Hans Harrier: *Kampf um Ulrich von Huttens deutsche Sendung* (1936), Hans Hermann Wilhelm: *Ulrich von Hutten* (1934), Erich Bauer: *Laßt Hutten nicht verderben!* (1939), Kurt Eggers: *Ulrich von Hutten* (1934).

34 Paul Gurk: *Thomas Münzer* (1922), Herbert Eulenberg: *Thomas Münzer oder das Trauerspiel des Bauernkrieges* (1932).

35 Maximilian Böttcher: *Tauroggen. Ein Führerdrama* (1933), Paul Ernst: *Yorck* (1933, 1917 entstanden), Hans Kyser: *Schicksal um Yorck* (1933), Max Petzold: *Yorck* (1933).

36 Joseph Buckhorn: *Heinrich von Kleist* (1935), Karl Faehler: *Die Tragödie Kleist* (1933), Hans Franck: *Kleist* (1933), Hans Heyk: *Kleist* (1933), Uli Klimsch: *Kleists Tod* (1933).

37 Konrad Bürger: *Canossa* (1935), Paul Ernst: *Canossa* (1918), Erich von Hartz: *Kaiser Heinrich IV.* (1924), Erwin Guido Kolbenheyer: *Gregor und Heinrich* (1934), Georg Schmückle: *Heinrich IV.* (1940).

38 Hans Rehbergs Preußendramen (1934-37), Julius Bernhard: *Friedrich bei Leuthen* (1933), Hermann von Bötticher: *Friedrich der Große* (2 Teile, 1920 und 1922), Hermann Burte: *Katte* (1933), Hans Christoph Kaergel: *Der Kurier des Königs* (1942).

39 Hans Friedrich Blunck: *Kampf um New York* (1938), Curt Langenbeck: *Der Hochverräter* (1935).

40 Walter Gilbricht: *Oliver Cromwells Sendung* (1932), Erich Gower: *Cromwell* (1935), Mirko Jelusich: *Cromwell* (1934).

41 Hanns Johst: *Thomas Paine* (1927).

42 Erwin Guido Kolbenheyer, *Gregor und Heinrich,* in: Günther Rühle, Zeit und Theater, Bd. 3, 264. Die Seitenangaben im Text beziehen sich auf diese Ausgabe.

43 Kolbenheyer, „Heroische Leidenschaften," in: Rühle, Zeit und Theater, Bd. 3, 773.

44 Zitiert nach Rühle, 775.

45 Vgl. Rühle, 774-75.

46 Wanderscheck, 66.

47 Wanderscheck, 93.

48 Curt Langenbeck, *Der Hochverräter,* in: Rühle, Zeit und Theater, Bd. 3, 381. Die Seitenangaben im Text beziehen sich auf diese Ausgabe.

49 Vgl. Rühle, Zeit und Theater, Bd. 3, 801-02.

50 Vgl. Rühle, 803.

51 Zitiert nach Rühle, 805.

52 Zitiert nach Rühle, 806.

53 Wanderscheck, 153.

54 Wanderscheck, 153.

55 Zitiert nach Rühle, 813.

56 Zitiert nach Rühle, 817.

57 Zitiert nach Rühle, 813.

58 Alfred Rosenberg, Der Mythus des 20. Jahrhunderts (München: Hoheneichen 1937; 107.-110. Aufl.), 198.

59 Rosenberg, Mythus, 198-99 und 293.

60 Hans Rehberg, *Der Siebenjährige Krieg,* in: Günther Rühle, Theater der Zeit, Bd. 3, 441. Die Seitenzahlen im Text beziehen sich auf diese Ausgabe.

61 Wanderscheck, 155.

62 Zitiert nach Rühle, Zeit und Theater, Bd. 3, 817.

63 Wanderscheck, 108.

64 Wanderscheck, 109.

65 Zitiert nach Rühle, Zeit und Theater, Bd. 3, 792.

66 Eberhard Wolfgang Möller, *Rothschild siegt bei Waterloo* (Berlin: Langen-Müller 1934), 6-7. Die Seitenangaben im Text beziehen sich auf diese Ausgabe.

67 Wanderscheck, 110.

68 Zitiert nach Wanderscheck, 110.

69 Vgl. Wanderscheck, 111.

70 Wanderscheck, 239.

71 Zitiert nach Breßlein, 261.

72 Vgl. Breßlein, 262-63.

73 Zitiert nach Breßlein, 264-65.

74 Friedrich Griese, *Der Mensch, aus Erde gemacht* (Berlin: Bühnenvolksbund-Verlag 1932), 7. Die Seitenangaben im Text beziehen sich auf diese Ausgabe.

75 Uwe-Karsten Ketelsen, Von heroischem Sein und völkischem Tod, 263.

76 Wanderscheck, 241.

77 Wanderscheck, 240-41.

78 Ketelsen, 147-48.

79 Zitiert nach Breßlein, 305.

80 Zitiert nach Breßlein, 317.

81 Franz Schonauer, Deutsche Literatur im Dritten Reich (Olten und Freiburg i.Br. 1961), 77.

82 Vgl. dazu Breßlein, 53ff.

83 Vgl. Breßlein, 93.

84 Zitiert nach Breßlein, 115.

85 Zitiert nach Breßlein, 105.

86 Zitiert nach Breßlein, S, 119.

87 Zitiert nach Breßlein, 120.

88 Wanderscheck, 74.

89 Ketelsen, Von heroischem Sein, 93.

90 Zitiert nach Ketelsen, 94.

91 Wanderscheck, 74.

92 Zitiert nach Ketelsen, 41.

93 Zitiert nach Ketelsen, 242.

94 Zitiert nach Ketelsen, 240.

95 Zitiert nach Ketelsen, 350.

96 Zitiert nach Rühle, Zeit und Theater, Bd. 3, 782.

97 Zitiert nach Rühle, Zeit und Theater, Bd. 3, 783.

98 Vgl. dazu Rühle, Zeit und Theater, Bd. 3, 36, und Henning Eichberg u.a. Massenspiele: NS-Thingspiel, Arbeiterweihespiel und olympisches Zeremoniell. Stuttgart-Bad Cannstatt: Frommann-Holzboog 1977.

99 Vgl. Eichberg, 22. Ernst Wachler, der Autor des in seiner Zeit einflußreichsten völkischen Romans Osning (1914), träumte von einer nordischen Renaissance und trug damit und mit seinen Beiträgen zu kultischen Massenspielen wesentlich zur NS-Ideologie bei. Er kam 1944 als rassisch Verfolgter im Konzentrationslager Theresienstadt ums Leben. Vgl. dazu auch George L. Mosse, The Crisis of German Ideology (New York: Grosset & Dunlap 1964), 80-82.

100 Untertitel Die „Thing-Bewegung" im Dritten Reich (Marburg: Jonas 1985).

101 Weiters zu Organisation, Thingstättenbau sowie Theorie und Geschichte des Thingspiels in: H. Eichberg u. a., Massenspiele, sowie bei Stommer.

102 Eberhard Wolfgang Möller, *Das Frankenburger Würfelspiel,* in: Günther Rühle, Zeit und Theater, Bd. 3, S, 342. Die Seitenangaben im Text beziehen sich auf diese Ausgabe.

103 Dieser oberste Richter sollte nach Möllers Wunsch eigentlich der Führer Adolf Hitler selbst sein, doch dieser trat bereits bei den offiziellen Nazi-Spektakeln auf, die das Thingspiel nicht verdrängen konnte und sollte; die Wirklichkeit hatte das Theater überholt; vgl. Rainer Stollmann, „Theater im Dritten Reich," in: Jörg Thunecke (Hrsg.), Leid der Worte. Panorama des literarischen Nationalismus (Bonn: Bouvier 1987), 75.

104 Rühle, Zeit und Theater, Bd. 3, 785-86.

105 Vgl. Eichberg, 51.

106 Zitiert nach Eichberg, 51.

107 Vgl. Eichberg, 51. Zu weiteren Rezensionen, auch aus dem Ausland, vgl. Eichberg, 51-52.

108 Vgl. dazu Eichberg, 52. Zum Frankenburger Würfelspiel vgl. auch Eichberg in: Massenspiele, 47-52 und Glen W. Gadberry, „Eberhard Wolfgang Möller's Thingspiel Das Frankenburger Würfelspiel" in: Eichberg u.a., Massenspiele, 235-251. Gadberry sieht in diesem Stück einen moralischen Kern, der den „latenten" Nationalsozialismus übersteigt, und plädiert daher für eine Wiedererweckung von Möllers Thingspiel.

109 Rainer Stommer, 154 f. In diesem Buch vermittelt Stommer einen detaillierten Gesamtüberblick über die Thing-Bewegung unter Einschluß der Architektur der Thingplätze, der Geschichte einiger Bühnen, und eines Katalogs aller gebauten und geplanten Thingplätze.

110 Vgl. dazu Rühle, Zeit und Theater, Bd. 3, 40, Eichberg, 35-40, Stommer, 154 f. Zu den Gründen zählen u.a. Mangel an guten Stücken, Kostenfragen, Personalwechsel im Propagandaministerium (Förderer Otto Laubinger starb, ersetzt durch den weniger interessierten Franz Moraller u.a.), Wetterbedingungen, akustische Probleme, Ablösung der Kampfphase der NS Bewegung, ab 1935 wieder größere Beachtung der Innenraumtheater etc.; weitere Einzelheiten sind bei Stommer nachzulesen.

111 Eichberg, 5.

112 Vgl. Ketelsen, Vom heroischen Sein, 14.

113 Konrad Dussel, Ein neues, ein heroisches Theater? Nationalsozialistische Theaterpolitik und ihre Auswirkungen (Bonn: Bouvier 1988).

114 Rainer Stollmann, „Theater im Dritten Reich," in: Jörg Thunecke (Hrsg.), Leid der Worte, 84.

115 Vgl. Drewniak, 211.

116 Vgl. Drewniak, 211 f.

117 Vgl. Drewniak, 213.

118 Vgl. Drewniak, 214.

119 Uwe-K. Ketelsen, Völkisch-nationale und nationalsozialistische Literatur in Deutschland 1890-1945 (Stuttgart: Metzler 1976), 88.

120 Zitiert nach Drewniak, 44.

121 Vgl. dazu u.a. Jutta Wardetsky, Theaterpolitik im faschistischen Deutschland. Studien und Dokumente (Berlin: Henschel: 1983), bes. 73 ff.

122 Zitiert nach Joseph Wulf, Literatur und Dichtung im Dritten Reich (Frankfurt a.M.: Ullstein 1983), 391.

123 Einzelheiten zur Klassikerrezeption im Dritten Reich bei Drewniak, 167 ff. und Bernhard Zeller et al. (Hrsg.), Klassiker in finsteren Zeiten. Marbach: Deutsche Schillergesellschaft 1983. Zur Rezeption ausländischer Dramen in Nazi-Deutschland siehe Drewniak, 244 ff.

6. Film im Dritten Reich

Die Nazis haben recht früh erkannt, welche Propagandamöglichkeiten ihnen die Medien Radio und Film bereitstellten. Durch „Volksempfänger" und Lichtspieltheater konnten sie wesentlich größere und breitere Massen erreichen als durch Literatur und Theater. Fritz Hippler, Leiter der Filmabteilung in Goebbels' Propagandaministerium und Reichsfilmdramaturg, wies ganz im Sinne Hitlers auf die das Gefühl betonende massenpsychologische Wirkung des Films hin: „Im Vergleich zu den anderen Künsten ist der Film durch seine Eigenschaft, primär auf das Optische und Gefühlsmäßige, also Nichtintellektuelle einzuwirken, massenpsychologisch und propagandistisch von besonders eindringlicher und nachhaltiger Wirkung."[1] Um dieses Ziel zu erreichen, glaubte man, den Film nicht einzelnen Produzenten und Regisseuren, oder Spielleitern, wie sie von da an auf gut deutsch hießen,[2] überlassen zu können, von denen etliche womöglich noch liberal eingestellt waren. Wie alle anderen Bereiche, so sollte auch der Film vom Staat gelenkt, gleichgeschaltet und von einer zentralen Kammer gesteuert werden, der Reichsfilmkammer. „Wenn ein Staat für sich in Anspruch nehme, einem Kinde das Einmaleins und das ABC beizubringen, wieviel größer sei dann das Anrecht des Staates auf alle Mittel und Möglichkeiten, die zur Erziehung und Lenkung des Volkes dienen können. Neben Presse und Rundfunk sei eines dieser Mittel der Film."[3] Im Rückblick aus dem Jahre 1940 stellt Karl Melzer den Erfolg der 1933 getroffenen Maßnahmen fest: „Filmhersteller, Filmkünstler, Filmverleiher und Filmtheaterbesitzer, die in der Reichsfilmkammer zusammengefaßt sind, haben das gefährliche liberalistische Denken ... mit manchen Opfern überwunden. Ihre Berufsauffassung entspricht heute der Lebensanschauung, die der nationalsozialistische Staat von allen Gliedern erwartet."[4] Zu den Opfern zählten die vielen Filmkünstler, die aus politischen Gründen das Reich verlassen mußten, wie Fritz Kortner und Fritz Lang, obwohl Goebbels letzterem trotz seiner jüdischen Abstammung die Leitung der Abteilung Film in seinem Propagandaministerium angeboten hatte.[5] Trotz des Verlusts von namhaften Künstlern blieben genügend qualifizierte Regisseure und Schauspieler – teilweise vom emigrierten Max Reinhardt ausgebildet, wie Veit Harlan –, um künstlerisch gute Filme zu produzieren. Zu nennen sind hier unter anderen: Emil Jannings, Heinrich George, Werner Hinz, Paul Hörbiger, Hans Albers, Werner Krauß, Erich Ponto, Ilse Werner, Marianne Hoppe, Hilde Krahl, Kristina Söderbaum, Grete Weiser, Paula Wessely, Zarah Leander. Die technischen Einrichtungen waren hervorragend; sie konnten sich durchaus mit denjenigen in Hollywood messen.[6]

Der Film des Dritten Reichs befaßte sich mit ähnlichen Themen wie der Roman und das Drama: Kampf, Krieg, Helden- und Märtyrertum, Blut und Boden, deutsche Mythologie und Geschichte, Antisemitismus und Antibolschewismus. Dazu seien hier einige Beispiele angeführt, die vor allem dem Standardwerk zur *Geschichte des Films im Dritten Reich* der beiden Franzosen Francis Courtade und Pierre Cadars entnommen sind. Wie Kracauer ausführt, wurde auch der Film des Dritten Reichs bereits vor Hitlers Machtübernahme durch Filme mit autoritären Tendenzen vorbereitet, die große Einzelne als Rebellen, Führer oder Kriegshelden in den Mittelpunkt stellten, wie Erich Waschnecks *Acht Mädels im Boot* (1932), Gustav Ucickys U-Boot Film *Morgenrot* (1933), oder die Bergfilme von Arnold Franck, Leni Riefenstahl und Luis Trenker.[7]

Der erste wirkliche NS-Film war *Hitlerjunge Quex* (1933) nach dem gleichnamigen Roman von Karl Aloys Schenzinger, der bereits ausführlich behandelt wurde. Regisseur war Hans Steinhoff, der bis dahin vor allem durch Unterhaltungsfilme bekannt war, aber bereits seit einigen Jahren das NS-Parteibuch in der Tasche hatte. Heinrich George spielte den Vater, Berta Drews die Mutter des Heini Völker, genannt Quex, im Film von Hermann Speelmans dargestellt. Die feierliche Uraufführung dieses Ufa-Filmes fand im September 1933 unter Anwesenheit des Führers in München statt. Das *Reichsfilmblatt* vom 16.9.1933 berichtete darüber unter anderem:

> Als bei der Uraufführung des Filmes das letzte Bild versunken war, standen auf der großen Bühne der Hitler-Junge und das Hitler-Mädchen wie zwei kleine Wanderer in einer großen Welt und grüßten mit erhobenem Arm hinauf zum Führer. Er aber trat vor und dankte ihnen ebenso und blickte mit einem gütigen Lächeln auf die beiden unbekannten Spieler und Sprecher der großen deutschen Hitlerjugend hinab. ... Der Gruß des Führers galt der Unverbrüchlichkeit eines Geistes, der auf Gedeih und Verderb zum Vaterlande steht und der immer wieder unaufdringlich aus den Tiefen des Films emporsteigt.[8]

Umrahmt wurde das Programm von Bruckners F-Dur Symphonie und einer „hinreißend schönen Ansprache des Reichsjugendführers" Baldur von Schirach.[9] Abgesehen von der Ideologie halten Courtade und Cadars diesen Film für „eine Art Meisterwerk des Nazi-Films," vor allem da er künstlerische Elemente des sowjetischen Propagandafilms und des deutschen Realismus (*Kuhle Wampe*, *M*, *Die Dreigroschenoper*) übernimmt.[10] Die Absicht, Kommunisten für den Nationalsozialismus zu werben, ist im Film noch stärker als im Roman, wie eine im Roman nicht enthaltene Kernszene des Films verdeutlicht.[11] Filme mit ähnlicher Thematik, doch weniger großem Erfolg waren *SA-Mann Brand* und *Hans Westmar* (Der Horst-Wessel-Stoff) sowie *Blutendes Deutschland*.

Wenige Tage nach dem Attentat auf Hitler am 20. Juli 1944 bot der Dramatiker und Reichskultursenator Friedrich Bethge seinen Dramenstoff *Marsch der Veteranen* (siehe Dramakapitel) dem Reichsfilmintendanten zur Verfilmung an. Da Deutschland zu dieser Zeit auch gegen die USA Krieg führte – die Alliierten standen bereits in Frankreich – wollte Bethge die Handlung wieder nach Amerika verlegen:

> Ich halte jetzt aber die Zeit für die gekommene, den *Marsch der Veteranen* als Großfilm herauszubringen, aber nicht wie in meinem Drama aus damals künstlerisch zwingenden Gründen ins napoleonische Rußland zurückverlegt, auch nicht ins Nachkriegsdeutschland von 1919/20 etwa, sondern vielmehr in das Land und in die Zeit, von dem die Idee zu diesem Drama stammt, nämlich: nach Washington 1932. Ich kann mir wenige Filmstoffe nur denken, die schlagender die Verlogenheit des zivilisatorischen Amerika dartun und zugleich aller Welt vor Augen führen, wie damals die Behandlung der amerikanischen Kriegsteilnehmer durch ihr eigenes Vaterland war und wie sie voraussichtlich auch am Ende dieses Krieges nicht sehr viel anders sein dürfte, und in England wohl auch nicht.[12]

Der Film wurde nie gedreht.

In den Filmannalen des Dritten Reichs taucht auch der im Romankapitel behandelte Hans Zöberlein auf, der seinen von Hitler hochgelobten Roman *Der Glaube an Deutschland* (1931) zum Film *Stosstrupp 1917* verarbeitete, der als „der gewaltigste und aufrüttelndste deutsche Kriegsfilm" angekündigt wurde.[13] Nach Kracauer war dieser Film die Antwort der Nazis auf Georg Wilhelm Pabsts pazifistischen Antikriegsfilm *Westfront 1918* (1930).[14] Über die Uraufführung des Films im Februar 1934 im Berliner Ufa-Palast, an der auch Hitler teilnahm, schrieb der *Völkische Beobachter* unter anderem: „Hier in diesem Film sieht sich der unbekannte Frontsoldat selber, der wurzelechte, unkomplizierte Kämpfer für Deutschland, wie er war und sein wird, und hier empfindet er die Erinnerung an die Größe seiner Leistung, zu der er fähig war und stets gewesen ist, wenn er richtig geführt wurde."[15] Im gleichen Jahr, 1934, erschien auch ein antibolschewistischer Film über die Freikorps, *Um das Menschenrecht*, dessen Drehbuch ebenfalls von Zöberlein stammte.

Unter den historischen Filmen finden sich vor allem zahlreiche Filme über den preußischen König Friedrich II., auch der Große oder der Einzige genannt, von dessen Bildnis sich der Führer neue Kraft holte, wenn schlechte Nachrichten ihn niederdrücken wollten.[16] Bereits vor der Machtübernahme Hitlers am 30. Januar 1933 waren mehrere rechtsorientierte Fredericus-Filme erschienen, meist mit Otto Gebühr in der Titelrolle, so Gustav Ucickys *Das Flötenkonzert von Sanssouci* (1930), Friedrich Zelniks *Barberina, die Tänzerin von Sanssouci* (1932) und Carl Froelichs *Der Choral von Leuthen* (1933). Diese und ähnliche Filme verherrlichen die herausragende Führernatur, die in einsamer Größe intuitiv richtige Entscheidungen trifft.[17] Hans Steinhoff, der Regisseur von *Hitlerjunge Quex,* und Veit Harlan schließen sich an mit *Der alte und der junge König* (1935) und *Der große König* (1942). Beide Filme starteten in großer Besetzung: Emil Jannings als alter König Friedrich Wilhelm I. und Werner Hinz als sein Sohn und junger König Friedrich II.; Otto Gebühr als der große König Friedrich II., Kristina Söderbaum als Luise, und in weiteren Rollen Gustav Fröhlich, Paul Henkels, Elisabeth Flickenschildt und Hilde Körber. Durchgehende Themen in diesen Filmen sind Führerprinzip und absoluter Gehorsam. Zu den Preußenstoffen zählt auch der Film *Das Fräulein von Barnhelm* (1940). Mit der „freien Einfilmung" der „Lessingschen Urfom" (*Minna von Barnhelm*) versuchte der Regisseur Hans Schweikart, nach dem Krieg Intendant der Münchener Kammerspiele, einen deutschen Klassiker für das Dritte Reich zu vereinnahmen.[18]

Als der Rückzug an allen Fronten unaufhaltsam schien und die Niederlage sich bereits deutlich abzeichnete, versuchte man, mit dem Durchhaltefilm *Kolberg* letzte Widerstandsreserven zu aktivieren. Der Film sollte zeigen, „daß ein in Heimat und Front geeintes Volk jeden Gegner überwindet."[19] Der Film basiert auf dem Widerstand der Hafenstadt Kolberg gegen die napoleonischen Truppen, verfährt mit den Tatsachen jedoch recht großzügig im Sinne der jetzt notwendigen Durchhalteparolen. Der Film, gedreht von Veit Harlan, mit Heinrich George in der Hauptrolle als Bürgermeister Nettelbeck, wurde zur Premiere am 30. Januar 1945 in die von Alliierten eingekesselte französische Stadt La Rochelle eingeflogen, hat aber offensichtlich nicht mehr viel bewirkt; La Rochelle ergab sich wenige Tage später. Die Stadt Kolberg war bereits von sowjetischen Truppen besetzt. Welche Bedeutung die Nazis dem Filmstoff beimaßen, ist aus den Kosten ersichtlich: Bei der Herstellung wurde kein Geld gespart; es wurde der teuerste Film der deutschen Filmgeschichte.[20]

129

Unter den antisemitischen Filmen des Dritten Reichs ist *Jud Süß* (1940) der bekannteste, wenn auch bei weitem nicht der einzige, wie die Filmtitel *Die Rothschilds* (1940) oder *Der ewige Jude* (1940) beweisen. Unter diesen Machwerken ist er vom künstlerisch-technischen Standpunkt her der beste und der kommerziell erfolgreichste. Der Halbjude Joseph Süß Oppenheimer, Sohn des Freiherrn von Heyersdorff und der Tochter eines jüdischen Kantors aus Frankfurt und von 1733-37 Finanzberater des Herzogs von Württemberg, wurde nach dessen Tod von seinen Feinden vor Gericht gestellt und zum Tode verurteilt. Der Stoff ist mehrmals bearbeitet worden: 1827 in einer Novelle von Wilhelm Hauff, 1925 in einem Roman von Lion Feuchtwanger und 1934 in einem pro-semitischen Film von Lothar Mendes. Unter der Regie von Veit Harlan und nach Anweisungen von Goebbels wurde *Jud Süß* zu einem antisemitischen Propagandawerk, das fast allen Beteiligten mehr als ihre anderen Filme nach 1945 zum Verhängnis wurde.[21] Nach der Uraufführung in Venedig schrieb ein Kritiker unter anderem: „Ein historisches Beispiel, wie das Judentum es verstanden hat, sich immer wieder in deutsche Lande einzuschleichen."[22] Für den *Völkischen Beobachter* war Jud Süß ein Beispiel, das „furchtbar für das Ganze steht."[23] Am Drehbuch hatte der Dramatiker Eberhard Wolfgang Möller mitgearbeitet; in den Hauptrollen spielten Ferdinand Marian (Süß), Heinrich George (Herzog von Württemberg), Werner Krauß (Rabbi Loew Lévy) und Kristina Söderbaum (Dorothea Sturm). Der Film trug wesentlich zur Verbreitung des Antisemitismus bei. Nach dem Besuch dieses Films veranstalteten Jugendliche Jagd auf Juden.[24] Der Film wurde „der 'arischen' Bevölkerung immer dann vorgeführt, wenn 'Aussiedlungen' in die Vernichtungslager bevorstanden, ... um die 'arische' Bevölkerung des jeweiligen Landes gegen die Juden aufzuhetzen."[25] Himmler machte Vorführungen des Films für alle Militär-, SS- und Polizeieinheiten zur Pflicht.[26]

Zu den bekanntesten Filmemachern aus der Zeit des Dritten Reichs gehörte zweifellos Leni Riefenstahl, geboren 1907 in Berlin. Sie begann als Schauspielerin, produzierte jedoch bald eigene Filme. Ihr erster Film als Produzentin, in dem sie auch die Hauptrolle spielte, war *Das blaue Licht*, eine symbolische Legende aus den Dolomiten. Hitler war von diesem Film so beeindruckt, daß er sie beauftragte, den Nürnberger Parteitag von 1933, den „Parteitag des Sieges," zu filmen. Der Film erschien unter dem Titel *Sieg des Glaubens* und wurde offiziell von Goebbels' Propagandaministerium vertrieben. Nach der Uraufführung des Films im Berliner „Ufa-Palast am Zoo" stimmte die versammelte Nazi-Prominenz unter Führung Adolf Hitlers das „Horst-Wessel Lied" an. Wie Courtade und Cadars ausführen, hatten die Führerreden im Film „soviel Erfolg, und in den umliegenden Straßen hatten sich soviele Anhänger versammelt, daß Polizei und Leibgarde alle Mühe hatten, die fanatisierte Menge zurückzuhalten. Hitler mußte den Saal durch einen Nebenausgang verlassen."[27] Bekannter geworden sind jedoch ihre Filme *Triumph des Willens* vom Parteitag 1934, als Hitler nach internen „Parteisäuberungen" fest im Sattel saß, und *Olympia*, ihr Film von den Olympischen Spielen 1936 in Berlin. Beide Filme wurden von der Partei bestellt und mit ihrer Unterstützung und mit riesen Aufwand gedreht. *Triumph des Willens* erhielt das Prädikat „staatspolitisch und künstlerisch besonders wertvoll." Am 1. Mai 1935 zeichnete Goebbels den Film mit dem „Nationalen Filmpreis" aus und lobte ihn mit den Worten: „Er hat den harten Rhythmus dieser großen Zeit ins eminent Künstlerische gesteigert; er ist monumental, durchzittert vom

Tempo der marschierenden Formationen, stählern in der Auffassung und durchglüht von künstlerischer Leidenschaft."[28] Der Film *Olympia* (eigentlich zwei Filme: *Fest der Völker* und *Fest der Schönheit*) von 1938 erreichte künstlerische Meisterschaft und weltweiten Erfolg. Doch er war zweifellos auch ein Teil der Nazi-Propaganda: „Die Filmarbeit wurde ganz selbstverständlich in die gigantische Propaganda-anstrengung mit einbezogen. Leni Riefenstahl hat nicht einen Film über die olympischen Spiele gedreht, sondern über das olympische Deutschland."[29] Sie selbst hat immer die ihrer Meinung nach unpolitische Natur des Olympia-Films betont und dafür das Argument angeführt, daß ihr Film im Jahre 1948 vom Olympischen Komitee als offizieller Olympiafilm anerkannt und mit Urkunde und Goldmedaille ausgezeichnet wurde.[30]

Doch wie bei Roman und Drama, so gilt auch für den Film, daß die meisten Produkte in der Hauptsache nicht der Propaganda, sondern der Unterhaltung dienten. Sicherlich flossen auch dabei propagandistische Elemente ein. Von einer Gesamtproduktion von 1350 Filmen im Dritten Reich waren 1200 Unterhaltungsfilme, jedenfalls in erster Linie.[31] Filmtabellen zeigen, daß bei fortschreitender Verschlechterung der politischen und militärischen Lage des Dritten Reichs der Anteil der Propagandafilme im Vergleich zu Unterhaltungsfilmen deutlich zurückgeht.[32] Den Nazis war sehr wohl bewußt, daß die Bevölkerung in diesen schweren Zeiten Ablenkung brauchte; man förderte den Unterhaltungsfilm zu diesen Zwecken. Im Oktober 1941 erklärte Propagandaminister Goebbels: „In einer Zeit, in der der gesamten Nation so schwere Lasten und Sorgen aufgebürdet werden, ist auch die Unterhaltung staatspolitisch von besonderem Wert."[33] Zu erwähnen wären hier vor allem die Musik-Komödien mit Zarah Leander und Marika Rökk in Titeln wie *Die große Liebe* (1942), bekannt vor allem durch das von Leander mit sexy-sonorer Stimme vorgetragene Lied „Ich weiß, es wird einmal ein Wunder geschehen," und *Die Frau meiner Träume* (1944), in dem Marika Rökk mit dem Song „In der Nacht ist der Mensch nicht gern alleine" *den* Schlager des Dritten Reiches kreierte.

1 Vgl. Francis Courtade/Pierre Cadars, Geschichte des Films im Dritten Reich (München: Hanser 1975), 9.
2 Courtade/Cadars, 10.
3 Zit. nach Joseph Wulf, Theater und Film im Dritten Reich (Frankfurt a.M., Berlin, Wien: Ullstein 1983), 320.
4 Zit. nach Wulf, 321.
5 Vgl. Coutarde/Cadars, 22.
6 Vgl. Coutarde/Cadars, 31. Ulrich Gregors Feststellung: „When Hitler and the National Socialists took over, the German film industry became as still as a graveyard" entspricht nicht den Tatsachen. Vgl. Ulrich Gregor, Film in Berlin, in: Eberhard Roters, Berlin 1910-1933 (Secaucus, N.J.: Wellfleet Press 1982, engl. Übers. von Marguerite Mounier), 206.
7 Vgl. Siegfried Kracauer, From Caligari to Hitler (Princeton: Princeton University Press 1947), 257 ff. Kracauer geht wohl zu weit, wenn er den ganzen deutschen Film im Faschismus kulminieren läßt: „Self-appointed Caligaris hypnotized innumerable Cesares into murder. Raving Mabuses committed fantastic crimes with impunity, and mad Ivans

devised unheard-of tortures. Along with this unholy procession, many motifs known from the screen turned into actual events" (272).

8   Zit. nach Wulf, 401.
9   Wulf, 401.
10 Vgl. Courtade/Cadars, 43 und 46.
11 Vgl. dazu Erwin Leiser, Deutschland erwache. Propaganda im Film des Dritten Reiches (Reinbek: Rowohlt 1968), 31-35.
12 Zit. nach Wulf, 415.
13 Vgl. Courtade/Cadars, 120.
14 Kracauer, 235.
15 Zit nach Courtade/Cadars, 122.
16 Vgl. Courtade/Cadars, 68.
17 Vgl. dazu Kracauer, 267 ff.
18 Vgl. dazu Karsten Witte, Major Tellheim nimmt Minna von Barnhelm in Dienst oder Wie der Nazifilm mit Klassikern mobil machte, in: Neue Rundschau, 96. Jg., H. 1 (1985), 158-73.
19 So Goebbels in einem Brief an den Regisseur Veit Harlan, zit. nach Courtade/Cadars, 217.
20 Vgl, Courtarde/Cadars, 219.
21 Vgl. dazu Courtade/Cadars, 184-93.
22 Zit. nach Wulf, 448.
23 Zit. nach Leiser, 73.
24 Vgl. David Stewart Hull, Film in the Third Reich (Berkeley and Los Angeles: University of California Press 1969), 169.
25 Wulf, 6.
26 Vgl. Hull, 170. Vgl. dazu auch Leiser, 73. Zu Jud Süß vgl. auch Linda Schulte-Sasse, The Jew as Other under National Socialism: Veit Harlan's *Jud Süß,* in: The German Quarterly, 61, no. 1 (Winter 1988), 22-49.
27 Vgl. Courtade/Cadars, 56.
28 Vgl. Courtade/Cadars, 61. Leni Riefenstahl berichtet über die Arbeit an diesem Film in ihrem Buch *Hinter den Kulissen des Reichsparteitagfilms* (München: Eher Nachf. 1935).
29 Vgl. Courtade/Cadars, 62-63. Riefenstahl selbst hat später versucht, den Propaganda-gehalt ihrer Filme zu verharmlosen; vgl. dazu Riefenstahl-Interview mit „Cahiers du cinéma," 170 (1965), Courtade/Cahiers, 57, 59; Leni Riefenstahls Memoiren (München: Knaus 1987), und Fritz J. Raddatz' Besprechung dieses Buches in: Die Zeit, Nr. 42 (16. Oktober 1987).
30 Vgl. Hull, 135.
31 Vgl. Courtade/Cadars, 223.
32 Vgl. Gerd Albrecht, Nationalsozialistische Filmpolitik (Stuttgart: Ferdinand Enke Verlag 1969), 371-95.
33 Zit. nach Courtade/Cadars, 222.

7. NS-Lyrik

Die charakteristische Form für die NS-Dichtung war das vom Volkslied abgeleitete Marsch- oder Gemeinschaftslied.[1] Der SA-Oberführer Gerhard Schumann, einer der Hauptvertreter der NS-Lyrik, erkannte das schlichte Volkslied als das geeignetste Gefäß, in dem „die Urlaute der menschlichen deutschen Seele heutige Gestalt gewinnen" konnten. In dieser Form ließen sich „verhaltene Härte und gläubige Innigkeit" ebenso wie „Abschied, Trennung, Grauen, Durchhalten, Aufschwung, Sieg" am besten ausdrücken, wie Schumann in einer Rede über Kriegsdichtung ausführte, die er im Jahre 1942 anläßlich des „großdeutschen und europäischen Dichtertreffens in Weimar" hielt.[2] Zwar bestand die Lyrik des Dritten Reichs zumeist aus Gebrauchslyrik mit direktem politischen Bezug, wobei „politisch" in weitesten Sinne zu verstehen ist. Doch wie Gerhard Schumann in einem „Leitaufsatz" im *SA-Mann* im Jahre 1937 verkündete, sollte nationalsozialistische Dichtung mehr als nur ein in die Lyrik übertragenes Parteiprogramm darstellen:

> Ein nationalsozialistischer Künstler macht nicht halt an den Schranken des im engeren Sinn Politischen; er hat in seiner Gestaltung alle Bezirke des Seins einzuschmelzen, er hat in sich zu reißen und aus sich herauszustellen das *Leben in seiner Ganzheit*, er hat die harte Größe unserer heroischen Zeit ebenso zu gestalten wie die Stille deutscher Landschaft, das Wunder deutschen Menschentums, das Suchen deutscher Seele nach Gott, das persönliche ebenso wie das Allgemeine. Denn gerade der Nationalsozialismus faßt das Kunstwerk nicht auf als das mechanische Produkt eines Kollektivs, sondern als die organisch gewachsene Frucht einer Gemeinschaft.[3]

Damit sind bereits die Stoffe der NS-Lyrik umrissen, Stoffe, in die auch die Lyrik von Dichtern einbezogen werden konnte, die nicht ausgesprochene NS-Propaganda betrieben und mit dem Nationalsozialismus wenig oder keinen direkten Kontakt hatten. Zu den nationalsozialistischen Themen im engeren Sinne gehören Gedichte über Fahne und Führer, Trommel und Treue, Glaube und Gehorsam, Pflicht und Feuer, Ehre und Opfer, Blut und Boden. Aber auch Gedichte über die deutsche Landschaft, die deutsche Heimat, die deutsche Geschichte und deutsche Menschen konnten gebraucht oder dienstverpflichtet werden, sogar gegen den Willen oder das bessere Wissen der Autoren. Entsprechend werden in diesem Kapitel zunächst einige Themen und Autoren von NS-Lyrik im engeren Sinne vorgestellt. Im Anschluß daran soll auf so unterschiedliche Lyriker wie Agnes Miegel, Gottfried Benn, Lulu von Strauß und Torney und Josef Weinheber verwiesen werden, die mit ihrer Person oder ihrem Werk, zum Teil, wie im Falle Benn, nur für kurze Zeit, in den Bannkreis des Nationalsozialismus gerieten, in ihren Gedichten sich jedoch weit von der NS-Gebrauchslyrik entfernen. Der Unterschied in der literarischen Qualität zwischen den beiden Gruppen ist in den meisten Fällen beachtlich; Gottfried Benn und Josef Weinheber können nicht in einem Atemzug mit Heinrich Anacker oder Gerhard Schumann genannt werden. Ebenso ist zu berücksichtigen, daß Autoren wie Weinheber oder Miegel keineswegs so braun durchfärbt waren wie Schumann und Anacker, und daß nur Teile ihres Werkes in dieses Kapitel über NS-Lyrik gehören, während praktisch das gesamte Werk solcher NS-Barden wie Anacker und Schumann unter dem Zeichen des Hakenkreuzes steht, jedenfalls bis 1945.[4]

a. Themen und Autoren der NS-Lyrik

Die Lyrik des Dritten Reichs ist Aufruf und Appell an die sogenannte deutsche Volksseele, wie sie sich in ihrer „Urform" in Dietrich Eckarts Sturm-Lied manifestiert, das mit dem Ruf „Deutschland erwache!" endet. Eckart (1868-1923) galt als „der erste nationalsozialistische Dichter,"[5] sein Lied als großes Vorbild nationalsozialistischer Kampflyrik. Von Eckart stammt eines der ersten der unzähligen „Führer"-Gedichte:

> Die Herzen auf! Wer sehen will, der sieht!
> Die Kraft ist da, vor der die Nacht entflieht![6]

Für Eckart und seine Nachfolger war Adolf Hitler der Mann, der Deutschland nach der Niederlage von 1918 neuen und herrlichen Zeiten entgegenführen sollte. Dabei habe er wie Albrecht Dürers Ritter unsägliche Schwierigkeiten zu überwinden, so jedenfalls reimte es Heinrich Anacker in Anlehnung an das bekannte Dürerbild in einem Gedicht „Ritter, Tod und Teufel":

> In Dürers Bild erkennen wir dich tief,
> du, den der Herr zum Führertum berief:
>
> Einsam, dem erzgeschienten Ritter gleich,
> begannst du deinen Ritt ins ferne Reich.
>
> Am Weg, der hart und steil und dornig war,
> lag hundertfältig lauernd die Gefahr.
>
> Und listiger Verführer suchten viel
> dich wegzulocken vom erkornen Ziel.
>
> Du aber bliebest klar und unbeirrt,
> kein Trugbild hat dir je den Sinn verwirrt.
>
> Dein Blick, von einer innern Schau gebannt,
> blieb streng zur deutschen Gralsburg hingewandt.
>
> Unsichtbar zogen Tod und Teufel mit,
> bis Kraft und Reinheit dir den Sieg erstritt![7]

Mit dem Verweis auf Dürer und die Gralsburg wird Hitler somit in der deutschen Kunst, Geschichte und Mythologie verankert. Sein Kampf wird zum Kampf des Guten gegen das Böse stilisiert. Mehr noch, Gott ist auf seiner Seite, denn der Führer ist sein auserwähltes Werkzeug. Sein Weg ist von einer „inneren Schau" vorgezeichnet und nicht durch rationale Planung bestimmt. In diesem Gedicht sind nahezu alle nationalsozialistischen Klischees vereint, die Ernst Loewy im Inhaltsverzeichnis zu seinem Buch *Literatur unterm Hakenkreuz* in Schlagworten zusammenfaßt wie „Die diffamierte Ratio, Mythen aus der Retorte, Die 'höhere Ordnung,' Autoritätsglauben,

Mythos Deutschland."[8] Des „Führers" einsames Ringen um Deutschland und die mystische Reichsgründung wird in vielen anderen nationalsozialistischen Gedichten besungen, so auch in Gerhard Schumanns „Der Eine." In einer für einen NS-Dichter etwas seltsam anmutenden Parallele zu der Geschichte aus dem Alten Testament (2. Mose 19, 16 ff.) von der Besteigung des Berges Sinai durch Moses, eine der Zentralstellen in der Geschichte des Volkes Israel, ringt „Der Eine" auf dem Bergesgipfel mit blutenden Augen im nächtlichem Kampfe verzweifelt, „bis der Befehl ihn in die Knie zwang." Mit wem er rang wird nie klar, doch es geht dem Dichter nicht um rationale Erklärungen, sondern um mythisches Schauen und Erschauern. Statt mit mosaischen Gesetzestafeln steigt „Der Eine" mit dem „Feuerschein des Auserwählten um sein Haupt" herab ins Tal, erlöst die Menge und gründet das Reich:

> Die Millionen beugten sich ihm schweigend,
> Erlöst. Der Himmel flammte morgenbleich.
> Die Sonne wuchs. Und mit ihr wuchs das Reich.[9]

So wird im Schumann-Gedicht das Reich aus Blut und Feuer durch den auserwählten „Einen" geboren. Damit verbieten sich weitere Fragestellungen; die Millionen folgen schweigend. Der bildhafte Ausdruck von Flamme und Blut in diesem Gedicht erinnert an weitere Schlüsselelemente der NS-Ideologie, wie sie bei den zahllosen Sonnwendfeiern und der Lagerfeuerromantik der Hitlerjugend, bei denen Lieder wie „Flamme empor" fester Bestandteil waren, sichtbar wurden. Die reinigende Kraft der lodernden Flamme versucht Wolfgang Jünemann in seinem Gedicht „Sonnenwende" zu beschwören, von dem hier nur die erste Strophe zitiert werden soll:

> Lodernde Flamme, heilige Lohe,
> rauschend erstrahle, was immer auch drohe!
> Höher und höher! Aus Grauen und Nacht
> ist endlich der Glaube ans Licht gebracht.[10]

Auch das Hakenkreuzsymbol sollte an Feuer und Sonne erinnern. In Schumanns Gedicht „Deutschland" erscheint ihm und seinen Volksgenossen Deutschland als das „ewige Feuer, das uns verzehrt."[11] Flamme und Blut verbinden sich mit der völkischen Idee und der Heim-ins-Reich-Bewegung in dem Gedicht „Grenzlandschwur" von Heinrich Gutberlet:

> Volk will zu Volk, und Blut will zu Blut
> und Flamme will zur Flamme.
> Steig auf zum Himmel, heilge Glut,
> rausch auf von Stamm zu Stamme![12]

Das Blut verbindet sich mit dem Rot der Hakenkreuzfahne, die im Gedenken an die nationalsozialistischen „Märtyrer" vom Marsch auf die Feldherrnhalle am 9. November 1923 („im November sind viele gefallen") im Gedicht von Wolfram Krupka zur „Blutfahne" wird. Hier nur die letzte Strophe:

> Die Fahne singt von Heldenmut.
> Ihr Lied reckt uns zu neuer Tat.
> Die Fahne singt von Heldenblut.
> Ihr Lied weckt Leben: Saat um Saat.[13]

Die Fahne wird zu einem mythisch-mystischen Symbol verklärt, das der ganzen Nation im Horst-Wessel-Lied „Die Fahne hoch" als inoffizielle Nationalhymne der Nazis voranflattert.[14] Wie der „Führer," so inspirierte auch die Fahne unzählige Dichter und Gedichte, wie „Flaggenruf" von Wolfgang Schwarz, „Wir hissen die Fahne" von Herbert Böhme, „Der Fahneneid" von Heinrich Lersch oder die zwei Strophen in „An die Fahne" von Baldur von Schirach, dem „Reichsjugendführer des Deutschen Reiches," der sich auch im Reimen versuchte, von dem hier die letzte Strophe wiedergegeben wird:

> Inbrunst und Wille bist du von uns allen.
> Wer für dich fiel, zum Bild wird er in dir.
> Du bist die Brücke zwischen dort und hier.
> Heil denen, die in deinem Schatten fallen.[15]

Damit ist das zentrale Thema vom Tod für Fahne, Führer und Vaterland angesprochen. Im Horst-Wessel-Lied wird bereits der toten Kameraden aus der sogenannten „Kampfzeit" vor 1933 gedacht, die im Geiste mitmarschieren, wie Wessel selbst oder „Schlageter" im Gedicht von Hanns Johst, dem Autor des Dramas *Schlageter* (vgl. Drama-Kapitel), in dem die letzte Strophe lautet:

> Wir stehn in seinem Zeichen
> zu Pflicht und Dienst und Ziel
> und schwören stets zu gleichen
> ihm, der für Deutschland fiel:
> Schlageter![16]

Aber auch die Toten des ersten Weltkriegs werden von den Nazis für ihre Propagandamaschine eingesetzt, vor allem die vor Langemarck Gefallenen. Die entsprechenden Gedichte dazu lieferten unter anderen Heinrich Zerkaulen („Aus zieh ich meiner Jugend buntes Kleid"), Heinrich Lersch („Soldatenabschied"), Herybert Menzel („Junge Faust um heilige Fahne"), oder Herbert Böhme, dessen Gedicht „Langemarck" folgendermaßen endet:

> Sand weht über die Toten, doch die Erinnerung zeigt,
> wie die Herzen einst lohten, ehe ihr Blick sich geneigt;
> singt ein Lied über Gräbern ewiger Melodie:
> Bleibe bei mir und lausche und vergesse sie nie,
> Deutschland![17]

Selbst für Ernst Bertram, Professor für Germanistik in Köln und zeitweiliger Freund von Thomas Mann, führt der Weg zu Volk, Heimat, Licht und Leben durch den Tod:

Aber erst Gräber
schaffen Heimat,
erst unsere Toten
geben uns Licht.

Erst wo auf Hügeln
Klagende knien,
erst über Särgen
werdet ihr Volk.[18]

Nach dem Beginn des zweiten Weltkrieges sollte es bald genügend Gelegenheit für
Särge geben. Das Volklied von den drei Lilien auf dem Grab werden für Heinrich
Anacker bittere Wahrheit im Gedicht „Drei Lilien":

Das Lied von den drei Lilien,
Wir sangen's vor Tag und Jahr –
Das Lied von den drei Lilien,
Nun ward es bitter wahr:

Vor Amiens liegt am Straßenrand
Ein frisches Soldatengrab;
Da bettete Kameradenhand
Den jungen Toten hinab.[19]

In Heinrich Anackers Sonett „Spuren des Krieges" ist von kämpferischem Drang
wenig geblieben; im Gegenteil, es weht ein Hauch des Todes und der Verwüstung
durch die Zeilen. Auch der gewonnene Blitzkrieg im Westen forderte viele Opfer.

Hier brennen noch die Wunden ungekühlt,
Und viele Kreuze künden bittere Lücken,
Daß schauernd man den Hauch des Todes fühlt.[20]

Derselbe Dichter besingt in seinem Gedichtband *Heimat und Front* „aus dem Herbst
1939" noch die Großartigkeit des Krieges, so im einleitenden Gedicht „Aufbruch":

Hoch in den Lüften dröhnt's von Motorengesang;
Jagende Boote umdonnert der Brandungsklang.
Hell wie die Sonne aus wolkenverhangener Nacht,
Steigt aus den tobenden Wettern gigantischer Schlacht,
Deutschland – dein Sieg![21]

Als die Zahl der Opfer mit fortschreitendem Krieg ins Unermeßliche stieg, versuchten Dichter den Opfern Sinn abzugewinnen und die noch Lebenden zum Durchhalten
anzuhalten. Aus dem mitreißenden, himmelstürmendem Aufbruch und Angriff ist
elegische Trauer und Rechtfertigung geworden, die die Überlebenden aufruft, das
Vermächtnis der Toten zu erfüllen. In Karl Brögers Gedicht „Das Vermächtnis" sind
die Toten nicht vergangen, sondern sie sprechen zu den Lebenden aus der Natur:

Alle lieben Brüder, die schon gefallen sind,
reden aus Stein und Scholle, sprechen aus Wolke und Wind.

Die Stimme der Gefallenen soll Appell und Testament an die Lebenden sein, nicht aufzugeben, sondern weiterzumachen und ihr Werk zu vollenden:

> Darum ist der toten Brüder letztes Gebot:
> „Haltet das Werk am Leben, so ist kein Geopferter tot!"[22]

Auch für Hans Carossa ist die Zahl der Gefallenen kein Anlaß zu Trauer und Klage, denn die Heilsbotschaft dringt auch durch den Schlachtenlärm:

> Der Himmel dröhnt von Tod. Die Erde blutet
> aus Wunden treuer Söhne Tag und Nacht.
> Weltende künden trauernde Propheten.
> Doch während Feinde dumpf ihr Schicksal suchen,
> hörst du, mein Volk, durch Wahn und Wut noch Rufe
> des Heils und glühst in Opfern auf ...
> [...]
> Viel Blut, viel Blut muß in die Erde sinken;
> nie wird sie sonst den Menschen heimatlich.[23]

Auch Gedichte aus dem ersten Weltkrieg, wie das folgende von Ina Seidel werden zur Rechtfertigung der Kriegsopfer des zweiten Weltkriegs bemüht, für deren Sterben es keine rationalen Gründe mehr gibt. Auf die Frage der Lebenden nach dem Sinn der blutigen Opfer („Für was, für was vergossen und vertan") kommen am Ende von Seidels Gedichts die Opfer selbst zu Wort:

> Beweint uns nicht, fragt nicht nach dem Gewinn!
> Wir sind der Strom, der sich ins Meer ergoß,
> und ist kein Tropfen, der vergebens floß:
> das Opfer ist des Opfers letzter Sinn.[24]

Der Klang der Marschkolonnen durchzieht zahlreiche Gedichtbände, wie ja überhaupt die „Magie der Viererreihe," die Anacker in einem Gedicht mit diesem Titel beschwor, zu einem Leitmotiv der Bewegung wurde. Diese Magie reißt alles in ihren Bann und läßt alle Fragen und alles Denken verstummen („wir fragen kaum"):

> Das ist die harte Weihe,
> Die unsern Weg verschönt:
> Magie der Viererreihe,
> Wenn vorn die Trommel dröhnt![25]

Der eintönige Rhythmus des Maschierens, vor allem unter Trommelbegleitung, fördert Gleichmacherei und Gruppensolidarität; seine „motorische Suggestion" berührt nicht den Intellekt, sondern mobilisiert „tiefere Schichten."[26] In einem Gedicht wie „Deutschland im Marschtritt" von Herybert Menzel durchtönt der zackige Gleichschritt einer ganzen Nation jede Zeile, jede Strophe, wie hier die letzte:

> Soldat! Soldat! So Tritt um Tritt
> Hört Deutschland, wie es stritt und litt!
> Hört Deutschland, wie es ewig zieht,
> Das beste Blut, ins Heldenlied![27]

Nicht nur das Marschieren, sondern auch das Interpretieren eines solchen Gedichts entzieht sich logischen Kategorien. Herybert Menzel und seine braunen Volksgenossen wußten sehr wohl um den „Sog des Kollektivs," dem „keiner mehr entfliehen kann," wie er im Gedicht „Braune Kolonnen" reimte. Das Gedicht redet einen noch Außenstehenden an, der jedoch – wie ganz Deutschland – sich bald in diese braunen Kolonnen einreihen wird, da er dem Marschrhythmus, dem Singen und den flattenden Fahnen nicht länger zu widerstehen vermag:

> Da braun an braun Kolonnen ziehn,
> Ihr Marschtritt hämmert sich dir ein.
> Du weißt, du kannst nicht mehr entfliehn
> Du wirst doch morgen bei uns sein.

Und wohin wird maschiert?

> Die Straße führt zu Hitler hier,
> Der alle mit sich reißt![28]

Für zartere Gemüter und Wandervogelanhänger bot sich der Rhythmus des Wanderns zur Gemeinschaftsbildung an, wie Max Reuschle in seinem Aufsatz „Der Sinn des Gedichtes in unserer Zeit" ausführte:

> Das lyrische Gedicht ist aufs engste mit dem Wandern verbunden. Der von dem Urerlebnis der Wanderschaft erfüllte Mensch wird aus ihren Wandlungen heraus, die in einem Rhythmus stehen mit dem großen kosmischen Kreislauf um uns, das Gedicht, das in ihm keimhaft ruht, zur vollen Wirklichkeit und Entfaltung bringen.[29]

Die hier angesprochene Gemeinschaft ist allerdings nicht die Marschkolonne brauner oder anderweitig Uniformierter, sondern das Gefühl eines organischen Eingebundenseins in den kosmischen Weltlauf, das einen Schutzschild gegen die Zerfaserung der modernen Welt und die Bedrohung durch die „verflachenden Tendenzen einer rationalen Zivilisation" bilden soll. Ein solches aus „beseelter Lebensfülle" entstandenes Gedicht ist weit entfernt von einem „entseelten Kollektiv," doch „innerlich nahe dem Geiste religiöser Gemeinschaft und Bindung; dieses Gedicht wird genährt sein von der Liebe zur tragenden Scholle und zur Einsamkeit unberührter Natur – wie auch zum städteüberragenden Dom und zum Heiligtum einer mythischen Vorzeit" (214-15). Für Reuchle soll das Gedicht als „letzte Zuflucht des Urelementes dichterischer Form – der gebundenen Sprache" (216) ein Bollwerk gegen die „Experimente und Verkrampfungen der naturalistischen, der expressionistischen und der extrem sachlichen Richtung" bilden. Reuschle beschließt seinen Aufsatz mit einem praktischen Beispiel, das seine Theorie von Dichtung demonstrieren soll:

> Ich trage in mir reine Flamme,
> Ich spüre dumpf und heiß mein Blut –
> Der Erde große Mutteramme
> Umschützt den Sturm, die Glut.
>
> Ich wachse aus den Erdenreichen
> Wie Baum und Blüte in den Raum –
> Ich kann nur Erdentsprossenem gleichen
> Und rühre an des Himmels Raum (217).

Dieses Gedicht kann gleichzeitig als gutes Beispiel für Blut- und Boden-Mystik dienen, von der die Lyrik des Dritten Reiches überquillt. Wie Gerhard Schumann in seinem für alle 'Blu-Bo Dichtung' typischen Sonett anschaulich beschreibt, wächst das Reich aus der Verwurzelung des deutschen Menschen in deutscher Scholle. Dabei verbinden sich Erde, Blut, Himmel und Mutter, Saat und Fahne zu einer schauerlichen braunen Masse:

> Da bückte ich mich tief zur Erde nieder
> Und segnete die fruchtbare und sprach:
> Verloren, wie entwurzelt, lag ich brach.
> Ich komme heim, o Mutter, nimm mich wieder.
>
> Da wurde Strömung alten Blutes wach,
> Die in den dunklen Schächten schlief und schwieg,
> Erschauerte und wuchs und schwoll und stieg,
> Fuhr durch die Adern hin ein Flammenbach.
>
> Und aus des Herzens aufgerissnen Schollen
> Brach heiß das Blut und schäumte Frucht und Tat.
> Wie Innen – Außen zueinander quollen!
>
> Und rot aufwehend, Fahne junger Saat,
> Schwang durch die Lüfte hin der Jubelleich.
> So wuchs aus Blut und Erde neu das Reich.[30]

Reine Gebrauchslyrik begleitete die politischen Ereignisse und die Feldzüge des zweiten Weltkrieges auf Schritt und Tritt, so die bebilderten Gedichtbände Heinrich Anackers. In *Ein Volk – ein Reich – ein Führer. Gedichte um Österreichs Heimkehr*, beschreiben die Gedichte die Freudentränen der Österreicher bei der Heimkehr ins Reich und ihr Dank an den Führer, die das Horst-Wessel-Lied spielende Heldenorgel von Kufstein, das Glockengeläute von Braunau und Leonding, der alten Heimat des neuen Führers, und den ersten Spatenstich des Führers für die Autobahn Wien-München, der „Stadt der Bewegung." Der Band *Heimat und Front. Gedichte aus dem Herbst 1939*, preist die Bereitschaft der Heimat für den großen Krieg, die „Heimkehr Danzigs," die Kameradschaft der Front, die „schweigende Entschlossenheit" und die „verschworene Gemeinschaft." Das Sonett „Friede des Führers" stilisiert Hitler zum großmütigen Friedensheld, die Schuld am Krieg wird im Gedicht „England ist schuld" auf England abgewälzt. Ein anderes Sonett („Verdunkelte Stadt") befaßt sich mit der Verdunkelung. Der Band *Bereitschaft und Aufbruch. Gedichte aus dem Kriegswinter 1940* beschreibt die ersten Kampfhandlungen und Kriegshelden aus den ersten Wochen des Krieges, so die Schlacht um Narvik, die „stählernen Schwingen" der Luftwaffe, oder den U-Boot Kapitän Prien. Dabei durften auch die „Frontweihnacht" und die „Weihnachtsglocken im Niemandsland" nicht fehlen. *Über die Maas, über Schelde und Rhein! Gedichte vom Feldzug im Westen* begleitet die deutschen Soldaten von Flandern nach Dünkirchen, von Reims nach Verdun und in den Wald von Compiègne, in dem Hitler die Kapitulation Frankreichs entgegennahm.

b. Dichter im Dunstkreis des Nationalsozialismus

Nicht alle Dichtung des Dritten Reichs war unbedeutend, vor allem wenn sie von namhaften Dichtern stammte, die nur vorübergehend den Nazis ihre Feder liehen oder von den Machthabern für ihre Zwecke ausgenutzt werden konnten. Letzteres war jedoch nur dann möglich wenn die entsprechenden Werke auch geeignetes Material für die NS-Ideologie bereithielten. Ketelsen zeigte bereits 1978 am Beispiel Weinheber, daß die Lyrik des Nationalsozialismus nicht unbedingt auf den zwei Prämissen „mickriges Gereime" und notwendiger „Zusammenhang mit dem organisierten Nationalsozialismus" beruht.[31] Die in diesem Abschnitt beispielhaft vorgestellten Lyriker und Lyrikerinnen haben wenig gemeinsam; sie repräsentieren verschiedenste literarische Strömungen vom experimentellen Expressionismus bis zu formstrenger Neuromantik. Was sie verbindet – und darauf kommt es in diesem Kapitel vor allem an –, ist einzig ihre mehr oder weniger kurzfristige Sympathie für die Ideologie des Nationalsozialismus. Sogar Zeilen aus Stefan Georges Zyklus *Das neue Reich* paßten gut in die NS-Ideologie, auch wenn der Dichter selbst nichts mit den braunen Machthabern zu tun haben wollte. Doch seine Vision vom neuen Reich, einem großen Führer, Ordnungsstifter und Former einer verschworenen Gemeinschaft von züchtigen Mannen schien sich nahtlos in das dritte Reich zu fügen, wie auch seine Sicht des Dichters als Künder einer neuen Zeit. Der nationalsozialistische Germanist Kindermann preist George als einen Dichter, der immer wieder „die heilige Glut" schürt und „mit wahrer Sehergeste ... den Geist der kommenden, der einzig rettenden Volksgemeinschaft" beschwört.[32] In den Zeiten der Wirren ist, so George, wieder Härte vonnöten:

> Noch härtre pflugschar muß die scholle furchen
> Noch dickrer nebel muß die luft bedräun ...

Auf den Trümern des Alten und Verfaulten wird ein neues Geschlecht enstehen:

> ... Ihm wuchs schon heran
> Unangetastet von dem geilen markt
> Von dünnem hirngeweb und giftgem flitter
> Gestählt im banne der verruchten jahre
> Ein jung geschlecht das wieder mensch und ding
> Mit echten maaßen mißt,
> Das von sich spie was mürb und feig und lau

Dieses junge und harte Geschlecht wird einen Führer hervorbringen, der mit ihm ein neues Reich gründet:

> Das aus geweihten träumen tun und dulden
> Den einzigen der hilft den Mann gebiert ...
> Der sprengt die ketten fegt auf trümmerstätten
> Die ordnung, geißelt die verlaufnen heim
> Ins ewige recht wo großes wiederum groß ist
> Herr wiederum herr, zucht wiederum zucht, er heftet
> Das wahre sinnbild auf das völkische banner

Er führt durch sturm und grausige signale
Des frührots seiner treuen schar zum werk
Des wachen tags und pflanzt das Neue Reich.[33]

An sprachlicher Gewalt übertrifft diese Dichtung Georges die NS-Lyrik, nicht jedoch in ihrer ideologischen Ausrichtung. Ihr Einfluß auf die Führer des Dritten Reiches ist nicht zu unterschätzen, wie Kindermann ausführt: „Starke Ströme nationalen Glaubens sind von diesen Visionen Stefan Georges ausgegangen und haben auf eine Reihe von heutigen Führern der nationalen Erhebung in entscheidenden Augenblicken anfeuernd und zielweisend gewirkt."[34] Es nimmt daher nicht Wunder, das der neue Kultusminister Bernhard Rust George eine leitende Stelle in der reorganisierten Dichterakademie anbot. George lehnte ab, leugnete die „Ahnherrschaft der neuen nationalen Bewegung" zwar nicht ab, wies aber darauf hin, daß „die Gesetze des Geistigen und des Politischen ... doch sehr verschieden" seien. „Öffentlich hat sich George niemals von den Nazis distanziert";[35] er starb am 4. Dezember 1933 im Schweizer Exil.

Wie Stefan George, so war auch Gottfried Benn für viele nicht nur ein genialer Dichter, sondern auch ein Wegbereiter des Faschismus. Benn war zwar nie Mitglied der Partei, doch im Gegensatz zu George hat er sich anfangs öffentlich zu den neuen Machthabern bekannt. Allerdings erkannte er bald sein Mißverständnis. Als er von den Nazis wegen seiner Verteidigung des Expressionismus selbst als „Entarteter" angefeindet und 1938 aus der Reichsschrifttumskammer mit Publikationsverbot ausgeschlossen wurde, lebte er bereits seit drei Jahren als Militärarzt in der „aristokratischen Form der Emigration" (Benn). In *Doppelleben*, seinen autobiographischen Aufzeichnungen von 1950, verweist er auf seine „illegale antifaschistische Tätigkeit" durch einen 1943 illegal veröffentlichten und von ihm selbst finanzierten Gedichtband, aus dem er mit dem Gedicht „Monolog" eine Kostprobe zitiert („Den Darm mit Rotz genährt, das Hirn mit Lügen –/ erwählte Völker Narren eines Clowns ...").[36] Es ist hier nicht der Ort, auf Benns faschistische Bekenntnisse im einzelnen einzugehen, noch auf die durch diese ausgelösten Kontroversen;[37] einige kurze Hinweise mögen genügen. Diese offenen Bekenntnisse zum neuen Reich finden sich nicht in seiner Dichtung, obwohl die darin enthaltene antirationalistische Haltung den Nazis sehr gelegen kam, sondern in einigen seiner Schriften wie *Der neue Staat und die Intellektuellen, Kunst und Macht*, und seiner späteren Auseinandersetzung mit seiner nazistischen Vergangenheit in *Doppelleben*. Benns Texte sind im Rahmen einer umfassenderen Kulturkritik an der Moderne zu sehen (die viele andere teilten, und die keineswegs nur auf Deutschland beschränkt war – vgl. Benns Rede auf Marinetti von 1934), bei der er anfangs die neuen Machthaber als Verbündete sah. Benn litt unter der „zersetzenden" Zergliederung des Intellekts und der progressiven Zerebration des Menschen; er sehnte sich nach einem naturhaft-archaischen Eingebettetsein in ein größeres Ganzes:

O daß wir unsere Ururahnen wären.
Ein Klümpchen Schleim in einem warmen Moor.
...
Schon ein Libellenkopf, ein Möwenflügel
wäre zu weit und litte schon zu sehr.[38]

142

Gedichte wie „Verlorenes Ich," „Ein Wort," oder „Gesänge I" sind treffender dichterischer Ausdruck für unsägliche Vereinzelung und abgrundtiefen Kulturpessimismus, aus dem der nationalsozialistische Aufbruch einen Ausweg zu versprechen schien. In *Der neue Staat und die Intellektuellen* warf er den Intellektuellen unter anderem vor, den Marxismus begeistert zu begrüßen und „die Revolution vom Nationalen her als unmoralisch, wüst, gegen den Sinn der Geschichte gerichtet anzusehen. ... Welch intellektueller Defekt, ... nicht in ihrem großen Gefühl für Opferbereitschaft und Verlust des Ich an das Totale, den Staat, die Rasse, das Immanente, nicht in ihrer Wendung vom ökonomischen zum mythischen Kollektiv, in diesem allem nicht das anthropologisch Tiefere zu sehen!"[39] Auf einen Brief des Balladendichters Börries von Münchhausen hin, in dem dieser an Benn „jüdische Züge" festzustellen vermeinte, reagierte Benn abweisend und erbrachte im *Lebensweg eines Intellektualisten* seinen „Ariernachweis":

Was also das Genealogische angeht, stamme ich von seiten meines Vaters aus einem rein arischen und, was das Geistig-Züchterische angeht, aus einem Milieu, in dem seit über hundert Jahren die protestantische Theologie ihre Stätte hatte. ... In dieses Erbmilieu nun brachte meine Mutter hundertprozentiges, unverfälschtes, noch nie durchkreuztes romanisches Blut. ... Es entstand also eine Mischung, aber es entstanden keine Mischlinge, eine Kreuzung, aber keine Bastarde, auf jeden Fall entstand eine arische Mischung, eine in Deutschland vielfach legitimierte, es ist die Mischung der Refugiés: Fontane, Chamisso, Du Bois-Reymond haben sie ausgewiesen.[40]

In einer Antwort an die literarischen Emigranten betonte Benn, daß es sich bei den „Vorgängen in Deutschland gar nicht um politische Kniffe handelt, ... sondern es handelt sich um das Hervortreten eines neuen biologischen Typs, die Geschichte mutiert und ein Volk will sich züchten." Um nicht in den Verdacht des Rationalismus zu geraten, fügt er hinzu: „Allerdings ist die Auffassung vom Wesen des Menschen, die dieser Züchtungsidee zugrunde liegt, dahingehend, daß er zwar vernünftig sei, aber vor allem ist er mythisch und tief."[41] Benns spätere Stellungnahme zu seinen frühen Texten ist im *Doppelleben* nachzulesen, in dem er konzediert, daß er manche Stellen in seinen früheren Schriften, vor allem in seiner Antwort an die literarischen Emigranten, „heute nicht mehr schreiben [würde], sie sind romantisch, haben einen unangenehmen Schwung und sind erfüllt von einer Art 'Schicksalsrausch'." Außerdem, so Benn im *Doppelleben* im Jahre 1950, sei sein Text „weniger ein Plädoyer für den NS. als ... für das Recht eines Volkes, sich eine neue Lebensform zu geben, auch wenn diese Form anderen nicht zusagt, und ich analysierte die Methode, mit der sich eine solche neue Lebensform ankündet und durchsetzt trotz aller rationalen und moralischen Einwände gegen sie." Es ging Benn darum zu untersuchen, „wie die Geschichte sich bewegt," und diese Frage war für ihn auch 1950 noch aktuell.[42]

Zum Kreis der Kritiker an den vermeintlich zersetzenden Tendenzen der Moderne gehörten auch die Dichter des Göttinger Kreises um Börries Freiherr von Münchhausen (1874-1945) aus dem Geschlecht der „Lügenbarone," der von 1897 bis 1923 den *Göttinger Muselalmanach* herausgab. Münchhausen gilt als der Erneuerer der deutschen Balladenform, die auch von seinen Freundinnen Lulu von Strauss und Torney und Agnes Miegel gepflegt wurde. Münchhausen erzielte große Popularität mit seinen Balladen und Liedern von Scholle und Geschichte, Adel und Untergang.

Seine Werke wie *Balladen und ritterliche Lieder* (erstmals 1908) oder *Das Herz in Harnisch* (erstmals 1911) erlebten zahlreiche Auflagen und Vertonungen. In Balladen und Liedern besang er den Dreißigjährigen Krieg und Friedrich den Großen, die Heimat und den Adel, aber auch „Das Buch Juda," in dem sich in der „Mose"-Ballade folgende Strophe findet:

> Da ist uns ein König gekommen in Feuer und Geist,
> Da ist uns ein Führer gefunden, der Mose heißt,
> Ein Helfer hat sich erhoben, der hilft uns schnell,
> Jehovas Prophet ist erstanden in Israel![43]

Im Gedicht „Krieg" begrüßt er den Krieg mit aus der Natur geschöpften Bildern als Erneuerer und Restaurator althergebrachter Ordnung:

> Das ekle Unkraut, das aus heilgem Boden
> Hoch über alle blonden Ähren stieg,
> Kein Winter kanns aus deutscher Erde roden,
> Nur einer pflügt so tief, das ist der Krieg!
>
> Wenn dann des Krieges eisengraue Mähre
> Den Pflug gerissen durch das träge Land,
> Wiegt wieder sich des Kornes edle Ähre,
> Wo vordem geil der gelbe Günsel stand,
>
> Und in die Stapfen seiner mächtgen Hufe,
> Eng an des Ackers Schollen angepreßt,
> Baut wieder wohl mit lockend-süßem Rufe
> Die Lerche ihr gesangumjubelt Nest.[44]

Kein Wunder, daß dieser Kampf- und Schollenmythos sich glänzend in die NS-Ideologie einfügen ließ. Nach Langenbucher „lebt in den Werken Münchhausens mit die beste Kraft deutschen Wesens."[45] Münchhausen selbst begrüßte denn auch die Machtergreifung der Nationalsozialisten, in denen er die Hüter und Bewahrer der „geistigen Freiheit der Welt" zu erkennen glaubte. Denjenigen, die mit dem Aufstieg der Nazis den Ausverkauf des deutschen Geistes gekommen sahen, hielt er 1934 in einem Aufsatz im *Börsenblatt für den deutschen Buchhandel* vor: „Stolzes, mächtiges Geistes-Erbe Deutschlands, Weltruhm des Vaterlandes, letzter höchster Hort der geistigen Freiheit der Welt, – glaubt denn einer, das Heilige Dritte Reich würde das vertun, verschleudern, verspielen!" Auch wenn dabei im Übereifer des Erneuerns einiges zu Bruch geht; wo gehobelt wird, fliegen eben Späne: „Auf der Tenne der Welt wird wieder einmal das Korn geworfelt, – was liegt daran, ob beim Auskehren der Spreu auch eine Handvoll Körner verloren geht, die heilige Ernte wird doch geborgen werden!"[46] Zu spät erkannte er seinen Irrtum und schied 1945 freiwillig aus dem Leben.

Lulu von Strauß und Torney (1873-1956), durch den *Göttinger Muselalmanach* eng mit Börries von Münchhausen und Agnes Miegel verbunden, besang in Gedichten, Balladen, Erzählungen und Romanen ihre bäuerlich-niederdeutsche Heimat im Weserbergland mit Titeln wie *Bauernstolz. Novelle* (1901), *Der Judashof. Ein niederdeutscher Erbhof-Roman* (1937, Neuausgabe von *Judas*, 1911), *Erde der Väter.*

144

Gedichte (1936) oder die Gesamtausgabe ihrer Balladen und Gedichte unter dem Titel *Reif steht die Saat* (1919, 1926, 1935, 1940). Es wäre falsch, in allen Werken, die sich mit dem Landleben beschäftigen, zugleich auch Vorläufer nationalsozialistischer Blut- und Boden-Literatur zusehen. Doch manches Werk von Lulu von Strauß und Torney paßt in diese Kategorie. Langenbucher stellt Strauß und Torneys Bauerndichtungen dem Lönsschen *Werwolf*-Roman zur Seite in ihrer unsentimentalen Schilderung „harter innerer Schicksalswirklichkeit."[47] In *Reif steht die Saat* umkreist eine Gruppe von Gedichten das Thema „Mutter Erde." Im Leitgedicht „Mutter Erde" wird die Erde als Ausgangs- und Endpunkt allen Lebens gepriesen; hier die letzte der drei Stophen:

> Heil'ge Mutter, die die Müden hegt!
> Über meiner Qual und Wonne Streiten
> Magst du morgen deine Schollen breiten, –
> Laß mich heut durch deinen Sommer schreiten
> Und so viel des süßen Rausches trinken,
> Als das Herz erträgt![48]

Der Band *Reif ist die Saat* endet mit einer dramatischen Dichtung „Sonnenwende," die mit Sprechern der Jahreszeiten, Chor und rhythmischen Bewegungen im Freien aufzuführen ist. Sie endet mit einem feierlichen Sprechgesang, der das Lob der Sonne anstimmt:

> Es loben dich Keim und Blüte, es reifen dir Saat und Frucht,
> Dich preist die Stimme der Wälder, und schimmernder Wolken Flucht,
> ....
> Lebenschaffende Flamme, lodernder Schöpfer Geist,
> Wir loben dich, Gott der Götter, der Sonne heißt!

Deutliche Anklänge an die von den Nazis beschworene Blut- und Boden Mystik finden sich im Gedicht „Väterheimat" aus dem Gedichtband *Erde der Väter* (1936), in dem erst die Erde dem rastlosen Blut Wurzel und Heimat bietet:

> Wandernde, Unrastvolle,
> Treiben wir flüchtig hin,
> Traum von Wurzel und Scholle
> Liegt uns dunkel im Sinn, –
> Und in drängender Welle,
> Tief aus heiliger Quelle
> Schwillt's zum Herzen und brennt,
> Väter, vor eurer Schwelle:
> Blut, das Erde erkennt![49]

Strauß und Torney-Gedichte fanden auch ihren Weg in Gedichtbände, die vom Oberkommando der Wehrmacht zusammengestellt wurden und dazu bestimmt waren, das Sendungsbewußtsein der deutschen Soldaten und ihren Glauben an Volk und Führer zu stärken. Hier einige Zeilen aus dem Gedicht von Strauß und Torney „Licht! Licht!" aus dem 1941 erschienenen Sammelband *Dem Führer. Worte deutscher Dichter*:

Volk, glaube der Stimme der Finsternis nicht!
Hebe das Haupt, horche und spähe landein, –
siehst du nicht über den Äckern den grünen Schein,
siehst du nicht über den Bergen im Frühlingswehn
Morgenröten heilger Zukunft stehn?

Ein Gestern versank, ein Heute erstand uns neu,
über den Trümmern steigt es strahlend und frei,
von schaffender Hand erbaut und schaffendem Geist,
das Heilige Haus, das da
Deutschland von Morgen
heißt![50]

Agnes Miegel (1879-1964), die Dichterin des ehemals deutschen Raumes im Osten aus Königsberg, gehört zumindest mit ihrem Gedichtband *Ostland* (1940, 1943) in dieses Kapitel. Wie andere, so geriet auch sie in das Fahrwasser der Nationalsozialisten, die ihre Dichtung für ihren „Drang nach Osten" gut gebrauchen konnten. Sie wurde Mitglied von NS-Organisationen (NS-Frauenschaft 1937 und NSDAP 1940). In ihrer apologetischen Miegel-Biographie *Agnes Miegel. Ihr Leben und ihre Dichtung* (1967) lastet Anni Piorreck im Kapitel „Der große Irrtum" Miegels Anschluß an den Nationalsozialismus der „kindlichen Arglosigkeit" der Dichterin an und der „Gleichgültigkeit des elementaren Dichters gegenüber der Politik."[51] Miegel wurde im Mai 1933 in die „gesäuberte" Preußische Akademie der Künste, Sektion Dichtkunst berufen und von den Nazis hochgeehrt. Für Piorreck waren die Gedichte in *Ostland* eine Verirrung, doch auch sie kann nicht umhin zuzugestehen: „Agnes Miegel hat sie geschrieben!"[52] Allerdings sind für Piorreck die *Ostland*-Gedichte auch formal schlecht und bilden eine Ausnahme im Miegelschen Werk, was wohl einer gründlicheren Untersuchung bedürfte.

Der *Ostland*-Band, in den auch einige in früheren Bänden veröffentlichte Gedichte wieder aufgenommen wurden, beginnt mit einem sehr persönlich gehaltenen Gedicht „An den Führer," in dem die alternde Miegel dem „Führer" ihre Verehrung darbringt:

Nicht mit der Jugend
Überschäumendem Jubel erlebe ich das Wunder
Deines Nahns.

Der verehrte „Führer" nahm ihr die Bürde „schweren Erinnerns" an „Krieg und Aufruhr und grauer Tage Verzweiflung" ab; er wischte alles hinweg. Dankerfüllt stellt sie ihre Dichtergabe in den Dienst des „Führers" und des deutschen Volkes:

Übermächtig
Füllt mich demütiger Dank, daß ich dieses erlebe,
Dir noch dienen kann, dienend den Deutschen
Mit der Gabe, die Gott mir verlieh!
....
Doch dies wäre
Höchste Erfüllung mir und Ehre der Ahnen:
Heilige Fackel, nie mehr weitergereichte,
Dir zu opfern![53]

146

Piorreck versucht, diesem Gedicht sein peinliches Gewicht durch die Bemerkung zu nehmen, es sei ein „bestelltes Poem" gewesen.[54] Doch war zu einem solchen eine derartige Inbrunst vonnöten? Piorreck schreibt selbst an anderer Stelle, daß Miegel „aus vollem Herzen – vertrauensvoll und bedingungslos, wie es ihre Art war – an den Führer" geglaubt habe.[55] Die folgenden Gedichte „Hymne an Ostpreußen" und „Hindenburg" unterstützen eindeutig den nationalsozialistischen Drang nach Osten, vor allem in dem historischen Kontext der NS-Zeit; sie brauchten von den Nazis in ihrer Eindeutigkeit gar nicht umgedeutet werden. In der „Hymne an Ostpreußen" wird durch Anrede an Borussia, die „wahrhafte Jungfrau und Schutzpatronin Preußens," wortgewaltig das Land und seine kampferfüllte Geschichte beschrieben, die mit der Ankunft des Dritten Reichs in neuer Glorie erstrahlen wird:

> Da erhebst Du Dein Haupt. Im klingenden Weststurm
> Grüßt das Zeichen am silbernen Flugzeug die Fahne
> Scharlachen flatternd vom Turm. Sie trägt in der weißen
> Scheibe das Kreuz, das einst der gotische Ahne
> Ritzte ins Schwert, das die zauberkundige, uralte
> Amme Dir wob in den Gürtel:
> Das heilige Zeichen
> Kreisenden Jahrs und sieghaft aufsteigender Sonne (11-12).

Mit Hindenburg wird der Sieger von Tannenberg beschworen, der als ein vom Schicksal Verheißener das Land aus der Not befreit hat. Es braucht nicht hinzugefügt zu werden, daß in Hitler ein neuer Erretter erstanden ist, der wie einst Hindenburg das Land befreien wird; es ist durch den historischen Kontext implizit im Gedicht enthalten:

> Und ein verstörtes, zerquältes Land
> Griff aufatmend nach seiner mächtigen Hand
> Und lehnte sich wie ein Kind an seine Knie! (16)

In „Patrona Borussiae" fleht die Dichterin die Schutzpatronin Borussia um Trost und Beistand in schweren Zeiten an und bittet sie: „Wir wollen heim. Führ Du uns sicher her!" (17). Diese Bitte ist nichts anderes als eine Variante der gängigen „Heim ins Reich"-Parolen der Zeit. In „Heimkehr des Kriegsgefangenen" wird die beschwerliche, doch erwartungsvolle Heimkehr eines ehemaligen Kriegsgefangenen beschrieben, der, endlich seinen Hof erreichend, diesen in Schutt und Asche findet. Doch statt erschüttert zusammenzubrechen, „schritt aufrecht der Mann hernieder in sein Erbe" (21), entschlossen zu neuem Kampf. Der Ruf nach Heimkehr durchhallt auch die 1920 entstandene Ballade „Über die Weisel drüben," die die glückliche Besiedlung des Landes in Erinnerung ruft, seine Verwüstung im Krieg gegen Tataren und Zaren schildert, und mit dem drängenden Hilferuf an das deutsche Vaterland endet:

> Über die Weichsel drüben, Vaterland, höre uns an!
> Wir sinken, wie Pferd und Wagen versinken im Dünensand.
> Recke aus deine Hand
> Daß sie uns hält, die allein uns halten kann.
> Deutschland, heiliges Land,
> Vaterland! (24)

In „Kopernikus" gedenkt Miegel eines der größten Söhne des umkämpften Grenzlandes im Osten. Auch er wird heim ins Reich geholt, sein Deutschtum dringlich beschworen:

> Ich sprach zur Sonne: Steh still!
> Und ich bewegte die Erde.
> ....
> Aber ich frage Euch Völker in meiner Zunge:
> Warum im Kreis der Großen rechnet Ihr Fremden mich zu?
> ....
> Deutsch war Thorn, das mich trug.
> ....
> Ich sprach zur Sonne: Steh still!
> Und ich bewegte die Erde.
> Niklaus Köppernick, ich.
> Deutsche, ein Deutscher wie Ihr! (25-26).

Im Gedicht „Der Jahrestag. Gedenktag der Abstimmung" und „Königsberg, 13. Juni 1924" erinnert Miegel in historischer Stunde an zwei historische Daten aus der Geschichte Ostpreußens und seiner Hauptstadt: die vom Versailler Vertrag vorgeschriebene Volksabstimmung vom 11. 7. 1920, in der sich 97,8% der Ostpreußen für Deutschland entschieden, und die Vereinigung von Altstadt, Kneiphof und Löbenicht im Jahre 1724 durch den preußischen König Friedrich Wilhelm I. zu der Stadt Danzig. Die „heilige Heimat, die Gott mir zur Mutter gegeben" im Gedicht „Heilige Heimat" besungen, wurde teuer erkauft, wie Miegel im Gedicht „Kriegergräber" schildert. Wie in dem an anderer Stelle zitierten Gedicht von Ernst Bertram schaffen auch bei Miegel erst Gräber Heimat:

> Siehe, sie liegen
> Weitgezogener Wachtring rings um die Erde
> Die sie fallend mit ihrem Blute tränkten,
> Bruder und Feind, ausruhend vom niemals ruhenden
> Kampf um das Ostland (37).

Dieses Ostland ist vom Schicksal zum Schlachtfeld der Völker bestimmt, wo die Besten sich opfern, um in ewigem Kreislauf neuen Generationen neues Leben zu ermöglichen:

> Wo er die Besten erwählt, zu opfern den Brüdern
> Blut und Leben, damit wieder aus ihnen
> Beste wenden den Pflug und zu nährendem Acker
> Wandeln das Schlachtfeld! (38).

In „Nachtgespräch. Memelland 1935" wird im Wechselgesang zwischen Chor, Frauenstimmen, Männerstimmen, Memelstimme und dem ostpreußischen Barockdichter Simon Dach der Verlust des Memellandes beklagt, das nach dem ersten Weltkrieg an Litauen kam. „Sonnwendreigen. Danzig 1939" feiert die Heimkehr Danzigs ins Reich, „Viktoria" neuen Aufbruch zu neuen Siegen:

Schutzgeist unseres Volkes, strahlende Jungfrau,
Du im Licht auffahrende Siegsgöttin,
zieh uns voran! (47)

Miegels Schlußgedicht in *Ostland*, „An Deutschlands Jugend," begleitet den Ausbruch des zweiten Weltkriegs im „Herbst 1939" mit einem Bereitschaftsappell an die neugeschweißte großdeutsche Volksgemeinschaft:

Wir stehen, wir Deutsche,
Volk das zu Volk fand, folgend dem Ruf des Führers,
Stehen zum erstenmal, nicht Gatten und Brüder
Nur allein, wir stehen, Frauen und Kinder,
Alle im Kampf und stehen gefaßten Herzens,
Auf uns zu nehmen wie sie die Schrecken des Krieges:
Feuer und Nacht und Not und grausames Sterben,
Wie es das Schicksal bestimmt (49).

Miegels „nationalsozialistische" Dichtung in *Ostland* ist zwar dichterisch wesentlich anspruchsvoller als das oben zitierte Gereime anderer NS-Dichter, in ihrer ideologischen Ausrichtung ist sie allerdings ebenso eindeutig. Agnes Miegel erkannte nach dem Krieg ihren Irrtum und verlor Publikum und Anschluß an die deutsche Nachkriegsliteratur. Ihr Gesamtwerk sollte zwar nicht nur aus dem Blickwinkel des Nationalsozialismus beurteilt werden, wie es hier notwendigerweise geschah, und der Vergessenheit anheimfallen. Doch ihre nationalsozialistische Vergangenheit kann ebensowenig schweigend übergangen werden, wie es in der Traditionspflege der ostpreußischen Heimatvertriebenen geschieht.[56]

Der Kulturpolitik der Nationalsozialisten kam auch Ina Seidels (1885-1974) Thematik von romantisierender Erdverbundenheit, Mutter- und Ahnenkult, Opferbereitschaft und Preußenverehrung sehr gelegen. Nach Helmut Langenbucher gehört „zu den Kräften, die im Schaffen der Ina Seidel wirken, ... als wichtigste die Idee des Ewig-Mütterlichen und die Erfüllung der durch Blut und Ahnenerbe bedingten, im Menschen wirkenden Lebensgesetze."[57] Diese Thematik durchzieht ihr Hauptwerk, den in der napoleonischen Zeit spielenden Roman *Das Wunschkind* (1930), aber auch ihre Lyrik. So wird im Gedicht „Der Pflüger" die Erdverbundenheit des Bauern plastisch vor Augen gestellt:

Mit wuchtigen Knien,
Von Krähen umschrien,
Im Dunst seiner Pferde,
Die Fäuste am Sterz –
Samt Pflugschar und Rossen
Selbst bodenentquollen,
Stampft er jetzt die Schollen
Und zwingt die Erde
Sein reißendes Erz.

Die Brache umbrechen,
Heißt Kräfte lossprechen,
Die Erde braucht Hände,
Zu lösen ihr Herz.

Mann, Pflugschar und Rosse:
Von Erde genommen,
Zur Erde gekommen,
Gestalt aus Gelände
Im dampfenden März.[58]

In seinem archaisierenden Schollenmythos erinnert das Gedicht an Grieses Roman *Mensch aus Erde gemacht* (vgl. Kapitel „Das NS-Drama"). Ihr Gedicht „Lichtdom" dagegen schwingt sich empor zu lichten Höhen und umhüllt den „Führer" mit der Aura religiöser Mystik, hergestellt aus Fahnen und Fackeln, die die Menschen gläubig mitreißt:

In Gold und Scharlach, feierlich mit Schweigen,
ziehn die Standarten vor dem Führer auf.
Wer will das Haupt nicht überwältigt neigen?
Wer hebt den Blick nicht voll Vertrauen auf?
Ist dieser Dom, erbaut aus klarem Feuer,
nicht mehr als eine Burg aus Stahl und Stein,
und muß er nicht ein Heiligtum, uns teuer,
ewigen Deutschtums neues Sinnbild sein?[59]

Nach dem Kriege erkannte Ina Seidel ihren Irrtum und verurteilte ihren blinden Idealismus: „Dieser Mensch wollte nicht den Sieg, aber doch einen Frieden auf Grund der Unbesiegbarkeit der deutschen Waffen und die Erhaltung des deutschen Selbstbestimmungsrechts. Und danach, so träumte dieser *Idiot*, sollte die *innerere* Reinigung kommen. Ich gehörte zu diesen Idioten."[60]

Der Wiener Josef Weinheber (1892-1945) stellte sich ganz in den Dienst der Nationalsozialisten und bezahlte dafür 1945 mit seinem persönlichen Zusammenbruch und Selbstmord.[61] Er teilte mit dem Nationalsozialismus eine hierarchisch-heroisch-irrationale Weltanschauung, die dichterisch ihren wohl reinsten Ausdruck in seiner „Heroischen Trilogie" fand.[62] Es war nicht zuletzt persönliche Dankbarkeit, die Weinheber an die Nazis band, die ihn nach über zwanzig Jahren dichterischen Schaffens im Verborgenen „entdeckten," wie er in seiner „Rede beim Großdeutschen Dichtertreffen in Weimar am 29. Oktober 1939" vermerkte: „Zweiundzwanzig Jahre stand ich im Dunkel einer ziellosen, verzweifelten, frustranen Kunstbetätigung in den Schreibtisch hinein. Daß ich heute, in einem fast unbegreiflichen Maße angesichts eines so schwierigen Werkes, ins Volk gedrungen bin, danke ich dem Nationalsozialismus. Er war es, der erst wieder auch *jene* Wechselwirkung zwischen *hoher* Dichtung und Volk aufgerissen hat."[63] In einer Welt, die er als formlos und chaotisch sah, versuchte Weinheber an klassischen Formen festzuhalten wie Hymne, Ode und Sonett, die er meisterhaft handhabe. So hat er, wie er in seiner „Dank- und Festrede anläßlich der Promotion zum Doctor phil. h.c. an der Wiener Universität am 18. März 1942" ausführte, „den Sonettkranz in unserer Zeit in die deutsche Lyrik wiedereingeführt"[64] und durch Beispiele illustriert, so die 14 formvollendeten Sonette „Von der Kunst und vom Künstler" am Beginn des Gedichtbandes *Späte Krone*, die, ausgehend von Michelangelos Sonett an Vittoria Colonna, seine Kunstauffassung in Verse faßt.[65] Dichterische Formen von Hölderlin, Horaz, Michelangelo und Pindar gehören zu seinen Vorbildern, aber auch der freie Rhythmus und der deutsche Vierzeiler. Zu seinen literarischen Feindbildern zählen Autoren wie Erich Maria Remarque und – im Gegensatz zu Benn – der Expressionismus.

> Viele von uns Schriftstellern [gemeint sind die auf dem Weimarer Dichterftreffen anwesesenden] sind zähneknirschend und zeitabgewendet durch das Chaos jenes Ausverkaufes deutschen Sprachgutes gegangen, der dem Volke fast sein geistiges Leben gekostet hätte. ... Über Remarques *Im Westen nichts Neues* sind heute die Akten geschlossen. Die böse, hinterhältige, weithin tragende, auf die Vernichtung des deutschen Wesens abzielende Wirkung dieses Buches ist ja wettgemacht (Weimarer Rede, 113 und 119).

In seiner „Dank- und Festrede zur Verleihung des Mozart-Preises der Goethestiftung in der Universität München am 30. April 1936" bezieht er vor allem Stellung gegen den Expressionismus und dessen „sprachzersetzende" Erscheinungen, denen er mit seiner Wortkunst entgegentreten will:

> Es wäre für mein stark an das formale Wissen und Können gebundene Kunstgefühl sinnlos, sich dieser vorgegebenen Formen, die taugen *müssen* wie die Figur des Kreises für das Wagenrad, nicht zu bedienen und etwa gegenüber dem Nichts voraussetzungslos anzufangen, wie es der Expressionismus ja getan hat, der nicht nur die Formen, sondern die Sprache selbst und ihr eingeborenes Gesetz zur Auflösung brachte, um solcherart die Frage nach Sinn und Würde der Kunst wieder einmal zum Problem zu machen. Ich habe, feindselig abseits stehend, die Verrottung mitangesehen, und eben der Sprachfrevel jener Epoche hat mich bewußt zum Sachwalter des Worts, wenn man will, zum 'Epigonen' gemacht.[66]

Gleichermaßen wandte sich Weinheber auch gegen reine Gebrauchslyrik und l'art pour l'art. Seiner Meinung nach sollte Dichtkunst ein organischer Bestandteil des Volkskörpers sein:

> Ach, die biologische Funktion der *Dichtkunst*, von der ein Kolbenheyer sagt, daß sie wahrhaftig eine *Lebensmacht* sei, ist selbst dann nicht zu leugnen, wenn in ihr, wie in der voraufgegangenen Epoche, das Untermenschentum siegt. ... Heute wissen wir wieder, wofür Dichter und Dichtkunst da sind. Das Volk ruft uns. Das Volk fragt uns. An uns ist es, den vielleicht noch dumpfen Kräften Ordnung zu geben, die Geister zu führen. Würde, Tapferkeit, Adel, Opfer: An uns ist es, diese großen Worte beispielhaft und überzeugend in das Volk zu tragen. Denn eben deshalb, weil Volk und Dichter im Begriff sind, wieder zusammenzufinden, ist Dichtkunst wieder eine sittliche Kraft und eine sittliche Forderung geworden (113).

Die deutsche Sprache war ihm heilig wie ein Gott, sie ruht in den unergründlichen Tiefen des deutschen Volkes, wie er im „Hymnus auf die deutsche Sprache" ausführte:

> O wie raunt, lebt, atmet in deinem Laut
> der tiefe Gott, dein Herr; unsre Seel,
> die da ist das Schicksal der Welt.
> Du des Erhabenen
> starres Antlitz,
> mildes Auge des Traumes,
> eherne Schwertfaust!
> ....

> Du unverbraucht wie dein Volk!
> Du tief wie dein Volk!
> Du schwer und spröd wie dein Volk!
> Du wie dein Volk niemals beendet![67]

Nach Weinheber werden die Dichter wieder zu geistigen und sittlichen Führern des Volkes im Sinne Hölderlins, auf den er sich in seiner Weimarer Rede mehrmals beruft. Die Dichter sind „Das Sprachrohr des Volkes, aber durch unseren Mund reden die Götter!" (103). Dichtung ist somit von einer mystisch-geheimnisvollen Aura umgeben, „wo die Ratio verstummt und das Seherische beginnt" (102). Daß Weinheber nur als Aushängeschild der Nazis benutzt und mißbraucht wurde, ist ihm dabei nicht klar gewesen. Entsprechend hat auch er das Regime mit Führergedichten und anderen Werken bedient, die nicht zu seinen besten Werken zählen wie das folgende Führergedicht, von dem hier nur die erste Stophe zitiert wird:

> Deutschlands Genius, Deutschlands Herz und Haupt,
> Ehre Deutschlands, ihm solang' geraubt.
> Macht des Schwerts, daran die Erde glaubt.[68]

Im Kriegsjahr 1940 leistete Weinheber seinen Beitrag mit einem Gedichtzyklus über „Die deutschen Tugenden im Kriege." Die zwölf zwölfzeiligen und paargereimten Gedichte preisen „Tapferkeit, ritterliches Handeln, Kameradschaftsgeist, Gehorsam, Treue, Manneszucht, Beharrlichkeit, Genügsamkeit, Einsatzbereitschaft, Stärke im Leiden, Uneigennützigkeit, Gottvertrauen." Der Zyklus wird mit folgendem „Vorspruch" eingeleitet:

> Jedwedes Volk, das leben will,
> braucht Tucht und Zucht, nicht Tand und Spiel.
> Das eine fault vor Überfluß,
> das andre kämpft, sein' Not ist Muß.
> Weil wir nun alle, Mann, Weib, Kind,
> Soldaten, nur Soldaten sind,
> beschwört der Sänger – bis zum Sieg! –
> die deutschen Tugenden im Krieg.
> Wir *haben* sie, noch ungetrübt:
> Er nennt nur, was ihr bluthaft übt.
> Ihr schweigt davon, denn Würd und Ehr
> bedarf der großen Wort nicht mehr.
> Und Ehr und Würde sind zuletzt
> der Born, der alle Ausfahrt netzt.
> Fahr aus, gut's Schwert, dir selb zu Ruhm;
> Der Deutschen Art heißt: Heldentum.[69]

Weinheber stand auch mit Dichtung bereit, als es galt, den Heldentod zu besingen. Im November 1940 erschienen Weinhebers Hymnen „Den Gefallenen" auf feinem Büttenpapier in gotischer Schrift als Sonderdruck aus dem Gedichtband *Späte Krone* (1936), in denen er die Toten „im Blutstrom des Volkes" weiterleben läßt:

Dies erst genügt – und keine andre
Tröstung für uns oder euch reicht der gewaltige Engel,
als daß in der ewigen,
in der Seele des Volks ihr
unvergänglich beschlossen seid!
In Millionen Herzkammern rauscht euer Blut,
rauscht groß euer Leiden nach, rauscht
eure Unsterblichkeit.
Alles Fleisch, es ist wie Gras,
und der Berühmten Ruhm ist das kurze Licht eines Namens.
Euer Ruhm ist des Volkes
Treue zum Volk.
Denn eines Volkes Gräber sind nicht seine Trauer allein,
eines Volkes Gefallenen
sind eines Volkes Stolz,
und eines Volkes Stolz, dieser höchste, gebiert
wieder die Welt.[70]

Es ging hier nicht darum, Dichtern wie Benn, Weinheber, Miegel oder Seidel beck-messerisch ihre NS-Vergangenheit vorzuhalten, auch wenn im Rahmen dieses Kapitels die Betonung auf ihrer Verstrickung in die Netze des Nationalsozialismus lag, sondern um ein Stück Literaturgeschichte. Dabei sind die den Nationalsozialismus unterstützenden Texte der genannten Autoren, so unterschiedlich sie auch sind, durch den Status ihrer Verfasser oder die künstlerische Qualität der Texte möglicherweise wirkungsvoller gewesen als das primitive Gereime einiger der oben genannten NS-Dichter.

1   Vgl. dazu Alexander von Bormann, Das nationalsozialistische Gemeinschaftslied, in: Horst Denkler und Karl Prümm (Hrsg.), Die deutsche Literatur im Dritten Reich (Stuttgart: Reclam 1976), 256-280.
2   Gerhard Schumann, Ruf und Berufung. Aufsätze und Reden (München: Langen/Müller 1943), 51.
3   Gerhard Schumann, Ruf und Berufung, 13.
4   Ausnahmen sind einige Liebesgedichte von Schumann (z.B. im Gedichtband Bewährung, München: Langen/Müller 1940, obwohl auch dabei NS-Vokabular durchschlägt).
5   Helmut Langenbucher, Volkhafte Dichtung der Zeit (Berlin: Junker und Dünnhaupt 1933, 6. Aufl. 1941), 606.
6   Adolf Hitler zum Geburtstag, in: Rufe in das Reich. Die heldische Dichtung von Langemarck bis zur Gegenwart, hrsg. v. Herbert Böhme (Berlin: Verlag Junge Generation 1934), 117.
7   Rufe in das Reich, 124. Zu „Ritter, Tod und Teufel" vgl. auch das Bild von Hubert Lanzinger, das Hitler in Ritter-Rüstung zeigt, allerdings mit aufgeklapptem Visier. Lanzingers Bild war ein Teil der Ausstellung „Deutsche Kunst," die 1937 in München mit der sogenannten „entarteten Kunst" konfrontiert werden sollte.
8   Vgl. Ernst Loewy, Literatur unterm Hakenkreuz.
9   Rufe in das Reich, 120. Die Parallelen zum Volk Israel ließen sich noch weiterführen. Auch der Gott der Israeliten erscheint Moses auf dem Berg Sinai in Feuer gehüllt (2.

Mose 19, 18); auch zieht er den Israeliten auf ihrem Weg aus der Knechtschaft in Ägypten voran „des Tages in einer Wolkensäule, ... und des Nachts in einer Feuersäule" (2. Mose 13, 21).

10   Rufe in das Reich, 80.

11   Gerhard Schumann, Die Lieder vom Reich (München: Langen/Müller 1935), 33.

12   Rufe in das Reich, 86. Dieses Gedicht ist eines der vielen „volksdeutschen Weckrufe," für die Gutberlet als Verfasser zeichnete; die letzten zwei Zeilen dieses Gedichts lauten: „Wir wollen heim ins Mutterland,/ zu dem wir uns bekennen." Nach Gutberlets Aussage ist „'Feuerspruch' ... zum Nationallied der Deutschen in Polen geworden," vgl. Rufe in das Reich, 372.

13   Rufe in das Reich, 340.

14   Vgl. dazu das HJ-Lied „Unsere Fahne flattert uns voran."

15   Rufe in das Reich, 343.

16   Rufe in das Reich, 348.

17   Rufe in das Reich, 16.

18   Rufe in das Reich, 17.

19   Heinrich Anacker, Über die Maas, über die Schelde und Rhein! Gedichte vom Feldzug im Westen (München: Zentralverlag der NSDAP, Frz. Eher Nachf. 1942), 19.

20   Über die Maas, 58.

21   Heinrich Anacker, Heimat und Front. Gedichte aus dem Herbst 1939 (München: Zentralverlag der NSDAP, Franz Eher Nachf. 1940), 5.

22   In Karl Bröger, Sturz und Erhebung (Jena: Diederichs 1943), zit. nach Loewy, 183.

23   In: Die Ernte der Gegenwart, Deutsche Lyrik von heute, hrsg. v. Will Vesper (Ebenhausen b. München: Langewiesche – Brandt, 3. Aufl. 1943), zit. nach Loewy, 181-82.

24   In: Ernte der Gegenwart, zit. nach Loewy, 182-83.

25   Heinrich Anacker, S.A.-Gedichte (München: Eher Nachf. 1933), zitiert nach Albrecht Schöne, Über politische Lyrik im 20. Jahrhundert (Göttingen: Vandenhoeck & Ruprecht 1965), 65.

26   Schöne, 21-22.

27   Herybert Menzel, Gedichte der Kameradschaft (Hamburg 1936), zit. nach Schöne, 64. Die Kontrafaktur zu diesem Nazi-Gedicht schrieb Wolf Biermann in seinem anti-militaristischen Lied „Soldat Soldat" in: Mit Marx- und Engelszungen Berlin: Wagenbach 1968), 36.

28   Herybert Menzel, Im Marschtritt der SA (Berlin 1933), zit. nach Schöne, 65.

29   Max Reuschle, Der Sinn des Gedichtes in unserer Zeit, in: Des deutschen Dichters Sendung in der Gegenwart, hrsg. v. Heinz Kindermann (Leipzig: Reclam 1933), 213. Die Seitenzahlen im Text beziehen sich auf diese Ausgabe.

30   Gerhard Schumann, Die Lieder vom Reich (München: Langen/Müller 1935), 16.

31   Uwe-K. Ketelsen, Nationalsozialismus und Drittes Reich, in: Geschichte der politischen Lyrik in Deutschland, hrsg. v. Walter Hinderer (Stuttgart: Reclam 1978), 306.

32   Heinz Kindermann in seinem Nachwort zu Des deutschen Dichters Sendung in der Gegenwart, hrsg. v. Heinz Kindermann (Leipzig: Reclam 1933), 271.

33   Zit. nach Stefan George, Das neue Reich (Düsseldorf: Küpper 1964), 38-39 (Nachdruck von Bd. 9 der Gesamtausgabe von 1928).

34   Kindermann, 271.

35   Vgl. Michael Winkler, Stefan George (Stuttgart: Metzler 1970), 61-62.

36   Gottfried Benn, Gesammelte Werke in acht Bänden, Bd. 8: Autobiographische Schriften, hrsg. v. Dieter Wellershoff (Wiesbaden: Limes 1968), 1975.

37   Vgl. dazu beispielsweise entsprechende Texte in: Über Gottfried Benn. Kritische Stimmen 1912-1956, hrsg. v. Bruno Hillebrand (Frankfurt a.M.: Fischer 1987).

38 Gottfried Benn, Gesammelte Werke in vier Bänden, hrsg. v. Dieter Wellershoff, Bd. 3 Gedichte (Wiesbaden: Limes 1960), 25.

39 Zit. nach Loewy, 52-53.

40 Benn, Gesammelte Werke, Bd. 8, 1889-91.

41 Zit. nach Loewy, 84.

42 Benn, Gesammelte Werke, Bd. 8, 1946.

43 Börries von Münchhausen, Das Herz im Harnisch. Balladen und Lieder (Stuttgart-Berlin: Deutsche Verlagsanstalt 1911, 36.-38. Tausend, 1935), 114.

44 Münchhausen, Das Herz im Harnisch, 144.

45 Helmut Langenbucher, Volkhafte Dichtung der Zeit (Berlin: Junker und Dünnhaupt 1933, 6. Aufl. 1941), 418.

46 Zit. nach Loewy, 250.

47 Langenbucher, 237.

48 Lulu von Strauss und Torney, Reif steht die Saat (Jena: Diederichs 1926), 155.

49 Zit. nach Loewy, 118.

50 Zit. nach Loewy, 146-47.

51 Anni Piorreck, Agnes Miegel. Ihr Leben und ihre Dichtung (Düsseldorf: Diederichs 1967), 185.

52 Piorreck, 190.

53 Agnes Miegel, Ostland (Jena: Diederichs 1940, 1943), 5-6. Die Seitenzahlen im Text beziehen sich auf diese Ausgabe.

54 Piorreck, 208.

55 Piorreck, 188.

56 Vgl. dazu Godele von der Decken, Emanzipation auf Abwegen. Frauenkultur und Frauenliteratur im Umkreis des Nationalsozialismus (Frankfurt a.M.: Athenäum 1988), 268-69. Dort auch weitere Hinweise zu Schriftstellerinnen und Nationalsozialismus.

57 Helmut Langenbucher, 137.

58 Zit. nach Loewy, 118.

59 Zit nach Loewy, 283.

60 Ina Seidel, Aus den schwarzen Wachstumsheften. Monologe, Notizen, Fragmente. Stuttgart 1980. Zit nach Godele von der Decken, 271.

61 Zu dem recht komplexen Verhältnis Weinhebers zum Nationalsozialismus und zur Existenzphilosophie als Antworten auf das moderne Krisenbewußtsein vgl. u.a. Jeanette Lee Atkinson, Josef Weinheber: Sänger des Austrofaschismus? In: Jörg Thunecke (Hrsg.), Leid der Worte. Panorama des literarischen Nationalsozialismus (Bonn: Bouvier 1987), 403-19.

62 In: Adel und Untergang (Wien/Leipzig: Luser 1934, 6. Aufl. 1934), 46-73.

63 Josef Weinheber, Sämtliche Werke, IV. Band: Kleine Prosa, hrsg. v. Josef Nadler und Hedwig Weinheber (Salzburg: Otto Müller Verlag 1954), 116. Die Seitenangaben im Text beziehen sich auf diese Rede in dieserAusgabe.

64 Josef Weiheber, Sämtliche Werke, IV. Band, 127.

65 Josef Weinheber, Späte Krone. Gedichte (München: Langen/Müller 1936), 9-24. Weinheber gibt in seiner Dankes- und Festrede zu seiner Ehrenpromotion an der Universität Wien weitere Erläuterungen zum Sonettenkranz: „Wie sich das Sonett aus vierzehn Zeilen bildet, so bildet sich der Sonettkranz aus vierzehn Sonetten. Ein fünfzehntes, sogenanntes Meistersonett, beschließt die Reihe. Die letzte Zeile eines jeden Sonetts ist gleichzeitig die erste des nächstfolgenden, das vierzehnte Sonett endet mit der Anfangszeile des ersten, das Meistersonett ergibt sich aus den vierzehn Anfangs- beziehungsweise Endzeilen der vorhergegangenen Sonette" (127). Dieses nur als ein Beispiel für den großen Wert, den Weinheber ausgefeilter künstlerischer Konstruktion beimaß. Der Band Späte Krone schließt auch mit einem Sonettkranz „An die Nacht."

66 Josef Weinheber, Sämtliche Werke, IV. Band, 99.

67 Josef Weinheber, aus „Hymnus auf die deutsche Sprache," in Adel und Untergang, 99.

68 Zit. nach Loewy, 284.

69 Sämtliche Werke, IV. Band, 697.

70 Zitiert nach: Späte Krone, 65-66. In „Das Vermächtnis. Eine handgeschriebene Reihe der 'Bücher der Rose,' geschrieben von Prof. Dr. Otto Hurm, Wien im November 1940 für den Verlag Wilhelm Langewiesche-Brandt, Ebenhausen bei München," ist dieses Gedicht in zwei Gedichte unterteilt.

8. Nichtfaschistische und antifaschistische Literatur

In diesem Kapitel soll diejenige Literatur vorgestellt werden, die nicht im Dienst der Ziele und der Propaganda der Nationalsozialisten stand und nicht von der Dienststelle Rosenberg oder der Reichsschrifttumskammer ausdrücklich empfohlen wurde. Die meisten der in diesem Kapitel behandelten Werke gehören zu den Kategorien der „unerwünschten" oder gar der „verbotenen" Literatur. Dazu zählt die Literatur der „inneren Emigration" und die Literatur des offenen und versteckten Widerstandes.

a. Innere Emigration

Den größten Raum nimmt die Literatur der sogenannten „inneren Emigration" ein. Der Begriff „innere Emigration" ist umstritten und nicht eindeutig definiert. Von dem nach 1945 ausgetragenen Streit zwischen dem „äußeren Emigranten" Thomas Mann und „inneren Emigranten" wie Otto Flake, Walter von Molo und vor allem Frank Thiess über die Frage, wer das schlimmere Los zu tragen hatte, soll hier nicht die Rede sein, da er zur Klärung der Tatsachen wenig beiträgt.[1] Fest steht, daß es starke Verständigungsprobleme zwischen den beiden Gruppen von Emigranten gab, da keine die Probleme der anderen verstehen wollte oder konnte. So schrieb Ernst Wiechert in seinen Erinnerungen *Jahre und Zeiten*, die er unmittelbar nach dem Kriege verfaßte:

> Ich verstehe, wenn es den Siegern schwer fällt, sich das Leben der Geächteten in jenen Jahren vorzustellen und mit Gerechtigkeit zu beurteilen. Erika Mann hat in der *New York Herald Tribune* in abfälliger Weise davon gesprochen, daß ich nach meiner Entlassung aus dem Lager ein 'gehorsamer Junge' geworden sei. Aber ich weiß nicht, ob Erika Mann, wenn sie damals aus einem deutschen Lager entlassen worden wäre, nicht ein 'gehorsames Mädchen' geworden wäre. Und ob sie etwas davon weiß, wie es ist, wenn man sieben Jahre lang jede Nacht auf jeden Wagen zu lauschen hat, der die Straße entlanggefahren kommt, und wenn man nach der Pistole tastet, ob sie auch gespannt ist. Ich glaube nicht, daß sie es in der Schweiz oder in Kalifornien erfahren hat, und ich wünsche es ihr auch nicht. Ich wünsche ihr nur die Erkenntnis, daß das Leben in der Spalte einer Zeitung ein anderes Leben ist als das, das wir die Nächte aller sieben Jahre lang geführt haben.[2]

Im Bemühen um eine Definition der „inneren Emigration" weist Reinhold Grimm zu Recht darauf hin, daß „das Phänomen als solches keine scharfe begriffliche Trennung erlaubt" (Grimm, 48). Er schlägt daher eine „gleitende Skala" vor, „die vom aktiven Widerstand bis zur passiven Verweigerung reicht. ... Wer nicht faschistisch schrieb, schrieb damit noch keineswegs nichtfaschistisch oder gar antifaschistisch. Nur eine Gegenhaltung, die erkennbar war, verdient den Namen, 'innere Emigration'" (Grimm, 48). In einem im Jahre 1970 in den *Weimarer Beiträgen* erschienenen Artikel rechnet Wolfgang Brekle solche Schriftsteller zur „inneren Emigration," die „von der Nazi-Ideologie nicht beeinflußt waren, humanistische Werke schrieben und sich von der faschistischen Politik nicht gleichschalten ließen."[3] In seinem im Jahre

1985 erschienenen Buch *Schriftsteller im antifaschistischen Widerstand 1933-1945 in Deutschland* beschränkt er den Begriff auf „die nichtfaschistische Literatur," die er von der antifaschistischen Literatur trennt.[4] Doch wie Brekle selbst erkennt (Brekle, 18), ist auch diese Trennung nicht in jedem Falle durchzuhalten, da unter den diktatorischen Bedingungen des Dritten Reiches schon Verweigerung und versteckte, in der „Sklavensprache" vorgetragene Opposition zum Widerstand gerechnet werden mußte. Nach Werner Bergengruen gab es von den im Lande verbliebenen Gegnern des Regimes kein Werk,

> das nicht von dieser Zeit geprägt worden wäre. Auch diejenigen unter meinen im verruchten Jahrzwölft entstandenen Novellen, in denen scheinbar nichts vom grauenvollen Geschehen der Zeit berührt wurde, verleugneten ihre Entstehungsjahre nicht; und sei es auch nur dadurch, daß ein Gegenbild aufzurichten versucht wurde, an dem diese Aera zu messen war.[5]

In einer autobiographischen Aufzeichnung aus dem Jahre 1947 weist Bergengruen auf die Schwierigkeiten beim Schreiben der Wahrheit unter dem Faschismus und die daraus resultierenden Probleme für die Nachgeborenen hin, die unter diesen Umständen entstandenen antifaschistischen Werke und deren Tarnsprache zu verstehen:

> Wer nicht selbst ein Terror- und Zensursystem von der Art des nationalsozialistischen kennen gelernt hat, wer aufgewachsen ist im selbstverständlichen Genuß der Rede- und Schreibefreiheit, der kann sich unmöglich auf die Technik der stichworthaften Anspielung, die Technik der indirekten und doch unmißverständlichen Aussage verstehen, unmöglich auf die immer mehr sich verfeinernde Kunst des Schreibens – aber auch des Lesens – zwischen den Zeilen.[6]

Andererseits war es gerade die indirekte, zur Mehrdeutigkeit neigende „Sklavensprache," die Miß- oder Nichtverständnisse und bewußte Verdrehungen begünstigte. So konnte es geschehen, daß der *Völkische Beobachter* über Bergengruens Roman *Der Großtyrann und das Gericht* schreiben konnte: „das ist *der* Führerroman der Renaissancezeit!"[7] Andere Kritiker versuchen, den Begriff „innere Emigration" überhaupt zu vermeiden und schlagen statt dessen eine Kategorie „Das andere Deutschland" vor, zu dem sie auch die Literatur des Exils rechnen.[8] Im Hinblick auf den Streit zwischen „äußeren" und „inneren" Emigranten und das fragwürdige Verhalten mancher „innerer" Emigranten zum Nationalsozialismus (so Gottfried Benn, Ernst Jünger, Frank Thiess) bleibt auch dieser Begriff umstritten. Fest steht jedoch, daß der Begriff „innere Emigration" nicht erst als Verteidigung der Daheimgebliebenen nach 1945 aufkam, sondern bereits von zahlreichen Autoren in den dreißiger Jahren benutzt wurde, so von Frank Thiess und Klaus Mann.[9] Stefan Andres beschreibt unter dem Titel „Innere Emigration" seine Emigration in das faschistische Italien in Jahre 1937 (er verließ Deutschland aus Opposition gegen die Nazis und wegen seiner halbjüdischen Frau); blieb also „im deutschen Polizeiraum," bis „die Front ... sich zwischen mich und diese erwähnte Polizei schob." Da er nicht sicher ist, ob der Begriff „Emigrant" sich unter diesen speziellen Umständen auch auf ihn bezieht („Ich weiß nämlich gar nicht, ob ich einer war, ein richtiger, echter Emigrant"), stellt er sein Leben unter den Faschisten unter den Begriff „Innere Emigration."[10] Franz Schonauer steht der „inneren Emigration" sehr skeptisch gegenüber, nicht nur weil auch Gottfried Benn und Ernst Jünger den Begriff für sich beanspruchen, also Autoren, die die Nazi-Ideologie zumindest zeitweilig unterstützten (entweder direkt oder durch ihr Werk), sondern weil er sie schlichtweg für eine unfruchtbare Flucht in erbauliche Idyllen ansah: „Die idealistische und apolitische Haltung des deutschen Bürgertums, durch die der Nationalsozialismus überhaupt erst möglich wurde, fand auch angesichts des Furchtbaren, das sie mit heraufbeschworen hatte, aus ihrer unfruchtbaren 'Innerlichkeit' nicht heraus."[11] Trotz der Problematik und der fließenden Abgrenzungen sollen in diesem Kapitel dennoch die Begriffe „innere Emigration," nichtfaschistische und antifaschistische Literatur sowie Widerstandsliteratur beibehalten werden. Eine genauere Bestimmung können nur die Einzelanalysen bringen, die in diesem Kapitel exemplarisch versucht werden. Die „inneren Emigranten" bilden durchaus keine homogene Gruppe. Sie stammen aus allen Teilen und den verschiedensten sozialen Schichten Deutschlands; sie vertreten unterschiedliche Weltanschauungen und literarische Gattungen. Naturlyriker stehen neben Verfassern zeitkritischer und historischer Romane, soldatisch-aristrokratische Haltungen behaupten sich neben christlich-sozialen. Im folgenden sollen einige Beispiele für die Literatur der „inneren Emigration" vorgestellt werden.

Werner Bergengruens Roman *Der Großtyrann und das Gericht* erschien im Jahre 1935. Bereits 1926 war der damals in Danzig lebende Verfasser auf das Hauptmotiv des Romans in Form eines Märchens gestoßen, in dem ein Sultan seinem Wesir befiehlt, „einen rätselhaften Mord binnen drei Tagen aufzudecken, widrigenfalls ihm der Kopf binnen drei Tagen vor die Füße gelegt werden solle."[12] Die Niederschrift begann im Jahre 1929 mit der Präambel und den ersten drei Kapiteln. Weitere Teile entstanden im Jahre 1931; „der größte Teil des Buches ist 1933 und 1934 geschrieben worden" (174). Wie Bergengruen aus der Rückschau in seinen *Schreibtischerinnerungen* (1961) darlegt, bestimmte das Bewußtsein der Aktualität des Geschehens den Autor, in diesen Jahren seine „ganze Arbeitskraft dem Großtyrannen" (174) zu widmen. Er ahnte, daß nach 1933 „die geplante Romanhandlung eine unheimliche, eine fürchterliche Aktualität" besitzen werde:

> Einer ganzen Nation stellten sich die Fragen, die ich den Gestalten meines Buches zu stellen dachte. Allenthalben erwies sich die Leichtverführbarkeit der Unmächtigen und Bedrohten. Alle menschliche Freiheit war aufgehoben, über jedem hing die Drohung, und fast alle Teilnehmer der Macht, bis hinunter zum kleinsten, erlagen der Versuchung des Gottgleichseinwollens. Ich befand mich in einem Zustande der Verzweiflung und Empörung über all das, was sich vor meinen Augen abspielte, und der brennenden Besorgnis über das, was von der nächsten Zukunft erwartet werden mußte. Jetzt verstand es sich von selbst, daß mein Buch nach der Antwort nicht nur auf immer anpochende Menschheitsfragen, sondern auch auf die konkreten Fragen der deutschen Gegenwart zu suchen hatte. Und nun prägten sich manche Züge mit ganz anderer Schärfe aus, als es ursprünglich in meiner Absicht gelegen hatte (174-75).

Im nachhinein versichert Bergengruen auf glaubwürdige Weise, daß sein Roman *Der Großtyrann und das Gericht* im Zusammenhang mit dem Dritten Reich gesehen werden muß; Bergengruen selbst bezeichnet ihn sogar als „Kampfschrift."[13] Bei den Nazis galt Bergengruen als überzeugter Christ für „politisch unzuverlässig" und „jüdisch versippt" (er konnte für seine Frau keinen Ariernachweis beibringen).[14]

Die Handlung des Romans kreist um einen Mordfall: im Palastgarten des Groß-tyrannen ist der Agent Fra Agostino ermordet worden und des Großtyrannen Geheimdienstchef Nespoli soll in drei Tagen den Mörder finden oder seinen Kopf verlieren. Handlungsort ist Cassano, ein mythischer italienischer Stadtstaat zur Zeit der Renaissance. Bei der Jagd nach dem Mörder kommt es zu Selbstbezichtigungen und zu Verdächtigungen aller gegen alle: „Der Bruder umspäht den Bruder und ist bereit, ihn zu verkaufen. ... Alles Böse, was gefesselt war, [hat] sich losgebunden."[15] Am Ende stellt sich heraus, daß keiner der vielen Verdächtigen den Mord begangen hat, sondern kein anderer als der Großtyrann selbst, der sich gezwungen sah, den Verräter Fra Agostino aus Gründen der Staatsraison heimlich zu beseitigen, da ein Gerichts-verfahren Staatsgeheimnisse zu Tage gefördert hätte (314). Doch wird im Roman nicht der Großtyrann angeklagt, sondern die schwankende Haltung der Menschen, die sich von einem Diktator so leicht verführen lassen. Auf das Hauptthema des Romans weist bereits die Päambel hin: „Es ist in diesem Buche zu berichten von den Versuchungen der Mächtigen und von der Leichtverführbarkeit der Unmächtigen und Bedrohten." Allerdings kommt der Großtyrann nicht gänzlich ungeschoren da-von; er wird der Überheblichkeit und des Gottähnlichseinwollens beschuldigt: „Du aber als der einzige hast gesündigt, indem du dich über das Menschliche zu erheben trachtetest und Gott gleich sein wolltest. ... Dies ist die Anklage, die hier gegen dich erhoben wird. Und nun weißt du, Herrlichkeit, daß du unter dem Gerichte stehst, ob auch nicht unter dem unseren" (318-19).

Der Großtyrann ist oft mit Hitler verglichen worden und Parallelen lassen sich feststellen. Der Großtyrann ist unumschränkter Herrscher, der auch von „Vorsehung" spricht (233), er ist ein Emporkömmling, der die alten Geschlechter beiseite drängt (62), er liebt Zweckbauten (62), hat „am Bauen eine besondere Lust," will sich durch Bauten ein Denkmal setzen, da er keine Kinder hat (233), zieht sich mit Vorliebe in eine einsame Jagdhütte in den Bergen zurück (122) und umgibt sich mit vielen Schmeichlern (232). Doch im Unterschied zum braunen Diktator ist er weise und beugt sich unter sein Urteil. Bergengruen selbst, mehrmals nach diesen Parallelen ge-fragt, wies den Vergleich scharf zurück: „Die erwähnte Frage hat mich jedesmal ver-drossen, und ich habe sie als eine Kränkung meines Helden empfunden. ... Nicht an einem verbrecherischen Narren, der zum schmutzigsten Bodensatz der Menschheit gehörte, sondern gerade an einem Manne geistigen und staatsmännischen Ranges waren die Gefahren der Macht und die großen Versuchungen der Mächtigen darzu-tun. Und wie hätte ich denn auf den Gedanken kommen sollen, ein Hitler könnte eine seelische Umkehr erfahren und erschüttert sich selber vor das Gericht des eigenen Gewissens stellen?"[16] Bergengruen hält eine andere Frage für viel wichtiger, diejeni-ge nämlich, wieso das Buch überhaupt während des Dritten Reichs erscheinen konnte. In seiner Antwort verweist Bergengruen auf den Verleger, die gleichge-schaltete Hanseatische Verlagsanstalt in Hamburg, die den Nazis nicht suspekt war und die mutige Haltung des konservativen und antinazistischen Verlagsdirektors Benno Ziegler (181). Als das Buch im Herbst 1935 erschien, wurde es sofort von allen, „die nicht von der braunen Pest angesteckt oder doch nur mit leichteren Teilin-fektionen behaftet waren, verstanden" (181). Es zeigte sich jedoch auch, wie zwei-schneidig das Schwert der Sklavensprache war, denn „die ernstlich Erkrankten [...] lasen und lobten es, ohne eine Empfindung dafür zu haben, daß hier über all das zu

Gericht gesessen wurde, was sie selber verkörperten und zugleich im Licht einer überirdischen Verklärung erblickten" (181). Sogar „das Hauptorgan der Tyrannei, der *Völkische Beobachter*, ... schrieb wörtlich: 'Das ist *der* Führerroman der Renaissancezeit!'" (182)[17] Noch 1936, ein Jahr nach Erscheinen des Buches, äußerte sich ausgerechnet der NS-Chefideologe Alfred Rosenberg „überaus anerkennend" über das Buch (185). Sogar eine Dramatisierung war im Gespräch und wurde nur vom Autor selbst verhindert (182). Der Chefredakteur „einer großen, vielverbreiteten Tageszeitung," dem Bergengruen das Manuskript zum Vorabdruck angeboten hatte, verstand die Brisanz des Romans sehr wohl, da er verlangte, daß der Titel nur „Die Versuchung" lauten und die Bezeichnung „Großtyrann" gänzlich vermieden werden sollte; alle Hinweise auf seine Kinderlosigkeit und Baulust sowie „sämtliche Äußerungen über Politik, Macht, Staatsräson, Rechtsprechung ... [seien] als störende Abschweifungen rücksichtslos zu streichen" (183-84). Für Bergengruen blieb diese Doppelwirkung seines Romans „ein Rätsel"; er konnte sie sich nur mit der Isolation erklären, in der die Nazis vom Volk lebten (186). Erst 1941-42 kam es zu Angriffen auf den Roman und zu Rufen nach seinem Verbot, vor allem aus dem Amt Rosenberg, die aber im Propagandaministerium ohne Echo verhallten (188-91). Aus der Rückschau von heute ist es schwer vorstellbar, daß Leser im Dritten Reich bei der Lektüre gewisser Stellen nicht an ihre politisch-historische Umgebung denken mußten. In einer Unterhaltung zwischen Diomede, einem jungen Idealisten, und dem Großtyrannen über das Justizwesen behauptet der Großtyrann, die „Quelle des Rechts in dieser Stadt und ihrem Umkreise und damit auch der Herr über seine Auslegung" zu sein. Darauf entgegnet Diomede warnend:

> Wenn sie [die Justiz] nämlich beginnen wollte, sich nach Erwägungen zu richten ... was einem menschlichen Gemeinwesen oder einer Staatsform für einige Augenblicke zuträglich erscheint, so könnte sie in den Fall kommen, wissentlich Unrecht zu sprechen statt Recht; denn es kann unter Umständen mit einem ungerechten Spruch einem Staatswesen mehr gedient sein als mit einem gerechten (194-95).

Wer mußte da nicht an die Rechtsverdrehung im Dritten Reich denken, in dem Recht war, was dem Staate nützte? In einer Unterredung zwischen Diomede und dem Großtyrannen über Macht, Volk und Willen behauptet der Großtyrann, zur Macht geboren zu sein und den unbewußten Volkswillen zu verkörpern:

> So bin auch ich der verborgene Wille des Volkes. ... Sage mir, Diomede, warum reißt man die Herrschaft an sich und warum herrscht man? ... Einmal, weil man dazu geboren ist und kein Mensch das zu tun unterlassen kann, wozu er seiner Natur nach geschaffen wurde. Also um seiner selbst willen. Zum zweiten aber um der Beherrschten willen, indem nämlich der Herrscher ... ein solcher ist, daß er den Willen der zu Beherrschenden deutlicher erkennt als diese selbst (237).

Wie oft hat nicht auch Hitler dieses von sich behauptet; eine solche Ansicht gehörte wesentlich mit zum Führerkult. Ein letztes Beispiel: Ein zweifelhafter Charakter, genannt Rettichkopf, glaubt in erpresserischer und größenwahnsinniger Machtverblendung, die ganze Welt in der Hand zu haben:

Ob ich so oder so verfahre, diese Entschließung oder jene, das bestimmt den Schicksals-
verlauf so und so vieler Menschen, welche zu den vornehmsten der Stadt gehören, und
auch noch ihrer Nachkommen! Ja vielleicht eines ganzen Gemeinwesens. Oder gar, wenn
ich mir nur die Kette weit genug gespannt denke, über Jahrhunderte hinweg: der ganzen
Erde! Der Welt! (167)

Im Gegensatz zu lobenden Stimmen übt Wolfgang Emmerich 1976 in seinem Artikel
„Die Literatur des antifaschistischen Widerstands" herbe Kritik an Bergengruens
Roman, der seiner Meinung nach nicht zum Widerstand hin, sondern von ihm weg-
führe:

Mag man schon der über weite Strecken archaisierenden, priesterlichen, schwulstigen
Sprache Bergengruens mißtrauen; mag man zweifeln, ob eine oberitalienische Renais-
sance-Tyrannis das geeignete gesellschaftlich-historische Modell abgeben kann, um
camoufliert das faschistische Herrschaftssystem anzugreifen; entscheidend ist die im
Wortsinne *katholische Grundstruktur* des Romans, dessen Handlung in das kategoriale
System von Versuchung – Schuld – Opfer – Reue – Gnade und Strafe (als göttlichem
Akt) eingebettet ist und in der tätiger Widerstand keinen Platz hat.[18]

Zur antifaschistischen Widerstandsliteratur gehören dagegen eindeutig Bergengruens
Schüttelreime, die, verfaßt zwischen 1933 und 1939, in zahlreichen Abschriften
anonym unter der Bevölkerung zirkulierten. Hier zwei Beispiele:

Ende, Schwätzer, endlich deine miesen
Reden! Adolf? Ja, ich meine diesen.

Rassenabgott deiner Rindermasse,
Oberhornochs deiner Minderrasse,
taugst fürwahr zum Strohbrandschürer fein.
Führer, sprich: wo ist dein Führerschein?[19]

Opposition gegen das NS-Regime ist auch in einigen Gedichten aus Bergengruens
Gedichtbänden *Der ewige Kaiser* (1937, anonym in Graz erschienen, 1938 nach dem
„Anschluß" verboten) und *Dies Irae* (im Sommer 1944 geschrieben, veröffentlicht
1945) zu finden. Im Gedichtband *Dies Irae* behandelt Bergengruen im Angesicht der
Niederlage das Thema von Schuld und Sühne für die begangenen Verbrechen. Im
Gedicht „Die Lüge" fragt er in wohlkonstruierten Hexametern nach den bleibenden
moralisch-seelischen Schäden, die die Naziherrschaft angerichtet hat:

Wo ist das Volk, das dies schadlos an seiner Seele ertrüge?
Jahre und Jahre war unsere tägliche Nahrung die Lüge.
Festlich hoben sie an, bekränzten Maschinen und Pflüge,
sprachen von Freiheit und Brot, und alles, alles war Lüge.[20]

In dem längeren Gedicht „In dieser Zeit" ruft Bergengruen die Menschen jedoch
nicht zum aktiven Widerstand auf, sondern er appeliert an ihre Standhaftigkeit, in der
Zeit des allgemeinen Verrats und der Verfolgung aufrecht zu bleiben und auszuhar-
ren:

Inmitten eurer eignen Wände
seid ihr Verfolgte und verhöhnt.
Wer aber ausharrt bis ans Ende,
wird überwesentlich gekrönt (21).

Im zwölften Jahr der Naziherrschaft wendet der christliche Dichter Bergengruen sich
im letzten Gedicht des Zyklus *Dies Irae* „An die Völker der Erde" (41-43), einge-
denk der eigenen Schuld nicht vorschnell alle Deutschen zu verdammen, denn „was
gelitten wurde, hat keiner gesehen. ...Er nur vernahm durch Fanfarengeschmetter,
Festrufe und Glockendröhnen/ der Gefolterten Schreien, Angstseufzer und Stöhnen."
In dem Versuch, in dem scheinbar Sinnlosen einen Sinn zu erkennen, sieht Bergengruen die Katastrophe als Strafe für den Abfall der Welt von Gott an, für den die
Deutschen – so jedenfalls ist das „wir" des Gedichts zu interpretieren – stellvertre-
tend für alle gelitten haben:

Völker der Welt, die der Ordnung des Schöpfers entglitt,
Völker, wir litten für eure Verschuldung mit.
....
Völker der Welt, der Abfall war allen gemein.
Gott hatte jedem gesetzt, des Bruders Hüter zu sein.

Andere Völker, so Bergengruen, sahen den Weltbrand heraufziehen und unternah-
men nichts, ihn zu verhindern:

Alles Schrecknis geschah vor euren Ohren und Blicken,
und nur ein Kleines war es, den frühen Brand zu ersticken.
....
Sicher meintet ihr euch hinter Meeren und schirmendem Walle
und vergaßt das Geheimnis: was einen trifft, das trifft alle.

Jeder glaubte sich sicher, bis der Dämon aus seinen Grenzen hervorbrach, die Welt
überfiel, und maßloses Unheil auch über andere brachte. Jetzt, da die Zeit des Gerichts gekommen ist, appelliert Bergengruen an die Völker der Welt, nicht nur ihrer
eigenen Versäumnisse zu gedenken, sondern auch daran, daß sie nicht in Versuchung
geraten sind und daher nicht wissen können, wie sie sich verhalten hätten:

Völker der Erde, ihr haltet euer Gericht.
Völker der Erde, vergeßt dieses Eine nicht:
Immer am lautesten hat sich der Unversuchte entrüstet,
immer der Ungeprüfte mit seiner Stärke gebrüstet.

Mit Schuld meint Bergengruen moralische Schuld, Schuld vor Gott, vor dessen
Richterstuhl alle erscheinen und sich verantworten müssen:

Völker der Welt, der Ruf des Gerichts gilt uns allen.
Alle verklagt das gemeinsam Verrat'ne, gemeinsam Entweihte.

Die aus den Fugen geratene und von Gott gestrafte Welt wird nur durch Umkehr und
Buße wieder gerichtet: „Völker, vernehmt mit uns allen das göttliche: Metanoeite!"

Mit dem letzten Wort bezieht sich der Dichter auf die Predigt des Johannes (Matthäus 3,2), der damit zur Buße aufruft (wörtlich: „ändert euren Sinn"). Vor allem an diesem Gedicht hat sich die Kritik an der christlichen Widerstandshaltung entzündet, da die christliche Opposition auf die Naziverbrechen nur mit passivem Dulden und Ruf nach Buße geantwortet habe. So weist der Schweizer Max Frisch die in diesem Gedicht vorgenommene Auflösung konkreter in allgemeinmenschliche Schuld entschieden zurück.[21] Für Wolfgang Brekle werden im Gedichtband *Die Irae* die Grenzen von Bergengruens Gegnerschaft zum Faschismus besonders klar: „Mythisierung des Krieges, Unkenntnis über die sozialen und ökonomischen Wurzeln des Faschismus und des Krieges, Betrachtung der Niederlage Hitler-Deutschlands als das Ende überhaupt, Bejahung des Endes als eines 'himmlischen Gerichtstages,' Hoffnung auf Rettung durch himmlische Mächte." Wie Frisch hält Breckle die Verschleierung der Schuldfrage für problematisch, „indem er alle als schuldig bezeichnet" (vor allem auch im Gedicht „Wer will die Reinen von den Schuldigen scheiden?").[22]

Bartolomé de Las Casas (1474-1566), dessen Vater mit Columbus in die neue Welt gekommen war, bekämpfte als spanischer Dominikaner-Missionar in der Neuen Welt, damals Neu-Indien, leidenschaftlich die Grausamkeiten, mit denen spanische Kolonisatoren die eingeborene Bevölkerung mißhandelten. Diesen Stoff verarbeitete Reinhold Schneider zu dem Roman *Las Casas vor Karl V.*, der im Jahre 1938 als ein weiteres Ergebnis von Schneiders intensiver Beschäftigung mit der iberischen Welt erschien. Wie Schneider in seinem autobiographischen Werk *Die Zeit in uns* mitteilt, wollte er mit diesem Roman gegen die Judenverfolgung der Nationalsozialisten protestieren: „Über der Arbeit am *Inselreich* [Schneiders England-Reisebuch, erschienen 1936] war mir die Geschichte des Las Casas aufgegangen: ich sah in ihr die Möglichkeit eines Protestes gegen die Verfolgung der Juden."[23] Ebenso interessierte ihn aber auch das Problem der Schuld, die sich die gesamte Christenheit bei der Kolonisierung der Neuen Welt aufgeladen hatte: „Zugleich ergriff mich das alte Thema von der Schuld Europas, der Christenheit an der Welt, die Tragödie der Expansion" (*Die Zeit in uns*, 111). Durch die doppelte Absicht und die verschlüsselte Darbietung konnte der Roman sein Ziel verfehlen, aber auch zur Veröffentlichung kommen. Trotzdem scheinen kaum Zweifel an der antifaschistischen Interpretation zahlreicher Stellen des Romans möglich, und so ist er auch nach seinem Erscheinen 1938 von vielen verstanden worden. So schreibt der Antifaschist Jochen Klepper im Jahre 1938 nach der Lektüre des Buches an seinen Freund Reinhold Schneider:

> Sehr oft – und das in den erschütterndsten Partien – hört man in diesem Buche aus dem 16. Jahrhundert die Auseinandersetzung mit den Rassenproblemen und -tragödien des 20. Jahrhunderts und unseres Jahrzehntes heraus. Wie hat die Gegenwart uns gelehrt, Quellen zu lesen.[24]

Nicht umsonst gehörte Schneider, dessen Schriften und Sonette illegal verbreitet waren, zu den „unerwünschten" und angefeindeten Autoren im Dritten Reich, gegen den man 1945 sogar einen Hochverratsprozeß eingeleitet hatte, vor dem ihn nur das Kriegsende rettete. Sein Buch *Las Casas vor Karl V.* erlebte allerdings weitere Auflagen in den Jahren 1940 und 1941, bis er für seine Schriften keine Papierzuteilungen mehr erhielt.

Der Roman *Las Casas vor Karl V.* beginnt im Hafen von Verakruz, in dem Vater Las Casas ein Schiff besteigt, um sich nach seiner Rückkehr nach Spanien bei Kaiser Karl V. für die mißhandelten Indios einzusetzen. Auf stürmischer Überfahrt rettet Las Casas das Schiff durch Gebet und sachkundige Übernahme des Steuers. In den langen Wochen der Reise versucht der von Fieberträumen geschüttelte spanische Ritter Bernardino de Lares sein Gewissen zu erleichtern, indem er Las Casas aus seiner Vergangenheit als Konquistador berichtet, derer er sich jetzt schämt. Die furchtbaren Greueltaten, begangen im Namen einer imperialistischen „christlichen" Ideologie, werden dabei ausführlich beschrieben, beispielsweise bei der Schilderung der „leichtesten Art, Gold zu gewinnen": „Wir zünden die Dörfer an; dann verbrennen die Menschen, und das Gold bleibt übrig wie in der Schmelze."[25] In Spanien angekommen, begibt sich Las Casas nach Valladolid, um vor Kaiser Karl V. mit dem Rechtsgelehrten Ginés de Sepulveda über die Behandlung der Indios in der Neuen Welt zu disputieren. Wie in Bergengruens *Großtyrann* geht es auch hier um Fragen von Macht und Recht. Las Casas möchte die Indios „allein mit den Mitteln des Glaubens" (166) bekehren, ohne Rücksicht auf irgendwelche Staatsinteressen; seine dominikanischen Glaubensbrüder hatten ihm seinerzeit in Haiti und auf Kuba „die Augen geöffnet für die Hoheit des Rechts und die grauenvolle Mißhandlung, die es erlitt" (167). Las Casas will seinen Glauben an das Recht gerade jetzt vertreten, „da das spanische Volk in Gefahr sei, seine Seele an irdische Mächte zu verkaufen" (167). Sepulveda dagegen setzt den Staat und das Staatsinteresse über das „ewige Recht." In Sepulvedas Augen ist Recht, was dem Staate nützt, der Zweck heiligt die Mittel; er behauptet, „was zur Festigung dieses Staates beitrage, sei gut" (208). In seinem Buch „Über die gerechten Gründe des Krieges gegen die Indios" bringt er Belege, vor allem „aus vorchristlichen Zeiten, namentlich aus dem Alten Testament ... über das etwaige Recht eines Volkes, ein anderes zu beherrschen" (178). Es geht ihm einzig darum, die Rechte der spanischen Regierung in den eroberten Gebieten zu wahren. Las Casas dagegen zielt auf eine totale Veränderung der Machtverhältnisse in Neu-Indien; für ihn sind „Eroberungskriege ... rechtswidrig, tyrannisch, höllisch" (208). Er berichtet von der Ausrottung von ganzen Völkern und anderen verbrecherischen Greueltaten der Spanier: „Das alles habe ich gesehen, und ich konnte doch nichts tun, als in die Luft ein Kreuzeszeichen machen über Bergen von Leichen" (228). Las Casas fordert von Karl V. Freiheit für die Indios. Sein Plädoyer für Recht und Gerechtigkeit gipfelt in der Vision des großen Gerichtes, das über das ganze Land kommen wird: „Die Schuld ist schon zu einem Teile unseres Lebens geworden, alle Warnungen sind vergeblich, Spanien hat seine Stunde verkannt" (238). Er möchte nicht als Prophet auftreten, doch sein Gott zwingt ihn zur Weissagung kommenden Unheils:

Und doch ... ist es wahr, daß das Gericht kommen wird über dieses Land! Denn wer den größten Auftrag verfehlt, der verfällt auch der schwersten Schuld. ... Darum tut Gott recht, wenn er dieses Landes Ansehen vernichtet. Für ungeheure Verbrechen erfolgt nun die ungeheure Strafe (239).

Welch prophetische Worte im Jahre 1938, die von vielen verstanden wurden; man brauchte „spanisch" oder „Spanien" nur mit „deutsch" oder „Deutschland" ersetzen, um zu sehen, was Schneider mit seinem Buch beabsichtigte. Das Buch endet mit einer optimistischen Note: Karl V. erhört den Las Casas, verspricht, den Indios die Freiheit zu geben und schickt Las Casas als Bischof in die neue Welt zurück, obwohl Zweifel an der Verwirklichung von Las Casas Plänen bestehen bleiben. Mit seinem Angriff auf diktatorische Gewaltherrschaft vertritt Schneider keineswegs ein demokratisches Gegenprinzip zum Faschismus. Der König wird als gerechter und legitimer Fürst anerkannt, ja sogar entlastet, da er von den Grausamkeiten seiner Untertanen angeblich nichts gewußt habe: „Wie aber konnte ein König verfügen, was wider das Recht ist, kraft dessen er herrscht? ... Das ist geschehen, weil der edle König Ferdinand auf das schändlichste belogen worden ist von den Admirälen ... und seinen eigenen Räten" (223).[26]

Selbst Franz Schonauer, der der „inneren Emigration" recht skeptisch gegenüberstand, billigt in seiner „in polemisch-didaktischer Absicht" verfaßten Studie *Deutsche Literatur im Dritten Reich* Schneiders *Las Casas vor Karl V.* von allen Werken der „inneren Emigration" zu, daß es „am ehesten ausdeutbar als Widerstand gegen die ungerechte Macht" sei.[27] Schneider folgt, wie Wirth belegt,[28] den historischen Ereignissen um Las Casas recht genau, nur nimmt die Disputation mit Sepulveda einen zentraleren Raum in seinem Werk ein. Durch die Geschichte hindurch bis in die neueste Zeit gilt Las Casas als Vorkämpfer für die Gleichberechtigung und die Menschenrechte aller Völker. So inspirierten Las Casas' Werke die Niederlande in ihrem Freiheitskampf gegen die Spanier; Herder räumte ihm in seinen „Briefen zu Beförderung der Humanität" einen wichtigen Platz ein, die Freiheitstheologen im Lateinamerika unserer Tage beziehen sich auf Las Casas; und im Jahre 1966 besorgte Hans Magnus Enzensberger eine Neuausgabe von Las Casas' „Kurzgefaßtem Bericht."

Stefan Andres, wie Reinhold Schneider ein christlich-katholischer Gegner des Nationalsozialismus und nach 1945 einer der Sprecher des „anderen Deutschland" (so in seinen Reden und Aufsätzen, versammelt in *Der Dichter in dieser Zeit*), beteiligte sich wie Schneider und Bergengruen am versteckten Widerstand gegen die Nazis mit seiner Erzählung *El Greco malt den Großinquisitor*. Auch in dieser Erzählung finden sich deutliche Parallelen zwischen der Tyrannei der Inquisition und der Terrorherrschaft des Nationalsozialismus. In der Erzählung wird der in Spanien fremdstämmige Maler El Greco (eigentlich Domenicos Theodokopulos aus Kreta) von seinem Wohnort Toledo zum Großinquisitor nach Sevilla bestellt, um ein Portrait von ihm zu malen. Angsterfüllt macht er sich auf den Weg; denn er war den Machthabern nicht immer gefügig, und seine Bilder entsprachen nicht immer der Norm („Eure Malart ist neben Juan del Mudo gesehen – sehr ... fremd zu nennen," 8). Er fürchtet sich vor unbedachten Äußerungen, und darum „prüfte er seine innere Welt, nicht ob sie gut, sondern ob sie dicht und abgeschlossen sei."[29] Das gelingt ihm jedoch nur teilweise. So zieht er im Gespräch mit einem Kaplan, der ihn zum Großinquisitor zitiert, die Führer des Volkes zur Rechenschaft: „Das Volk ist nie schismatisch zu nennen; es sind die Priester, die Hirten – die Grenzen aufrichten und niederreißen!" (8). Visionen der Inquisitionsopfer plagen ihn; er verwünscht „seine Ruhmsucht, die ihn aus der freien Luft Venedigs in den Bannkreis des Eskorial getrieben hatte" (11). Er gedenkt seines letzten Zusammentreffens mit dem Großinquisitor anläßlich der Enthüllung „seines Gemäldes vom Martyrium des Heiligen Mauritius," auf dem eine Schlange sich zum Namensschild des Malers reckte. Diese

Schlange, so erklärte El Greco dem Kardinal-Inquisitor, vertritt das Böse, dem sein Name „den Eintritt in das Bild verwehren" soll" (10). In dem zu malenden Bild vom Kardinal braucht er keine Viper mehr unter seinem Bild; denn sie ist in der Gestalt des Kardinals Gegenstand des Bildes und wird durch Festhalten auf der Leinwand gebannt. Wie die Bücher der „inneren Emigration" und des versteckten Widerstandes so sind El Grecos Bilder Bekenntnis und Vermächtnis an die Zukunft („ich bekenne in Bildern" -14) In einem Reich der Lüge will er die Wahrheit durchsetzen, trotz der Warnung seines Freundes und Arztes Cazalla: „Aller Hälse sind von Aufmerksamkeit nach allen Seiten so wie Schrauben verdreht, aller Rücken sind krumm, aller Träume sind erfüllt vom Tanz der Flammen. Wenn wir leben wollen, lernen wir die Lüge" (15). Auch den Gedanken ans Exil, so verlockend er erscheinen mag, weist El Greco von sich (15).

Vor der Abreise nach Sevilla beklagen El Greco und sein Arzt Cazalla die schlimmen Zeiten im Reich: „Das ganze Spanische Reich hat die Gicht: der König, das Heer, die Flotte, – alles ist steif, geschwollen, unbeweglich geworden. Welch eine gewaltige Krankheit, dachte er, die ein ganzes Zeitalter zu Tode bringt" (12). Die Nachricht vom Tode König Philipps bietet El Greco Gelegenheit zur Betrachtung, daß kein Herrscher unersetzlich ist:

Es wird Zeit, daß alle, die im geheimen wissen, daß die Erde nicht Mitte der Welt ist, auch keinem Menschen mehr einräumen, Mitte der Menschen zu sein. Wir haben eine andere Mitte. Und so atmet das Land auf beim Tode eines Herrschers, und wäre er selbst erträglicher gewesen als Philipp – es ist ein Entgürten und Entwappnen, die Erwartung eines Unglaublichen, das die Lenden eines Reiches schwellt (12).[30]

Innerlich gestärkt erscheint El Greco vor dem Kardinal und malt die Wahrheit, wie er sie sieht, und nicht nach den Wünschen des Kardinals. Er malt „so, wie Gott es mir befiehlt durch die Wahrhaftigkeit. ... Nach jener Wahrhaftigkeit, die der Herr aussprach, als er sich in das Bild des Blitzes begab, der leuchtet von seinem Aufgang bis zu seinem Niedergang und alles enthüllt, was im Verborgenen ist" (21). Statt „adventlich violett" malte er das Birett des Kardinals „blutrot," sein Gesicht bleich, Kragen und Chorhemd weiß, und dunkel den Grund (21). Die Farben schwarz, weiß, rot beschwören den Tod, sie sind auch die Farben des Dritten Reichs; die roten Zacken des Biretts erinnern auch an die Blutopfer des Hakenkreuzes. Der Kardinal versteht, was El Greco mit seinem Bild meint: „Ihr meint die heilige Kirche mit diesem Bild!" (21-22). Dieser bestätigt mutig: „Sie ist ein blutiges Feuer geworden, Eminenz!" (22). Seinem Freund Cazalla gesteht er: „Wißt, es ist umsonst, die Inquisitoren zu töten. Was wir können, ist – das Antlitz dieser Ächter Christi festzuhalten" (28). Vergleichbar dem Aufschneiden einer faulen Frucht will El Greco mit seinen Bildern „die Welt mitten durch [schneiden], ja, das will ich, und Nino [der Kardinal] soll gewahr werden, wie der Generalinquisitor inwendig aussieht" (34). Der Großinquisitor durchschaut den Maler, doch er entlohnt ihn fürstlich. El Greco kehrt nach Toledo zurück, doch die Flammen der Scheiterhaufen brennen weiter. Andres scheint sagen zu wollen, daß der Künstler die Wahrheit zwar aufzeichnen kann in der Hoffnung, daß andere sie erkennen, aber nicht die Mittel besitzt, sie durchzusetzen. Trotz der verklausulierten Erzählweise läßt das Geschehen einige recht deutliche Passagen der Kritik am System erkennen.

Ernst Jüngers Roman *Auf den Marmorklippen*, der 1939 erschien und zuletzt im Jahre 1980 wieder aufgelegt wurde (bei Ullstein in Frankfurt), ist oft als Widerstandsroman gedeutet worden, als Kritik von einem konservativ-elitären Standpunkt aus an den primitiven Praktiken der Nazis. Das trifft sicher weitgehend zu, doch im Nachwort zur Ullstein-Auflage von 1980 zeigt Jünger eine gewisse Allergie gegen den Begriff Widerstand und betont, daß „dieser Schuh auf verschiedene Füße paßt."[31] Jünger ging es in diesem Roman mehr um die „Allegorie eines Lebensgefühls" als um Widerstand. Doch zahlreiche Zeitgenossen, so Ernst Schnabel oder Heinrich Böll, sahen in Jüngers Werk „einen riesigen Schlüsselroman auf das Dritte Reich."[32] In dem Roman ist der Kampf aus dem realistischen Bereich der *Stahlgewitter* ins Elementarhaft-Mythische übertragen; er spielt in einer exotischen Landschaft zu einer unbestimmten Zeit und hat den Untergang einer höheren Kultur zum Thema. Ein blutrünstiger „Oberförster" aus „Campagne," den „Sümpfe[n] und dunklen Gründe[n], aus denen blutige Tyrannis droht" (35), bedrängt das Land der Friedfertigen und Geistigen („Marina"). Erste Vorzeichen des Unheils wurden „nicht erkannt," erste Boten der Gewalt fanden keinen Richter. „So blühten dunkle Konsulenten auf, die vor den Schranken das Unrecht schützten, und in den kleinen Hafenschenken nisteten die Bünde sich offen ein" (39). Gewalt breitet sich aus, unterstützt von minderen Barden, die niedere „Haß- und Rachejamben" schmiedeten. Der Oberförster ging bei der Ausschaltung allen Widerstandes auf dem Wege seiner Machtübernahme nicht ungeschickt vor: „Gerade hierin lag ein meisterhafter Zug des Oberförsters; er gab die Furcht in kleinen Dosen ein, die er allmählich steigerte und deren Ziel die Lähmung des Widerstandes war" (45). Auf diese Weise „begann der Schrecken ganz und gar zu herrschen und nahm die Maske der Ordnung an" (47). Im Zentrum des grausigen Oberförster-Reiches steht „die Schinderhütte bei Köppelsbleek"(87). Köppelsbleek ist ein Reich der Gewalt und des Todes, „die Keller, darauf die stolzen Schlösser der Tyrannis sich erheben...: Stankhöhlen grauenhafter Sorte, darinnen auf alle Ewigkeit verworfenes Gelichter sich an der Schändung der Menschenwürde und Menschenfreiheit schauerlich ergötzt. Dann schweigen die Musen, und die Wahrheit beginnt zu flackern wie eine Leuchte in böser Wetterluft" (85). Die Städte Marinas gehen auf in Flammen, über den Scherben „wehte die Standarte des Oberförsters, der rote Eberkopf" (134). Biedenhorn, ein Söldnerführer des Oberförsters, fand besonderen Gefallen an der Verfolgung von Schriftstellern und Intellektuellen: „Ganz unverhohlen lebte in ihm nun das Ergötzen, daß es den Schreibern, Versemachern und Philosophen der Marina nun ans Leder ging" (34). Man kann den Roman als genaue Parabel von Hitlers Aufstieg und seiner Gewaltherrschaft (samt Konzentrationslagern) lesen; so ist er bei seinem Erscheinen auch von vielen verstanden worden, wie Jüngers Nachwort von 1972 bezeugt. In seiner Allgemeinheit paßt der Roman aber auch auf andere Gewaltsysteme, so auf den Bolschewismus, wie Jünger im Nachwort mit den „verschiedenen Füßen" andeutet: „Kurz nach dem Kriege hörte man von Schwarzdrucken in der Ukraine und in Litauen" (141). Die Nazis, die sich als Bollwerk der abendländischen Zivilisation gegen den bolschewistischen Barbarismus sahen, verstanden den Roman wohl in diesem Sinne, sonst hätten sie dessen Veröffentlichung sicherlich verhindert. Der Einfluß von Nietzsches Erbe ist im Roman deutlich spürbar, vor allem Nietzsches *Zarathustra*. In den Tiefen haust das Niedere, in den Klüften der Marmorklippen die

Kulturwelt in edler Abgeschiedenheit. Was diesen Roman mit den *Stahlgewittern* verbindet, ist die konservative Ideologie, die sich vor allem in der Betonung des Schicksalhaften und in der Glorifizierung von Kampf und Grausamkeit zeigt – allerdings gegenüber der nüchternen Sprache des Frühwerks in georgisch-aesthetisch-mythisch-überhöhter Form. Als der Erzähler die Feuer des geheimnisvollen Ortes „Köppelsbleek" und die an Stangen aufgespießten Köpfe des Fürsten und Braquemarts erblickte, faßte ihn „ein Schauer im Innersten":

> Hier wurde mir gewiß, woran ich oft gezweifelt hatte: es gab noch Edle unter uns, in deren Herzen die Kenntnis der großen Ordnung lebte und sich bestätigte. Und wie das hohe Beispiel uns zur Gefolgschaft führt, so schwur ich vor diesem Haupt mir zu, in aller Zukunft lieber mit den Freien einsam zu fallen, als mit den Knechten im Triumph zu gehen (119-20).

Von den Schrecken des blutigen Kampfes nimmt er nur die Schönheit im Untergang wahr: „Von allen Schrecken der Vernichtung stieg zu den Marmorklippen einzig der goldene Schimmer empor. So flammen ferne Welten zur Lust der Augen in der Schönheit des Untergangs auf" (125). Das Echo der *Stahlgewitter* wird noch deutlicher in folgender Stelle: „Die Menschenordnung gleicht dem Kosmos darin, daß sie von Zeit zu Zeiten, um sich von neuem zu gebären, ins Feuer tauchen muß" (55). Die Stahlgewitter des ersten Weltkrieges waren für Jünger solch eine Zeit. Letztendlich jedoch deutet das Zitat nicht auf irgendwelche aktuellen Zusammenhänge hin, sondern, wie Ralf Schnell ausführt, auf „die Naturgesetzlichkeit und damit auf die Überzeitlichkeit sozialer Katastrophen," deren „Wiederkehr unabänderlich" ist.[33] Ob man aber mit Schnell angesichts der Jüngerschen mythischen Stilisierung des Grauens von „Exkulpation der faschistischen Verbrechen" sprechen kann, muß angezweifelt werden.[34]

Um Wahrheit, Recht und Gerechtigkeit in einer von Tyrannen beherrschten Welt geht es auch in Ernst Wiecherts Erzählung „Der weisse Büffel oder Von der großen Gerechtigkeit" (geschrieben 1937, erstmals veröffentlicht 1946). Der gebürtige Ostpreuße Ernst Wiechert (1887-1950) stand anfangs konservativ-nationalistischem Gedankengut nicht fern, was ihm anfänglich die Sympathien der Nationalsozialisten einbrachte. In seinem 1924 veröffentlichten Roman *Der Totenwolf* ging es noch um die Verherrlichung nackter Gewalt. Das hatte sich jedoch bis 1937, als Wiechert die genannte Erzählung schrieb, gründlichst gewandelt, so daß man den „Weißen Büffel" als Zurücknahme des *Totenwolfs* betrachten kann. Wiechert trug seine Erzählung vom weißen Büffel auf einer Lesereise im November 1937 durch das Rheinland in mehreren Städten öffentlich vor (Bonn, Essen, Köln), bei der sein Publikum wie auch die Behörden die in der Erzählung indirekt enthaltenen kritischen Anspielungen auf das Dritte Reich sehr wohl verstanden.[35] Eine für Februar 1938 in Basel geplante Lesung wurde ihm daraufhin nicht genehmigt, ebenso nicht die Drucklegung der Erzählung; im Mai 1938 kam Wiechert in das Münchener Polizeigefängnis, sieben Wochen später in das Konzentrationslager Buchenwald, aus dem er am 30. August 1938 wieder entlassen wurde, mit der Verwarnung des Reichspropagandaministers, „daß er bei dem geringsten Anlaß wieder ins Lager kommen werde, aber dann 'auf Lebenszeit und mit dem Ziel seiner physischen Vernichtung'."[36] Seine Erlebnisse im Konzenzentrationslager schrieb er ein Jahr nach seiner Entlassung nieder in *Der*

Totenwald. Ein Bericht. Zusammen mit anderen Schriften vergrub er diesen Bericht in seinem Garten bis zum Ersterscheinungsjahr 1945.

Die märchenhafte Erzählung „Der weisse Büffel oder Von der grossen Gerechtigkeit" spielt in unbestimmter Zeit an einem unbestimmten Ort in einem mythischen Indien. Vasudeva, der Hauptcharakter, erlebt den gewaltsamen Einfall räuberischer Steuereintreiber in sein Heimatdorf und sucht von da an mit seinen Gefährten, Gewalt mit Gewalt zu vergelten: „Das Gesetz hörte auf, über ihnen zu sein als etwas in sich Ruhendes. Sie selbst waren das Gesetz, und von nun an war das Blut nichts mehr, was zu scheuen war."[37] Doch alle Macht und wild-blutige Kämpfe können das Gefühl der inneren Leere nicht verdecken; er erkennt, „daß er sich geirrt hatte" (574). Ein Heiliger bedeutet ihm: „Der geht nicht leichter, ... der Macht und Reichtum in seinen Händen trägt. Und der geht am schwersten, der Blut in ihnen tragen muß" (574). Er kehrt zurück in sein Dorf und widmet sich unter dem starken Einfluß seiner Mutter der Aufgabe, der Gerechtigkeit mit friedlichen Mitteln zum Durchbruch zu verhelfen. Als königliche Reiter den ihnen den Weg versperrenden Büffel eines alten Mannes sinnlos erschlagen, begibt sich Vasudeva zum tyrannischen König Murduk, um von ihm Gerechtigkeit zu fordern, symbolisch vertreten durch einen „weißen Büffel mit goldenen Hörnern." Auf dem Wege zu Murduk weigert er sich, vor dessen goldener Maske, die überall aushängt, auf die Knie zu fallen wie die anderen Leute. Deswegen wird er in Ketten gelegt und zum Herrscher gebracht. Dieser glaubt, „daß Macht verwelkt und verfault, wenn das Schwert stumpf wird oder das Recht aufstehen will gegen die Macht, daß es nur zweierlei Dasein gibt: mit dem Schwert oder unter dem Schwert" (600-01). Er setzt darum alle Mittel (Marter, Korruption) ein, um zu erreichen, daß Vasudeva sich ihm beugt. Aber Vasudeva bleibt standhaft in seinem passiven Widerstand, denn er weiß, daß er nur so die Macht besiegen und Gerechtigkeit durchsetzen kann:

> Alle, die du kennst, beten dich an, mit der Stirn wenigstens, die im Staube liegt, und mit den Lippen, die jede Lüge sprechen können. Aber ich bete dich nicht an, nicht einmal mit der Stirn und den Lippen. Und daran erkennst du, wie ohnmächtig du bist. Du kannst mich nicht zwingen, du kannst mich nur töten. Aber über meinen Leichnam wirst du weinen, denn dann hast du die Brücke zerbrochen, und immer, jeden Herzschlag lang, wirst du wissen, daß einstmals einer lebte, vor dem du ein Bettler warst (606).

Murduk fühlt sich durch den passiven Widerstand eines einzelnen in seiner Macht bedroht; er fürchtet, daß Vasudevas Beispiel Schule machen wird:

> Deine Tat, sie läuft schon auf Flügeln über das Land. Tausend Nacken erheben sich schon wie das Tier im Käfig, wenn der Riegel klirrt. Tausend Lippen flüstern diese Nacht um einsame Feuer. Tausend Hände tasten nach dem Dolch an der Lende. Deine Hand hat nach meinem Herzen gezielt, und für eine solche Hand gibt es nur Buße oder Tod (608).

Murduk will Vasudeva mit dem Versprechen kaufen, „hundert weiße Büffel mit vergoldeten Hörnern" (610) zu schicken, wenn er ihn anbete, denn „Sicherheit ist ... nur, wo *alle* anbeten" (610). Auch durch den von Murduk verordneten Feuertod der Mutter läßt sich Vasudeva nicht abschrecken von seinem geraden Weg. Die Geschichte endet mit dem Tod Vasudevas, doch er bleibt der Sieger. Der König entsagt der Macht und der Welt und findet inneren Frieden; die Gerechtigkeit hat gesiegt durch das Opfer eines Aufrechten: eine „Karawane der Gerechtigkeit" bestehend aus fünfzig Paaren weißer Büffel mit vergoldeten Hörnern durchzieht das Land.

„Dieser Bericht will nichts sein als die Einleitung zu der großen Symphonie des Todes, die einmal von berufeneren Händen geschrieben wird."[38] So beginnt das Vorwort zu Wiecherts Bericht *Der Totenwald*. „Berufenere Hände" wie Elie Wiesel oder Primo Levi haben inzwischen ihre Erfahrungen mit der brutalen Mordmaschinerie des Dritten Reichs niedergelegt, Bruno Apitz sogar speziell aus dem Lager Buchenwald.[39] Doch bleibt Wiecherts Bericht ein bleibendes und erschütterndes Dokument der Grausamkeiten, die Menschen Menschen anzutun imstande sind. Zugleich ist es aber auch ein hohes Lied auf die Humanität einiger seiner Mitgefangenen, ohne die Wiechert nicht überlebt hätte.

Der Totenwald, ein autobiographischer Bericht, ist in der dritten Person verfaßt; „der angenommene Name des Handelnden und Leidenden in diesen Aufzeichnungen" ist Johannes.[40] Johannes beschreibt zunächst seine seelische Verfassung vor der Verhaftung. Er hat Mitmenschen in Not zu trösten versucht, doch wird er selbst von Schuldgefühlen geplagt, da „er sich zu einem widerwilligen Ja bequemte," wo „eine unbeugsame Haltung ein Nein gefordert hätte." Die Verschleppung Pfarrer Niemöllers ins Konzentrationslager bringt für ihn die Wende und den Durchbruch zum Handeln; er verfaßt ein Protestschreiben an die Behörden. Er betont dabei, daß er als einzelner und aus ethisch-moralischer Verantwortung heraus handelt, und nicht als Verschwörer: „Weder war er ein Verschwörer, noch hatte er jemals Fäden mit solchen angeknüpft, die auf einen Umsturz der Ordnung ausgingen" (208). Über die Folgen seines Handelns war er sich voll im klaren: Verhaftung und Einlieferung ins Gefängnis. Die Verhaftung, die Gefängnisroutine, die Zellengenossen, andere Gefangene, Wärter und andere Schergen des Systems werden ausführlich beschrieben und reflektiert. Nach sieben Wochen Polizeihaft wird Johannes ins Konzentrationslager Buchenwald abtransportiert, begafft von der neugierigen Bevölkerung, für die Gefangenentransporte anscheinend eine makabre Art von Unterhaltung darstellten. Johannes' Zellengenosse im Polizeigefängnis hatte ihm die Greuel der Lager schon beschrieben, doch die Wirklichkeit übertraf alle Vorstellungskraft. SS-Mannschaften nahmen die Häftlinge am Weimarer Bahnhof in Empfang und machten ihnen deutlich, „daß sie bei einem Fluchtversuch oder der geringsten Widersetzlichkeit sofort ‚abgeschossen' würden, daß sie ihre ‚Schnauzen' geradeaus zu nehmen hätten, daß man diesen ‚Schweinen' schon Schliff beibringen würde" (256). Dann ging es in Polizeiwagen den Ettersberg hinauf, „demselben Berge, von dem Goethe mit Charlotte von Stein über das thüringische Land geblickt hatte, und wo nun hinter den elektrischen Drahtverhauen das Lager auf sie wartete" (257). Im Lager mußten sie als erstes zwei Stunden bewegungslos in einer heißen Baracke stehen. Ältere Häftlinge fielen ohnmächtig zu Boden. Die Wachen schrien: „Laß die Schweine liegen," und niemand rührte sich. Der Unterlagerführer Hartmann, ein Pfarrerssohn, griff sich einen über siebzigjährigen Juden „mit einem bekannten Namen" (258) heraus und versprach, „‚mit dieser alten Judensau schon Schlitten zu fahren'" (258). Johannes sah alles und „wollte nichts übersehen und nichts vergessen. Es war ihm, als sei er hierhergekommen, um einmal Zeugnis abzulegen vor einem Gericht, das er noch nicht kannte und vor dem jedes Wort gewogen werden würde" (259). So beschreibt er die Geographie des Lagers, die Buchenwipfel vor blauem Himmel und die Schreie der Gefolterten. Und die Arbeit im Steinbruch:

> Es war nämlich so, daß man hier einen großen Teil der jüdischen Belegschaft und unter ihnen auch die Schwächsten und Hinfälligsten zusammengetrieben hatte, um sich ihrer am leichtesten entledigen zu können. Hier standen die rohesten Posten, die rohesten Unterführer, die rohesten Vorarbeiter. Hier bekam der Siebzigjährige, der nur noch wie ein Schatten dahinwankte, dieselbe Last auf die Schultern geworfen wie der Siebzehnjährige, und wenn er dreimal zusammenbrach, so wurde sie ihm viermal aufgelegt, und wenn er liegen blieb, so 'meuterte' er eben, und auf Meuterei stand die Todesstrafe (272-73).

Vor allem die Juden im Lager „waren nur Ungeziefer, das man zertrat" (271). Johannes selbst arbeitete nicht im Steinbruch, aber er sah „den langen Zug der Verdammten aus der Tiefe den Hang heraufsteigen. ... Er sah die gekrümmten Gestalten, Skelette mit gespenstischen Armen und Beinen, von Wunden bedeckt, gefärbt mit geronnenem Blut" (274). Johannes schämt sich für sein Volk, ein Volk, „in dem Goethe gelebt hat," das nun solche Brutalitäten hervorbringt, bei deren Anblick Johannes erstarrt. Es ist eine Welt ohne Gott: „Johannes sah dies alles, während das leere, eiskalte Gefühl in seinem Innern wuchs und wuchs. ... Die Sonne schien wohl, und die Wolken zogen wohl über ihnen dahin. Aber es war nicht mehr Gottes Sonne und es waren nicht mehr Gottes Wolken. Gott war gestorben" (275). Johannes hatte Glück, er kam in den Block 17 für politische Gefangene, „ein Muster kameradschaftlicher Gemeinschaft" (277). Unter den Gefangenen erlebte er beispielhafte menschliche Größe und Güte, personifiziert in Mitgefangenen wie „Vater Hermann," „Vater Kilb," Walter Husemann, und vor allem sein „Lebensretter" Josef Bissel, ohne den er „'durch den Schornstein gegangen'" wäre (278). Aber neben menschlicher Größe findet Johannes unter den Häftlingen auch Beispiele von Korruption, Stumpfheit, geistiger Leere und engstirniger Dogmatik, letztere vor allem bei Bibelforschern, Sozialisten und Kommunisten, die ihn lebhaft an Gottfried Kellers gerechte Kammacher erinnern. „Alle Ideologie hielt er für ein Unglück, und Hoffnung, wenn er sie noch hatte, konnte er nur in der 'Erziehung des Menschengeschlechts' sehen" (310). Doch er bewunderte die Durchhaltekraft und Unbeugsamkeit dieser Ideologen. Überdies waren es ausgerechnet Kommunisten wie Josef Bissel, die Johannes menschlich am nächsten standen. Johannes aber unterscheidet säuberlich zwischen Kommunist und Mensch: „Wer ihm im Lager geholfen hatte, hatte dies nicht als Kommunist getan, sondern als Mensch, der sich das Gefühl für Recht und Würde bewahrt hatte, im Gegensatz zu denen, die es schändeten" (310).

Kurz vor seiner Entlassung gab es Hafterleichterungen für Johannes. Er erhielt Geldsendungen und die Erlaubnis, seine Bücher für die Lagerbibliothek kommen zu lassen. In dem Verwalter der Lagerbibliothek, Walter Husemann, „gewann er eine letzte, ihn aufs tiefste beglückende Freundschaft" (317). Auch Husemann war Kommunist und als aktiver Widerstandskämpfer verhaftet; er wurde vier Wochen nach Johannes entlassen und im Jahre 1943 als Mitglied der Widerstandsgruppe „Rote Kapelle" hingerichtet. Johannes verläßt das Lager, seine physischen Wunden vernarben, nicht aber die seelischen: „Es würde keine Haut darüber wachsen, der Zeit, oder der Vergeßlichkeit, oder der wachsenden Gleichgültigkeit. ... Die Wunden, die Johannes davontrug, waren nicht nur seine eigenen Wunden, nicht nur die der Tausend, die er hier zurückließ, ja nicht einmal nur die seines Volkes. Die ganze Menschheit war geschändet worden" (325-26).

Wie am Beispiel Bergengruen bereits gezeigt, kam Opposition gegen das Nazi-Reich nicht nur in der Prosa, sondern auch in der Lyrik zum Ausdruck. Gerade Gedichte eigneten sich ihrer Kürze wegen wesentlich besser zur heimlichen Verbreitung im Untergrund als längere Prosa. So schrieb Reinhold Schneider Anfang 1939 aus Paris an seinen Berliner Freund Jochen Klepper: „An große Bücher denke ich nicht mehr; nur an möglichst eindringliche Symbole."[41] Wie Theodore Ziolkowski[42] und vor ihm bereits Charles Hoffmann[43] festgestellt haben, benutzten zahlreiche Autoren der „inneren Emigration" die Sonettform, um sich durch die Form gegen das Chaos zu behaupten, oder wie Reinhold Schneider es im letzten Terzett eines Sonetts über die Sonettform formuliert hat:

> So wird das Leben doch in Form gezwungen
> Und muß, von einem fremden Glanz erhellt,
> Unwiderruflich enden als Sonett (192).

Für viele Autoren war bereits die „undeutsche" Form des Sonetts ein Akt der Opposition. Während die meisten Nazi-Barden die Sonett-Form zugunsten des Marschlieds verschmähten, entstanden in der Opposition Sonette und Sonettsammlungen von Reinhold Schneider, Rudolf Hagelstange („Venezianisches Credo"), Georg Britting („Die Begegnung"), Albrecht Haushofer („Moabiter Sonette"), Hans von Hülsen („Gerichtstag"), Wolfgang Petzet („Die Sonette des Satans"), Wilhelm Tidemann („Sonette eines Deutschen"), Marie Luise Kaschnitz, Wolf von Niebelschütz und anderen.[44] Zahlreiche Sonette, die in der Zeit des Dritten Reiches geschrieben wurden, konnten erst nach 1945 veröffentlicht werden. Viele davon zirkulierten im Untergrund – wie zahlreiche Sonette von Reinhold Schneider – wo sie Trost und Hoffnung spendeten: „Sie drangen in die Gefängnisse und Lager ein, man fand sie bei der letzten Habe Gefallener, man reichte sie in den Bombenkellern der Großstädte von Hand zu Hand."[45]

Reinhold Schneider schrieb von 1933 bis 1945 rund 200 Sonette, von denen nur wenige, z.B. *Die Sonette,* 1939 (Insel-Verlag), im Dritten Reich veröffentlicht werden konnten. Schneiders Lyrik ist wie seine Prosa von christlich-katholischem Ethos getragen. Die Nazis sind nur ein Teil eines größeren Übels als Strafe für die Gottferne des modernen Menschen; wie Bergengruen will Schneider mit seinem Werk zur Besinnung und Umkehr aufrufen, nicht zum aktiven Widerstand. Das „Reich des Wahns" läßt sich nur durch Hinwendung zum Kreuz Christi überwinden, wie es im folgenden, 1937 entstandenen Sonett heißt:

> Nun baut der Wahn die tönernen Paläste
> Und läßt sein Zeichen in die Straßen rammen;
> Er treibt das blind verwirrte Volk zusammen
> Vom Lärm zum Lärme und von Fest zu Feste.
>
> Schon reißt der höllische Schwarm verruchter Gäste
> Die Letzten mit, die besserer Art entstammen,
> Und tanzend in des Hasses grellen Flammen,
> Entweihn sie noch der Toten arme Reste.

> Jetzt ist die Zeit, das Kreuz des Herrn zu lieben
> Und auszufüllen jeden unsrer Tage
> Mit Opfer und Verzicht und heißen Bitten.
>
> Es wird das Wahnreich über Nacht zerstieben
> Und furchtbar treffen uns des Richters Frage,
> Ob Stund' um Stunde wir sein Reich erstritten (109).

Im Sonett „Der Antichrist" schildert Schneider den Verführer Adolf Hitler als Antichrist, der durch Täuschung die Gewalt über das Volk erringt und sogar von Künstlern gepriesen wird:

> Er wird sich kleiden in des Herrn Gestalt ...
> Und übers Volk erlangen die Gewalt ...
> Die Künstler und die Weisen mit ihm zechen,
> Um den sein Lob aus Künstlermunde hallt.

Doch er wird vom „Blitzstrahl aus den höchsten Kreisen" zerschmettert und ins Dunkel geschleudert werden „wo er ausgegangen ist" (26).

Rudolf Hagelstange (1912-), der im Grunde mehr zu den Nachkriegsschriftstellern zu rechnen ist, war von 1940-45 Soldat in Frankreich und Italien und einer der vielen Wehrmachtsangehörigen, die Reinhold Schneiders Sonette im Tornister trugen. 1944 schrieb er als Soldat in Italien die Sonette des *Venezianischen Credo*, die „erstmals im April 1945 in 155 Exemplaren, gedruckt auf der Handpresse der Officina Bodoni in Verona" erschienen[46] und illegal verbreitet wurden, vor allem in Wehrmachtskreisen.[47] Vorbild für das *Venezianische Credo* waren Rilkes „Sonette an Orpheus" und Reinhold Schneiders Sonette, wie Hagelstange im Jahre 1952 in dem Aufsatz „Die Form als erste Entscheidung" mitteilte.[48] Das Thema dieses Sonett-Zyklus war ähnlich wie bei Schneider „die Überwindung des zeitlichen Chaos durch Besinnung auf über- und außerzeitliche Kräfte des Menschen" (38). Zu diesem Zwecke schienen Hagelstange Sonette die geeignetste Dichtform zu sein, denn „in ihrer strengen Form ... manifestierte sich schon äußerlich der Unwille gegen das Formlose, der Wille zu neuem Gesetz" (38). Auch Hagelstange verweist auf die erstaunliche Zahl von Sonetten, die in den letzten Kriegsjahren geschrieben wurden: „Das Sonett, gegen den Ungeist kreiert, wurde geradezu zu einer Modeform des Widerstandes" (38).

Ähnlich wie Bertolt Brecht im Gedicht „An die Nachgeborenen" („Was sind das für Zeiten, wo/ Ein Gespräch über Bäume fast ein Verbrechen ist") fragt auch Hagelstange gleich im ersten Sonett der Sammlung nach der Berechtigung von Lyrik im Angesicht des Grauens:

> Wie kann man singen, wenn aus allen Kehlen
> der Angstschrei und die Klage bricht ... (9).

Das Grauen wird in mehreren Sonetten beschrieben:

> Denn was geschieht, ist maßlos. Und Entsetzen
> wölkt wie Gewitter über jedem Nacken.
> Es jagt der Tod mit flammenden Schabracken
> durch Tag und Nacht, und seine Hufe fetzen,
> was Werk und Leben heißt, zu tausend Stücken (37).

174

Andere Sonette sind ein Aufruf zur Besinnung auf innere Werte und Ausdruck der Hoffnung, wie das letzte Sonett zeigt:

> Der Feige weihe sich dem Untergange,
> der Narr dem Taumel und der Knecht dem Raube.
> Mir aber, unzerstörbar, brennt der Glaube
> an einen neuen Tag (42).

Nur die Reinen werden, so Hagelstange, das Unrecht unbefleckt überstehen und dem Recht wieder zu seinem angestammten Platz verhelfen können:

> Denn dies ist alles: Reinen Sinnes streben
> und reiner Hände reines Werk zu tun
>
> ....
>
> Das Recht wird mächtig, und den reinen Händen
> gelingts, das Werk des Menschen zu vollenden (30).

Als letztes Beispiel für die innere Emigration soll das Spätwerk von Oskar Loerke dienen. Für die Halbjüdin Elisabeth Langgässer, die 1938 Schreibverbot erhielt und vor den Lagern nur durch ihren „arischen" Mann bewahrt wurde, war Oskar Loerke (1884-1941) ein „Kronzeuge der innneren Emigration."[49] Als die Nationalsozialisten zur Macht kamen, wurde Loerke im Zuge der „Gleichschaltung" als Sekretär der Abteilung für Dichtung der Preußischen Akademie der Künste abgesetzt, blieb jedoch Mitglied und unterschrieb im Oktober 1933 gar ein Treuegelöbnis von 88 Schriftstellern für Hitler. Dieser Akt wird nur aus Kenntnis der näheren Umstände, unter denen Loerke die Unterschrift vollzog, verständlich. Loerke war damals Lektor im Fischer-Verlag und wurde von Samuel Fischer zu der Unterschrift veranlaßt, um den großbürgerlich-jüdischen Verlag nicht in noch grössere Schwierigkeiten zu bringen.[50] Loerke hat seine Einwilligung zur Unterschrift und die Schikanen, denen er unter den Nazis ausgesetzt war, nicht verwunden; er litt an Herzanfällen und Depressionen, die ihm 1941 den Tod brachten. In seinem Tagebuch, nach dem Krieg von seinem Freund Hermann Kasack herausgegeben, dokumentiert er seine Abscheu für das Regime und seine eigenen seelischen Qualen; den Eintragungen von 1933-34 gab er selbst die Bezeichnung „Jahre des Unheils." Es ist das Tagebuch eines Verweifelten. So vermerkte Loerke am 19. 2. 1933 unmittelbar nach der Machtübernahme Hitlers und der Umbildung der Preußischen Akademie: „Ich stehe zwischen den Terroristen von rechts und links. Möglicherweise muß ich zu Grunde gehen. Die Nerven halten nicht mehr. Tauer, vor furchtbare Konsequenzen gestellt zu sein, ohne das mindeste begangen oder auch nur gewußt zu haben."[51] Frühere Freunde antworten nicht mehr, wie Hermann Stehr, der auf die neue Linie eingeschwenkt ist. Loerkes berufliche Möglichkeiten werden immer beengter: „Zum Steineklopfen bin ich zu alt und zu krank. Und dann der langsame Mord an mir. Ist der Verlag kaputt, so ist auch mein Werk dahin" (308-09). Er lebt mehr und mehr in der Vergangenheit „mit den alten großen Weisen und Dichtern und Musikern, gleichsam versammelt zu den Vätern" (287). Das Leben hat für ihn jeglichen Sinn verloren: „Früher hatte das Leben einen Sinn, weil es Leben war. ... Jetzt hat es keinen Sinn, weil es nicht mehr Leben ist" (337). Loerke hätte, wie viele seiner früheren Freunde, sich anpassen können, doch das liegt ihm fern; denn „ein Verbrechen hört dadurch, daß es zum

Gesetz erhoben wird, nicht auf, Verbrechen zu sein. Vielmehr wird ihm dann die Anerkennung gegeben und seine tausendfache Verbreitung gewährleistet. Demnach: wenn hunderttausend lügen und nur einer sagt die Wahrheit, so sagt eben nur einer die Wahrheit und die hunderttausendfache Majorität gegen ihn lügt" (336-37). Gegen Ende werden die Eintragungen immer knapper: 28. 2. 1939: „Die Schmach. Aus der Bürgerlichkeit entgültig ausgestoßen" (339). Knapp zwei Jahre später starb Loerke in Berlin.

Zusammen mit Wilhelm Lehmann war Loerke einer der bekanntesten Naturlyriker der zwanziger Jahre, dessen Dichtung völlig unpolitisch war. Nach 1933 schreibt er weiterhin Naturgedichte, doch drängt sich nun auch die Politik in seine Verse hinein. Auch er hätte gerne wie Brecht weiterhin über Bäume geschrieben,

> Doch wenn sich freche Bruten Schicksal nennen,
> Mußt du, mein Haß, des Schicksals Schicksal werden.[52]

In dem späten Gedicht „Zum Abschluß meiner sieben Gedichtbände" heißt es rückblickend:

> Nun geh, mein Siebenbuch, gesellt
> Den Trümmern, dem Gerölle;
> Begonnen in der lieben Welt
> Vollendet in der Hölle (622).

Zahlreiche Gedichte geißeln in chiffrierter Form die Nazi-Herrschaft. So erschien 1934 im Gedichtband *Der Silberdistelwald* das Gedicht „Genesungsheim," das an Deutlichkeit nichts zu wünschen übrig läßt:

> Was schlug man diesen zum Krüppel?
> Er dachte hinter der Stirn:
> Da öffnete ihm der Knüppel
> Den Schädel, und Hirn war nur Hirn.
>
> Warum haben Jauche-Humpen
> Dort jenen die Augen verbrannt?
> Sie haben einen Lumpen
> Einen Lumpen genannt.
>
> Warum schweigt dieser im Knebel?
> Weil sein Gewissen schrie!
> Wes Kopf sprang zum Reiche der Nebel?
> Dessen Gurgel vor Ekel spie! (440).

Das im Juli 1940 verfaßte Gedicht „Die Spötter der Hilflosen" drückt Loerkes große persönliche Verzweiflung aus:

> Die Alb-Lawinen rollen
> Auf mich herab von allen Seiten.
> Und meine Freunde wollen,
> Ich solle dennoch vorwärtsschreiten (573).

176

Zwar überwiegt bei Loerke der Pessimismus, doch zuweilen zeigt sich auch ein Hoffnungsschimmer im Gedanken an den Untergang des Nazi-Reiches und das Vertrauen auf die Macht der Dichtkunst, wie in dem im Dezember 1940 verfaßten „Vermächtnis":

> Jedwedes blutgefügte Reich
> Sinkt ein, dem Maulwurfshügel gleich.
> Jedwedes lichtgeborne Wort
> Wirkt durch das Dunkel fort und fort (614).

Loerkes Widerstand gegen den Nationalsozialismus war rein passiv; er war kein Mann der Tat, sondern der Wortkunst. Im Gedicht „Wehrlos" veranschaulicht er die Problematik der passiven inneren Emigration:[53]

> Wir sahen zu und haben nichts verteidigt
> Es toste ein Gewitter, und wir schwiegen,
> Als führen wir mitsamt in einem Nachen.
> Oh, wären wir trotzdem doch ausgestiegen!
> Und unverziehen bleibt uns unser Lachen (588).

Zu diesen ausführlicher behandelten Autoren und Werken kommen noch zahlreiche andere, auf die an dieser Stelle nur auswahlhaft und kurz hingewiesen werden kann. Dabei sind nichtfaschistische oder antifaschistische Positionen durch Werk, persönliches Verhalten oder beides bestimmt. Von einem konservativ-aristokratischen Standpunkt aus übten neben Ernst Jünger auch Reichsritter Walter von Molo und Friedrich Reck-Malleczewen Kritik an den Nazis. Von Molo (1880-1958), Mitbegründer des Deutschen Pen-Clubs (1919) und Präsident der Sektion Dichtkunst der Preußischen Akademie der Künste 1928-1930, von den Nazis als undeutsch, marxistisch, liberalistisch, pazifistisch diffamiert, zog sich nach der Machtübernahme aus Berlin nach Murnau in Oberbayern zurück und ging abseits aller Tagespolitik den Weg der „inneren Emigration," den er nach 1945 gegen Angriffe von Exilautoren (vor allem Thomas Mann) verteidigte.[54] Der aus einem ostpreußischen Bauerngeschlecht stammende Friedrich Reck-Malleczewen (1884-1945) notierte seine Ablehnung der Nazis in sein zwischen 1936 und 1944 geschriebenes *Tagebuch eines Verzweifelten* (veröffentlicht 1947, 1981). 1937 erschien sein Roman *Bockelson. Geschichte eines Massenwahns*, in dem er den Nazi-Massenwahn des 20. Jahrhunderts durch die Darstellung des Wiedertäufer-Massenwahns des 16. Jahrhunderts geißelt. 1944 wurde Reck auf Grund einer Denunziation von der Gestapo verhaftet und ins KZ eingeliefert; er starb am 16.2.1945 in Dachau. Opfer der Nazi-Tyrannei wurde auch der protestantisch-christliche Schriftsteller Jochen Klepper (1903-1942). 1937 wurde er aus der Reichsschrifttumskammer ausgeschlossen und damit mundtot gemacht. Sein Hauptwerk, der Roman *Der Vater*, eine mit christlichen Gedanken durchtränkte Lebensdarstellung des Preußenkönigs Friedrich Wilhelm I., konnte 1937 nur erscheinen, weil die Nazis ihn als Verherrlichung des Führerprinzips mißverstanden. Im Dezember 1942 schied er mit seiner jüdischen Frau und seiner jüdischen Stieftochter Renate freiwillig aus dem Leben, da beiden Frauen die Deportation drohte. Eine mutige persönliche Haltung bewies Ricarda Huch (1864-1947), „die erste Frau Deutschlands" (Thomas Mann), als sie im Frühjahr 1933 in einem

Brief an den Präsidenten der Preußischen Akademie der Künste ihren Austritt aus dieser Organisation erklärte. In diesem Brief heißt es unter anderem: „Was die jetzige Regierung als nationale Gesinnung vorschreibt, ist nicht mein Deutschtum. Die Zentralisierung, den Zwang, die brutalen Methoden, die Diffamierung Andersdenkender, das prahlerische Selbstlob halte ich für undeutsch und unheilvoll."[55] Im gleichen Brief nimmt sie auch Alfred Döblin gegen die „Judenhetze" in Schutz. Auch mit ihrer dreibändigen *Deutschen Geschichte* (1934) geriet Huch in offenen Gegensatz zu den Nazis. 1937 wurde die Autorin auf Grund des „Heimtückegesetzes" zwar angeklagt, da sie sich für Käthe Kollwitz und deren „entartete" Kunst eingesetzt hatte, ansonsten begnügten die Nazis sich jedoch damit, sie auf die Liste der „unerwünschten Autoren" zu setzen. Nicht jeder prominente Autor bewies solche Zivilcourage. Gerhart Hauptmann (1862-1946) beispielsweise äußerte sich zwar privat gegen den Faschismus, trat ihm aber öffentlich nicht entschieden entgegen und zeigte sich zu manchem Kompromiß bereit. Seine von düsterer Tragik durchzogene Atriden-Tetralogie ist vielfach als Kritik an der Nazi-Barbarei aufgefaßt worden, doch andere sehen in ihr nur ein weiteres Beispiel für die Unfreiheit und die Gebundenheit des Menschen, die Hauptmanns Werk von Anfang an durchzieht. Auch Hans Carossa (1878-1956) schwankte zwischen Opposition und Anpassung. Er lehnte zwar 1933 die Berufung in die Dichterakademie, Abteilung 3 der neugeordneten Preußischen Akademie der Künste ab, akzeptierte jedoch 1938 den Goethepreis der Stadt Frankfurt a.M., 1939 im faschistischen Italien den San-Remo-Preis und 1941 in Weimar die Präsidentschaft des nazistischen „Europäischen Schriftstellerverbandes." In seinem sehr lesenswerten „Lebensbericht," der 1951 unter dem Titel *Ungleiche Welten* im Insel-Verlag in Wiesbaden erschien, spricht Carossa von der Ohnmacht der vom echten humanistischen Geist erfüllten Dichter, sich der Gewalt entgegenzustemmen, aber auch von dem Halt, den sie zahllosen Mitmenschen mit ihrer Dichtung boten: „Jedes wahrhaft freie, tief menschliche Wort, das mitten im Gewaltstaat gewagt wurde, jedes echte Kunstgebilde, das im Schatten der Geheimpolizei nach ursprünglich eigenen Gesetzen erwuchs, war für die gutgewillten Seelen jener Jahre eine reine Bestärkung, ein unersetzlicher Trost" (81). In diesem Sinne las Carossa auch die deutschen Klassiker, allen voran Goethe: „Wieder einmal war es Goethe, von dem Ermutigung und Wegweisung kamen. Der Schriftsteller brauchte nur ein paar Seiten aus dem *Wilhelm Meister* oder gewisse Stellen aus *Iphigenie* und *Faust* zu lesen, um zu erfahren, daß er Sitz und Stimme hatte in einem unsichtbaren aber mächtigen Imperium, in welchem alle Gauleiter und Obergebietsführer ihre Befehlsgewalt verloren" (82). Zu dieser humanisierenden Kraft Goethes bekannte sich Carossa auch in seiner Rede über die „Wirkung Goethes in der Gegenwart," die er am 8. Juni 1938 vor der Goethegesellschaft in Weimar hielt (gedruckt 1938 und 1944 im Inselverlag Leipzig), in der er zur „Schonung und Duldung, zum Verzicht auf Gewalt" aufrief (28) und sich einreihte in den „Orden derer, denen alle Länder und Meere der Welt nicht genügen würden, wenn das Reich des Geistes und des Herzens unerobert bliebe" (34).

Zu den von den Nazis verfemten Autoren zählten auch der Elsässer und einstige Expressionist Otto Flake (1880-1963), der Mecklenburger Hans Fallada (1893-1947) und der Dresdner Erich Kästner (1899-1974), dessen gesellschaftskritische Werke 1933 auf die Scheiterhaufen geworfen wurden und gemäß den „Schwarzen Listen" im Börsenblatt „unbedingt auszumerzen" waren, „alles – außer *Emil*."[56] Der links-bürgerliche Flake erhielt kein Papier mehr für den Druck seiner Werke, und Hans Fallada, der Chronist des kleinen Mannes gegen Ende der Weimarer Republik (*Kleiner Mann, was nun?*, 1932), wurde von der offiziellen Kritik des Dritten Rei-ches ablehnend beurteilt. Sein Roman der Inflationszeit *Wolf unter Wölfen* konnte 1937 erscheinen, sollte sogar verfilmt werden, wurde aber 1938 in der *Bücherkunde* angegriffen als „Wirrwarr einer zügellosen Phantasie" eines Autors, gegen dessen „literarische Machwerke aufs schärfste die Stimme zu erheben" sei.[57] Zu den Wort-führern der inneren Emigranten nach 1945 zählte vor allem Frank Thiess (1890-1977), obwohl seine Haltung während des Dritten Reichs nicht unumstritten ist; er wurde zum Beispiel im Gegensatz zu zahlreichen anderen Kollegen nie aus der Reichsschrifttumskammer ausgeschlossen. Im Jahre 1941 veröffentlichte er *Das Reich der Dämonen*, ein Geschichtswerk über die hellenischen, römischen und byzantinischen Staaten, dem er den beziehungsreichen Untertitel „Der Roman eines Jahrtausends" gab, in dem viele Leser eine Verbindung zum sogenannten „Tausendjährigen Reich" zu erkennen glaubten. Das schnell vergriffene Buch wurde daraufhin mit einem Besprechungsverbot belegt. In diesem Werk finden sich einige kritische Anspielungen, von denen die meisten allerdings erst in die Neuausgaben nach dem Krieg eingefügt wurden.[58] Von *Tsushima*, seinem 1936 erschienenen „Roman eines Seekrieges" zwischen Rußland und Japan, wurde gar eine „Front-buchhandelsausgabe für die Wehrmacht" hergestellt (Grimm, 45), obwohl Thiess sich mit beiden Romanen „gegen den Wahn einer vermeintlichen Staatskunst zur Wehr setzen" wollte, wie er nach dem Krieg in *Jahre des Unheils. Fragmente erleb-ter Geschichte* (Wien: Zsolnay, 1972, 110) schrieb. In diesen Erinnerungen behauptet Thiess, *Tsushima,* das während des Krieges von vielen als Heldenepos gelesen wor-den war, als Antikriegsbuch konzipiert zu haben, *Das Reich der Dämonen* dagegen als „der von mir geschichtlich frisierte Versuch, die Gestalt Diocletians so nahe an die Gegenwart heranzurücken, daß jeder, sofern er nicht völlig vernagelt war, begrei-fen mußte, was ich damit hatte sagen wollen" (*Jahre des Unheils*, 133; Diocletian, 284-305, war der Schöpfer eines autoritären Zwangsstaates und Initiator einer neuen und verschärften Christenverfolgung). In einem Rechtfertigungsversuch „Zur Frage der Mitschuld" (*Jahre des Unheils*, 144-150) verweist Thiess auf die Wehrlosigkeit des einzelnen „in einem absoluten Machtstaat" (146) und erkennt den „Kern des Mit-schuldgefühls" darin, „daß man sich nicht in falschem Heldengeist umbringen ließ," wie die Geschwister Scholl oder die Christen zur Zeit Diocletians, auf die Thiess verweist. Seiner Meinung nach „lag der Sinn des Widerstands nicht in der Maßlosig-keit des Ausschwärmens in die Selbstvernichtung ..., er konnte nur in der Erhaltung des Heilsgedankens liegen" (*Jahre des Unheils*, 149-50).

b. Widerstandsliteratur

Opposition gegen den Nationalismus entwickelte sich nicht nur auf christlich-reli-giöser Seite – zu den oben erwähnten Vertretern wären noch Gertrud von le Fort, Jochen Klepper und Rudolf Alexander Schröder zu zählen –, sondern auch unter linken Schriftstellern, bei denen die Opposition sich allerdings nicht verinnerlicht abspielte, sondern in versteckten oder offenen Widerstand mündete. Der Ende der zwanziger Jahre gegründete Bund proletarisch-revolutionärer Schriftsteller (BPRS) wirkte nach der Machtübernahme bis zu seiner Zerschlagung im Jahre 1935 im Untergrund weiter. Für den illegalen Kampf eigneten sich am besten kurze Gedichte in volkstümlichen Knittelversen, die, mit primitiven Mitteln vervielfältigt, kursierten oder öffentlich, an Wände geklebt, sichtbar waren. Für den Untergrundkampf hatte Johannes R. Becher bereits vor seiner Emigration 1932 den Rat „Greift zum Knittelvers! Nutzt Wilhelm Busch für eure Sache aus!" gegeben und selbst ein Muster geliefert:

> Ich komme heut als Wandgedicht
> Das zu euch von den Wänden spricht.
> Klebt mich so an die Wände hin,
> Daß ich auch gut zu lesen bin.
> ....
> Nehmt meinen Spruch: Von Mund zu Mund
> Geh er und tu sich allen kund.[59]

Sowohl brave Bürger als auch die Polizei fanden Zettel, Wandsprüche und umfunktionierte Kindergebete wie

> Lieber Gott, mach mich blind,
> Daß ich alles herrlich find.

> Lieber Gott, mach' mich taub,
> Daß ich an den Schwindel glaub.

> Lieber Gott, mach' mich stumm,
> Daß ich nicht nach Dachau kumm.

Die Kombination der drei Eigenschaften ergab den perfekten Volksgenossen:

> Mach mich blind, stumm, taub zugleich,
> Daß ich paß' ins Dritte Reich!

Das bekannte Kinderlied vom Maikäfer lautete plötzlich:

> Maikäfer fliege,
> Der Vater fiel im Kriege.
> Die Mutter starb den Bombentod
> Und alle Kinder leiden Not.[60]

Tarnschriften wurden vom Ausland nach Deutschland eingeschmuggelt, so der Brecht-Aufsatz „Fünf Schwierigkeiten beim Schreiben der Wahrheit," getarnt als „Satzungen des Reichsverbandes Deutscher Schriftsteller" oder „Praktischer Wegweiser für erste Hilfe." Auszüge von Ludwig Renns Roman *Krieg* kursierten als *Der Frontsoldat* von Werner Beumelburg. Hinter einer Ausgabe der Partitur von „An der schönen blauen Donau. Walzer von Johann Strauß, Opus 314" verbargen sich sozialistische Kampflieder. Ja selbst Reclam-Ausgaben deutsche Klassiker wurden als Tarnung für Widerstandsliteratur benutzt, so für eine antifaschistische Montage von

Schillerschen *Wilhelm-Tell*-Zitaten oder eine antifaschistische Heldenparodie aus dem *Nibelungenlied* in einer wohlfeilen Volksausgabe.[61]

Die bemerkenswerteste Leistung der Berliner Gruppe des BPRS war die Herausgabe der Untergrundzeitung *Stich und Hieb*, die von August 1933 bis zur Verhaftung von Mitgliedern der Gruppe Mitte 1935 erschien.[62] In dieser Zeitung, hergestellt im Kleinstformat, so daß sie in eine Streichholzschachtel paßte, veröffentlichte der Arbeiter-Schriftsteller Jan Petersen (eigentlich Hans Schwalm, 1906-1969) auch seine Geschichte „Unsere Straße" unter dem Pseudonym „Halm," aus der dann sein Tagebuch-Roman *Unsere Straße* hervorging. Der Tatsachen-Roman wurde 1933-34 in Deutschland geschrieben, aus dem Reich zur Publikation ins Ausland gebracht und von dort wieder nach Deutschland eingeschmuggelt und illegal verbreitet. Petersen beschreibt darin den antifaschistischen Kampf einer kommunistischen Widerstandsgruppe in Berlin.[63] Im Mittelpunkt steht der Kampf zwischen Kommunisten und Nationalsozialisten um die Wallstraße in Berlin-Charlottenburg, die zum Symbol des Widerstandes wird. Bei den Kämpfen wird der SA-Mann Maikowski von seinen eigenen Leuten erschossen, doch ein Kommunist wird dafür gehenkt. Die Nazis gewinnen den Kampf, die Straße wird in Maikowskistraße umbenannt. Petersen dokumentiert in seinem Roman den heroischen Widerstand, aber auch die miserable Lage der Arbeiter in Berlin um 1933-1934, sowie die Schwierigkeiten, Mißerfolge und Irrtümer des antifaschistischen Kampfes. Der Naziterror auf den Straßen und in Lagern wird detailliert beschrieben, darunter die Folterung und Ermordung Erich Mühsams im KZ Brandenburg. Angst, Naziterror und Arbeitslosigkeit lassen viele Arbeiter zu den Nazis überlaufen. Um den antifaschistischen Kampf zu stärken, plädiert Petersen im Roman auch für ein Zusammengehen mit den Sozialdemokraten, die anfangs bei den Kommunisten als „Sozialfaschisten" beschimpft wurden. Der Roman wird in Ich-Form erzählt, und schließt Flugblätter, Nazi-Reden, Augenzeugenberichte und Zeitungsartikel ein. Jan Petersen, der in dem Roman viel autobiographischen Stoff verwertet, wurde ohne Erfolg von der Gestapo gesucht; er blieb nach einem dramatischen Auftritt beim Ersten Internationalen Schriftstellerkongreß zur Verteidigung der Kultur in Paris im Juni 1935 im Exil in Frankreich, in der Schweiz und in England.[64]

Im Gegensatz zu *Unsere Straße* konnte der Roman *Der Deutsche von Bayencourt* von Adam Kuckhoff noch im Jahr 1937 in Deutschland erscheinen (zunächst als Vorabdruck in der bürgerlich-liberalen *Kölner Zeitung*, dann als Buch), begünstigt von einer gerade zu jener Zeit staatlich geförderten „Verständigungsliteratur."[65] Kuckhoff war promovierter Germanist (mit einer Arbeit über den jungen Schiller), Büchner-Experte (er edierte eine Werkausgabe), Theatermann (Intendant des Frankfurter Künstlertheaters und erster Dramaturg der Staatlichen Schauspiele Berlin), Journalist (Schriftleiter von *Die Tat*) und aktiver Widerstandskämpfer in der „Roten Kapelle."[66] Der Roman war eigentlich als Trilogie angelegt; doch konnten Band zwei und drei nicht mehr geschrieben werden; Widerstandtätigkeit und Nazi-Henker ließen Kuckhoff keine Zeit dazu; „auch Adam Kuckhoff ist ein Autor ungeschriebener Werke ...,"[67] der durch die Nazis den Tod fand.

Der Roman beruht auf einer Zeitungsnotiz und auf Kuckhoffs Schauspiel *Rufendes Land* (1915 geschrieben, 1915 bei Fischer gedruckt als *Der Deutsche von Bayencourt*, aufgeführt 1918). Adam Kuckhoff, ein aus Aachen stammender Fabri-

kantensohn (1887-1943), macht in diesem Roman durch die Hauptfigur des deutsch-
französischen Bauern Bernard Sommer das deutsch-französische Verhältnis, Nationalismus, Heimat, Krieg und soziale Klassen zum Thema. Der Roman spielt im Dorf
Bayencourt bei Amiens. Der aus dem Rheinland bei Aachen stammende Sommer
fand dort vor über zwanzig Jahren eine neue Heimat, aus der ihn der Chauvinismus
der Bevölkerung jedoch bei Kriegsbeginn brutal herausreißt. Als er eine versprengte
deutsche Patrouille bei sich versteckt, ist sein Schicksal besiegelt; er kommt vor ein
französisches Standgericht, wird als Verräter verurteilt und sofort hingerichtet. Marcel, Sommers pazifistischer Sohn, verurteilt die allgemeine Kriegsbegeisterung; Barnabas, Sommers Knecht, die soziale Klassenspaltung. Marcel dient bei Ausbruch des
Krieges als französischer Soldat. Kurz vor seinem Ausrücken aus Amiens kommt es
zu einer letzten Aussprache zwischen Vater und Sohn, in der der Sohn zum Er-
schrecken des Vaters die gesamte kriegstreiberische Politik der Politiker und die mit
dem Krieg verbundene Geschäftemacherei auf allen Seiten verurteilt:

> Denn was da in leidenschaftlichen Ausbrüchen auf ihn einströmt ist ... eine einzige An-
> klage ... gegen alles und jedes: die Staatsmänner, die Berufspolitiker, die großen und die
> kleinen Geschäftemacher, die Presse, die Kriegsindustrie, die Parteien, die Volksvertre-
> tungen, die Regierungen, die Völker nicht zuletzt, die diese Politiker, diese Geschäfte-
> macher, diese Parteien, diese Volksvertretungen, diese Regierungen geduldet haben.[68]

Hinter den Anklagen steht „das Eigentliche: das fassungslose Grauen vor der Tatsache dieses Krieges" (98). Auf die Entgegnung des Vaters, daß die Erhebung eines
ganzen Volkes doch etwas Großes sei, erwidert der Sohn, daß auch die Gegenseite so
denkt und die Katastrophe des Krieges aus dieser Aufpeitschung der Gefühle auf
allen Seiten resultiere. Vater Sommer ist als guter, wenn auch nur naturalisierter
Franzose nicht gegen den Krieg, doch selbst er sieht keinen Unterschied zwischen
Heldentod oder „gewöhnlichem" Tod: „Das war also wieder einmal der Tod, diesmal
der Heldentod auf dem Schlachtfeld, er ließ so leer und erbärmlich wie jeder andere"
(111). Der Knecht Barnabas, ein Revolutionär und Sozialist, ist zwar ein guter
Arbeiter, doch er hält mit seiner Meinung nicht hinter dem Berge zurück, als Sommer von ihm die Verteidigung der Heimat erwartet. Der Krieg ist für ihn ein Krieg
der Besitzenden, die Verlierer sind allemal die kleinen Leute: „Man wird bei den
Deutschen ebensoviel und ebensowenig zu fressen und zu schuften haben wie bei
den Franzosen" (243). Für Barnabas können nur die Besitzenden „ihr Land" verteidigen; Heimatliebe ist für ihn nur etwas für die besitzende Klasse. Kriege werden
seiner Meinung nach aus Dummheit und Gemeinheit gegen den gesunden Men-
schenverstand geführt, und er schlägt vor, daß man „anderen Dingen" den Krieg erklären sollte. Was Barnabas nicht ausspricht, macht der Kontext klar: Barnabas meint
Kriege gegen soziale Ungerechtigkeit. Sommer spürt: „Hier war der Feind, der
eigentliche, durch keinen Frieden zu befriedende" (246). Am Ende verliert Sommer
jedwede Heimat, die innere und die äußere. Er war ein Deutscher, der in Frankreich
seine Heimat gefunden hatte; doch Krieg und Chauvinismus ließen ihm keinen Raum
zu überleben.

Die genaue Lektüre macht deutlich, daß es sich bei dem *Deutschen von
Bayencourt* nicht um einen nationalen Bauernroman handelt, in dem ein Deutscher
gefühlsmäßig dem Ruf seines Volkes folgt, sondern um einen Antikriegsroman im

Dienste der Völkerverständigung, hier der deutsch-französischen. Wegen seiner verschlüsselten Sprache wurde der Roman tatsächlich mißverstanden, wie anerkennende Rezensionen im *Völkischen Beobachter* und in den *Nationalsozialistischen Monatsheften* zeigen.[69] Für den Rezensenten des *Völkischen Beobachters* folgte Sommer in der Tat „der Stimme seines Blutes," als er den deutschen Soldaten Schutz bot.[70] Der Roman sollte sogar verfilmt werden, doch Kuckhoff verweigerte seine Zustimmung. „Was zunächst als Zugeständnis an die nationalsozialistische Blut- und Bodenideologie erscheinen mag, entpuppt sich bei näherem Hinsehen als deren Gegenteil."[71] Für Wolfgang Emmerich ist „Kuckhoffs historischer Schlüsselroman ... zugleich ein vorbildlicher *Heimatroman*," vergleichbar mit Anna Seghers' *Das siebte Kreuz*,[72] und Gegenentwurf zum nationalsozialistischen Heimatroman. Die anfängliche Anerkennung Kuckhoffs durch die nationalsozialistische Presse schlug allerdings bald in Haß und Verfolgung um; Adam Kuckhoff wurde zusammen mit Harro Schulze-Boysen, Arvid und Mildred Harnack und vielen anderen 1943 in Berlin-Plötzensee hingerichtet. Kein geringerer als Peter Weiss hat in seinem Roman *Die Ästhetik des Widerstands* Adam Kuckhoff und den Märtyrern der Harnack-Schulze-Boysen-Gruppe (von den Nazis wegen ihrer pro-sowjetischen Haltung „Rote Kapelle" genannt) ein bleibendes Denkmal geschaffen.[73] So beschreibt Peter Weiss u.a., wie Kuckhoff aufrechten Gangs zur Hinrichtung schreitet: „Nach ihr [gemeint ist Anna Krauss] schritt Kuckhoff daher, breit wölbte sich seine Stirn in das schüttre Haar, und die riesigen dunklen Augen beherrschten das Gesicht, in dem der Mund nur noch ein schiefer Strich war, Flecken und Streifen bedeckten den gedrungnen Leib in der schlotternden Hose, es schien als hinge ihm die Haut in Fetzen herab, doch war seine Haltung die eines Propheten" (233).

Hier soll noch von zwei weiteren Mitgliedern der „Roten Kapelle" die Rede sein, die allerdings die Nazi-Schergen überlebten: Werner Krauss und Günter Weisenborn. Der bekannte Romanist Werner Krauss (1900-1976), Professor in Marburg und Leipzig, schrieb seinen antifaschistischen Widerstandsroman *PLN. Die Passionen der halykonischen Seele* zum Teil mit gefesselten Händen 1943 und Anfang 1944 in Erwartung des Todes im Zuchthaus Berlin-Plötzensee „sowie in den Wehrmachtgefängnissen Berlin-Buch ... und Fort Zinna/Torgau."[74] Wie Krauss im Vorwort vermerkte, geht es in diesem Roman „um den Versuch eines Verurteilten, die Erfahrung Deutschland für seinen Teil zu bewältigen. Der Zwang der Umstände forderte aber eine Darstellung in Chiffren." Der Roman wurde von Alfred Kothe, einem jungen Mitgefangenen, in Form von „eng und flüchtig beschriebenen Zettel[n] aus der gemeinsamen Zelle" hinausgeschmuggelt und heimlich verbreitet, konnte aber erst 1946 in Frankfurt a.M. (1948 in der sowjetischen Besatzungszone) in einer kleinen Auflage veröffentlicht werden.[75] Im Mittelpunkt der episodenhaften Handlung steht der gewissenhafte, doch unschlüssige und naive Postminister Aloys Ritter von Schnipfmeier, der sich von einem Vertreter der deutschen Innerlichkeit und Werkzeug der halykonischen Machthaber zu den Widerständlern hin entwickelt. Die Handlung spielt im siebten Jahr eines vom Großhalykonischen Reich geführten Weltkrieges: „Millionen blutiger Opfer wurden tränenlos beklagt, und ihr Gedenken erstarb in einem versteinernden Herzen" (9). Mit der Pflege halykonischer Innerlichkeit ist es auch vorbei:

Gelähmt durch einen von innen nach außen ins Ungemessene wachsenden Druck, im täglichen Angesicht seiner grausam verstümmelten Städte, umwittert von den Vorboten einer apokalyptischen Nemesis, sah dieses Volk durch endlos gehäuften, oft nur geduldeten oder ihm selbst verdeckten Frevel sich um die letzte Hoffnung betrogen, die Wiedergeburt seiner Welt im stillen Seelenraum zu betreiben (10).

In dieser Zeit erregt ein bürokratischer Akt die Gemüter: die Einführung der Postleitnummer (PLN) durch den Postminister Aloys Ritter von Schnipfmeier, Philatelist und Seelenmensch. Dazu werden ausführliche Bestimmungen erlassen; nach Artikel 23 werden Zuwiderhandlungen drakonisch bestraft, Urteile erhalten nach Artikel 78 „drei Minuten nach der Urteilsverkündung Rechtskraft." Die Verordnung ist gezeichnet („gez.") von „Muphti I., Großlenker des Großhalykonischen Über- und Großreiches" und „Tassilo von Spitzfelder, 2. Stellvertretender Personalchef und bevollmächtigter Kommissar im Amt C II a j für beschleunigte Rechtsschöpfung" (14). Durch die amtliche Maßnahme gelingt der Post eine verbesserte Zustellung von Postgut, so die Nachricht und Kleiderbündel an die Hinterbliebenen von Hingerichteten, oder das Merkblatt C II 857 / „Was jeder Halykonier wissen muß!" (48). In diesem Merkblatt sind neun Paragraphen halykonischer Grundrechte verzeichnet, z.B.:

1. Jeder Halykonier hat das uneingeschränkte Recht gebührenfreier Sauerstoffentnahme aus der Luft, bei Tag und bei Nacht.

5. Zusatzartikel 175 III f der Staatsverfassung erklärt die halykonische Nation für eine Fortpflanzungsgemeinschaft. Der Geschlechtsverkehr zwischen nicht mehr als zwei Personen erwachsenen Alters und verschiedenen Geschlechts in und außerhalb der Ehe bleibt straffrei, wenn die vorgenommenen Handlungen im wechselseitigen Einverständnis nachweislich zu dem Zweck betrieben wurden, den Bestand der Rasse zu erhalten und zu mehren.

7. Jeder Halykonier kann durch Arbeit zum seelischen Adel gelangen (49-49).

Nach diesem satirischen Angriff auf Bürokratie und Rassenlehre des Nationalsozialismus folgt eine Attacke auf den deutschen Drang nach Gemüt und Innerlichkeit: „9. Jeder Halykonier ist befugt, im Rahmen seiner Freizeitgestaltung ein sittliches Innenleben zu führen und dabei in kulturschöpferischer Weise die brauchtümlichen Werte des Gemüts, der Persönlichkeitsbildung und der Charakterertüchtigung bei sich zu pflegen" (49). Eine weitere Großtat von Schnipfmeiers und seinem Untergebenen, dem Freiherrn von Geishaber, bestand in der Gründung eines „Hilfswerks für die Linderung des Loses unverheirateter Postbeamtentöchter (HILILOPOTOE)" (60) – in deutlicher und verhöhnender Anspielung auf solche NS-Organisationen wie „Bund deutscher Mädel (BdM)," „Glaube und Schönheit," „Kraft durch Freude (KdF)" oder das „Winterhilfswerk (WH)." Zugunsten der Hilfsorganisation wird von dem Philatelisten Schnipfmeier eine Briefmarkenserie herausgegeben, die, „entsprechend der Stufung der Werte, die ganze Reihe von Lebewesen" darstellt, „um im ganzen Bereich der Natur die Weihe eines abgerundeten Familienlebens aufzuspüren" (74). So wird beispielsweise „Mutterliebe durch dick und dünn" durch „das hüpfende Känguruh mit zwei neugierig aus der Beuteltasche blickenden Rehgesichtern" verkörpert (74). Schnipfmeier erhält für seine Schöpfungen anerkennende Glückwunschtelegramme von höchster Stelle, so von Muphti, dem „Großlenker des

Großhalykonischen Volkes" in perfekter Imitation des „Führer"-Tons: „Werter Ritter von Schnipfmeier! Mit meinen herzlichen Wünschen für eine fruchtbringende Entwicklung der HILILOPOTOE verknüpfe ich meine und des Großhalykonischen Volkes warmherzige Anerkennung Ihrer Verdienste beim Aufbau dieses gigantischen Werkes" (75). Luftmarschall Oleander (i.e. Göring) schließt sich an und betont, daß „besonders Ihre Känguruh-Marken ... bei meiner Luftwaffe den stärksten Anklang gefunden" hätten (76). Da kann auch Koben, der „Staatsminister für die Verbreitung von Wahrheit und Optimismus" (i.e. Goebbels) seinen Kunstverstand nicht zurückhalten:

> Verehrter von Schnipfmeier! Aus dem unversieglichen Born halykonischer Kunst haben sie Anregungen wertvollster Art geschöpft, um die lebenswilligen Kräfte der Nation mit den Segnungen eines sonnigen Familienglücks in fruchtbare Berührung zu bringen. Ihre Verdienste gehören heute schon der ewigen Geschichte unseres Volkes an, aus der Sie nicht mehr wegzudenken sind (76).

Auch die Wissenschaft ließ sich in Gestalt des „Ethnologen und Völkerpsychologen Professor Eugen Widehopf" vom „Museum für angewandte Völkerpsychologie, Rassenkunde und benachbarte Gebiete" zu der neuen Briefmarkenserie vernehmen, wie der Autor Krauss in einer beißenden Satire auf die sogenannte „Wissenschaftlichkeit" des Dritten Reiches anmerkt. Professor Dr. Widehopf betonte dabei vor allem die Bedeutung des Känguruhs, das bei ihm zum „Symbol einer Weltordnung" wird. Im Gegensatz zu einer seeländischen Briefmarkenserie, die das Känguruh „in einer behaglich hockenden Ruhestellung" zeigt, ist „in der halykonischen Darstellung ... das Känguruh auf der Höhe seines Leistungsvermögens getroffen. Wir sehen das Tier noch ehe es den Boden berührt, im Nachgenuß einer äußersten Anspannung den Gleitflug zur Erde antreten" (79). Das großhalykonische Kängeruh verkörpert geballten Leistungswillen und

> letzten entschlossenen Einsatz. ... So ist das Känguruh durch kühne Geistestat zu einem Symbol einer neuen, von Großhalykonien geführten, gerechteren und besseren Weltordnung geworden, und es gehört von heute an, obwohl in unseren Wäldern und Wiesen bisher nicht beheimatet, in demselben Sinne zu uns, in dem ein Shakespeare durch kongeniale Übersetzertat seinen Platz in der freundlich aufgeschlossenen Reihe halykonischer Klassiker finden durfte ..." (80).

Auf der Höhe seiner Macht zeigt Schnipfmeier jedoch in den Augen der Machthaber bedenkliche Schwächen. In seiner naiven Innerlichkeit und seinem grenzenlosen Beglückungsverlangen begibt er sich in die Schalterhalle des Hauptpostamtes und erfreut die Kunden mit Freisendungen, bis sich die Schalterhalle in ein ausgelassenes Pandämonium verwandelt. Die Berührung mit echter und unregulierter Volksgemeinschaft tut ihm so gut, daß er danach als einfacher Briefträger die Post in den Elendsquartieren der Stadt austrägt. Dabei wird er von Hunden angefallen, in einen Krankenwagen verfrachtet und in einer wirren Mischung von Traum und Wirklichkeit durch die zertrümmmerte Stadt gefahren:

> Dann stützte er sich auf und sah mit vollen Blicken in die gespentisch vorübertanzenden Kulissen eines völlig in Trümmer gelegten Stadtviertels. Von Zeit zu Zeit hörte man das

typische Geräusch der in sich zusammensinkenden Mauern, wie von einer Dampf auslassenden Lokomotive. In einiger Entfernung wurden Zeitzünder zur Entladung gebracht. Ein Gewehrschuß streifte unmittelbar das Dach des mit höchster Tourenzahl weiterjagenden Wagens. Mitten durch das Geröll sah man neue, von schweren Tanks plattgewalzte Zufahrtswege entstehen (119).

Die Trümmerlandschaft der Großstadt, gemeint ist Berlin, wird zum Symbol für den Untergang der national-deutschen Seelenkultur: „Hier und da sah man in den Schuttmassen eine lange Stange aufragen, von deren Ende der Fetzen eines halbverbrannten Bettuches flatterte. Einige Ruinen waren durch handgemalte Plakate gekennzeichnet: Schloß Wetterhart, Villa Wahnfried, Pension Schutthalde usw." (119). Hunger und Wohnungsnot, aber auch echter Volkshumor, spiegeln sich in anderen Aufschriften wie „Hier wird Ziegelmehl umsonst abgegeben. Sonniges Eigenheim in luftiger Lage per sofort preiswert zu vermieten" (119). Deutsche Romantik blüht in grotesker Form in den Ruinen:

> Nachtgeschirre mit winterhartem Pflanzengewächs bekrönten in regelmäßigen Abständen die abgedeckten Grundmauern wie Amphoren der Empirezeit. Aus einem ausgehauenen Beet rankte frisch gepflanzter Efeu an zerbröckelnden Fassaden empor. Zuweilen verriet ein krächzendes oder heiseres Gurren die ersten Vorbereitungen der die Schwingen zum Nachtflug erhebenden Eulen. Auch größere Tiere hatten in ausgebrannten Ruinen Unterschlupf gefunden (120).

Bei diesen Tieren handelte es sich um die Überlebenden der Bombardierung des Zoologischen Gartens, nach der die Stadt von einem Rudel exotischer und hungriger Tiere heimgesucht wurde. Doch die Bevölkerung ließ sich selbst durch diese grausamen Bombardierungen nicht dazu bewegen, nach den Ursachen des Unheils zu fragen, sondern fand sich damit ab und verharrte in einem seltsamen Zustand von Irrealität:

> Hatte die Regierung zuerst die Parole heroischer Verbissenheit für die noch überlebenden Ruinenbewohner ausgegeben, so ließ man bald den idyllischen Hang des halykonischen Menschen, der in jedem Abgrund noch eine blaue Blume findet, vollauf gewähren. Diese Art, sich mit dem Grauen abzufinden, gab dem Staat die Gewißheit, daß die Nation auch künftig durch noch schwerere Prüfungen zu keiner gefährlichen Wachheit aufgerüttelt werden könnte (122).

Schnipfmeiers Lage wird nach einer Ministerratsitzung noch prekärer. Ausgerechnet seine Erfindung der Postleitnummer wird vom Polizeiminister angegriffen. Die PLN hat zu Diskussionen im Volk Anlaß gegeben; aber – wie der mit seiner randlosen Brille Himmler ähnelnde Polizeiminister bemerkt – „Diskussionen waren noch allemal der Anfang vom Ende jeder organisch gefügten Gemeinschaft gewesen" (153). Ja die zur Verwendung der PLN ermunternden Sprüche des Postministers hatten gar zu zersetzenden Gegensprüchen geführt. Neben Warnungen wie „Wer plündert wird erschossen" und Sprüchen des Postministers wie „Vergiß nur nicht die Postleitnummer / Der Post ersparst du Leid und Kummer" erschienen an den Trümmerwänden bald Gegensprüche wie „Die Postleitnummer, Publikum, / Macht nur die Post bequem und dumm" (154). Nach Ansicht des Polizeiministers wird die Autorität des

Staates völlig untergraben mit Wandsprüchen wie „Die Postleitnummer, sei Parole,/ Mitsamt dem Staat der Teufel hole!" (155). Schnipfmeier verläßt die Sitzung als gebrochener Mann und findet seinen Weg in den Keller der Widerstandsorganisation der „Katakombengesellschaft," dem „Bund für unentwegte Lebensfreude," die ihn bereits länger beschattet hatten. Der führende Kopf dieser Gesellschaft ist ein Fliegeroffizier und Generalstäbler, hinter dem kaum verhüllt der Luftwaffenoffizier Harro Schulze-Boysen der Widerstandsgruppe „Rote Kapelle" zu erkennen ist, der im Dezember 1942 hingerichtet wurde. Man versucht, den religiös gebundenen Schnipfmeier davon zu überzeugen, daß „eine Macht, die gegen göttliches Recht verstößt, ... sich den Boden ihres Auftrags entzogen" und „die bodenlos gewordene Macht ... den Anpruch auf Gehorsam verwirkt" hat (173). Schnipfmeier gerät in immer größere Gewissenskonflikte und endet schließlich als Häftling im Gefängnis. Durch ein Mitglied, das die Folter nicht mehr aushielt und Verrat übte, wurde die Katakombengesellschaft von der Polizei zerschlagen und Schnipfmeiers Verbindung zu ihr bekannt.

Der letzte Teil des Romans spielt im Polizeigefängnis, in dem Schnipfmeier zunächst krampfhaft bemüht ist, sich seine menschliche Identität zu erhalten – man will ihm einreden, daß er Haffermann ist – dann aber aufgibt, Nahrung verweigert, und, bereits im Delirium dem Tod nahe, in einer Bombennacht von einem Rollkommando in einen Gefängniswagen gezerrt und vermutlich zur Erschießung gefahren wird. Im letzten Teil tritt alle Ironie vor der grausamen Erzählgegenwart zurück. War Schnipfmeier im Roman ein Konglomerat von verschiedenen Personen und Charakterzügen, so tritt nun Schnipfmeier-Haffermann hinter dem Strafgefangenen Werner Krauss zurück: „Haffermann wurde in eine leere Einzelzelle gesperrt und lebte, wie Hunderttausende von Gefangenen in Großhalykonien leben" (345-46). Selten ist von einem Insassen eine Gefängniszelle mit solch stilistischer Brillianz aufgezeichnet worden:

Das trübe, durch das Gitter zerteilte Oberlicht, das durch die Mattscheibe auf die kahlen Mauern herabfiel, war noch immer zu hell, um das vergriffene, auf die nackte Not des Daseins zugeschnittene Zubehör der Gefangenschaft in einen bedeckenden Schatten zu hüllen. Selbst die ungeheure, fast die ganze Zelle ausfüllende Breite des Lagers war nur ein unablässiger Vorgriff auf die Martergedanken, unter denen die Nächte nicht enden wollten. Nichts gehört dir. Selbst diese kärglichen Fragmente eines verwahrlosten Haushalts sind nur geliehene Gaben, deren Verbleib und Zustand beständig kontrolliert wird. Alle Wege sind dir verriegelt, aber alle Wege führen zu dir, und du mußt in ständiger Bereitschaft zittern. Dein Zustand kann sich stündlich verschärfen, und was dir heute unerträglich vorkommt, fließt morgen mit dem Glückstraum der verlorenen Freiheit zusammen. Du bist kein Mensch mehr, sondern nur noch ein gelagertes Stück menschlichen Lebens, in künstlicher Konservierung zu einem unbekannten Zweck oder Mißbrauch (350).

Der pikareske Roman ist voller Abschweifungen und Einfälle, die den roten Faden der Handlung oft nur schwer erkennen lassen. So nimmt die Begegnung des Kriminalrats Krummnagel mit dem wirklichen Volk bei seinen Nachforschungen nach Bauer Maier im postleitzahllosen Neudorf (von denen es 35 gibt) einen großen Raum ein, ohne in direktem Zusammenhang mit den Aventüren Schnipfmeiers zu stehen. Bei seiner Irrfahrt stellt Krummnagel allerdings fest, daß das Volk sich kaum um ihn kümmert und praktisch alles tut, was verboten ist. Die Krummnagel-Episode gibt

Krauss auch die Gelegenheit, die Blut-und-Boden-Mystik der Nazis satirisch zu beleuchten durch ein Gutachten des „Amts für Volkskunde, bäuerliche Brauchtümer und althalykonische Urgeschichte" (225) und den Hinweis auf „das berühmte Standardwerk des Oberkustos Dr. Dr. von Pfannenlecker, 'Das Schweineschlachten am Martinstag in der althalykonischen Volksmythologie'" (226). Auch die umfangreichen Beschreibungen von Schnipfmeiers Verlobung mit seiner dienstältesten Postbeamtin, ihre Entführung und Schnipfmeiers Umherirren in der zerstörten Stadt, bei dem er in einem Nachtlokal die Trommel schlagend endet, sprengt selbst den Rahmen einer lockeren Erzählfolge. Nach Brekle stellt dieser Roman „die Verschmelzung eines Schlüsselromans, einer Simpliziade, einer Groteske und einer Satire dar, verbunden mit der Fabulierlust und durchdrungen von marxistischer Gesellschaftserkenntnis."[76] Als literarische Vorbilder für den Roman griff der Romanist Krauss dabei auf Cervantes (*Don Quichote*), Grimmelshausen (*Simplicissimus*), Rabelais sowie den modernen französischen Roman, aber auch auf Kafka zurück.[77]

Auch der zeitweilige Brecht-Mitarbeiter und Schriftsteller Günther Weisenborn gehörte der „Roten Kapelle" an, veröffentlichte im Dritten Reich zur Tarnung allerdings zumeist nur „harmlose" Literatur wie sein Drama *Die Neuberin* (1935 erschienen unter dem Pseudonym Christian Munk=Weisenborn und E. Förster= Eberhard Kleindorff) oder die Romane *Das Mädchen von Fanö* (1935) und *Die Furie* (1937), die allerdings auch versteckte Anspielungen auf die Gegenwart enthalten. In der Haft entstanden anifaschistische Gedichte (darunter „Moabiter Notturno") und Entwürfe zu dem antikapitalistischen Drama *Babel* und dem Widerstandsdrama *Die Illegalen*, in dem Weisenborn die letzten Tage der „Roten Kapelle" literarisch gestaltet hat (geschrieben 1945, erschienen 1946). In einem 1940 verfaßten Gedicht „Leben der Illegalen" charakterisiert Weisenborn die Widerstandsarbeit folgendermaßen:

> Von Angst umflackert und von Haß umschrien,
> Von Mordlust und von Bränden rot umloht,
> Mußt du gefährlich deine Straße ziehn.
> Führt sie aus dieser Hölle in den Tod?
> Einst hieß man Hölle sie, jetzt heißt sie Welt![78]

Das ist sicherlich keine große Dichtung, doch sie schildert eindringlich die gefährliche Lage der Menschen im Widerstand gegen Hitler.

c. Literatur aus Lagern, Ghettos und Gefängnissen

Zu den heute bekanntesten Zeugnissen aus Nazi-Gefängnissen und Lagern gehören zweifellos die *Moabiter Sonette* von Albrecht Haushofer. Diese Sonette sind nicht für den antifaschistischen Kampf geschrieben, sondern als lyrisches Tagebuch von Erfahrungen und Reflektionen im Angesicht des Todes. Haushofer war von Anfang an gegen Hitler und gehörte schon früh zum Kreisauer Kreis der konservativen Widerständler um Graf Helmuth James von Moltke; er wurde nach dem Attentat vom 20. Juli 1944 verhaftet, ins Zuchthaus Moabit gebracht und wenige Tage vor Kriegsende erschossen. In der Hand des Toten fand sein Bruder ein Heft mit 79 Sonetten, die 1946 veröffentlicht wurden. Albrecht Haushofer, der Sohn des bekannten konservativen Geopolitikers Karl Haushofer (Rudolf Heß, der Stellvertreter des „Führers," war ein Freund der Familie), war ab 1940 Professor für politische Geographie und Geopolitik in Berlin. Vor den Sonetten hatte er bereits einige Dramen verfaßt wie *Scipio* (1934), *Sulla* (1938), *Augustus* (1939), *Chinesische Legende* (posthum 1949) und *Die Makedonen* (unveröffentlicht), in denen er verschlüsselte Zeitkritik übte.[79] Haushofer durchstreift in den Sonetten noch einmal die Gefilde seiner umfangreichen humanistischen Bildung und seiner ausgedehnten Reisen. Sie sind persönlicher Ausdruck von Hoffnung und Verzeiflung. Hoffnung steigt auf durch Besinnung auf bleibende humanistische Werte wie im Sonett „Die großen Toten":

> Ein Kant, ein Bach, ein Goethe werden zeugen
> noch lange für zerstörtes Volk und Land,
> auch wenn die Menge nie den Sinn verstand.[80]

Im Sonett „Rattenzug" werden Hitler und seine Anhänger mit einem Rattenzug verglichen, der alles verwüstet und mitreißt:

> Ein Heer von grauen Ratten frißt im Land.
> Sie nähern sich dem Strom in wildem Drängen.
> Voraus ein Pfeifer, der mit irren Klängen
> zu wunderlichen Zuckungen sie band.
> ....
> was zögern wollte, wurde mitgerissen,
> was widerstrebte, blindlings totgebissen –

Am Ende jedoch stürzt die ganze wilde Meute ins Meer und ertrinkt:

> ein schriller Pfiff – ein gellendes Gekreisch:
> Der irre Laut ersäuft im Stromgebraus ...
> die Ratten treiben tot ins Meer hinaus ... (82)

Verzweiflung überkommt Haushofer durch seine aussichtslose Lage im Gefängnis, den sicheren Tod vor Augen. Er hat in seiner Zelle zwar Zeit zu träumen, doch das „Dienstgeklirr der Schlüssel" reißt ihn in die rauhe Wirklichkeit zurück:

> Dann weiß ich, aus den Träumen aufgestört,
> wie einer fühlt in seinen letzten Stunden,
> der an ein ruderloses Boot gebunden,
> den Fall des Niagara tosen hört (,,Zeit," 160).

Schlimmer aber sind die Schuldgefühle, die ihn plagen. Obwohl er weitaus mehr gegen die Naziherrschaft getan hat als die Mehrzahl seiner Zeit- und Volksgenossen, geht er mit sich selbst hart ins Gericht, daß er nicht früher und eindringlicher vor den Nazis gewarnt habe. Vor dem irdischen Gesetz fühlt er sich unschuldig, nicht aber vor seinem inneren moralischen Richter:

Ich trage leicht an dem, was das Gericht
mir Schuld benennen wird: an Plan und Sorgen.
Verbrecher wär' ich, hätt' ich für das Morgen
des Volkes nicht geplant aus eigner Pflicht.

Doch schuldig bin ich anders als ihr denkt,
ich mußte früher meine Pflicht erkennen,
ich mußte schärfer Unheil Unheil nennen –
mein Urteil hab ich viel zu lang gelenkt ...

Ich klage mich in meinem Herzen an:
Ich habe mein Gewissen lang betrogen,
ich hab mich selbst und andere belogen –

ich kannte früh des Jammers ganze Bahn –
ich hab gewarnt – nicht hart genug und klar!
Und heute weiß ich, was ich schuldig war ... (78).

In „Kassandro" beklagt er die Vergeblichkeit seiner Warnungen, niemand wollte auf
ihn hören. Jetzt ist es zu spät; trotz aller Siegesmeldungen ist die Katastrophe nicht
mehr zu aufzuhalten:

Mit vollen Segeln jagten sie das Boot
im Sturm hinein in klippenreiche Sunde,
mit Jubelton verfrühter Siegeskunde –

Aber gescheitert sind nach dem fehlgeschlagenen Attentat auf Hitler am 20. Juli
1944 auch die Widerständler:

Nun scheitern sie – und wir. In letzter Not
versuchter Griff zum Steuer ist mißlungen. –
Jetzt warten wir, bis uns die See verschlungen (120).

Was bleibt, ist Schutt und Asche („Verhängnis"). Die in den Sonetten noch einmal
beschworene Kulturwelt des Abendlandes wird untergehen: „In Schutt und Asche ist
Babylon versunken/... auch unser ganzes Erbe sind Ruinen/ ... Wir sind die letzten"
(„Das Erbe," 96). Und doch ist der totale Untergang notwendig, um eine neue Dolchstoßlegende zu verhindern:

Das Ende wittern selbst erprobte Toren.
Doch kann der Krieg nicht enden dieses Mal,
bis kein Gefreiter mehr, kein General
behaupten darf, er wäre nicht verloren.

Der Wahn allein war Herr in diesem Land.
In Leichenfeldern schließt sein stolzer Lauf,
und Elend, unermeßbar, steigt herauf („Dem Ende zu" – 108).

Andere Sonette beschäftigen sich mit der Heimat, der Familie, bedeutenden Kultur-
stätten („Memphis") und Kulturwerken („Bhagavadgita"), großen Humanisten
(„Boethius", „Beethoven"), der Bücherverbrennung und dem Alltag im Gefängnis. In
seiner kahlen Zelle spürt Haushofer Verbundenheit mit den zahllosen Vorgängern

(„In Fesseln") und den drohenden Tod durch deutschen Strick oder anglo-amerikani-sche Bomber („Silverstersegen" und „Bombenregen").

Die Moabiter Sonette, wenn auch künstlerisch nicht immer geglückt, sind blei-bendes Zeugnis einer Schreckenszeit, den Toten zum Gedächtnis, den Lebenden zur Mahnung und Verpflichtung, vor allem das letzte Terzett aus „Silvestersegen":

> Das alte China kannte die Gefahr.
> Es bannte schon das Pulver, weil darin
> Versuchung lag zu groß für Menschensinn (24).

Zahlreiche der in faschistischen Lagern geschriebenen und erhalten gebliebenen Texte wurden 1960 in dem von Manfred Schlösser herausgegebenen Sammelband *An den Wind geschrieben* (mit Motto von Oskar Loerke) veröffentlicht. Viele heute unbekannte Autoren kommen darin zu Wort, z.B. Ruth K. Klüger, 1931 in Wien geboren und heute als Germanistin Ruth K. Angress in Amerika lebend, beschrieb 1944 im Konzentrationslager Auschwitz den Kamin des Krematoriums, den die Gefangenen täglich vor Augen hatten:

> Täglich hinter den Baracken
> Seh' ich Rauch und Feuer stehn,
> Jude, beuge deinen Nacken,
> Keiner hier kann dem entgehn.[81]
> etc.

Ruth Klüger überlebte, ihr Vater und ihr Bruder wurden ermordet. Zahlreiche andere Gedichte von Autoren wie Gertrud Kantorowicz, Franz Heitgres, Hasso Grabner oder Johannes Aufricht beschreiben die Greueltaten der SS und der Kapos in den Ghettos und Konzentrationslagern. Die eindringlichsten davon sind die Dachau-Ge-dichte von Edgar Kupfer-Koberwitz und die Kantos von Hermann Adler.[82] So be-schreibt das Gedicht „Ein Pole" von Edgar Kupfer-Koberwitz den Tod eines Häft-lings, der beim Morgenappell brutal zusammengeschlagen wurde, in allen grausamen Einzelheiten; hier nur die erste Strophe:

> Was ist geschehen – wem hat man geschlagen
> Die Faust ins Gesicht und in den Magen –
> Wen hat man getreten wie ein Vieh,
> Daß er so laut und so gräßlich schrie? –[83]

Aus Gefängnis- und Lagergedichten spricht Verzweiflung und Angst, aber auch Hoffnung, vor allem bei christlichen Dichtern wie dem protestantischen Pfarrer Diet-rich Bonhoeffer, der kurz vor Kriegsende am 9. April 1945 im KZ Flossenbürg er-mordet wurde. Voller Gottvertrauen heißt es in der letzten Strophe des Gedichts „Von den guten Mächten," das, vom einem Wärter aus dem berüchtigten Gestapo-Gefängnis in der Berliner Prinz-Albrecht-Straße hinausgeschmuggelt und im Garten vergraben, den Krieg überdauerte:

> Von guten Mächten wunderbar geborgen,
> erwarten wir getrost, was kommen mag.
> Gott ist mit uns am Abend und am Morgen
> und ganz gewiß an jedem neuen Tag.[84]

Andere hadern mit ihrem Schicksal, klagen an, oder greifen zum Widerstand, wie der Zionist Hermann Adler, der sich aktiv am Aufstand des Warschauer Ghettos beteiligte.[85] Sein Gedicht „Hände der Schwächsten, sie werden zu Stahl" beschreibt die heroische, wenn auch vergebliche Erhebung in Zeilen wie

> Flattert ihr Fahnen der Freiheit, im sterbenden Warschauer Ghetto,
> denn der Versklavteste fühlt nun sich als Sterbender frei.[86]

Schneider, Bergengruen und andere christliche Dichter suchen die Schuld für die Katastrophe im Abfall der Menschen von Gott. Adler ist da wesentlich direkter und beschuldigt in seiner Verbitterung alle Deutschen, am Aufstieg Hitlers und der Verfolgung der Juden beteiligt zu sein. Ja, nicht einmal die Engländer werden von Schuld verschont, da sie den Juden die palästinensische Heimat verwehren wollten:

> Alle sind schuldig; alle! Nicht nur, die
> aufgehetzt ein Volk zu Tode stiessen;
> schuldig sind auch jene, welche den, der schrie,
> nicht ins eigne Land der Väter ließen![87]

Prophetisch und voller Sarkasmus sagt Adler im Gedicht „Schuldlose Heimat der Dichter und Denker" voraus, daß nach dem unvermeidlichen Ende der Nazis jeder die Schuld von sich weisen wird und nichts gewußt haben will:

> Jeder, der heute die Augen verschliesst, um das Blut nicht zu sehen,
> spricht einst ganz wahr, wenn er lügt, dass er nichts wusste und sah.
> Alle, die heute in Deutschland die Mörder noch feiern, erklären
> morgen dann würdig, das Volk Deutschlands sei schuldlos wie stets.[88]

„Todesfuge," das wohl bekannteste und poetischste Gedicht über das Leben in Vernichtungslagern entstand 1945. Sein Autor Paul Celan, der 1920 als Sohn deutschsprachiger jüdischer Eltern in Czernowitz in der Bukowina (Rumänien) geboren wurde und seine Eltern in deutschen Konzentrationslagern in der Ukraine verlor, verbrachte selbst nach dem Einmarsch deutscher und rumänischer Truppen einige Zeit im Ghetto von Czernowitz und in Arbeitslagern, in denen seine erste Dichtung entstand, so 1943 das folgende Gedicht:

> Es fällt nun, Mutter, Schnee in der Ukraine:
> Des Heilands Kreuz aus tausend Körnchen Kummer ...
> Von meiner Träne hier erreicht dich keine;
> von frühern Winken nur ein stolzer, stummer ...
> etc.[89]

Oder das Gedicht „Gemurmel der Toten," in dem Celan die Ermordeten sprechen und die Würmer um Erbarmung bitten läßt:

192

Unsere Augenhöhlen sind klar
Von Käferlichtern erhellt.
Mit Lehm, mit verfilztem
Baun wir fort an der Welt.
etc.

Aus dem gleichen Ort wie Celan stammt auch die Dichterin Rose Ausländer (eigentlich Rosalie Beatrice Scherzer), die im Jahre 1901 in Czernowitz (damals noch Österreich) geboren wurde und dort die Ghettozeit von 1941-1944 überlebte. Aus dieser Zeit stammt ihre Bekanntschaft mit Celan. Nach dem Krieg wanderte sie nach den USA aus (sie hatte dort bereits 1921-1931 gelebt), wurde jedoch dort nicht heimisch und kehrte 1965 nach Düsseldorf zurück, wo sie im Elternhaus der jüdischen Gemeinde Zuflucht fand. Im Ghetto entstanden viele Gedichte, „in denen sie einerseits die Situation im Ghetto reflektierte, andererseits aber Idealzustände entwarf."[90] Angst und Bedrohung sprechen aus dem Gedicht „Geisterweg":

Giftige Geister lauern am Weg.
Wir gehen schräg
um sie nicht zu berühren.

Wir stehn vor versiegelten Türen.

Es war unser Haus, es war
unser Garten mit feingekämmtem Haar.
Es war Mutterduft, es war.

Wir kehren um, gehn schräg
den giftschwarzen Weg
ins Ghetto (163).

Durch die Farbe schwarz ergibt sich ein Bezug zu Celans „Todesfuge"; in beiden Gedichten steht schwarz für den Tod. Wie Michael Moll ausführt, wird durch das Wort „schwarz" auch an historische Judenprogrome erinnert, als man die Juden im Mittelalter beschuldigte, durch Brunnenvergiftung den „schwarzen Tod" verursacht zu haben.[91] Die Erinnerung an diese historische Verfolgung bestimmt auch Ausländers Gedicht „Angst I" durch Anspielung auf diese Brunnen:

Die Brunnen lassen uns nicht schlafen,
wir lauschen bis auf ihren Grund.
Wer sind die Stimmen, die uns strafen?
Und wer ihr Mund? (160).

Ein Dichter, der auch im Konzentrationslager den Kampfgeist gegen den Faschismus und für eine gerechtere Welt nicht aufgab, war der Österreicher Jura Soyfer. Er war in den dreißiger Jahren in Wien als Dichter von sozialistischer Kampflyrik und Stückeschreiber für Kleinkunstbühnen bekannt geworden, der, an Karl Kraus geschult, für seine Kunst Raimund und Nestroy mit Marx und Brecht verband.[92] Den Faschisten in Österreich und Deutschland war der Marxist und Jude Soyfer schon lange ein Dorn im Auge, da er sie mit Gedichten wie „Reformiertes Kirchenlied," „Heil Hitler!," „Kraft durch Freude," „Wahlen im Dritten Reich," oder „Rassische

Liebesballade" verspottete, von denen die meisten in der Wiener *Arbeiter-Zeitung* erschienen. Hier als Beispiel der Anfang der „Rassischen Liebesballade," die dem bekannten Lied „Es waren zwei Königskinder" nachempfunden ist und zuerst in der *Arbeiter-Zeitung* vom 19. August 1933 erschien:

> Es waren zwei Nazikinder,
> die hatten einander so lieb.
> Sie konnten zusammen nicht kommen,
> Denn sie war ein ostischer Typ.
>
> Ihr Schädel nämlich war rundlich,
> Ihr Busen hingegen oval,
> (Statt umgekehrt) – rassenkundlich
> War dieses Weib ein Skandal.
>
> Sein Haupthaar war siegfriedisch,
> Sein Auge preußischblau:
> Kein Partner für die negroidisch-
> Mongolisch gemixte Frau.
> etc. (126-27).

Es dürfte klar sein, daß Soyfer hoch auf der Fahndungsliste der Nazis stand. Beim Versuch, nach dem Anschluß Österreichs im März 1938 mit Skiern über die österreichische Grenze zu entkommen, wurde er festgenommen, über die Polizeigefängnisse in Feldkirch und Innsbruck nach Dachau und Buchenwald transportiert, wo er, als Leichenträger mit Typhus infiziert, am 16. Februar 1939 als Sechsundzwanzigjähriger starb. Sein bekanntes „Dachaulied," vertont vom Mithäftling Herbert Zipper, ist ein Zeugnis für Soyfers bis zuletzt ungebrochenen Optimismus und Kampfeswillen. Das Gedicht schildert die traurige Lage der Gefangenen, benutzt dann aber im Refrain die zynische Nazi-Parole „Arbeit macht frei" über dem Lagertor als Aufruf zum Widerstand an die Kameraden in den Lagern:

> Stacheldraht, mit Tod geladen,
> Ist um unsere Welt gespannt.
> Drauf ein Himmel ohne Gnaden
> Sendet Frost und Sonnenbrand.
> Fern von uns sind alle Freuden,
> Fern die Heimat und die Fraun,
> Wenn wir stumm zur Arbeit schreiten,
> Tausende im Morgengraun.
>> Doch wir haben die Losung von Dachau gelernt,
>> Und wir wurden stahlhart dabei.
>> Bleib ein Mensch, Kamerad,
>> Sei ein Mann, Kamerad,
>> Mach ganze Arbeit, pack an, Kamerad:
>> Denn Arbeit, denn Arbeit macht frei,
>> Denn Arbeit, denn Arbeit macht frei!

Die letzte Strophe verspricht den Lohn der Ausdauer mit Ausblick auf Freiheit und eine neue Welt, in der alle Kameraden gebraucht werden:

Einst wird die Sirene künden:
Auf zum letzten Zählappell!
Draußen dann, wo wir uns finden,
Bist du, Kamerad zur Stell.
Hell wird uns die Freiheit lachen,
Schaffen heißt's mit großem Mut.
Und die Arbeit, die wir machen,
Diese Arbeit, sie wird gut.
> Denn wir haben die Losung von Dachau gelernt,
> etc. (245-46).

d. Klassiker im Widerstand

Widerstand kam nicht nur von zeitgenössischen Autoren, sondern auch von Schriftstellern vergangener Zeiten, wie das Beispiel Schiller zeigt. Friedrich Schiller war
zwar der bevorzugte Klassiker bei den Nazis – er gehörte von 1933 bis 1941 zu den
meistgespielten Dramatikern –,[93] doch Teile seines Werkes gaben auch zu Opposi-
tionsdemonstrationen Anlaß. So brach 1933 bei einer *Don Carlos*-Aufführung im
Bremer Stadttheater nach Marquis von Posas Bitte an König Philipp II „ Geben Sie
Gedankenfreiheit" (3,10) ein solcher Beifallssturm los, daß die Vorstellung auf poli-
zeiliche Anordnung hin abgebrochen werden mußte. Ähnliches wiederholte sich in
zahlreichen anderen Städten, so 1937 bei einer Heinz Hilpert-Inszenierung des
Stückes in Berlin, der Goebbels und der Reichsdramaturg Rainer Schlösser höchst-
persönlich beiwohnten. Deutsche Emigranten wie Bertolt Brecht, Lion Feuchtwanger
oder Thomas Mann verfolgten diese Protestkundgebungen im Reich mit großem
Interesse, ließen sie doch Opposition gegen die verhaßten Nazis erkennen. Thomas
Mann kommentierte (mit leichter Ironie?) diese Protestaktion in einer Rede in New
York folgendermaßen: „Diese keineswegs ungefährlichen, weil durchaus politischen
Kundgebungen sind darum so rührend, weil hier ein Volk ein Dichterwort benutzt,
um gewissermaßen vor der Welt seine geistige Ehre zu retten und kundzutun, daß es
nicht Sklave sein will." Die Nazi-Presse in Deutschland beschimpfte das Publikum
und warf ihm Mangel an politischem Denkvermögen vor.[94] Schillers *Wilhelm Tell*
gehörte von Anfang an zum patriotischen Inventar des Nationalsozialismus, vor
allem der Rütli-Schwur. Auch diente er zur Propagierung nationalsozialistischer,
kerngesunder Familienpolitik. Das änderte sich jedoch bald. Im Jahre 1941 wurden
auf Führerbefehl hin alle Tell-Aufführungen und die Behandlung des Stoffes im
Schulunterricht untersagt. Den Nazis war wohl klar geworden, daß der Tell ein
Revolutionsdrama gegen ein bedrückendes diktatorisches System darstellt und der
Tyrannenmord verherrlicht wird. Außerdem stand die „Heimholung" ins Reich
angeblich deutscher Gebiete mit der Ideologie des *Tell* in Konflikt, da in diesem
Drama ja gerade das Gegenteil gepriesen wird. So wurde Schiller nahezu über Nacht
vom Mitläufer zum Staatsfeind der Nazis.[95]

e. Anfänge der deutschen Nachkriegsliteratur

Im Schatten des Dritten Reichs entstand aber auch die deutsche Nachkriegsliteratur in Werken von Rose Ausländer, Johannes Bobrowski, Paul Celan, Günter Eich, Albrecht Goes, Peter Huchel, Marie Luise Kaschnitz, Wolfgang Koeppen oder Karl Krolow, um nur einige zu nennen, deren literarischen Anfänge in diese Zeit zurück reichen.[96] Selbst der Schweizer Max Frisch wurde bereits in den dreißiger Jahren mit den Prosabänden *Jürg Reinhart. Eine sommerliche Schicksalsfahrt* (1934) und *Antwort aus der Stille* (1937) in Deutschland bekannt. Während des Dritten Reichs veröffentlichte Günter Eich (1907-1972) einzelne Gedichte in *Das Innere Reich, Die Dame* und *Die Koralle*.[97] Bis 1940 schrieb er siebenundzwanzig Hörspiele und Bearbeitungen für den Reichsrundfunk. Mehr als ein Drittel der Gedichte in seinem Nachkriegsband *Abgelegene Gehöfte* wurde bereits während des Dritten Reichs geschrieben. Wolfgang Koeppens erster Roman *Eine unglückliche Liebe* erschien 1934 im Cassirer-Verlag, ein zweiter Roman *Die Mauer schwankt* folgte 1935 und drei Jahre später „unter dem heroisch eingefärbten Titel *Die Pflicht*."[98] Peter Huchel (1903-1982) wurde anfänglich sogar von nationalsozialistischen Organisationen gefördert. Er veröffentlichte Gedichte in Zeitschriften wie *Das Innere Reich, Die Dame, Die Koralle* und Anthologien und trat mit Hörspielen und Lesungen an die Öffentlichkeit. Auch Johannes Bobrowski begann 1944 mit der Veröffentlichung einiger Rußland-Oden im *Inneren Reich*. Von Karl Krolow erschienen „in den letzten Kriegsjahren ... fünfzig Gedichte und mehrere Dutzend Artikel in der Presse, wobei er nur selten Kompromisse mit der NS-Ideologie schließen mußte."[99] Auch der schwäbische Pfarrer Albrecht Goes (1908-) konnte seine anakreontischen Gedichte ohne Schwierigkeiten in den Bänden *Der Hirte* (1934), *Heimat ist gut* (1935) oder *Der Nachbar* (1940) veröffentlichen. Die weitere Besprechung dieser Literatur muß allerdings einem anschließenden Band dieser Reihe vorbehalten bleiben.

1 Zu diesem Thema vgl. u.a. J.F.G. Grosser (Hrsg.), Die große Kontroverse. Ein Briefwechsel um Deutschland (Hamburg: Nagel 1963); Ralf Schnell, Literarische Innere Emigration 1933-1945 (Stuttgart: Metzler 1976), 1-5, 169-70, und Reinhold Grimm, „Innere Emigration als Lebensform," in: Reinhold Grimm und Jost Hermand (Hrsg.), Exil und Innere Emigration (Frankfurt a.M.: Athenäum 1972), 35ff. Die Debatte entzündete sich vor allem an einem Satz in Thomas Manns offenem Brief vom 12.10.1945, in dem Mann behauptet, daß allen Büchern, die von 1933 bis 1945 in Deutschland erschienen, „ein Geruch von Blut und Schande" anhafte (Grosser, 31).

2 Ernst Wiechert, Jahre und Zeiten. Erinnerungen (Wien: Desch 1957; Sämtliche Werke in zehn Bänden, Bd. 9), 687-88.

3 Wolfgang Brekle, Die antifaschistische Literatur in Deutschland (1933-1945), in: Weimarer Beiträge, 11. Jg. H. 6 (1970), 71.

4 Wolfgang Brekle, Schriftsteller im antifaschistischen Widerstand 1933-1945 in Deutschland (Berlin, Weimar: Aufbau 1985), 36. Weitere Diskussion des Begriffes und Übersicht über die Forschungslage auch bei Ralf Schnell, Literarische Innere Emigration 1933-1945 (Stuttgart: Metzler 1976).

5   Werner Bergengruen, Schreibtischerinnerungen (Zürich: Arche 1961; Lizensausgabe für Deutschland in der Nymphenburger Verlagsbuchhandlung), 176

6   Werner Bergengruen, Dichtergehäuse. Aus den autobiographischen Aufzeichnungen, hrsg. von Charlotte Bergengruen (Zürich: Arche 1966), 141-42.

7   Zitiert nach Bergengruen, Schreibtischerinnerungen, 182.

8   Vgl. dazu Brekle, Schriftsteller im antifaschistischen Widerstand 1933-1945 in Deutschland, 32f. und Schnell, 6f.

9   Vgl. dazu Grimm, 42ff., Brekles Buch, 32 ff., Schnell, 1ff.

10 Stefan Andres, Innere Emigration, in: Stefan Andres, Der Dichter in dieser Zeit. Reden und Aufsätze (München: Piper 1974), 57.

11 Franz Schonauer, Deutsche Literatur im Dritten Reich. Versuch einer Darstellung in polemisch-didaktischer Absicht (Olten und Freiburg i.Br.: Walter 1961), 127.

12 Werner Bergengruen, Schreibtischerinnerungen, 161.

13 Schreibtischerinnerungen, 160-61. Das mag übertrieben sein, doch sollte man darob nicht gleich ins Gegenteil fallen wie Wolfgang Brekle, der den „antifaschistischen Gehalt des Romans als gering" veranschlagt; vgl. Wolfgang Brekle, Schriftsteller im antifaschistischen Widerstand 1933-1945 in Deutschland, 180.

14 Vgl. dazu Joseph Wulf, Literatur und Dichtung im Dritten Reich. Eine Dokumentation (Frankfurt a.M.: Ullstein 1983), 518 f. In dem dort nachgedruckten „Gesamturteil" der Ortsgruppenleitung von München-Solln, Bergengruens Heimatgemeinde, heißt es unter anderem: „Bergengruen dürfte politisch nicht zuverlässig sein. Wenn er auch, wenn dazu Anlaß besteht, an seinem Fenster die Hakenkreuzfahne zeigt, oder bei Sammlungen immer und gerne gibt, so gibt seine sonstige Haltung trotzdem Anlaß, ihn als politisch unzuverlässig anzusehen. Weder er noch seine Frau und Kinder sind Mitglied einer Gliederung. Der deutsche Gruß „Heil Hitler" wird weder von ihm noch von seiner Familie angewendet, auch wenn er ab und zu die Hand ein wenig erhebt. Eine NS-Presse bezieht er soweit bekannt ebenfalls nicht. Diese seine Einstellung dürfte wahrscheinlich darin zu suchen sein, weil er oder seine Frau vermutlich jüdisch versippt ist."

15 Zitiert nach Werner Bergengruen, Der Grosstyrann und das Gericht (München: Nymphenburger Verlagshandlung 1951), 228. Die Seitenangaben im Text beziehen sich auf diese Ausgabe.

16 Schreibtischerinnerungen, 180. Die folgenden Seitenangaben im Text beziehen sich auf diesen Text.

17 Zur Problematik der historischen Distanzierung vgl. Ralf Schnell, Literarische Innere Emigration 1933-1945, 100f.

18 In: Die deutsche Literatur im Dritten Reich. Themen – Traditionen – Wirkungen, hrsg. v. Horst Denkler und Karl Prümm (Stuttgart: Reclam 1976), 449-450.

19 Brekle, 168.

20 Werner Bergengruen, Dies Irae (München: Zinnen-Verlag Kurt Desch, o.J. [1945]), 7. Die Seitenzahlen im Text beziehen sich auf diese Ausgabe.

21 Vgl. Max Frisch, Stimmen eines anderen Deutschlands? Zu den Zeugnissen von Wiechert und Bergengruen, in: Neue Schweizer Rundschau, XIII (1945-46), 537-547. Zitiert nach Charles Wesley Hoffmann, „Opposition Poetry in Nazi-Germany, 1933-1945" (Diss. University of Illinois 1956), 66, 80.

22 Brekle, 175-76.

23 Reinhold Schneider, Die Zeit in uns. Zwei autobiographische Werke: Verhüllter Tag. Winter in Wien (Frankfurt a.M.: Insel 1978; Bd. 10 der Gesammelten Werke, hrsg. v. Edwin Maria Landau), 111.

24 Zitiert nach Wolfgang Brekle, Schriftsteller im antifaschistischen Widerstand 1933-1945 in Deutschland (Berlin: Aufbau 1985), 161.

25 Reinhold Schneider, Las Casas vor Karl V., in: Der große Verzicht. Gesammelte Werke Bd. 3, Hrsg. Edwin Maria Landau (Frankfurt a.M.: Insel 1978), 155.

26 Vgl. dazu auch Ralph Schnell, Literarische Innere Emigration 1933-1945, 132 f.

27 Franz Schonauer, Deutsche Literatur im Dritten Reich, 152.

28 Günter Wirth, Eine Stimme für die Gleichberechtigung der Völker. Reinhold Schneider: 'Las Casas vor Karl V. Szenen aus der Konquistadorenzeit', in: Sigrid Bock und Manfred Hahn (Hrsg.), Erfahrung Nazideutschland. Romane in Deutschland 1933-1945. Analysen (Berlin: Aufbau 1987), 298-334.

29 Stefan Andres, El Greco malt den Großinquisitor, in: Stefan Andres, Novellen und Erzählungen (München: Piper 1962), 7; die Seitenangaben im Text beziehen sich auf diese Ausgabe.

30 Die Parallelen zu Brechts Galileo sind offensichtlich; auch Brechts Stück bezog sich in verfremdet-historisierender Form auf die Gegenwart des Nationalsozialismus.

31 Ernst Jünger, Auf den Marmorklippen (Frankfurt/M: Ullstein 1980), S. 141. Die Seitenangaben im Text beziehen sich auf diese Ausgabe. Die Erstausgabe des Romans erschien 1939.

32 Vgl. Hans Dieter Schäfer, Die nichtfaschistische Literatur der 'jungen Generation', in: Die deutsche Literatur im Dritten Reich. Themen – Traditionen – Tendenzen, hrsg. v. Horst Denkler und Karl Prümm (Stuttgart: Reclam 1976), 472.

33 Schnell, 142.

34 Schnell, 142.

35 Vgl. Guido Reiner, Ernst Wiechert im Dritten Reich. Eine Dokumentation (Paris: Selbstverlag 1974), 89-90.

36 Ernst Wiechert, Der Totenwald, in: Ernst Wiechert, Sämtliche Werke in zehn Bänden (Wien: Desch 1957), Bd. 9, 327.

37 Ernst Wiechert, Der weisse Büffel oder Von der grossen Gerechtigkeit, in: Ernst Wiechert, Sämtliche Werke in zehn Bänden (Wien: Desch 1957), Bd. 6, 572. Die Seitenangaben im Text beziehen sich auf diese Ausgabe.

38 Ernst Wiechert, Der Totenwald, 199. Die Seitenangaben im Text beziehen sich auf diese Ausgabe. Die Form des Tagebuchs wurde nach Hans Dieter Schäfer „zur zentralen Gattung für die 'innere Emigration': es kam der Neigung zum Privaten, Bekennerischen, aber auch zur Skizze und zum Aperçu am nächsten," vgl. Hans Dieter Schäfer, „Die nichtfaschistische Literatur der 'jungen Generation,'" 468.

39 Vgl. seinen Roman Nackt unter Wölfen (Halle: Mitteldeutscher Verlag 1958).

40 Johannes war bekanntlich der Lieblingsjünger Jesu. Johannes bezieht sich aber auch auf den Schweizer Schriftsteller Max Picard, dem Wiechert sein Erinnerungsbuch Jahre und Zeiten in großer Verehrung gewidmet hat. Dort schreibt er über Picard auf Seite 668-69: „Er war wie ein Seher, ... Er war mir wie Johannes auf Patmos. ... Für mich aber waren in jenen Jahren der Entscheidung [die Zeit der Verhaftung] diese blauen, leuchtenden Augen das Unvergeßliche. Sie hielten mich auf meinem Wege. Sie bewahrten mich vor jedem Irrtum und jeder Angst."

41 Reinhold Schneider, Lyrik, Auswahl u. Nachwort v. Christoph Perels, in: Reinhold Schneider, Gesammelte Werke, Bd. 5 (Frankfurt a.M.: Insel 1981), hrsg. v. Edwin Maria Landau, 417. Die Seitenangaben im Text beziehen sich auf diese Ausgabe.

42 Theodore Ziolkowski, „Form als Protest. Das Sonett in der Literatur des Exils und der Inneren Emigration," in: Reinhold Grimm und Jost Hermand (Hrsg.), Exil und innere Emigration (Frankfurt a.M.: Athenäum 1972), 153-172.

43 Charles Wesley Hoffmann, 103.

44 Vgl. Ziolkowski, 157.

45 Ingo Zimmermann, Reinhold Schneider. Weg eines Schriftstellers (Berlin: Union Verlag 1982), 136.

46 Nachbemerkung zu Rudolf Hagelstange, Venezianisches Credo (München: Insel 1946). Die Seitenangaben im Text beziehen sich auf diese Ausgabe.

47 Vgl. De Profundis. Deutsche Lyrik in dieser Zeit. Eine Anthologie aus zwölf Jahren, hrsg. v. Gunter Groll (München: Desch 1946), 134.

48 Rudolf Hagelstange, Die Form als erste Entscheidung, in: Mein Gedicht ist mein Messer. Lyriker zu ihren Gedichten, hrsg. v. Hans Bender (München: List 1964), 38. Die Seitenzahlen imText beziehen sich auf diese Ausgabe. Der Aufsatz Hagelstanges erschien zuerst in Ballade vom verschütteten Leben (Frankfurt a.M.: Insel 1952).

49 Bernhard Zeller (Hrsg.), Klassiker in finsteren Zeiten, Bd.2 (Marbach: Deutsche Schillergesellschaft 1983), 205.

50 Vgl. Brekle, 191.

51 Oskar Loerke, Tagebücher 1903-1939, hrsg. v. Hermann Kasack (Heidelberg/Darmstadt: Schneider 1956), 261. Die Seitenangaben im Text beziehen sich auf diese Ausgabe.

52 Oskar Loerke, Die Gedichte, hrsg. v. Peter Suhrkamp (Frankfurt a.M.: Suhrkamp 1958), 638 („Das edle Ross"). Die Seitenangaben im Text beziehen sich auf diese Ausgabe.

53 Vgl zu diesem Problem Theo Elms exemplarische Interpretation von Loerkes Gedicht „Das Auge des Todes" aus dem Gedichtband Der Wald der Welt, erschienen 1936; Theo Elm, Aufklärung als Widerstand. Oskar Loerkes Gedicht 'Das Auge des Todes' [1934], in: Oskar Loerke. Marbacher Kolloquium 1984, hrsg. v. Reinhard Tgahrt (Mainz: v. Hase & Koehler 1986), 89-105. Auf einen Freund und Geistesverwandten Loerkes, den Naturlyriker Wilhelm Lehmann, kann hier nur hingewiesen werden. Lehmann schickte seinen ersten Lyrikband Antwort des Schweigens (1935) an Loerke mit der Widmung „Gruß aus der Verzweiflung." Vgl. Loerke, Tagebücher 1903-1939, 320 (29. Sept. 1935).

54 Vgl. dazu Walter von Molo, Zwischen Tag und Traum. Reden und Aufsätze, 1930, Neuausgabe 1950, und J.F.G. Grosser (Hrsg.), Die grosse Kontroverse.

55 Joseph Wulf, Literatur und Dichtung im Dritten Reich, 27.

56 Wulf, 65.

57 Sigrid Bock und Manfred Hahn (Hrsg.), Erfahrung Nazideutschland. Romane in Deutschland 1933-1945. Analysen (Berlin, Weimar: Aufbau 1987), 125.

58 Reinhold Grimm, „Innere Emigration als Lebensform," 43.

59 Zitiert nach Florian Vaßen, 'Das illegale Wort.' Literatur und Literaturverhältnisse des Bundes proletarisch-revoliutionärer Schriftsteller nach 1933, in: Kunst und Kultur im deutschen Faschismus, hrsg. v. Ralf Schnell (Stuttgart: Metzler 1978), 293.

60 Alle Zitate nach Brekle, 46-47.

61 Vgl. Wolfgang Emmerich, Die Literatur des antifaschistischen Widerstandes, in: Die deutsche Literatur im Dritten Reich, hrsg. v. Horst Denkler und Karl Prümm, 438.

62 Vgl. dazu Brekle, 47-53, und Vaßen, 294- 300.

63 Vgl. dazu Sigrid Bock, Arbeiterkorrespondenten und -schriftsteller bewähren sich. Jan Petersen: Unsere Straße, in: Erfahrung Nazideutschland, 44-98.

64 Vgl. Brekle, Schriftsteller in antifaschistischen Widerstand 1933-1945 in Deutschland, 61 ff. Eine ausführliche Interpretation des Romans bietet Sigrid Bock in ihrem Artikel „Arbeiterkorrespondenten und -schriftsteller bewähren sich. Jan Petersen: Unsere Straße," in: Erfahrung Nazideutschland. Romane in Deutschland 1933-1945, hrsg. v. Sigrid Bock und Manfred Hahn (Berlin, Weimar: Aufbau 1987), 44-98.

65 Vgl. Sigrid Bock, „Kämpfer vor dem Sieg. Adam Kuckhoff: Der Deutsche von Bayencourt, in Erfahrung Nazideutschland," 183.

66 Nach Gilles Perrault war Kuckhoff neben Harro Schulze-Boysen und Arvid Harnack eine der drei tragenden Säulen der Berliner Gruppe der Roten Kapelle; von den drei Männern war Kuckhoff für Perault „le plus remarquable." Kuckhoffs letztes Stück Till Eulenspiegel diente als Schlüssel zur Dechiffrierung geheimer Botschaften der Roten Kapelle; vgl. Gilles Perrault, L'orchestre rouge (Paris: Fayard 1967), 383-84.

67 Vgl. Sigrid Bock, Kämpfer vor dem Sieg, 181.

68 Adam Kuckhoff, Der Deutsche von Bayencourt (Berlin: Rowohlt 1937), 96. Die Seiten-
    angaben im Text beziehen sich auf diese Ausgabe.

69 Brekle, 105.

70 Vgl. Sigrid Bock, Kämpfer vor dem Sieg, 186.

71 So Wolfgang Emmerich, Die Literatur des antifaschistischen Widerstandes, in: Die deut-
    sche Literatur im Dritten Reich, hrsg. v. Horst Denkler und Karl Pümm, 448.

72 Emmerich, 448.

73 Vgl. Peter Weiss, Die Ästhetik des Widerstands, Bd. 3 (Frankfurt a.M.: Suhrkamp 1981),
    bes. 190 f. Weiss' Ich-Erzähler Hans Coppi war Mitglied der „Roten Kapelle." Peter
    Weiss kritisiert das geringe Echo, das Kuckhoff beschieden war: Coppi findet bei
    Schulze-Boysen auch einen Schriftsteller – Kuckhoff –, „dessen Gedichte und Romane
    nicht in die Literaturgeschichte eingehen werden" (202). Nach dem zweiten Weltkrieg er-
    schienen nur wenige Werke von Kuckhoff, darunter: Adam Kuckhoff zum Gedenken.
    Novellen, Gedichte, Briefe, hrsg und eingeleitet von Greta Kuckhoff (Berlin: Aufbau
    1946). 1985 erschien in Kuckhoffs Heimatstadt eine Werkauswahl unter dem Titel: Fröh-
    lich bestehn. Adam Kuckhoff. Prosa, Lyrik, Dramatik (Aachen: Alano 1985), mit einer
    Einleitung von Werner Jung. Zur „Roten Kapelle" und anderen Widerstandbewegungen
    vgl. auch Der lautlose Aufstand. Bericht über die Widerstandsbewegung des deutschen
    Volkes 1933-1945, hrsg. v. Günther Weisenborn (Hamburg: Rowohlt 1953).

74 Werner Krauss, PLN. Die Passionen der halykonischen Seele (Frankfurt a.M.: Kloster-
    mann 1946), Vorwort. Die Seitenzahlen im Text beziehen sich auf diese Ausgabe. Zu an-
    deren Werken und zur Person von Werner Krauss vgl. u.a. Werner Krauss, Grundpro-
    bleme der Literaturwissenschaft (Reinbek: Rowohlt 1968) und Werner Krauss, Literatur-
    theorie, Philosophie und Politik, hrsg. v. Manfred Naumann (Berlin, Weimar: Aufbau
    1984). PLN steht für Postleitnummer, Halykonien für ein despotisches, unzeitgemäßes
    Regime, nach Brekle evoziert durch orientalische Titel wie Muphti, Kalif, oder die
    Namen Halys (Kizil) und Konya (Iconium), Fluß und Stadt in der Türkei; vgl. W. Brekle,
    Schriftsteller im antifaschistischen Widerstand 1933-1945 in Deutschland, 110.

75 Der Roman blieb nahezu unbekannt, bis 1983 eine zweite, durchgesehene Auflage mit
    einem Nachwort von Peter Härtling bei Klostermann in Frankfurt a.M. erschien.

76 Brekle, 120. Exemplare des Romans sind heute schwer zu finden; weitere Einzelheiten
    kann man bei Brekle nachlesen.

77 Brekle, 121.

78 Zitiert aus Manfred Schlösser (Hrsg.), An den Wind geschrieben. Lyrik der Freiheit 1933-
    1945 (Darmstadt: Agora 1960, 2. Aufl. 1961), 237.

79 Zu Haushofer vgl. u. a. W. Brekle, Schriftsteller, 226f. und Charles W. Hoffmann, 116f.

80 Zitiert nach der deutsch-englischen Ausgabe der Moabit Sonnets, transl. M.D. Herter
    Norton (London, New York: Norton 1978), 94. Die Seitenzahlen im Text beziehen sich
    auf diese Ausgabe.

81 An den Wind geschrieben, 121.

82 Hermann Adler, Gesänge aus der Stadt des Todes (Zürich, New York 1945), und Edgar
    Kupfer-Koberwitz, Kette der Tage: Gedichte aus Dachau (Stuttgart und Calw 1947),
    zitiert nach Charles W. Hoffmann, 248 f.

83 Zitiert nach Michael Moll, Lyrik in einer entmenschten Welt. Interpretationsversuche zu
    deutschsprachigen Gedichten aus nationalsozialistischen Gefängnissen, Ghettos und KZ's
    (Frankfurt a.M.: R.G. Fischer 1988), XI.

84 An den Wind geschrieben, 267.

85 Hermann Adler, geboren 1911 in Diosek/Pressburg, aufgewachsen in Nürnberg, kam
    1941 ins Ghetto Wilna, wurde 1945 aus dem KZ Bergen-Belsen befreit.

86 Zit. nach Hoffmann, 253.

87 Wir hofften auf Freunde, in: Hoffmann, 263.

88 Zit. nach Hoffmann, 264.

89 Zit. nach Moll aus dem Anhang, I. Dort auch das folgende Gedicht, II.

90 Helmut Braun in seiner Einleitung zu Rose Ausländer, Die Erde war ein atlasweißes Feld. Gedichte 1927-1956 (Frankfurt a.M.: Fischer 1985), 10. Die Seitenzahlen im Text beziehen sich auf diese Ausgabe.

91 Vgl. Moll, 195.

92 Vgl. dazu Horst Jarkas Einleitung zu Jura Soyfer, Das Gesamtwerk (Wien: Europa Verlag 1980), 26. Die Seitenangaben im Text beziehen sich auf diese Ausgabe. Zu Soyfer vgl. auch Peter Langmann, Sozialismus und Literatur – Jura Soyfer: Studien zu einem österreichischen Schriftsteller der Zwischenkriegszeit (Frankfurt a.M.: Hain Meisenheim 1986).

93 Vgl. Klassiker in finsteren Zeiten, hrsg. v. Bernhard Zeller (Marbach: Deutsche Schillergesellchaft 1983), Bd. 1, 409.

94 Klassiker, Bd. 2, 410-12.

95 Klassiker, Bd. 2, 421-22.

96 Zu den nichtfaschistischen Autoren der jüngeren Generation, die gegen Ende der Weimarer Republik und im Dritten Reich zu schreiben begannen, vgl. Hans Dieter Schäfers Anthologie Am Rande der Nacht. Moderne Klassik im Dritten Reich (Frankfurt a.M.: Ullstein 1984), in dem u.a. Werke von Johannes Bobrowski, Wolfgang Borchert, Heimito von Doderer, Günter Eich, Peter Huchel, Frido Lampe, Horst Lange und Hermann Lenz versammelt sind, sowie Hans Dieter Schäfer Die nichtfaschistische Literatur der 'jungen Generation' im nationalsozialistischen Deutschland, in: Die deutsche Literatur im Dritten Reich. Themen-Traditionen-Wirkungen, 459-503. Dieser Artikel erschien 1981 in leicht veränderter Form auch in: Hans Dieter Schäfer, Das gespaltene Bewußtsein. Deutsche Kultur und Lebenswirklichkeit 1933-1945 (München: Hanser 1981), 7-54.

97 Eine Veröffentlichung in der literarischen Renomierzeitschrift „Das Innere Reich" war keinesfalls gleichbedeutend mit Sympathie für das NS-Regime; dazu war diese Zeitschrift viel zu „janusköpfig," wie Horst Denkler in seinem Aufsatz „Janusköpfig. Zur ideologischen Physiognomie der Zeitschrift Das Innere Reich (1934-1944)" demonstrierte; vgl. Horst Denkler und Karl Prümm (Hrsg.), Die deutsche Literatur im Dritten Reich (Stuttgart: Reclam 1976), 382-405.

98 Schäfer, Die nichtfaschistische Literatur, 462. Zu Koeppens Roman Die Mauer schwankt vgl. Bock/Hahn, 9ff.

99 Schäfer, Die nichtfaschistische Literatur, 462.

9. Schlußbemerkung

Weder die Literatur des Dritten Reichs noch die Literatur der „inneren Emigration"
noch die Literatur des Widerstands spielten nach dem zweiten Weltkrieg eine kon-
stituierende Rolle beim Aufbau einer neuen Literatur in den Besatzungszonen und
den auf diese folgenden zwei deutschen Staaten. 1945 war keine Stunde Null; vor
allem in der Bundesrepublik veröffentlichten zahlreiche führende Vertreter der nationalsozialistischen Literatur munter weiter, teilweise sogar im gleichen Geiste, wie
Erwin Guido Kolbenheyer.[1] Andere verlegten sich auf harmlose Stoffe wie Hans
Friedrich Blunck mit seinen *Neue Märchen* (1951), Edwin Erich Dwinger mit seinem
„Reitbrevier für Pferdefreunde" *Das Glück der Erde* (1957), Hanns Johst mit seinem
Roman *Gesegnete Vergänglichkeit* (1955) oder Gerhard Schumann in seinen „be-
sinnlich-heiteren Versen" der *Stachel-Beeren-Auslese* (1960), in denen er beispiels-
weise den Lesern den Rat erteilt:

> Einfach nicht ärgern!
> Ärger geht auf die Galle.
> Die Fröhlichen sind die Stärkern
> In jedem Falle![2]

Die „inneren Emigranten" konnten zwar ihre ungedruckten Werke erscheinen lassen,
erzielten damit aber nur ein geringes Echo. Autoren wie Reinhold Schneider gerieten
gar in neue Schwierigkeiten, als sie sich gegen die mangelnde Aufarbeitung der
nationalsozialistischen Vergangenheit und die Wiederbewaffnung Deutschlands
wandten. Reinhold Schneider, unmittelbar nach dem Krieg hochgeehrt, fiel Anfang
der fünfziger Jahre in Ungnade, da er die restaurative Adenauerpolitik kritisierte; er
wurde als Kommunist diffamiert und zog sich zum zweiten Male in die „innere Emigration" zurück.[3]

Die neue literarische Szene in der jungen Bundesrepublik wurde zum überwie-
genden Teil von den Autoren der Gruppe 47 bestimmt; in der DDR waren es vor
allem die Rückkehrer aus der Emigration wie Johannes R. Becher, Bertolt Brecht,
Anna Seghers oder Friedrich Wolf, die tonangebend wirkten, wenn auch nicht ohne
Schwierigkeiten mit engstirnigen Kulturfunktionären.

Die in diesem Band vorgestellte Literatur mutet heutige Leser größtenteils wie
ein Fossil aus vergangenen Zeiten an, doch eine Kenntnis dieser Literatur und der
Verhältnisse, in der sie entstand, ist als ein Beitrag zur Vergangensheitbewältigung
zu verstehen und kann somit einen Schutzschild vor Wiederholung bilden. Was
Wolfgang Wippermann über die Geschichtswissenschaft aussagt, gilt mindestens im
gleichen Maße auch für die Literaturwissenschaft und die Literaturgeschichte: „Hitler ist seit über vierzig Jahren tot, aber die mit seinem Namen verbundene Geschichte
und Ideologie ist noch keineswegs vergangene und 'bewältigte' Geschichte."[4]

1   Bei seinem 75. Geburtstag beglückwünschte ihn Hermann Burte als einen Mann, der nicht zu Kreuze kriecht; vgl. Ernst Loewy, Literatur unterm Hakenkreuz, 317.

2   Gerhard Schumann, *Stachel-Beeren-Auslese* (Stuttgart: Silberburg 1960), 91.

3   Vgl. dazu das Kapitel „Der 'Fall Reinhold Schneider'" in Ingo Zimmermann, *Reinhold Schneider. Weg eines Schriftstellers* (Berlin, Union 1982), 142-170.

4   Wolfgang Wippermann (Hrsg.), *Kontroversen um Hitler* (Frankfurt a.M.: Suhrkamp 1986), 92.

10. Bio-bibliographischer Anhang

Die aufgeführten Werke stellen eine Auswahl dar in der Absicht, einige wichtige Autoren der faschistischen und nichtfaschistischen Literatur im Dritten Reich vorzustellen und dabei auch einige Autoren einzuschließen, die im Text überhaupt nicht oder nur sehr kurz behandelt werden konnten. Autoren, deren Hauptwerk nicht in die Zeit des Dritten Reiches fiel, sind nicht in diesem Verzeichnis vertreten. Die Daten stammen größtenteils aus einschlägigen Literatur-Lexika wie Kunisch, Lennartz, v. Wilpert, und aus dem von Walter Killy herausgegebenen *Literatur Lexikon*. Nach 1945 entstandene Werke wurden nicht berücksichtigt.

Verzeichnis der Abkürzungen

Aut	Autobiographie	Kb	Kinderbuch
Biog	Biographie	L	Lieder
B	Briefe	M	Märchen
D	Drama, Spiel	R	Roman
E, En	Erzählung, -en, Novelle, -en	Rb	Reisebuch, Reisebericht
Ep	Epos	Rd	Rede
Es	Essay, -s	Rep	Reportage
G	Gedichte	S	Schriften
Hsp	Hörspiel	Sk	Skizze
K	Komödie	T	Tragödie
		Tb	Tagebuch

Alverdes, Paul
6.5.1897, Straßburg - 28.1.1979, München. Vater: preußischer Offizier. Mitglied der Wandervogelbewegung. Als 17jähriger Kriegsfreiwilliger, 1915 schwere Kehlkopfverletzung. Studium der Rechte, Germanistik und Kunstgeschichte in München und Jena; 1921 Dr. phil., Dissertationsthema: „Der mystische Eros in der geistlichen Lyrik des Pietismus". Seit 1922 freier Schriftsteller in München, besonders Erzählungen und Hörspiele, vielfach Kriegsthematik, nach 1945 zahlreiche Kindermärchen. 1934-1944 Herausgeber der konservativen Monatsschrift *Das innere Reich* zusammen mit K.B. v.Mechow. Erster großer Erfolg: Die Pfeiferstube, (E, 1929): spielt in einer Lazarettstube mit deutschen Kehlkopfverwundeten, Hans Carossa gewidmet.

Werke: Kilian (E, 1922), Die Nördlichen (G, 1922), Die ewige Weihnacht (D, 1922), Die feindlichen Brüder (T, 1923), Die Flucht (En, 1924; als Hsp, 1936), Reinhold im Dienst (E; Reinhold oder die Verwundeten, En, 1931), Die Freiwilligen (Hsp, 1934), Das Zwiegesicht (E, 1937), Das Männlein Mittenzwei (M, 1937), Das Schlaftürlein (M, 1938), Das Winterlager (Hsp, 1934), Das Zwiegesicht, Gespräch über Goethes Harzreise im Winter (Es, 1938), Dank und Dienst (Es, 1939), Dem Andenken Mozarts (Rd, 1941), Jette im Wald (E, 1942).

Anacker, Heinrich
29.1.1901, Aarau (Schweiz). Stammt von „Deutsch-Schweizern" und Thüringern ab. Abitur in Aarau, literarhistorische Vorlesungen in Zürich und Wien. Mitglied der NSDAP seit April 1924. Kaufmännische Tätigkeiten in den 20er Jahren. Seit 1933 als freier Schriftsteller in Berlin, Mitglied des Reichskultursenats. Seit 1921 Verfasser von Gedichten: Politische Lyrik im nationalsozialistischen Geist, Kampflieder, Kriegsglorifizierungen, Heimat und Front, auch Natur- und Liebeslyrik. Dietrich-Eckart-Preis 1934 für Chorspiel SA ruft ins Volk zusammen mit Adolf Weber, Kunstpreis der NSDAP 1936 für Gesamtwerk. Bei Entnazifizierung als „Minderbelasteter" eingestuft.

Werke: Klinge, kleines Frühlingslied (G, 1921), Werdezeit (G, 1922), Auf Wanderwegen (G, 1923), Sonne (G, 1925), Ebbe und Flut (G, 1927), Bunter Reigen (G, 1030), SA-Gedichte: Die Trommel (G, 1931), Gedichte der deutschen Erhebung: Die Fanfare (G, 1933), Einkehr (G, 1934), SA ruft ins

Volk (Chorspiel, 1935 zusammen mit Adolf Weber), Der Aufbau (G, 1935), Kämpfen und Siegen (G, 1936), Lieder aus Stille und Stürmen (G, 1937), Wir wachsen in das Reich hinein (G, 1937), Gedichte um Österreichs Heimkehr: Ein Volk – Ein Reich – Ein Führer (G, 1938), Gedichte aus dem Herbst 1939 (G, 1939), Gedichte aus dem Kriegswinter 1940: Bereitschaft und Aufbruch (G, 1940), Gedichte vom Feldzug im Westen: Über die Maas, über Schelde und Rhein! (G, 1940).

Andres, Stefan

26.6.1906 Breitenwies/Mosel - 29.6.1970 Rom. Vater: Müller. Kindheit von Dorf und Kirche geprägt. Ab 1917 Besuch einer Klosterschule, 1926/28 Noviziat in einem Kapuzinerkloster, Berufsziel katholischer Priester. Verläßt aber Kloster und studiert Germanistik in Köln, Jena, Berlin. Schriftsteller. 1937-49 mit Frau und zwei Kindern in Positano, 1950 Unkel am Rhein, ab 1961 Rom. 1933 Preis aus der Abraham-Lincoln-Stiftung, 1948 Rheinischer Literaturpreis, 1952 Literaturpreis des Landes Rheinland-Pfalz, 1954 Großer Kunstpreis von Nordrhein-Westfalen für Literatur, 1957 Dramatikerpreis der Stadt Oldenburg. In 50er Jahren ist St. A. einer der meistgelesenen Autoren. Erzählungen kreisen vielfach biographisch verhüllt um bäuerliche Heimat und Zeit am Mittelmeer; Weltfreude, religiöse Wahrheitssuche; konventionelle Erzählform.

Werke: Das Märchen im Liebfrauendom (M, 1928), Bruder Luzifer (R, 1933), Eberhard im Kontrapunkt (R, 1933), Die Löwenkanzel (G, 1933), Die unsichtbare Mauer (R, 1934), Der ewige Strom (Oratorium, G, 1935), El Greco malt den Großinquisitor (E, 1936), Vom heiligen Pfäfflein Domenico (E, 1936), Utz, der Nachfahr (E, 1936), Moselländische Novellen (En, 1937), Schwarze Strahlen (Kammerspiel, 1938), Der Mann von Asteri (R, 1939). Während der Nazizeit publiziert St.A. in Berlin und Jena. Das Grab des Neides (En, 1940), Der olympische Frieden (E, 1940), Der gefrorene Dionysos (E, 1942), Wir sind Utopia (E, 1943), Italiener (E, 1943), Wirtshaus zur weiten Welt (En, 1943), Das goldene Gitter (E, 1943).

Berens, Josefa (Berens-Totenohl)

30.3.1891, Grevenstein/Sauerland - 6.6.1969, Meschede. Vater: Schmied. Zehn Jahre Volksschullehrerin im Weserland, dann in Düsseldorf, wo sie sich auch als Malerin betätigte. Ab 1923 freie Schriftstellerin und Malerin in Höxter, Totenohl an der Lenne und Gleierbrück. Ihr erster Roman, *Der Femhof*, geschrieben in Totenohl, brachte ihr Erfolg und Beinamen. Mitglied der Hoffmann-von-Fallersleben-Gesellschaft, 1936 Westfälischer Literaturpreis. Vertreterin des Blut-und-Boden Schrifttums.

Werke: Der Femhof (R, 1934), Frau Magdalene (R, 1935) – beide R 1958 wieder hrsg als Die Leute vom Femhof –, Das schlafende Brot (G, 1936), Die Frau als Schöpferin und Erhalterin des Volkstums (Rede, 1938), Einer Sippe Gesicht (Ep, 1941), Der Fels (R, 1942), Im Moor (R, 1944).

Bergengruen, Werner

16.9. 1892, Riga - 4.9.1964, Baden-Baden. Vater: Arzt. Studium der Rechte, Geschichte, Germanistik in Marburg, München, Berlin. Teilnehmer am 1. Weltkrieg und an den Kämpfen im Baltikum. Journalist, dann freier Schriftsteller in Berlin (1927-36), Solln b. München (1936-42), Achenkirch, Tirol (1942-46), Zürich (1946-58), Baden-Baden. 1936 Konversion zum Katholizismus. Galt im 3. Reich als „politisch nicht zuverlässig," und wurde 1937 aus der Reichsschrifttumskammer ausgeschlossen, da die Nazis ihn nicht für geeignet hielten, „durch schriftstellerische Veröffentlichungen am Aufbau der deutschen Kultur mitzuarbeiten" (Joseph Wulf, *Literatur im Dritten Reich*, 518). Er gehörte zu den „unerwünschten" Autoren, dessen Werke in Rosenbergs Jahresgutachtenanzeigern zumeist als „negativ" eingestuft wurden. Formvollendete Prosa und musterhafte Novellen; historische Stoffe, Reiseberichte.

Werke: Das Gesetz des Atum (R, 1923), Das große Alkahest (R, 1926; 1938 u.d.T. Der Starost), Das Kaiserreich in Trümmern (R, 1927), Herzog Karl der Kühne (R, 1930, Neubearb. 1943), Der goldene Griffel (R, 1931), Baedeker des Herzens (Rb, 1932), Die Feuerprobe (N, 1933), Der Großtyrann und das Gericht (R, 1935), Die Schnur um den Hals (Nn, 1935), Die Rose von Jericho (G, 1936), Die drei Falken (N, 1937), Der ewige Kaiser (G, 1937), Der Tod von Reval (En, 1939), Am Himmel wie auf Erden (R, 1940), Der spanische Rosenstock (N, 1941), Das Hornunger Heimweh (R, 1942), Schatzgräbergeschichte (N, 1942), Dies Irae (G, 1945).

Bethge, Friedrich
24.5.1891, Berlin - 17.9.1963, Bad Homburg
v.d.H. Lehrersohn aus ostpreußischer Pasto-
renfamilie. Offizier im 1. Weltkrieg, ab 1919
Stadtbeamter in Berlin. Im Jan. 1919 beteiligt an der Niederwerfung des Spartakusauf-
standes in Berlin, wofür er 1935 den Schla-
geterschild erhielt. 1935-45 Reichskultursenator und Generalintendant der Bühnen in
Frankfurt a.M. 1945 Kriegsgefangenschaft.
„Bethge galt als der 'Frontsoldat' unter den
Dramatikern des Dritten Reiches" (Rühle).

Werke: Pfarr Peder (D, 1922), Pierre u. Jeanette (E, 1926; 1937 u.d.T. Das triumphie-
rende Herz), Reims (D, 1929), Die Blutprobe
(K, 1931), Marsch der Veteranen (D, 1934),
Heinrich v. Plauen (D, 1938), Rebellion um
Preußen (T, 1939), Anke v. Skoepen (D,
1940), Coppernicus (D, 1944).

Beumelburg, Werner
19.2.1899, Traben-Trarbach/Mosel - 9.3.
1963, Würzburg. Pfarrerssohn. Kriegsfrei-
williger und Offizier im ersten Weltkrieg.
Studium der Staatswissenschaften an der U.
Köln, dann Schriftleiter in Düsseldorf und
Berlin. Ab 1926 freier Schriftsteller. Im
Dritten Reich Schriftleiter der Dichteraka-
demie, Mitglied der „Legion Condor" und
Major der Luftwaffe im zweiten Weltkrieg.
Vorwiegend Erzähler und Publizist. 1937
Kunstpreis des Westmarkgaues. Hauptthe-
men Krieg, Kameradschaft, Reichsgedanke.

Werke: Douaumont (S, 1925), Ypern (S,
1925), Flandern 1917 (S, 1927), Sperrfeuer
um Deutschland (R, 1929), Gruppe Bose-
müller (R, 1930), Deutschland in Ketten.
Von Versailles bis zum Youngplan (R,
1931), Bismarck gründet das Reich (R,
1932), Bismarck greift zum Steuer (R, 1932),
Wilhelm II. und Bülow (S, 1932), Das
eherne Gesetz (R, 1934), Friedrich II. v.
Hohenstaufen (S, 1934), Preußische Novelle
(E, 1935), Kaiser und Herzog (R, 1936),
Mont Royal (R, 1936), Reich und Rom (R,
1937), Der König und die Kaiserin (R,
1937), Kampf um Spanien. Die Geschichte
der Legion Condor (1939).

Billinger, Richard
2.7.1890 St. Marienkirchen/Oberösterreich -
7.6.1965 Linz/Donau. Bauernsohn und
Jesuitenzögling. Kurze Zeit Seemann in Kiel.
Studium der Philosophie in Kiel, Innsbruck,
Wien. Freier Schriftsteller in Berlin, München, Niederpöcking am Starnberger See.
1924 Dichterpreis der Stadt Wien, 1932

Kleistpreis. Lebenslänglicher Ehrensold des
Landes Oberösterreich. Dramatiker (bes.
Stoffe aus dem Bauerntum), auch Lyriker
und Erzähler. Mit seiner Verherrlichung des
Volkstums dem Nationalsozialismus nahe-
stehend.

Werke: Über die Äcker (G, 1923), Das
Perchtenspiel (D, 1928), Die Asche des
Fegefeuers. Eine Dorfkindheit (Autobio,
1931), Rosse, Rauhnacht (2 D, 1931), Spiel
vom Knechte, Reise nach Ursprung (2 D,
1932), Lob des Landes (D, 1933), Das Ver-
löbnis (D, 1933), Der Pfeil im Wappen (G,
1933), Das Schutzengelhaus (R, 1934, 1937,
1944), Lehen aus Gottes Hand (R, 1935), Die
Hexe (D, 1935), Nachtwache (L, G, 1935,
1943), Der Gigant (D, 1937), Das ver-
schenkte Leben (R, 1937, 1942), Am hohen
Meer (D, 1939), Holder Morgen (L, G, 1942,
1943), Paracelsus, Ein Salzburger Festspiel
(1943), Das Spiel von Erasmus Grasser
(1943).

Binding, Rudolf Georg
13.8.1867, Basel - 4.8.1938, Starnberg.
Vater: Strafrechtsprofessor in Leipzig.
Jugend in Freiburg Br., Straßburg, Leipzig,
Frankfurt a. M., Jurastudium in Tübingen
und Heidelberg ohne Abschluß, Medizin in
Berlin. Pferdezüchter und erfolgreicher
Rennreiter. Ab 1910 in Buchschlag (Hessen),
dort Bürgermeister. Teilnahme am I.Wk. als
Rittmeister. Begann schriftstellerische Tätig-
keit nach einer Griechenlandreise (1909).
Strenge Form in Lyrik und novellistischer
Prosa, bestimmt durch Traditionen des 19.
Jhs. Themen: Konflikt und Bewährung ein-
zelner in Ausnahmesituationen, aristokrati-
sche Menschen, nationales Bewußtsein,
Krieg als männliche Bewährungsprobe (so in
Antwort eines Deutschen an die Welt,1933).

Werke: Legenden der Zeit (En, 1909), Die
Geige (En, 1911 darin: Opfergang), Gedichte
aus dem Kriege (G, 1913), Der Wingult (En,
1921), Stolz und Trauer (G, 1922), Aus dem
Kriege (B u. Tb, 1924), Tage (G, 1924), Er-
lebtes Leben (Aut, 1928), Rufe und Reden
(Es, 1928), Moselfahrt aus Liebeskummer
(En, 1932), Das Heiligtum der Pferde (En,
1935), Wir fordern Reims zur Übergabe auf
(En, 1935), Die Spiegelgespräche (Es, 1935),
Die Geliebten (G, 1935), Waffenbrüder (E,
1935), Der Durchlöcherte (En, 1936), Sieg
des Herzens (G, 1937 u. 1950), Die Perle
(En, 1938), Dies war das Maß (En, 1939),
Natur und Kunst (Es, 1939), Von der Kraft
deutschen Worts als Ausdruck der Nation

(Rd, 1938), Von Freiheit und Vaterland (Tb, 1939), Ad se ipsum (Tb, 1939), Dies war das Maß (En und Tb, 1939).

Blunck, Hans Friedrich

3.9.1888, Altona - 25.4.1961, Hamburg. Lehrerssohn. Jurastudium in Kiel und Heidelberg, Dr. jur., Mitglied der Jugendbewegung, im 1. Weltkrieg Offizier, dann Finanzbeamter, 1920 Regierungsrat in Hamburg, 1925-28 Syndikus der Hamburger Universität, dann freier Schriftsteller. Reisen nach Amerika, Afrika, Mittelmeerländer, Balkan. 1933-35 Präsident der Reichsschrifttumskammer. Mitglied des Reichskultursenats und des Senats der Akademie der Dichtung. 1938 Goethemedaille. Ehrenring des deutschen Sprachverbandes; Wartburg-Dichter-Rose. Bei Entnazifizierung 1949 als Mitläufer eingestuft; Sühne von 10.000 DM. Wohnte auf seinem Gut Mölenhoff bei Grebin/Holstein und in Hamburg-Großflottbeck. National-völkischer Lyriker, Dramatiker und Erzähler, Vertreter der „nordischen Renaissance." 1950 Rechtfertigungsversuch als „Antifaschist auf dem Sessel der Schrifttumskammer."

Werke: Nordmark (G, 1912), Stelling Rotkinsohn (R, 1923; 1934 u.d.T. Werdendes Volk), Märchen von der Niederelbe (3 Bde, 1922-30), Kampf der Gestirne (R, 1926), Gewalt über das Feuer (R, 1928, 1934 u.d.T. Die Urvätersaga), Volkswende (R, 1930), Erwartung (G, 1930), Über allem das Reich! (Rede, 1930), Niederdeutsche Märchen (1934), Der einsame König (R, 1936), König Geiserich (E, 1936), Deutsche Heldensagen (1938), Wolter von Plettenberg, Deutschordensmeister in Livland (R, 1938), Kampf um Neuyork (D, 1938; 1951 als Roman), Die Sage vom Reich (Ep, 2 Bde, 1940-43), Von Tieren und sonderbaren Käuzen (E, 1943).

Brehm, Bruno

23.7.1892, Laibach/Krain - 5.6.1974, Alt-Aussee/Salzkammergut. Vater: k.u.k. Offizier, 1913 Offizier, Verwundung, russ. Gefangenschaft (Bekanntschaft mit Dwinger), Studium der Kunstgeschichte in Göteborg, Stockholm und Wien, Dr. phil., Assistent an der Univ. Wien, Arbeit im Verlagswesen, ab 1927 freier Schriftsteller, Nationalsozialist, Hrsg. der Zeitschrift „Der getreue Eckart," nach Anschluß Ratsherr der Stadt Wien, ab 1941 Präsident der Wiener Kulturvereinigung, im 2. Weltkrieg Ordonnanzoffizier, 1945 inhaftiert. 1939 Staatspreis, 1958

Nordgau-Kulturpreis der Stadt Amberg, 1963 Sudetendeutscher Kunstpreis. Vertreter der großdeutschen Idee, der den Anschluß begeistert feierte. Verfasser von heiteren und schicksalsschweren Romanen.

Werke: Der lachende Gott (R, 1928; 1948 u.d.T. Der fremde Gott), Susanne und Marie (R, 1929; 1939 u.d.T. Auf Wiedersehen, Susanne), Ein Graf spielt Theater (R, 1930; 1942 u.d.T. Ein Schloß in Böhmen), Romantrilogie über den 1. Weltkrieg: Apis und Este (So fing es an) (1931), Das war das Ende (Von Brest Litowsk bis Versailles) (1932), Weder Kaiser noch König (Der Untergang der Habsburg Monarchie) (1933), (1951 Neufassung der Trilogie u.d.T. Die Throne stürzen), Heimat ist Arbeit (E, 1934), Die größere Heimat (E, 1934), Die schrecklichen Pferde (R, 1934; 1956 u.d.T. Die sieghaften Pferde), Zu früh und zu spät (Geschichtsdichtung aus den Befreiungskriegen, 1936), Die weiße Adlerfeder (En, 1937), Soldatenbrevier (1937), Wien, die Grenzstadt im deutschen Osten (1937), Glückliches Österreich (1938), Die Grenze geht mitten durch das Herz (E, 1938), Tag der Erfüllung (28 Reden, Tagebucheintragungen, 1939. Darin u.a. Über die Tapferkeit – Brevier für junge Deutsche), Im Großdeutschen Reich (1940), Deutsche Haltung vor Fremden – Ein Kameradenwort an unsere Soldaten (1940), Die sanfte Gewalt (R, 1940).

Britting, Georg

17.2.1891, Regensburg - 27.4.1964, München. Sohn eines städtischen technischen Beamten. Studium in Regensburg. 1914-1918 Kriegsfreiwilliger, Kompanieführer. 1918 schwer verwundet. Seit 1920 freier Schriftsteller in München. Herausgebertätigkeit (Zeitschrift, Mörike-Auswahl, Lyrikanthologie). Zahlreiche Reisen durch Europa und Afrika. Nach I. Wk. Anschluß an Spätexpressionismus, Mitherausgeber der Zeitschrift Die Sichel (1919-1921). Novellen und Lyrik stark von G. Heym beeinflußt. Tragisch-pandämonisches Weltbild, Dämonisierung der vordergründigen Dingwelt. Prosa mit mythisch-magischem Untergrund. 1936 Literaturpreis der Stadt München.

Werke: Der Mann im Mond (D, 1920), Der verlachte Hiob (E, 1921), Das Storchenfest (D, 1921/22), Michael und das Fräulein (E, 1927), Paula und Bianca (D, 1928), Gedichte (G, 1930), Lebenslauf eines dicken Mannes, der Hamlet hieß (Ep, 1932), Die kleine Welt am Strom (E, 1933), Das treue Eheweib (E,

1933), Die Feldschlacht. Das Waldhorn (En, 1934), Der irdische Tag (G, 1935), Der bekränzte Weiher (E, 1937), Das gerettete Bild (E, 1938), Rabe, Roß und Hahn (G, 1939), Jugend an der Donau (E, 1940), Der alte Mond (E, 1941), Der Schneckenweg (E, 1941), Lob des Weines (G, 1944, erw. 1947, erw. 1950).

Burte, Hermann (Hermann Strübe)
15.2.1879, Maulburg/Baden - 21.3.1960, Lörrach. Vater: der alemannische Dialektdichter Friedrich Strübe. Studium an der Akademie der Künste in Karlsruhe. Von 1904-08 als Maler in Oxford, London, Paris, dann als Maler und Schriftsteller in Lörrach. 1912 Kleistpreis (für „Wiltfeber, der ewige Deutsche"), 1924 Dr. phil. h.c. Universität Freiburg/Br., 1927 Schiller-Preis, 1936 Hebel-Preis, 1938 Großdeutscher Mundartenpreis, 1939 Goethe-Medaille, 1944 Scheffelring, 1953 Dichterring des deutschen Kulturwerkes, 1957 Jean-Paul-Medaille. Dichter, Dramatiker, Erzähler völkisch-germanischer Weltanschauung. Nazianhänger.

Werke: Wiltfeber der ewige Deutsche (Die Gesch. eines Heimatsuchers, R, 1912), Die Flügelspielerin (G, 1913), Herzog Utz (D, 1913), Katte (D, 1914), Madlee (Aleman. G, 1923), Krist vor Gericht (D, 1930), Ursula (G, 1930), Warbeck (D, 1935), Anker am Rhein (G, 1937), Das unsichtbare Bild (Nibelungen-D, 1941), Deutsche Sendung des Wortes und der Letter (Vortrag, Weihnachtsgabe des NS-Lehrerbundes Mainz, 1942), Hebel, Scheffel und die Gegenwart (Vortr., 1942), Sieben Reden (1943), Das Schloß Dürande (Libretto nach Eichendorff, Musik O. Schoeck, 1943), H.B. gegen John Masefield (Dt. Antwort auf engl. Verse, 1944).

Carossa, Hans
15.12.1887 Bad Tölz - 12.9.1956 Rittsteig bei Passau. Vater: Landarzt. Ab 1888 humanistisches Gymnasium Landshut, 1897 Abitur. Medizinstudium in München, Würzburg und Leipzig, Dr. med. 1903. Praktischer Arzt und „Spezialarzt für Herz- und Lungenkranke" in mehreren bayerischen Städten, u.a. in der Praxis seines Vaters in Passau, daneben schon vor dem I. Wk. beginnende dichterische Tätigkeit (Bekanntschaft mit Hofmannsthal und Rilke). Teilnahme am I. Wk. als Bataillonsarzt, leichte Verwundung und Lazarett. Nach I. Wk. wieder schriftstellernder Arzt; ab 1929 freier Schriftsteller

in Passau. Literarische Vortragsreisen. Versuchte in seinen Gedichten und seiner (überwiegend autobiographischen) Prosa, die zeitlose Gültigkeit humanistischer Ideale zu betonen; Abrücken von zeithistorischen Kontexten. Vorbilder vor allem Goethe und Stifter. Während der NS-Zeit innere Emigration, unfreiwilliger Repräsentant der NS-Kulturpolitik. 1931 Gottfried Keller-Preis, 1933 Ablehnung der Berufung in die Preußische Dichterakademie, 1938 Goethepreis der Stadt Frankfurt, 1941 Präsident einer „Europäischen Schriftstellervereinigung." Ende April 1945 beschwört Carossa den Passauer Oberbürgermeister, auf Verteidigung der Stadt zu verzichten, wird vom SS-Gauleiter daraufhin in Abwesenheit zum Tode verurteilt. Nach II. Wk. Fortsetzung seiner Tätigkeit als Schriftsteller.

Werke: Stella Mystica (G, 1907), Gedichte (G, 1910), Doktor Bürgers Ende (R, 1913), Die Flucht (G, 1916), Ostern (G, 1920), Eine Kindheit (E, 1922), Rumänisches Tagebuch (Tb, 1924), Verwandlungen einer Jugend (Aut, 1928), Der Arzt Gion (R, 1931), Führung und Geleit (Aut, 1933), Worte über Goethe (Rd, 1936), Geheimnisse des reifen Lebens (Aut/E, 1936), Wirkungen Goethes in der Gegenwart (Rd, 1938), Das Jahr der schönen Täuschungen (Aut, 1941).

Claudius, Hermann
24.10.1878 Langenfelde (Holstein) - 8.9. 1980 Grönwohld bei Trittau. Urenkel von Matthias Claudius, Vater: Bahnmeister. 1904-34 Volksschullehrer, wegen Folgen eines Verkehrsunfalls (Gehörleiden) frühzeitig pensioniert. C. stand anfangs der Sozialdemokratie nahe, schrieb soziale Großstadtgedichte auf Niederdeutsch (*Mank Muern*). Hauptsächlich aber schlichte, volksliedhafte Gedichte und Erzählungen / Romane von starker Heimatgebundenheit. Naiv-frommer Ton und intellektuelle Anspruchslosigkeit seiner Gedichte (teilweise nationalistische Weltkriegverherrlichung) fand bei den Nazis Anklang. 1933 Mitglied der Preußischen Akademie der Dichtung, 1936 Mitglied der Erfurter Akademie der gemeinnützigen Wissenschaften. Berühmt geworden durch das Gedicht „Wenn wir schreiten Seit an Seit."

Werke: Mank Muern (G, 1912), Hörst du nicht den Eisenschritt (G, 1914), Lieder der Unruhe (L, 1920), Licht (D, 1920), Hamborger Kinnerbok (Kb/G, 1920), Brücke in die Zeit (G, 1922), Das Silberschiff (R, 1923), Bodderlicker set di (G, 1924), Heimkehr.

Lieder von Gott, Ehe und Armut (L, 1925), Meister Bertram van Mynden (R, 1927), Menschheitswille (D, 1927), Rumpelstilzchen (D, 1928), Speeldeel für Jungs un Deerns (D, 1930), Armantje (R, 1934), Wie ich den lieben Gott suchte (R, 1935), Daß dein Herz fest sei (G, 1935), Und weiter wachsen Gott und Welt (G, 1936), Mein Vetter Emil (R, 1938), Matthias Claudius (Biog, 1938), Jeden Morgen geht die Sonne auf (G, 1938) Zuhause (G, 1940), Deutsche Sonette (G, 1942), Aldebaran (G, 1944).

Dinter, Artur

27.6.1876, Mülhausen/Elsaß - 21.5.1948, Offenburg/Baden. Vater: Oberzollinspektor. Studierte Naturwissenschaften und Philosophie, Dr. phil. und rer. nat. Direktor der botan. Schulgärten in Straßburg, 1904 Oberlehrer in Konstantinopel, Spielleiter an versch. Bühnen, u.a. am Schiller-Theater Berlin, gründete 1908 den „Verband Deutscher Bühnenschriftsteller", 1914-18 Soldat, ab 1924 Abgeordneter der NSDAP im thür. Landtag, ab 1928 Hrsg. der Monatsschrift „Geistchristentum," das Organ der „arischen" „Deutschen Volkskirche," die Dinter 1927 gründete, die aber 1937 verboten wurde. Fiel in Ungnade, aus der Partei ausgeschlossen. Sein antisemit. Buch *Die Sünde wider das Blut* (1917) erschien 1921 in der 15. Auflage und hatte 1934 die 250.000 überschritten. Dramen, Romane, Traktate.

Werke: Reinhard (D, 1900), D' Schmuggler (K, 1903), Der Dämon (D, 1906), Prüfung (K, 1909), Die schöne Erzieherin (K, 1909), Goethe, Chamberlain, Brentano und die Rassenfrage (1916), Die Verjudung der deutschen Schaubühne (1916), Lichtstrahlen aus dem Talmud (1918), Die Sünde wider den Geist (R, 1921), Die Sünde wider die Liebe (R, 1922), Ursprung, Ziel und Weg der deutschvölkischen Freiheitsbewegung (1924), Unser Ziel (1934). War Jesu Jude? (1934), Das Glaubensbekenntnis der deutschen Volkskirche (1935).

Dwinger, Edwin Erich

23.4.1898, Kiel - 17.12.1981, Gmund/ Tegernsee. Vater: Seeoffizier, Mutter Russin. Mit 16 freiwillig an die Ostfront, verwundet, russische Gefangenschaft, Flucht, Teilnahme an den Kämpfen der weißrussischen Armee Koltschaks gegen die Bolschewiken, erneute Gefangennahme und Flucht. 1921 Heimkehr, Landwirt in Tanneck bei Weiler, später Besitzer von Gut und Reitschule Hedwigshof

bei Seeg/Allgäu. Im spanischen Bürgerkrieg auf seiten Francos, im 2. Weltkrieg SS-Obersturmführer (Sonderführer) an der Ostfront. 1933 Mitglied der Preuß. Akad. der Künste, Sektion Dichtung, 1935 Dietrich-Eckart-Preis, Reichskultursenator. Nationalrevolutionär und militanter Antikommunist. Vor allem auf eigenem Erleben beruhende Reportageromane von Krieg und Gefangenschaft.

Werke: Das große Grab. Sibirischer Roman (1920), Korsakoff. Die Geschichte eines Heimatlosen (R, 1926; 1952 u.d.T. Hanka), Das letzte Opfer (R, 1928), Die Armee hinter Stacheldraht. Das Sibirische Tagebuch (1929 und 1950), Zwischen Weiß und Rot. Die russische Tragödie 1919-1920 (1930), Wir rufen Deutschland. Heimkehr und Vermächtnis (1932), Die Namenlosen (D, 1934), Der letzte Traum. Eine deutsche Tragödie (1934), Wo ist Deutschland (D, 1934), Die letzten Reiter (R, 1935 und 1953), Und Gott schweigt ...? Bericht und Aufruf (1936) Ein Erbhof im Algäu (1937), Spanische Silhouetten. Tagebuch einer Frontreise (1937), Auf halbem Wege (R, 1939), Der Tod in Polen. Die volksdeutsche Passion (Ber, 1940), Panzerführer. Tagebuchblätter vom Frankreichfeldzug (1941), Wiedersehen mit Sowjetrußland. Tagebuch vom Ostfeldzug (1942).

Eggers, Kurt

10.11.1904, Berlin - 12.8.1943, bei Bjelograd gefallen. Studierte ev. Theologie, dann Nationalsozialist. Galt als „der revolutionärste Dichter" der Hitler-Bewegung. 1934 Sendeleiter des mitteldt. Rundfunks in Leipzig, dann Berlin. Im Krieg Obersturmbannführer der Waffen-SS.

Werke: Das Spiel von Job dem Deutschen (Mysterium, 1933), Annaberg (D, 1933), Ulrich von Hutten (D, 1933), Deutsche Gedichte (1934), Das große Wandern (Thing-Spiel, 1934), Die wundersame Weite (R, 1934), Hutten. Roman eines Deutschen (1934), Deutsches Bekenntnis (G, Es, 1934), Sturmsignale. Revolutionäre Sprechchöre (1934), Tagebuch einer frohen Fahrt (1934), Revolution um Luther (D, 1935), Rom gegen Reich. Ein Kapitel deutscher Geschichte um Bismarck (1935), Vom mutigen Leben und tapferen Sterben (Es, 1935), Herz im Osten. Roman Li Taipes des Dichters (1935), Schicksalsbrüder. Gedichte und Gesänge (1935), Die Bauern vor Meißen. Ein Spiel um das Jahr 1790 (1936), Die Geburt des Jahrtausends (Es, 1936), Tausend Jahre

Kakeldütt (R, 1936), Schüsse bei Krupp. Ein Spiel aus deutscher Dämmerung (1937), Der Berg der Rebellen (R, 1937), Der deutsche Dämon (G, 1937), Das Kreuz der Freiheit (D, 1937), Der junge Hutten (1938), Die Heimat der Starken (Es, 1938), Feuer über Deutschland. Eine Huttenballade (1939), Der Tanz aus der Reihe (R, 1939), Von Kampf und Krieg (1940), Kamerad. Gedichte eines Soldaten (1940), Der Gerechte (D, 1940), Der Krieg des Kriegers. Gedanken im Felde (1942), Des Reiches Herrlichkeit (1943).

Euringer, Richard
4.4.1891, Augsburg - 29.8.1953, Essen. Vater: Arzt. Musikstudium. Im ersten Weltkrieg Flieger, 1916 als Flieger mit einem deutschen Expeditionskorps an der Sinaifront in Syrien, ab 1917 Leiter der bayer. Fliegerschule 4 in Lechfeld. Nach dem Krieg Studium der Kunstgeschichte und Volkswirtschaft, Holzknecht, Flößer, Arbeiter, Verlagsangestellter u. Bankvolontär in Stadtlohn/Westf., ab 1933 Leiter der Stadtbücherei Essen, ab 1936 freier Schriftsteller in Asental bei Salzuflen. Reichskultursenator der NSDAP. Dramatiker, Erzähler, Hörspielautor, „dunkler" Lyriker (v. Wilpert) und Kulturpolitiker.

Werke: Der neue Midas (D, 1920), Das Kreuz im Kreise (R, 1921), Vagel Bunt (Schwänke, 1923), Fliegerschule 4 (R, 1929), Die Arbeitslosen (R, 1930), Deutsche Passion (Hsp, 1933), Dietrich Eckart. Leben eines deutschen Dichters (1935), Die Fürsten fallen (R, 1935), Deutsche Mythe (1935), Totentanz (D. 1935), Chronik einer deutschen Wandlung 1925-1935 (1936), Fahrten, Fernen, Landschaften (Rb, 1936), Die Gedichte (1937), Vortrupp „Pascha" (R, 1938), Zug durch die Wüste (R, 1938), Die letzte Mühle (E, 1939), Der Serasker (Biog, 1939), Als Flieger in zwei Kriegen. Erlebnisse (1941), Aphorismen (1943).

Ewers, Hanns Heinz
3.11.1871, Düsseldorf - 12. 6.1943, Berlin. Vater: Kunstmaler. Jura-Studium in Berlin, Genf und Bonn (Dr. jur. 1894), Referendar in Neuß, D'dorf u. Saarbrücken. Seit 1897 freier Schriftsteller. 1900-01 am Kabarett „Überbrettl." Weltreisen, 1914-21 in USA wegen seiner nationalist. Kriegsbücher interniert. Frühes Mitglied der NSDAP. Schrieb 1932 im Auftrag Hitlers den Horst Wessel-Roman; der Film nach dem Buch nicht freigegeben. 1934 wurden seine Bücher verbo-

ten und beschlagnahmt, da zu okkultistisch, erotisch-pervers. Einfl.v. ETA Hoffmann u. EA Poe.

Werke: Der gekreuzigte Tannhäuser (E, 1901), Die Macht der Liebe (D, 1902), EA Poe (E, 1906), Das Grauen (En, 1908), Die Besessenen (En, 1909), Der Zauberlehrling (R, 1909), Grotesken (1910), Alraune (R, 1911; 1922 im 238. Tausend), Indien u. ich (Rb, 1911), Vampir (R, 1921), Nachtmahr (En, 1922), Reiter in deutscher Nacht (R, 1932), Horst Wessel (R, 1932), Die schönsten Hände der Welt (En, 1943).

Fallada, Hans (Rudolf Ditzen)
21.7.1893, Greifswald - 5.2.1947, Berlin (Ost). Vater: Landgerichtsrat. Nach schul. Versagen mehrere Berufe, u. a. Arbeit auf verschied. Gütern in Sachsen, Mecklenburg, Westpreußen und Schlesien. Alkoholiker und Morphinist; mehrere Entziehungskuren. 1923 und 1926 Gefängnisstrafen wegen Unterschlagung. 1929 Heirat mit Anna Margarethe Issel („Lämmchen"). Vom Verdienst des Erfolgromans *Kleiner Mann, was nun?* (1932) Kauf eines Landsitzes in Mecklenburg. Nach 1945 vier Monate Bürgermeister von Feldberg, dann durch Vermittlung von Johannes R. Becher freier Mitarbeiter an der Ostberliner *Täglichen Rundschau.* Als Vertreter der neuen Sachlichkeit am Ende der Weimarer Republik einer der populärsten Autoren; präzise Gesellschaftsbilder. Vom 3. Reich meist ablehnend beurteilt. Setzte mit Roman *Jeder stirbt für sich allein* (1947) der Widerstandsbewegung unter den Arbeitern ein Denkmal.

Werke: Der junge Goedeschall (R, 1920), Anton und Gerda (R, 1923), Bauern, Bonzen und Bomben (R, 1931), Wer einmal aus dem Blechnapf frißt (R, 1934), Wir hatten mal ein Kind (R, 1934), Altes Herz geht auf die Reise (R, 1936), Wolf unter Wölfen (R, 1937), Der eiserne Gustav (R, 1938), Geschichten aus der Murkelei (M, 1938), Kleiner Mann, großer Mann – alles vertauscht (R, 1940), Der ungeliebte Mann (R, 1940), Damals bei uns daheim (Aut, 1943).

Flex, Walter
6.7.1887, Eisenach - 15.10.1917, Insel Oesel (gefallen). Vater: Gymnasialprofessor. 1906-10 Studium der Germanistik und Geschichte in Straßburg und Erlangen; 1910 Dr. phil., Hauslehrer der Familien Bismarck in Varzin und Friedrichsruh. Kriegsfreiwilliger, Offizier. Vaterländisch-idealistischer Weltkriegs-

dichter und Erzähler der Kriegsfreiwilligen-Generation. Starker Einfluß der Jugendbewegung. Sein Kriegsbericht „Wanderer zwischen beiden Welten" (1917) erzielte eine Millionenauflage. Galt im Dritten Reich als Vorbild an Opfer-und Einsatzbereitschaft für Volk und Vaterland.

Werke: Demetrius (T, 1909), Im Wechsel (G, 1910), Klaus von Bismarck (T, 1913), Zwölf Bismarcks (En, 1913), Das Volk in Eisen. Kriegsgesänge eines Kriegsfreiwilligen (1914), Vom großen Abendmahl (G, 1915), Sonne und Schild (G, 1915), Im Felde zwischen Nacht und Tag (G, 1917), Wallensteins Antlitz (En, 1918), Wolf Eschenlohr (R-Fragm, 1919), Lothar (D, 1920).

Frenssen, Gustav
19.10.1863, Barlt/Holstein - 11.4.1945, Barlt. Vater: Tischler. Studium der ev. Theologie in Tübingen, Berlin und Kiel; 1890-1902 Pfarrer in Hennstedt und Hemme. Nach Amtsniederlegung wegen Ablehnung kirchl. Dogmen freier Schriftsteller in Meldorf, Blankenese und Barlt. In der Weimarer Republik Nationalliberaler, ab 1932 Nationalsozialist (ohne Parteibuch), ab 1933 Mitglied der Dt. Akademie der Dichtung, 1933 Wilhelm-Raabe-Preis, 1938 Goethemedaille für Kunst und Wissenschaft, 1933 Dr. theol. h.c. Heidelberg. Völkisch-germanischer Erzähler, der nordischen Mythos mit Antisemitismus verband und im Christentum eine Form des germanischen Herrenmenschentums sah.

Werke: Die Sandgräfin (R, 1896), Die drei Getreuen (R, 1898), Dorfpredigten (3 Bde, 1899-1902), Jörn Uhl (R, 1902), Das Heimatfest (D, 1903), Hilligenlei (R, 1905), Das Leben des Heilandes (1907), Bismarck (Ep, 1914), Der Pastor von Poggsee (R, 1921), Meino der Prahler (R, 1933), Von Saat und Ernte. Ein Buch vom Bauernleben (1933), Geert Brügge (D, 1934), Die Witwe von Husum (E, 1935), Der Glaube der Nordmark (S, 1936), Der Weg unseres Volkes (1938), Prinz Wilhelm (D, 1938), Lebensbericht (1940), Der Landvogt von Sylt (E, 1943).

Griese, Friedrich
2.10.1890, Lehsten b. Waren/Mecklenb. - 1.6.1975, Lübeck. Vater: Kleinbauer. Lehrerseminar, Lehrer in Stralendorf b. Parchim und Kiel. 1915-16 Kriegsfreiwilliger. 1935 Rückkehr auf eigenen Hof b. Parchim/Mecklenb. als freier Schriftsteller. 1945/46 im Zuchthaus Neu-Strelitz interniert, 1947 Flucht nach Velgen b. Uelzen, ab 1955 in

Lübeck. 1934 Mitglied der Akademie der Dichtung, Lessingpreis der Stadt Hamburg, 1936 John-Brinkmann-Preis, 1964 Mecklenburgischer Kulturpreis der mecklenburgischen Landsmannschaft. Einfluß Hamsuns; Mythisierung und Verherrlichung vom „Blut- und Erdhaften" des Bauerlebens.

Werke: Feuer (R, 1921), Ur. Eine deutsche Passion (R, 1922), Das Korn rauscht (En, 1923), Die letzte Garbe (En, 1927), Der ewige Acker (R, 1930), Der Herzog (R, 1931), Mensch, aus Erde gemacht (D, 1932), Der Saatgang (En, 1932), Der Ruf der Erde (E, 1933), Das letzte Gesicht (R, 1934), Mein Leben. Von der Kraft der Landschaft (Aut, 1934), Der Ruf des Schicksals (En, 1934), Bäume im Wind (R, 1937), Das Kind des Torfmachers (E, 1937), Wind im Luch (K, 1937), Fritz Reuter (Biogr, 1938), Der heimliche König (D, 1938), Die Weißköpfe (R, 1939), Unsere Arbeit ist Glaube (1940), Die Schafschur (K, 1944).

Grimm, Hans
22.3.1875, Wiesbaden - 27.9.1959, Lippoldsberg/Weser. Vater: Professor der Rechtswissenschaft, Literaturstudium in Lausanne, 1895-97 kaufmänn. Ausbildung in England, 1897-1910 Kaufmann in Südafrika. 1911-15 freier Schriftsteller und Studium der Staatswissenschaft in München und am Kolonialinstitut in Hamburg, ab 1916 Militärdienst, nach 1918 freier Schriftsteller auf seinem Besitz Klosterhaus in Lippoldsberg, der Stätte der Lippoldsberger Dichtertreffen zur Pflege völkischer Dichtung (mit W. Beumelburg, R.G. Binding. E.G. Kolbenheyer, H. Carossa u.a.). Bekanntschaft mit Hitler, Goebbels, Hugenberg; 1927 Dr. phil. h.c. Göttingen, 1932 Goethe-Medaille, 1932 Senator der preuß. Akad. d. Künste, Abt. Dichtkunst, 1933 Präsidialrat der Schrifttumskammer. Deutsch-nationaler Autor, Stoffe aus deutschen Kolonien, Nazi-Anhänger (ohne Parteibuch), der den Nazis mit seinem bekanntesten Werk das Schlagwort vom „Volk ohne Raum" lieferte.

Werke: Südafrikanische Novellen (1913), Der Gang durch den Sand (En, 1916), Die Olewagen-Saga (E, 1918), Der Ölsucher von Duala (Tb, 1918), Volk ohne Raum (R, 1926, 1956), Das deutsche Südwesterbuch (1929), Der Richter in der Karu (En, 1930), Der Schriftsteller und die Zeit (Es, 1931), Lüderitzland (En, 1943; 1951 als Geschichten aus Südwest-Afrika), Englische Rede. Wie ich den Engländer sehe (1939).

Hagelstange, Rudolf
14.1.1912, Nordhausen/Harz - 5.8.1984, Hanau. Vater: Kaufmann. 1931-33 Germanistikstudium in Berlin, 1936-38 Ausbildung zum Feuilletonredakteur bei der Nordhäuser Zeitung. 1940-45 Soldat in Frankreich und Italien, Redakteur von Soldatenzeitungen, ab 1945 freier Schriftsteller in Nordhausen, Hemer/Westf., Unteruhldingen/Bodensee. Lyriker, Erzähler, Essayist.

Werke: Es spannt sich der Bogen (G, 1943), Ich bin die Mutter Cornelias (E, 1939), Venezianisches Credo (G, 1945).

Haushofer, Albrecht (Pseudonym: Jürgen Werdenfels)
7.1.1903, München - 23.4.1945, Berlin-Moabit. Vater: nationalsozialistisch eingestellter Geopolitiker. Theresiengymnasium, dann Studium der Geschichte und Geographie in München, 1924 Dr. phil., danach Hochschulassistent in Berlin. 1925-37 Generalsekretär der Gesellschaft für Erdkunde, ausgedehnte Reisetätigkeit. 1933 Habilitation, Leiter des geopolitischen Seminars der Hochschule für Politik in Berlin. 1940 Prof. für politische Geographie und Geopolitik in Berlin. Bis 1941 außenpolitischer Berater von Rudolf Heß, danach Mitarbeiter des Auswärtigen Amtes. Distanzierung vom NS-Regime zusammen mit befreundeten Intellektuellen, Verbindungen zum Kreisauer Kreis und zum christlichen Widerstand. 1941 amtsenthoben und kurz verhaftet, Redeverbot. Nach der Verschwörung vom 20. Juli 1944 erneut verhaftet und wegen Teilnahme daran verurteilt. Kurz vor Kriegsende von einem SS-Rollkommando im Moabiter Gefängnis erschossen. Herausgeber wiss. Zeitschriften. Werke (Lyrik und Dramen klassizistischen Stils) zeugen von bürgerlich-humanistischem Widerstand eines Intellektuellen. Christliche Überzeugung. *Moabiter Sonette* können zu den eindrucksvollsten Dokumenten des literarischen Kampfes gegen die NS-Diktatur gerechnet werden.

Werke: Abend im Herbst (G, 1927), Richtfeuer (G, 1932), Scipio (D, 1934), Sulla (D, 1938), Gastgeschenk (G, 1938), Augustus (D, 1939), Chinesische Legende (D, 1939-40; gedr. 1949), Moabiter Sonette (G, 1946), Die Makedonen (D-Manuskript), Allgemeine politische Geographie und Geopolitik (S, 1951).

Jelusich, Mirko
12.12.1886, Semil b. Prag - 22.6.1969, Wien. Vater: kroatischer Bahnbeamter, Mutter Sudetendeutsche. Studium der Philosophie, Slavistik und des Sanskrit in Wien, 1912 Dr. phil. 1914-16 dekorierter österr. Artillerieoffizier, Invalide, nach 1916 Drehbuchautor, Bankbeamter, Journalist. Nach dem Krieg Gründung des „Kampfbundes für deutsche Kultur." 1923 Leiter des Kulturteils der „Dt.-öster. Tageszeitung"; forderte Anschluß. 1938 kurz kommisar. Leiter des Burgtheaters, dann freier Schriftsteller. 1943 Grillparzer-Preis der Stadt Wien, nach 1945 verhaftet, 1949 entlassen. Lyrik, Dramen und vor allem historische Romane um große Führer.

Werke: Caesar (R, 1929), Don Juan (R, 1931), Cromwell (R, 1933; D, 1934), Hannibal (R, 1934), Der Löwe (R, 1936), Der Ritter (R, 1937), Der Soldat (R, 1939; 1953 als Scharnhorst), Der Traum vom Reich (R, 1940), Eherne Harfe (G, 1942), Margreth und der Fremde (E, 1942), Samurai (D, 1943), Die unvollständige Kompanie (E, 1944).

Johst, Hanns
8.7.1890, Seerhausen/Sachsen - 23.11.1978, Ruhpolding/Obb. Vater: Volksschullehrer. Gymnasium in Leipzig. 1907 Pfleger in den Bodelschwinghschen Anstalten in Bethel, Studium der Medizin, Philologie und Kunstgeschichte in Leipzig, Wien, München, Berlin, kurz Schauspieler, 1914 Kriegsfreiwilliger, ab 1918 freier Schriftsteller in Oberallmannshausen/Starnberger See. 1933 preuß. Staatsrat, 1935-45 Präsident der Reichsschrifttumskammer und Präsident der deutschen Akademie d. Dichtung, Reichskultursenator, SS-Brigadeführer. 1935 Preis der NSDAP für Kunst und Wissenschaft, Inhaber der Wartburg-Dichter-Rose. 1949 als Hauptschuldiger eingestuft. Erzähler, Lyriker und vor allem Dramatiker; vom Expressionismus zum Nationalsozialismus.

Werke: Der junge Mensch (D, 1916), Wegwärts (G, 1916), Der Einsame (Grabbe-D, 1917), Rolandsruf (G, 1919), Der König (D, 1920), Mutter (G, 1921), Kreuzweg (R, 1922), Propheten (D, 1922), Wechsler und Händler (K, 1923), Lieder der Sehnsucht (G, 1924), Marmelade (K, 1926), Thomas Paine (D, 1927), Ich glaube! Bekenntnisse (1928), So gehen sie hin (R, 1930), Die Torheit einer Liebe (R, 1931), Ave Eva (E, 1932) Schlageter (D, 1933), Maske und Gesicht (Rb, 1935), Ruf des Reiches, Echo des Volkes! Eine Ostfahrt (1940).

Jünger, Ernst
29.3.1895, Heidelberg. Vater: Apotheker.
1913 Fremdenlegion, 1914 Kriegsfreiwilliger, später Leutnant, Orden „Pour le merite."
1919-23 Reichswehr, dann Studium der Zoologie und Philosophie in Leipzig und Neapel. Ab 1925 freier Schriftsteller. Mitherausgeber rechtsgerichteter Zeitschriften. Im 2. Weltkrieg Hauptmann; im Stab des dt. Militärbefehlshabers von Paris, 1944 wegen „Wehrunwürdigkeit" entlassen, doch Führer einer Volkssturmeinheit. 1945 kurzzeitiges Publikationsverbot. Keine offizielle Funktion im 3. Reich. 1959-71 Mitherausg. d. Zeitschr. *Antaios*. Zahlreiche Ehrungen und Preise: 1955 Kulturpreis der Stadt Goslar, 1959 Kulturpreis der Stadt Bremen, 1959 Großes Bundesverdienstkreuz, 1960 Literaturpreis der dt. Industrie, 1965 Immermannpreis, 1970 Freiherr v. Stein-Medaille, 1974 Schiller-Gedächtnispreis, 1982 Goethepreis der Stadt Frankfurt a.M. Erzähler, Essayist. Vertreter eines „heroischen Realismus" und einer „stählernen Romantik," eines „magischen Realismus" und eines „universalistischem Konservatismus."

Werke: In Stahlgewittern (R, 1920, 1922, 1934), Der Kampf als inneres Erlebnis (Es, 1922), Das Wäldchen 125. Eine Chronik aus den Grabenkämpfen 1918 (1925), Das abenteuerliche Herz (Es, 1929, 1932, 1938), Die totale Mobilmachung (Es, 1931), Der Arbeiter (S, 1932), Blätter und Steine (Es, 1934), Afrikanische Spiele (R, 1936), Auf den Marmorklippen (R, 1939), Gärten und Straßen (Tb, 1942), Myrdun. Briefe aus Norwegen (1943).

Jünger, Friedrich Georg
1.9.1898 Hannover - 20.7.1977 Überlingen. Vater: Apotheker. Bruder von Ernst Jünger, Kindheit Hannover und Steinhuder Meer. Teilnahme am I. Wk. Danach Studium Jura in Halle und Leipzig, Promotion (Dr. jur.), Gerichts- und Anwaltspraxis. Ab Anfang der 30er Jahre ausschließlich freier Schriftsteller in Berlin, ab 1937 in Überlingen/Bodensee. In Berlin gehörte F.G.J. zum Kreis um Alfred Bäumler und Ernst Niekisch. In 20er Jahren Nationalrevolutionär (vgl. Aufmarsch des Nationalismus). 1934 vorübergehend Publikationsverbot wegen des Gedichtes „Der Mohn," danach von Gestapo überwacht. Hrsg. der Zeitschrift *Scheidewege*. Vor allem Novellist, Erzähler, Essayist mit breitem Themenspektrum. Universale Bildung, konservativ, vernunftorientiert, klassi-

sche Vorbilder. Auch Herausgeber- und Übersetzertätigkeit.

Werke: Aufmarsch des Nationalismus (Es, 1926), Gedichte (G, 1934), Der verkleidete Theseus (D, 1934), Der Krieg (Ep, 1936), Über das Komische (Es, 1936), Der Taurus (G, 1937), Der Missouri (G, 1940), Griechische Götter. Apollon-Pan-Dionysos (Es, 1943), Die Titanen (Es, 1944).

Kästner, Erich
3.2.1899 Dresden - 29.7.1974 München. Kleinbürgerliche Herkunft. 1906 Volksschule, 1913 Lehrerseminar Dresden zur Volksschullehrerausbildung. 1917 Einberufung zum Militär. Nach der Entlassung 1918 Abschlußkurs am Lehrerseminar, 1919 Kriegsabitur, Studium der Germanistik, Geschichte, Philosophie, Theatergeschichte in Leipzig, Rostock und Berlin, 1925 Dr. phil. Dissertationsthema: „Die Erwiderungen auf Friedrichs des Großen Schrift 'De la littérature allemande'." Seit 1922 Redakteur der *Neuen Leipziger Zeitung*, verschiedene Nebentätigkeiten. 1927 Übersiedlung nach Berlin, hier freier Schriftsteller, Mitarbeiter verschiedener Zeitungen und Theaterkritiker. 1933 Verbrennung seiner Bücher und Publikationsverbot in Deutschland (1942 auf Ausland ausgedehnt). Kästner veröffentlichte zu Beginn der NS-Zeit im Ausland und arbeitete ansonsten in der Filmindustrie. Nach Kriegsende 1945 Niederlassung in München, 1945-48 Feuilletonredakteur der *Neuen Zeitung*, Mitarbeiter des Kabaretts „Die Schaubude," nach 1946 Herausgeber der Jugendzeitschrift *Der Pinguin*. Mitarbeit im westdeutschen PEN, 1951 dessen Präsident. 1956 Literaturpreis der Stadt München, 1957 Büchnerpreis in Darmstadt, 1960 Hans Christian Andersen-Medaille des internationalen Kuratoriums für das Jugendbuch. Werke zu einem großen Teil didaktisch auf Kinder und Jugendliche ausgerichtet, Satire, Humor, Eskapaden. Oft treffende Polemik, aber auch Kritik reduzierende Feier traditioneller Wertvorstellungen.

Werke: Herz auf Taille (G, 1928), Emil und die Detektive (Kb, 1928), Lärm im Spiegel (G, 1929), Leben in dieser Zeit (Hsp, 1929), Ein Mann gibt Auskunft (G, 1930), Fabian (R, 1931), Pünktchen und Anton (Kb, 1931), Der 35. Mai (Kb, 1931), Gesang zwischen den Stühlen (G, 1932), Das fliegende Klassenzimmer (Kb, 1933), Drei Männer im Schnee (R, 1934), Emil und die drei Zwillinge (Kb, 1934), Die verschwundene Miniatur (R, 1935), Doktor Erich Kästners lyrische Hausapotheke (G, 1936), Der Zauberlehrling (R-Fragment, 1936), Georg und die Zwischenfälle (R, 1938 = Der kleine Grenzverkehr, 1949), Der Doppelgänger (R-Fragment, 1939), Münchhausen (Filmdrehbuch, 1942), Zu treuen Händen (K, 1943), Bei Durchsicht meiner Bücher (G, 1946).

Klepper, Jochen
22.3.1903, Beuthen - 11.12.1942, Berlin. Vater: Pfarrer. Theologiestudium ohne Abschluß. 1927 Redakteur beim ev. Presseverband, 1931 beim Berliner Rundfunk, doch entlassen da mit Jüdin Johanna Stein verheiratet. Aus gleichem Grunde auch 1935 vom Ullstein Verlag entlassen. 1937 Ausschluß aus der RSK, 1941 aus der Armee wegen „jüd. Versippung." Im Dez. 1942 mit von Deportation bedrohter Frau und Stieftochter Selbstmord.

Werke: Kahn der fröhlichen Leute (R, 1933), Der Vater (R, 1937), Kyrie (Kirchenlieder, 1939), Der christliche Roman (Es, 1940).

Kolbenheyer, Erwin Guido
30.12.1878, Budapest - 12.4.1962, München. Vater: ungarndeutscher Ministerialarchitekt; 1900-05 Studium der Naturw., Phil. u. Psychol. in Wien; 1905 Dr.phil. Im 1. Weltkrieg Leiter eines Kriegsgefangenenlagers. Ab 1919 freier Schriftsteller. 1926 Stifterpreis, Mitglied d. Preuß. Dichterakademie, 1932 Goethemedaille, 1937 Goethepreis der Stadt Frankfurt, 1938 Adlerschild d. dt. Reiches, 1941 Königsberger Kant-Plakette, Dr. med, h.c. Tübingen, 1943 Grillparzer-Preis der Stadt Wien; Mitglied der NSDAP; 1945-50 Schreibverbot, 1948 als belastet, 1950 als minderbelastet eingestuft, 1958 Sudetendt. Kulturpreis. Kolbenheyer-Gesellschaft zur Pflege seines Werkes. Philosoph („Die Bauhütte"), Lyriker, Dramatiker, Erzähler; vor allem historisch-antikisierende Stoffe.

Werke: Giordano Bruno (T, 1903; 1929 u.d.T. Heroische Leidenschaften), Amor Dei (Spinoza-R, 1908), Meister Joachim Pausewang (R, 1910), Montsalvasch (R, 1912), Paracelsus (R-Tril.: Die Kindheit des Paracelsus, 1917, Das Gestirn des Paracelsus, 1922, Das dritte Reich des Paracelsus, 1926; 3 Bde 1927-28)), Der Dornbusch brennt (G, 1922), Die Bauhütte. Elemente einer Metaphysik der Gegenwart (S, 1925), Das Lächeln der Penaten (R, 1927), Heroische Leidenschaften (T, 1929), Das Gesetz in dir (D, 1931), Jagt ihn – ein Mensch (D, 1931), Unser Befrei-

ungskampf und die dt. Dichtkunst (1932), Deutsches Bekenntnis (Dichtung für Sprechchöre, 1933), Gregor und Heinrich (D, 1934), Das gottgelobte Herz (R, 1938), Die Bauhütte. Grundlage einer Metaphysik der Gegenwart (S, 1939), Vox humana (G, 1940), Das Geistesleben in seiner volksbiolog. Bedeutung (Rd, 1942), Menschen und Götter (D, 1944).

Krauss, Werner
7.6.1900, Stuttgart - 28.8.1976, Berlin (DDR). Vater: Literaturwissenschaftler. Studium der Literaturwissenschaft u.a. in München, Madrid und Berlin. 1929 Dr. phil. 1931 Habilitation in Marburg bei Erich Auerbach (*Die ästhetischen Grundlagen des spanischen Schäferromans*), dort ab 1935 Professor für Romanistik. 1940 zur Dolmetscher-Lehrkompanie nach Berlin, Kontakt zur Widerstanndsgruppe „Rote Kapelle," 1942-1945 in Haft. Nach 1945 wieder Professor für Romanistik, erst in Marburg, dann in Leipzig. 1965 exemeritiert. Krauss gehörte zu den führenden deutschen Romanisten. Bis 1948 mit Karl Jaspers u. Alfred Weber Herausgeber von Dolf Sternbergers Zeitschrift *Die Wandlung*. Nach Franz Mehring „der wichtigste marxistische Literaturwissenschaftler" (*Literatur Lexikon*).

Werke: Corneille als politischer Dichter (1936), Die Lebenslehre Gracians (1946). Sein einziges belletristisches Werk, der Roman *PLN. Die Passionen der halykonischen Seele* wurde 1943-44 im Gefängnis geschrieben und 1946 in Frankfurt a.M. und 1948 in der SBZ veröffentlicht (Neuaufl. 1983).

Kuckhoff, Adam
30.8.1887, Aachen - 5.8.1943, Plötzensee. Vater: Nadelfabrikant. Studium der Rechte, Literatur und Philosophie in Freiburg i.Br., München, Heidelberg, Berlin und Halle. 1912 Promotion mit einer Arbeit über „Schillers Theorie des Tragischen bis zum Jahre 1784." Schauspieler, Intendant, Dramaturg an Fronttheatern, in Krefeld, Frankfurt a.M., Berlin; auch Dramatiker und Filmemacher. Mitarbeiter an der konservativen Zeitschrift *Die Tat* des Eugen Diederichs Verlags. Im 3. Reich freier Lektor des Deutschen Verlags (zuvor Ullstein). Seit 1933 im antifaschistischen Widerstand in Verbindung mit der Gruppe Harnack/Schulze Boysen („Rote Kapelle"), im September 1942 verhaftet, am 5.8.1943 hingerichtet.

Werke: Zahllose Artikel, Essays, kleinere Prosatexte für Zeitungen und Zeitschriften (so „Das neue Theater. Gedanken zum Theater" in *Die Tat*, H 3, 1928; „Das Streu-Engelchen zu Aachen" in *Frankfurter Zeitung* vom 29.10.1925). Herausgeber einer Volksausgabe von Büchners Werken (1927); Der Deutsche von Bayencourt (D, 1915 geschr. u.d.T. „Rufendes Land," 1915 gedr., 1918 uraufg.; 1937 als Roman), Disziplin (K, 1923), Zwergnase (Kinderstück, geschr. mit 1. Frau Mie Paulun1919, u. 1929), Scherry (E, 1931), Wetter veränderlich (K, 1932; mit Eugen Gürster), Der Schieber (Übers. v. frz. K *Turcaret,* 1933), Rosen und Vergißmeinnicht (K, 1933, mit Otto Zoff), Till Eulenspiegel (D, 1941), Strogany und die Vermißten (R, 1941; mit Peter Tarin).

Langenbeck, Curt
206.1906, Elberfeld - 5.8.1953, München. Vater: Fabrikant; 1925-29 Ausbildung in väterl. Seidenfabrik, in d. Schweiz, Frankreich u. den USA; 1931-33 Studium d. Lit.wiss., Theaterwiss., Gesch., Kunstgesch. u. Phil. in Köln, Freiburg/Br., Wien; 1935-38 Dramaturg am Staatstheater Kassel, ab 1938 Chefdramaturg am Staatstheater München. Nach 1945 freier Schriftsteller. 1939 Immermann-Preis, 1940 Rhein. Lit.preis. Dramatiker, Erzähler, Theoretiker. Bemüht um Erneuerung der dt. Geschichtstragödie „aus dem Geist der Zeit" in Anknüpfung an griech. Trag.

Werke: Alexander (T, 1934), Heinrich VI (T, 1936), Der getreue Johannes. Eine Dichtung für die Bühne (1937), Der Hochverräter (T, 1938), Das Schwert (T, 1940), Tragödie u. Gegenwart (Rd, 1940), Wiedergeburt des Dramas aus dem Geist der Zeit (Rd, 1940), Frau Eleonore (E, 1941), Treue (D, 1944).

Langgässer, Elisabeth (Elisabeth Hoffmann, geb. Langgässer)
23.2.1899 Alzey - 25.7.1950 Rheinzabern. Vater: Jude und Architekt. Schulausbildung in Darmstadt, 1918 Abitur, dann pädagogische Ausbildung am Lehrerinnenseminar und durch verschiedene Praktika. 1921-28 Lehrerin an verschiedenen hessischen Schulen. Seit 1920 Veröffentlichungen von Gedichten und Erzählungen. 1929-30 Dozentin an der sozialen Frauenschule Anna von Gierke in Berlin. Ab November 1930 freie Schriftstellerin. 1931 Literaturpreis des deutschen Staatsbürgerinnenverbandes für noch unveröffentlichte Erzählung „Proserpina." 1934

Mitarbeit beim Kinderfunk des Berliner Rundfunks. 1935 Heirat mit Wilhelm Hoffmann. 1936 Ausschluß aus der Reichsschrifttumskammer und damit Berufsverbot, da E.L. Halbjüdin. 1941 Tochter Cordelia aus früherer Verbindung mit Hermann Heller muß als „Dreivierteljüdin" Judenstern tragen. 1942 erste Anzeichen von multipler Sklerose. 1943 knapp der Verschleppung durch Gestapo entgangen. 1944 Tochter Cordelia nach Auschwitz verschleppt, E.L. zwangsdienstverpflichtet. 1945 Zerstörung des Wohnhauses durch Bombenangriff. 1946 erfährt E.L., daß Tochter Cordelia lebt. 1947 Reisen, 1. Deutscher Schriftstellerkongreß in Berlin. 1948 Übersiedlung nach Rheinzabern. 1950 posthum Georg-Büchner-Preis. Werk geprägt von katholisch inspirierter Darstellung eines Dualismus zwischen christlicher Heilsgeschichte und heidnisch-mystischem Naturgeschehen. Auch Herausgebertätigkeit.

Werke: Der Wendekreis des Lammes. Ein Hymnus der Erlösung (G, 1924), Triptychon des Teufels (En, 1932), Grenze: Besetztes Gebiet. Ballade eines Landes (R, 1932), Proserpina (E, 1933), Frauen als Wegbereiter: Amalie Dietrich (Hsp, 1933), Der Sturz durch die Erdzeitalter (Hsp, 1933), Flandrischer Herbst (Hsp, 1933), Sterne über dem Palatin (Hsp, 1933), Ahnung und Gegenwart (Hsp, 1934), Der Gang durch das Ried (R, 1936), Die Tierkreisgedichte (G, 1936), Rettung am Rhein (En, 1938), Ich blase drei Federn in den Wind (Offener B, 1945), Das unauslöschliche Siegel (R, 1946).

Lersch, Heinrich
12.9.1889 Mönchengladbach - 18.6.1936 Remagen. Vater: Kesselschmied. H.L. wurde zunächst auch Kesselschmied und verbrachte seine Gesellenjahre auf Wanderungen durch Deutschland, die Schweiz, Österreich, Italien, Holland, und Belgien. Teilnahme am Ersten Weltkrieg und Verwundung. Danach wieder Arbeit in väterlichem Betrieb als Kesselchmied, Lungenleiden zwang ihn 1925, körperliche Arbeit ganz aufzugeben. Lebte dann als freier Schriftsteller. Ab 1932 in Bodendorf/Ahr. Lersch galt als „Arbeiterdichter." Beklagte einerseits Lage des Proletariats, sah andererseits Arbeit auch als Herausforderung an das Leistungsvermögen des Menschen. Soziale, sozialistische, kommunistische, anarchistische, religiöse, nationale und mythische Elemente begegnen sich in seinem Werk. Gedicht „Soldatenabschied"

machte ihn zuerst bekannt: nationale Kriegsbegeisterung. Nahm später auch nationalsozialistische Formeln von Volk und Gemeinschaft auf, Nazis standen ihm wohlwollend
gegenüber. 1933 Berufung in Preußische
Dichterakademie, 1935 Rheinischer Literaturpreis, noch 1944 Werkausgabe.

Werke: Abglanz des Lebens (G, 1914), Die
heilige Not (G, 1915), Herz, aufglühe dein
Blut (G, 1916), Vergiß du deines Bruders
Not. Arbeitergedichte (G, 1917), Die arme
Seele. Gedichte vom Leid des Krieges (G,
1917), Deutschland. Lieder und Gesänge von
Volk und Vaterland (G, 1918), Das Land (G,
1918), Der preußische Musketier (G, 1918),
Hauptmann und Soldaten (G, 1919), Mensch
im Eisen. Gedichte von Volk und Werk (G,
1924), Stern und Amboß (G, 1927), Capri
(G, 1927), Der grüßende Wald (En, 1927),
Hammerschläge (R, 1930), Wir Werkleute
(En, G, 1934), Die Pioniere von Eilenburg.
Roman aus der Frühzeit der deutschen Arbei-
terbewegung (R, 1934), Mit brüderlicher
Stimme (G, 1934), Mut und Übermut (E,
1934), Deutschland muß leben! (G, 1935),
Im Pulsschlag der Maschinen (En, 1935).

Loerke, Oskar

13.3.1884 Jungen (Westpreußen) - 24.2.1941
Berlin-Frohnau. Vater: Ziegelei- und Hofbe-
sitzer. Kindheit und Jugend auf dem Lande.
Gymnasium in Graudenz, danach zunächst
Arbeit in Land- und Forstwirtschaft. 1903-
1907 Studium der Philosophie, Germanistik,
Musik und Geschichte in Berlin. Nach Erscheinen der Erzählung Vineta (1907) Existenz als freier Schriftsteller. 1913 Kleist-
Preis und Reisestipendium. 1914 Dramaturg
bei einem Theaterverlag. Ab 1917 bis zu seinem Tode Verlagslektor bei S. Fischer. Eifrige Rezensions- und Herausgebertätigkeit.
1926 Senator, 1928 Sekretär der Sektion für
Dichtkunst in der Preußischen Akademie der
Künste. Von den Nazis 1933 aus der Akademie ausgestoßen. Lebte in der Zeit des
Faschismus zurückgezogen. Loerke begann
mit Prosa, ist aber besonders als Lyriker be-
deutend und für die Nachkriegszeit stilbil-
dend gewesen. Themen vor allem Natur, aber
auch Großstadtgedichte, musikalische Themen, Reisethematik, Selbstbeobachtungen,
philosophische Reflexionen; in der Spät-
phase etwas resignativ. Formal überwiegend
gereimte Gedichte mit fester Strophenform,
teilweise Liedcharakter.

Werke: Vineta (E, 1907), Franz Pfinz (R,
1909), Der Turmbau (E, 1910), Wander-

schaft (G, 1911), Gedichte (1915), Gedichte
(1916; 1929 u.d.T. Pansmusik), Das Gold-
bergwerk (R, 1919), Die Chimärenreiter (R,
1919), Der Prinz und der Tiger (E, 1920),
Der Oger (R, 1921), Pompeji (G, 1921), Die
heimliche Stadt (G, 1921), Der längste Tag
(G, 1926), Formprobleme der Lyrik (Es,
1929), Atem der Erde (G, 1930), Der Silber-
distelwald (G, 1930), Das unsichtbare Reich
(Es, 1935), Das alte Wagnis des Gedichtes
(Es, 1935), Vom Reimen (Es, 1935), Der
Wald der Welt (G, 1936), Meine sieben Ge-
dichtbücher (Es, 1936), Anton Bruckner. Ein
Charakterbild (Es, 1938), Magische Verse
(G, 1938), Der Steinpfad (G, 1938/41),
Kärntner Sommer (G, 1939), Hausfreunde.
Charakterbilder (Es, 1939), Die Abschieds-
hand (G, 1949).

Miegel, Agnes

9.3.1879 Königsberg - 26.10.1964 Bad Salzuflen. Vater: Kaufmann in Königsberg. In-
ternat in Weimar (1894-96) und Bristol
(1902), Studienreisen nach Frankreich und
Italien, Ausbildung als Lehrerin, Journalistin
in Berlin. 1920-26 Redakteurin und Leiterin
des Feuilletons der *Ostpreußischen Zeitung*
in Königsberg. 1924 Dr. phil. h.c. der
Universität Königsberg. Ab 1927 dort freie
Schriftstellerin. 1933 in „neugeordnete"
Dichterakademie berufen. 1944 Flucht aus
Königsberg in ein dänisches Lager. Ab 1948
in Bad Nenndorf und Bad Salzuflen, Veröf-
fentlichungserlaubnis erst wieder ab 1949.
Ab 1956 „Ehrensold" auf Lebenszeit der
Stadt Hameln. Zahlreiche Literaturpreise:
1913 Kleist-Preis, 1936 Herder-Preis, 1939
Königsberger Literaturpreis, 1940 Goethe-
Preis der Stadt Frankfurt, 1957 Ehrenplakette
des Ostdeutschen Kulturrats, 1959 Literatur-
preis der Bayerischen Akademie der Schönen
Künste. Lyrik und Erzählungen von Heimat-
gefühl (teilweise nationalistisch übersteigert)
und christlichem Weltbild geprägt. Kontakt
zum neuromantischen Kreis um Börries von
Münchhausen.

Werke: Gedichte (1901), Balladen und Lieder (1907), Gedichte und Spiele (1920),
Herbstgesang (G, 1923), Heimat, Lieder und
Balladen (G, 1926), Geschichten aus Alt-
Preußen (En, 1926), Die schöne Malone (E,
1926), Gesammelte Gedichte (1927), Die
Auferstehung des Cyriakus (E, 1928), Heimgekehrt (E, 1931), Die Fahrt der sieben Or-
densbrüder (E, 1933), Der Geburtstag (E,
1933), Kirchen im Ordensland (E, 1933),
Gang in die Dämmerung (E, 1934), Die

Schlacht von Rudau (D, 1934), Weihnachts-spiel (D, 1934), Deutsche Balladen (1935), Kathrinchen kommt nach Hause (E, 1936), Noras Schicksal (E, 1936), Das Bernstein-herz (E, 1937), Meine alte Lina (E, 1938), Werden und Werk (Aut, 1938), Und die ge-duldige Demut der treuesten Freunde (G, 1938), Frühe Gedichte (1939), Heimgekehrt (E, 1939), Im Ostwind (E, 1940), Wunderli-ches Weben (E, 1940), Ostland (G, 1940), Die gute Ernte (E, 1942), Mein Bernstein-land und meine Stadt (E, 1944).

Möller, Eberhard Wolfgang
6.1.1906, Berlin - 1.1.1972, Bietig-heim/Würtemb. Vater: Bildhauer; Studium der Phil., Lit.- u. Theaterwiss., Musikwiss. u. Gesch. in Berlin.; 1933 Dramaturg in Kö-nigsberg, 1934 Theaterreferent im Propagan-daminsiterium; Reichskultursenator u. Ge-bietsführer im Stab der Reichsjugendfüh-rung; im Krieg Kriegsberichterstatter der Waffen-SS, 1945-48 in Haft. Freundschaft mit Reichsdramaturg Rainer Schlösser und Reichsjugendführer Baldur v. Schirach. Ver-fasser des „Führerbuchs" der HJ, veranlaßte Paul-Ernst-Renaissance, Bemühung um Thingspiel u. NS-Drama.

Werke: Bauern (D, 1925), Aufbruch in Kärnten (D, 1928), Douaumont (D 1929), Kalifornische Tragödie (D, 1929), Panama-skandal (D, 1930), Rothschild siegt bei Waterloo (D, 1934), Die höllische Reise (D, 1933), Die Insterburger Ordensfeier. He-roldspiel v.d. Überwindung des Todes (1934), Das Südender Weihnachtsspiel (1934), Die erste Ernte (G, 1934), Das Schloß in Ungarn (R, 1935), Berufung der Zeit. Kantaten u. Chöre (1935), Briefe der Gefallenen. Festl. Vortragsspiel v. Krieg (1935), Volk u. König (D, 1935), Das Fran-kenburger Würfelspiel (D, 1936), Der Sturz des Ministers (D, 1937), Der Untergang Karthagos (D, 1941), Das brüderl. Jahr (G, 1941, 1943), Das Opfer (D, 1941).

von Molo, Walter
14.6.1880, Sternberg/Mähren - 27.10.1958, Murnau. Aus altem dt. Reichsadel. Wuchs in Wien auf; nach Absolvierung der TH Wien Ingenieur bei Siemens und Halske und bis 1913 im Patentamt, dann freier Schriftsteller in Wien und Berlin. 1930 Rücktritt als Präsi-dent der Sektion Dichtkunst der Preußischen Akademie der Künste, nach Machtüber-nahme im Frühjahr 1933 Rückzug aus Berlin und dem öffentlichen Leben nach Murnau in

Oberbayern. Nach dem Krieg Verteidiger der „inneren Emigration" (bes. in einem Brief an Thomas Mann). Erzähler, Essayist, Dramatiker, Lyriker; religiöse und histori-sche Stoffe. Seine historisch-nationalen Themen brachten ihn in die Nähe der Völ-kisch-Nationalen, doch v. Molo wehrte sich gegen Vereinnahmung.

Werke: vierbändiger Schillerroman: Ums Menschentum (1912), Titanenkampf (1913), Die Freiheit (1914), Den Sternen zu (1916), Romantrilogie Ein Volk wacht auf (Bd.1 Fri-dericus, 1918, Bd.2 Luise, 1919, Bd.3 Das Volk, 1921; 1924 in einem Bd. als Der Ro-man meines Volkes), Im ewigen Licht (R, 1926), Legende vom Herrn (R, 1927), Mensch Luther (R, 1928), Die Scheidung (R, 1929), Zwischen Tag und Traum (Rd, Es, 1930), Ein Deutscher ohne Deutschland (R, 1931), Holunder in Polen (R, 1932), Fried-rich List (D, 1934), Der kleine Held. Ge-schichte meiner Jugend (1934), Eugenio von Savoy (R, 1936), Geschichte einer Seele. Kleist-Roman (1938), Lyrisches Tagebuch (1943).

Reck-Malleczewen, Friedrich
11.8.1884, Gut Malleczewen/Ostpreußen - 17.2.1945 KZ Dachau. Vater: Gutsbesitzer, Offizierslaufbahn, dann Medizinstudium in Königsberg (1911 Dr. med.), ausgedehnte Reise nach Süd- und Nordamerika, ab 1913 freier Schriftsteller in Passing bei München und Gut Poing bei Truchtlaching/Chiemgau. Lehnte 3. Reich von einem monarchistisch-feudalistischen Standpunkt aus ab. 1944 ver-haftet, starb an Typhus im KZ. Journalist und Bestsellerautor.

Werke: Frau Übersee (R, 1918), Die Dame aus New York (R, 1921), Von Räubern, Henkern und Soldaten. Als Stabsoffizier in Rußland von 1917 bis 1919 (1924), Sif (R, 1926), Die Siedlung Unitrusttown (R, 1925), Bomben auf Monte Carlo (R, 1930; verfilmt mit Hans Albers und Heinz Rühmann), Acht Kapitel für die Deutschen (Es, 1934), Ein Mannsbild namens Prack (R, 1935), Bockel-son. Geschichte eines Massenwahns (R, 1937), Charlotte Corday. Geschichte eines Attentats (R, 1938), Der Richter (R, 1940), Diana Pontecorvo (R, 1944), Tagebuch eines Verweifelten (1947 posthum).

Rehberg, Hans
25.12.1901, Posen - 20.6.1963, Duisburg. Lebte längere Zeit in Pieskow/Mark Bran-denburg, ab 1941 in Schlesien. Freundschaft

mit Gerhart Hauptmann. Mitglied der NSDAP, zeitweilig Gaukulturwart in Berlin; genoß Protektion v. Gründgens, H. Johst u. Goebbels; verlor auf d. Flucht alle Manuskripte; im Dritten Reich begabter, doch umstrittener Dramatiker, vor allem wegen seiner Preußendramen, die nicht dem heroischen, von d. Nazis verlangten Bild des Preußenkönigs entsprachen, aber trotzdem sehr erfolgreich waren. Nach dem Krieg wandte er sich vor allem dem Maria-Stuart- und dem Atriden-Komplex zu.

Werke: Cecil Rhodes (D, 1932), Johannes Kepler (D, 1933), Der große Kurfürst (D, 1934), Der Tod u. das Reich (D, 1934), Friedrich I (K, 1935), Friedrich Wilhelm I (D, 1935), Kaiser u. König (D, 1937), Der siebenjährige Krieg (D, 1938), Isabella, Königin v. Spanien (D, 1938), Wallenstein (D, 1941), Gaius Julius Caesar (D, 1942), Heinrich u. Anna (D, 1942), Karl V (D, 1943), Wölfe (D, 1940).

Schauwecker, Franz
26.3.1890, Hamburg - 31.5.1964, Günzburg/D. Vater: Oberzollinspektor; Studium d. Germanistik u. Geschichte in München, Berlin u. Göttingen; im 1. Weltkrieg Soldat u. Kompanieführer, verwundet; nach dem Krieg versch. Berufe, dann freier Schriftsteller in Berlin u. Günzburg. Vor allem Gestalter v. Kriegserlebnissen.

Werke: Im Todesrachen (R, 1919; 1927 als Frontbuch), Weltgericht (E, 1920), Ghavati (R, 1920), Hilde Roxh (R, 1922; 1930 als Die Geliebte), Aufbruch der Nation (R, 1930), Der Spiegel (G, 1930), Die Entscheidung (D, 1933), Der Panzerkreuzer (R, 1939), Der weiße Reiter (R, 1944).

Schenzinger, Karl Aloys
28.5.1886, Neu-Ulm - 4.7.1962, Prien/Chiemsee. Apothekerlehre, dann Studium d. Medizin in Freiburg, München u. Kiel; Arzt in Hannover; 1923-25 in New York; ab 1928 freier Schriftsteller; verfaßte mit *Hitlerjunge Quex* (1932) einen der erfolgreichsten nationalsozialist. Jugendromane.

Werke: Hinter Hamburg (R, 1929), Man will uns kündigen (R, 1931), Anilin (R, 1936), Metall (R, 1939).

Schneider, Reinhold
13.5.1903 Baden-Baden - 6.4.1958 Freiburg Br. Vater: Hotelbesitzer. Jugend in Baden-Baden, Abitur 1921. Kaufmännischer Angestellter in Dresden. Nach einem Selbstmordversuch (1922) ausgedehnte Auslandsreisen. 1932-37 als freier Schriftsteller in Potsdam, danach in Freiburg. Ablehnende Haltung gegenüber Nationalsozialismus, Verbindung zum Kreisauer Kreis des deutschen Widerstandes. Ab 1940 keine Druckgenehmigung mehr. 1945 Hochverratsklage gegen ihn wegen Kriegsende nicht mehr vorhanden. Danach einer der wichtigsten Repräsentanten des geistigen Neuanfangs, jedoch bald schon von der Entwicklung enttäuscht. Schneider verfaßte vor allem kulturkritische Essays, aber auch Sonette, Erzählungen und Dramen. Themenschwerpunkt Mittelalter. In 50er Jahren vor allem autobiographische Schriften.

Werke: Das Leiden des Camoës oder Untergang und Vollendung der portugiesischen Macht (Es, 1930), Portugal (Rb, 1931), Das Erdbeben (E, 1932), Geschichte eines Nashorns (E, 1932), Fichte, der Weg zur Nation (Es, 1932), Die Hohenzollern (Es, 1933), Auf Wegen deutscher Geschichte (Es, 1934), Der Tröster (E, 1934/1943), Das Inselreich (Es, 1936), Kaiser Lothars Krone (Es, 1937), Las Casas vor Karl V. (R, 1938), Corneilles Ethos in der Ära Ludwigs XIV (Es, 1939), Sonette (G, 1939), Macht und Gnade (Es, 1940), Das Vaterunser (E, 1941), Der Abschied der Frau von Chantal (E, 1941), Der Kreuzweg (E, 1942), Der Dichter vor der Geschichte (Hölderlin, Novalis) (Es, 1943), Stimme des Abendlandes (Es, 1944), Weltreich und Gottesreich (Es, 1946), Apokalypse (G, 1946).

Schumann, Gerhard
14.2.1911 Eßlingen am Neckar. Vater: Studienrat. Lateinschule Ingelfingen, evangelisch-theologische Seminare in Schöntal und Urach. Ab 1930 Studium Germanistik in Tübingen. Hier NS-Studentenführer und SA-Oberführer. Während des Dritten Reiches Chefdramaturg am Württhembergischen Staatstheater. Mitglied des Reichskultursenats, des SA-Kulturkreises und des Präsidialrates der Reichsschrifttumskammer. 1935 Schwäbischer Dichterpreis, 1936 Nationaler Buchpreis. Nach 1945 Geschäftsführer des „Europäischen Buchklubs" in Stuttgart. Gründete Hohenstaufenverlag in Eßlingen, damit nach Bodmann/Bodensee übergesiedelt. Vollgültiger Vertreter von Nazi-Literatur im Sinne der Blut- und Boden Ideologie. Vorwiegend Lyrik.

Werke: Ein Weg führt ins Ganze (G, 1933), Fahne und Stern (G, 1934), Die Lieder vom

Reich (G, 1935), Siegendes Leben (D, G, 1935), Wir aber sind das Korn (G, 1936), Heldische Feier (Chorwerk, 1936), Wir dürfen dienen (G, 1937), Schau und Tat (G, 1938), Volk ohne Grenzen (Kantate, 1938), Entscheidung (D, 1938), Bewährung (G, 1940), Die Lieder vom Krieg (G, 1941), Gesetz wird zu Gesang (G, 1943), Gudruns Tod (D, 1942).

Seidel, Ina
15.9.1885 Halle - 2.10.1974 Ebenhausen bei München. Vater: Arzt, künstlerisch begabte Familie. Aufgewachsen in Braunschweig, Marburg und München. Heiratete 1907 ihren Vetter Heinrich Wolfgang Seidel, Schriftsteller und Pfarrer. Lebte in Berlin und Eberswalde, seit 1934 in Starnberg. Neben eigener Produktion auch Herausgeberin und Übersetzerin. Lyrik in Romantiknähe, Naturgefühl, Naturfrömmigkeit. Erzählprosa kreist zum Teil um kindlich-jugendliche und fraulich-mütterliche Erlebnisbereiche. Christliche Elemente, protestantisches Ethos, religiös orientiertes Bildungsbürgertum.

Werke: Gedichte (G, 1914), Familie Mutz (G, 1914), Neben der Trommel her (G, 1915), Das Haus zum Monde (R, 1917), Weltinnigkeit (G, 1919), Hochwasser (En, 1920), Das Labyrinth. Ein Lebenslauf aus dem 18. Jahrhundert (R, 1924), Sterne der Heimkehr (R, 1923), Neue Gedichte (G, 1927), Brömseshof (R, 1928), Die Brücke (En, 1929), Der volle Kranz (G, 1929), Der vergrabene Schatz (En, 1929), Das Wunschkind (R, 1930), Das Geheimnis (En, 1931), Die tröstliche Begegnung (G, 1932), Die Entwicklung der Friedensbewegung in Europa (Es, 1932), Der Weg ohne Wahl (R, 1933), Dichter, Volkstum und Sprache (Es, 1934), Luise, Königin von Preußen (Biog, 1934), Das russische Abenteuer und ausgewählte Gedichte (G, 1935), Meine Kindheit und Jugend (Aut, 1935), Spuk in des Wassermanns Haus (En, 1936), Gesammelte Gedichte (G, 1937), Lennacker (R, 1938), Unser Freund Peregrin (E, 1940), Gedichte (G, 1941), Achim von Arnim (Biog, 1944), Bettina (Biog, 1944), Clemens Brentana (Biog, 1944).

Stehr, Hermann
16.2.1864, Habelschwerdt/Schlesien - 11.9.1940, Oberschreiberhau/Schlesien. Vater: Sattler; Präparandenanstalt Landeck; ab 1887 Volksschullehrer; wegen seiner religiösen Anschauungen Maßregelung und Versetzung

in entlegene Dörfer; ab 1915 freier Schriftsteller in Warmbrunn/Riesengebirge, ab 1926 in Schreiberau; Dr h.c.; 1933 Goethe-Preis; 1934 Adlerschild des Deutschen Reiches. Einfl. v. Naturalismus, schlesischer Mystik; myst. Gottsucher; Erzähler; auch Dramatiker u. Lyriker; Bekenntnis zum Nationalsozialismus; H. Johst sah in ihm den „größten lebenden dt. Dichter"; Hermann-Stehr-Gesellschaft pflegt sein Andenken.

Werke: Auf Leben u. Tod (En, 1898), Der Schindelmacher (E, 1899), Leonore Griebel (R, 1900), Geschichten aus dem Mandelhause (R, 1913; 1953 als Das Mandelhaus), Der Heiligenhof (R, 2 Bde, 1918), Lebensbuch (G, 1920), Peter Brindeisener (R, 1924), Das Märchen vom dt. Herzen (En, 1926), Das Geschlecht der Maechler (R-Trilogie: Nathanael Maechler, 1929, Die Nachkommen, 1933, Damian oder Das große Schermesser, 1944), Mythen u. Märchen (1929), Meister Cajetan (E, 1931), Mein Leben (Aut, 1934), Der Mittelgarten (G, 1936), Das Stundenglas (Rd u. Tb, 1936), Der Himmelsschlüssel (E, 1939), Damian oder das große Schermesser (R, 1944).

Strauß und Torney, Lulu von
20.9.1873 Bückeburg - 19.6.1956 Jena. Vater: Generalmajor beim Fürsten von Schaumburg-Lippe. Höhere Mädchenschule in Bückeburg, dann dort freie Schriftstellerin. Viele Reisen durch Deutschland, England, Frankreich, Italien, Holland und Skandinavien. Verbindungen zum Schriftstellerkreis um Börries von Münchhausen (Veröffentlichungen im Göttinger Musenalmanach 1901/05), Freundschaft mit Agnes Miegel. 1916 Ehe mit Verlagsbuchhändler Eugen Diederichs, einflußreiche Lektorin bei diesem Verlag während der 20er Jahre. Kaum noch Publikation eigener Werke nach 1923. Nach Diederichs Tod 1930 vorwiegend Herausgeberin und Übersetzerin. L.v.St.u.T. gilt zusammen mit Agnes Miegel und Münchhausen als eine der bedeutendsten Balladendichterinnen. Pathos ihrer Ähren- und Ackerromantik nimmt „Blut und Bodenschrifttum" vorweg. In Romanen und Novellen vor allem historische Stoffe.

Werke: Gedichte (1898), Bauernstolz (En, 1901), Als der Großvater die Großmutter nahm (E, 1901), Aus Bauernstamm (E, 1902), Balladen und Lieder (1902), Eines Lebens Sühne (E, 1904), Das Erbe (R, 1905), Ihres Vaters Tochter (R, 1905), Die Dorfgeschichte in der modernen Literatur (Es,

1906), Neue Balladen und Lieder (1907), Lucifer (R, 1907), Der Hof am Brink – Das Meerminneke (En, 1907), Sieger und Besiegte (En, 1909), Judas (R, 1911 = Der Judashof 1937), Aus der Chronik niederdeutscher Städte (Es, 1912), Reif steht die Saat (Balladen, G, 1919), Der Tempel. Ein Spiel aus der Renaissance (D, 1921), Der jüngste Tag (R, 1922), Das Fenster (E, 1923), Auge um Auge (E, 1933), Erde der Väter (G, 1936), Schuld (R, 1940), Das goldene Angesicht (G, 1943), Das verborgene Angesicht (Aut, 1943).

Thiess, Frank
13.3.1890, Eluisenstein bei Uexküll (Livland) - 22.12.1977, Darmstadt. Vater: Architekt, wanderte 1893 nach Deutschland aus. Studium der Germanistik, Geschichte und Philosophie in Berlin und Tübingen, 1913 Dr. phil., Soldat, dann 1915-19 außenpolit. Redakteur am *Berliner Tageblatt*. 1920-21 Dramaturg und Regisseur an der Volksbühne Stuttgart, 1921-23 Theaterkritiker in Hannover. Ab 1923 freier Schriftsteller in Berlin (im Winter) und Steinhude (im Sommer). 1933 über Wien nach Rom, dann wieder Wien. 1941 zweite Ehe mit einer Französin. Nach dem Krieg in Darmstadt; 1952-54 Herausgeber der *Neuen Literarischen Welt*. Im 3. Reich heftige Kritik an einigen seiner Werke, konnte jedoch publizieren. Vor allem Erzähler und Verfasser kulturpolitischer Aufsätze, aber auch Dramatiker.

Werke: Der Tod von Falern (R, 1921), Die Verdammten (R, 1923), Das Gesicht des Jahrhunderts (Es, 1923), Der Leibhaftige (R, 1924), Abschied vom Paradies (R, 1925), Der Kampf mit den Engeln (En, 1925), Das Tor zur Welt (R, 1926), Frauenraub (R, 1927), Erziehung zur Freiheit (Es, 1929), Der Zentaur (R, 1931), Die Geschichte eines unruhigen Sommers (En, 1932), Die Zeit ist reif (Rd, 1932), Johanna und Esther (R, 1933), Der Weg zu Isabelle (R, 1934), Der ewige Taugenichts (K, 1935), Tsushima (R, 1936), Stürmischer Frühling (R, 1937), Die Herzogin von Langeais (T, 19380, Das Reich der Dämonen (R, 1941), Caruso (R, 1942-46; 2 Bde: Bd.1 Neapolitanische Legende, Bd.2 Caruso in Sorrent).

Vesper, Will
11.10.1882 Wuppertal-Barmen - 14.3.1962 Gut Triangel, Kreis Gifhorn. Vater: Bauer, protestantische Familie. Gymnasium Bar-

men, Studium Germanistik und Geschichte in München. 1906 literarischer Berater beim Verlag C.H. Beck, München. Ab 1911 auch freier Schriftsteller. 1915-18 Teilnahme am Ersten Weltkrieg, gegen Ende als wissenschaftlicher Hilfsarbeiter am Generalstab. 1918-20 Kulturschriftleiter bei der *Deutschen Allgemeinen Zeitung,* Berlin. Dann freier Schriftsteller. 1923-43 Herausgeber der Monatsschrift *Die Schöne Literatur* (seit 1931 u.d.T. *Die Neue Literatur*). 1933 Mitglied der Deutschen Akademie der Dichtung, Gauobmann des NS-Reichsverbandes deutscher Schriftsteller, zusammen mit H. Johst Vorsitz der „Reichsschrifttumskammer." Seit 1938 Landwirt auf Gut Triangel. Romane über deutsche Vergangenheit und germanische Urzeit, chauvinistisch-national, antisemitische Einstellungen, später betont nationalsozialistisch. Von ihm herausgegebene Literaturzeitschrift wird zur führenden Literaturzeitschrift des Dritten Reiches, immer wieder Angriffe gegen Exil-Schriftsteller. Viele Führergedichte. Mythisierende Nacherzählungen alten Sagengutes. Eifrige Herausgebertätigkeit.

Werke: Der Segen (E, 1905), Tristan und Isolde (R, 1911), Parzival (R, 1911), Vom großen Krieg 1914-1915 (G, 1915), Der blühende Baum (G, 1916), Martin Luthers Jugendjahre. Bilder und Legenden (1918), Schön ist der Sommer (G, 1918), Der Balte (R, 1919), Annemarie (R, 1920), Mutter und Kind (G, 1920), Die Wanderung des Herrn Ulrich von Hutten (Tb-R, 1922), Fröhliche Märchen (M, 1922), Die ewige Wiederkehr (E, 1922), Der arme Konrad (E, 1924), Das Recht der Lebenden (Es, 1927), Der Heilige und der Papst (E, 1928), Das harte Geschlecht (R, 1931), Sam im Schnabelweide (E, 1931), Kranz des Lebens (G-Gesamtausgabe, 1934), Der entfesselte Säugling (E, 1935), Eine deutsche Feier (D, 1936), Rufe in die Zeit (G, 1937), Geschichten von Liebe, Traum und Tod (En-Gesamtausgabe, 1937), Kämpfer Gottes (En-Gesamtausgabe, 1938), Bild des Führers (G, 1942), Im Flug nach Spanien (E, 1943), Dennoch! (G, 1944).

Wehner, Josef Magnus
14.11.1891, Bermbach/Röhn - 14.12.1973, München. Vater: Volksschullehrer; Studium der Philologie in Jena u. München; 1914 Kriegsfreiwilliger, schwere Verwundung bei Verdun; Schriftleiter und Theaterkritiker in München (*Münchener Zeitung und Münchener Neueste Nachrichten*); 1943 freier

Schriftsteller in München u. Tutzing/Starnberger See; Mitglied der dt. Akademie d. Dichtung; 1928 Dichterpreis d. Stadt München; 1973 Ehrengabe der Stiftung zur Förderung des Schrifttums. Verbindung von Katholizismus mit völkisch-chauvinist. Ideengut; Erzähler, Dramatiker.

Werke: Der Weiler Gottes (Ep, 1921), Der blaue Berg (R, 1922; 1941 als Erste Liebe; Forts. Die Hochzeitskuh, R, 1928), Struensee (Biog, 1924), Das Gewitter (D, 1926), Land ohne Schatten (Rb, 1930), Sieben vor Verdun (R, 1930), Die Wallfahrt nach Paris. Eine patriotische Phantasie (R, 1933), Das unsterbliche Reich (S, 1933), Mein Leben (Aut, 1934), Schlageter (Biog, 1934), Geschichten aus der Rhön (1935), Hindenburg (Biog, 1935), Stadt u. Festung Belgerad (R, 1936), Hebbel (Biog, 1938), Als wir Rekruten waren (E, 1938), Elisabeth (E, 1939), Echnaton u. Nofretete (E, 1940).

Weinheber, Josef

9.3.1892 Wien - 8.4.1945 Kirchstetten (Niederösterreich). Vater: Metzger, Viehhändler, Gastwirt. Nach frühem Tod der Eltern 1902-08 im Waisenhaus von Mödling. Dort Gymnasium, autodidaktische Weiterbildung. 1911 Postbeamter, daneben andere Berufe und in den 20er Jahren ausgedehnte Reisen. 1927 Übertritt zum Protestantismus. Ab 1932 freier Schriftsteller. Trotz literarischer Anerkennung stets wirtschaftliche Probleme. 1936 Ernennung zum Professor, Erwerb eines Landhauses in Kirchstetten. Zahlreiche Preise und Auszeichnungen während der Zeit des Nationalsozialismus. Seit 1943 distanziert sich Weinheber in Privatbriefen vom Nationalsozialismus. Freitod. Romane mit gesellschaftsanalytischem Tiefgang. Lyrik an klassischen Formen geschult, sehr vielfältig. Einerseits volkstümlich, andererseits ein hohes Dichterideal und heroisches Lebensgefühl enthaltend.

Werke: Der einsame Mensch (G, 1920), Das Waisenhaus (R, 1924), Der Selbstmörder (E, 1926), Boot in der Bucht (G, 1926), Paradies der Philister (R, 1928 = Der Nachwuchs 1953), Macht des Wortes (E, 1930), Der gejagte Teufel (E, 1932), Adel und Untergang (G, 1934), Die Ehescheidung (E, 1935), Vereinsamtes Herz (G, 1935), Wien wörtlich (G, 1935), Das Geschenk (E, 1936), Späte Krone (G, 1936), Deutscher Gruß aus Österreich (G, 1936), O Mensch, gib acht (G, 1937), Selbstbildnis (G, 1937), Zwischen Göttern und Dämonen (G, 1938), Kammermusik (G,

1939), Die hohen Zeichen (D, 1939), Den Gefallenen (G, 1940), Blut und Stahl (G, 1941), Himmelauen, Wolkenfluh (G, 1941), Ode an die Buchstaben (G, 1942), Gedichte (1944), Hier ist das Wort (G, 1944), Dokumente des Herzens (G, 1944).

Wiechert, Ernst

18.5.1887 Forsthaus Kleinort bei Sensberg (Ostpr.) - 24.8.1950 Uerikon (Schweiz). Vater: Förster. Studium der Germanistik, Anglistik und Geographie in Königsberg, ab 1911 dort Studienrat. Teilnahme am I. Wk. an Ost- und Westfront. 1930-33 Lehrer an einem Berliner Gymnasium. Lebte ab 1933 als freier Schriftsteller in Ambach (Oberbayern), nach 1948 in der Schweiz aus Enttäuschung über Entwicklung der Nachkriegsjahre. Teils vorsichtige, teils entschiedene Ablehnung des Nationalsozialismus aus christlich-moralischer Überzeugung. 1938 zwei Monate im KZ Buchenwald inhaftiert (vgl. aut. Roman *Der Totenwald*, 1939 geschr., 1946 veröffl.). Danach Schreibverbot und Gestapoaufsicht. E.W. zählt zu den Autoren der „inneren Emigration." Romane und Erzählungen stellen zeitbezogene moralische Konflikte dar, spielen meist in Landschaft Ostpreußens.

Werke: Die Flucht (R, 1916), Der Wald (R, 1922), Der Totenwolf (R, 1924), Die blauen Schwingen (R, 1925), Heinrich der Städtegründer (E, Legende, 1925), Die Legende vom letzten Wald (E, 1925), Der Knecht Gottes Andreas Nyland (R, 1926), Der silberne Wagen (En, 1928), Die kleine Passion (R, 1929 = 1.Teil der Romantrilogie „Passion eines Menschen"), Die Flöte des Pan (En, 1930), Jedermann (R, 1931 = 2.Teil der Romantrilogie), Die Magd des Jürgen Doskocil (R, 1932), Der brennende Dornbusch (E, 1932), Das Spiel vom deutschen Bettelmann (D, 1932), Das Männlein (E, 1933), Der Jünger (E, 1933), Tobias (E, 1933), Die Majorin (R, 1934), Der Vater (E, 1934), Der Todeskandidat (En, 1934), Der verlorene Sohn (D, 1934), Hirtennovelle (E, 1935), Der Dichter und die Zeit (Rd, 1935, 1945), Die goldene Stadt (Hsp, 1935), Wälder und Menschen (Aut, 1936), Das heilige Jahr (En, 1936), Das einfache Leben (R, 1938), Der ewige Stern (E, 1940), Demetrius und andere Erzählungen (En, 1945), Rede an die deutsche Jugend (Rd, 1945), Die Totenmesse (D, Hsp, 1945), Die Jerominkinder (R, 1940-41), Der weiße Büffel oder von der großen Gerechtigkeit (E, 1946).

Zerkaulen, Heinrich
2.3.1892, Bonn - 13.2.1954, Hofgeismar.
Vater: Schuster; Studium der Pharmazie in
München u. Marburg; 1914 Kriegsfreiwilliger, schwere Verwundung; Journalist und
Feuilleton in Düsseldorf u. Essen; 1931 freier
Schriftsteller in Dresden; nach 1945 in Greiz
u. Witzenhausen; Einstufung als Mitläufer;
rhein. Heimatdichter, histor. Romane, Dramatiker.

Werke: Weiße Ostern (G, 1912) Leyer u.
Schwert (Kriegsgesänge, 1915), Die
Spitzweggasse (En, 1918), Ursula Bittgang
(R, 1921), Die Insel Thule (En 1924), Lieder
v. Rhein (G, 1927), Rautenkranz u.
Schwerter (R, 1927), Die Welt im Winkel
(R, 1928; 1937 als Der Strom der Väter), Das
offene Fenster (G 1929), Musik auf dem
Rhein (Beethoven-R, 1930; 1949), Oster-
nothafen (R, 1931; 1934 als Anna u. Sigrid),
Die heimliche Fürstin (R, 1933), Jugend v.
Langemarck (D, 1933), Der arme Kumpel
Doris (R, 1935), Der Sprung aus dem Alltag
(K, 1935), Gesegneter Tag (G, 1935), Hör-
nerklang der Frühe (R, 1935), Der Reiter (D,
1936), Herr Lukas aus Kronach (R, 1938),
Brommy (D, 1939), Erlebnis u. Ergebnis
(Aut, 1939), Der feurige Gott (Beethoven-R,
1943; 1954).

Zöberlein, Hans
1.9.1895, Nürnberg - 13.2.1964. Vater:
Schuster; Maurer, Steinhauer u. Architekt;
Soldat im 1. Weltkrieg, Verwundung u. Auszeichnungen; Kampf gegen d. Räterepublik,
frühzeitiges Mitglied der NSDAP u. SA; SA-
Brigadeführer; Inhaber des Blutordens u. des
Goldenen Ehrenzeichens der NSDAP; 1933
Dichterpreis der Stadt München; 1938 Kulturpreis der SA; 1948 wegen Beteiligung an
den Penzberger Morden zum Tode verurteilt,
1949 in lebenslängl. Haft umgewandelt; vor-
zeitig entlassen. „Künder" des Fronterlebnis-
ses; völkisch-rassistische Hetzliteratur.

Werke: Der Glaube an Deutschland (R,
1934), Der Befehl des Gewissens (R, 1937),
Der Druckposten (E, 1939), Der Schrapnell-
baum (R, 1939).

11. Literaturverzeichnis

a. Allgemein

Amann, Klaus und Albert Berger (Hrsg.): Österreichische Literatur der dreißiger Jahre. Wien, Köln, Graz: Böhlau 1985.

Bracher, Karl Dietrich: Die deutsche Diktatur. Köln, Berlin: Kiepenheuer & Witsch 1969.

Brüdigam, Heinz: Der Schoß ist furchtbar noch ... Neonazistische, militaristische, nationalistische Literatur und Publizistik in der Bundesrepublik. Frankfurt a.M.: Röderberg 1965.

Daim, Wilfried: Der Mann, der Hitler die Ideen gab. München: Böhlau 1958.

Denkler, Horst, und Karl Prümm (Hrsg.): Die deutsche Literatur im Dritten Reich. Stuttgart: Reclam 1976.

Erdmann, Karl Dietrich: Deutschland unter der Herrschaft des Nationalsozialismus 1933-1939. München: dtv 1980 (Gebhardt, Handbuch der deutschen Geschichte, 9., neu bearb. Aufl. hrsg. v. Herbert Grundmann, Bd. 20).

Fechter, Paul: Geschichte der deutschen Literatur. Von den Anfängen bis zur Gegenwart. Berlin: Knaur 1941.

Fest, Joachim C.: Hitler. Eine Biographie. Frankfurt a.M., Berlin, Wien: Propyläen 1979.

Hartung, Günter: Literatur und Ästhetik des deutschen Faschismus. Berlin: Akademie-Verlag 1983.

Heer, Friedrich: Der Glaube des Adolf Hitler. München, 1968.

Hermand, Jost, und Frank Trommler: Die Kultur der Weimarer Republik. München: Nymphenburger Verlagsbuchhandlung 1978.

Hofer, Walther: Der Nationalsozialismus. Dokumente 1933-1945. Frankfurt a.M.: Fischer 1957, 351.-375. Tausend: 1962.

Kaes, Anton (Hrsg.): Manifeste und Dokumente zur deutschen Literatur 1919-1933. Stuttgart: Metzler 1983.

Ketelsen, Uwe-K.: Die Literatur des 3. Reichs als Gegenstand germanistischer Forschung. In: Wege der Literaturwissenschaft, hrsg. v. Jutta Kolkenbrock-Netz, Gerhard Plumpe, Hans Joachim Schrimpf (Bonn: Bouvier 1985), 284-302.

Ketelsen, Uwe K.: Probleme einer gegenwärtigen Forschung zur 'Literatur des Dritten Reichs'. In: Deutsche Vierteljahrsschrift für Literaturwissenschaft und Geistesgeschichte, 64. Jg., H 4 (1990), 707-725.

Ketelsen, Uwe-K.: Völkisch-nationale und nationalsozialistische Literatur in Deutschland 1890-1945. Stuttgart: Metzler 1976.

Loewy, Ernst: Literatur unterm Hakenkreuz. Frankfurt a.M.: Fischer 1969 und 1987.

Mosse, George L.: Nazi Culture. Intellectual, Cultural and Social Life in the Third Reich. New York: Grosset & Dunlap 1968, 1977.

Richards, Donald Ray: The German Bestseller in the 20th Century. Bern: Lang 1968.

Ritchie, James MacPhearson: German Literature under National Socialism. London, Canberra: Croom Helm 1983; Totowa, N.J.: Barnes & Noble 1983.

Rothe, Wolfgang (Hrsg.): Die deutsche Literatur in der Weimarer Republik. Stuttgart: Reclam 1974.

Prümm, Karl: Die Literatur des Soldatischen Nationalismus der 20er Jahre (1919-1933). 2 Bde. Kronberg/Ts.: Scriptor 1974.

Sarkowicz, Hans: Die literarischen Apologeten des Dritten Reiches. Zur Rezeption der vom Nationalsozialismus geförderten Autoren nach 1945. In: Jörg Thunecke (Hrsg.): Leid der Worte, 435-459.

Schäfer, Hans Dieter: Das gespaltene Bewußtsein. Deutsche Kultur und Lebenswirklichkeit 1933-1945. München, Wien: Hanser 1981.

Schäfer, Hans Dieter (Hrsg.): Am Rande der Nacht. Moderne Klassik im Dritten Reich. Frankfurt a.M.: Ullstein 1984.

Schnell, Ralf: Was ist 'Nationalsozialistische Dichtung'? In: Jörg Thunecke (Hrsg.): Leid der Worte, 28-45.

Schonauer, Franz: Deutsche Literatur im Dritten Reich. Olten und Feiburg i.Br.: Walter-Verlag 1961.

Schütz, Erhard, Jochen Vogt et.al.: Einführung in die deutsche Literatur des 20. Jahrhunderts. Band 2: Weimarer Republik, Faschismus und Exil. Opladen: Westdeutscher Verlag 1977.

Shirer, William L.: The Rise and Fall of the Third Reich. New York: Fawcett 1959, 1960.

Thunecke, Jörg (Hrsg.): Leid der Worte. Panorama des literarischen Nationalsozialismus. Bonn: Bouvier 1987.

Von der Decken, Godele: Emanzipation auf Abwegen. Frauenkultur und Frauenliteratur im Umkreis des Nationalsozialismus. Frankfurt a.M.: Athenäum 1988.

Wagener, Hans (Hrsg.): Gegenwartsliteratur und Drittes Reich. Stuttgart: Reclam 1977.

Wulf, Joseph: Literatur und Dichtung im Dritten Reich. Eine Dokumentation. Frankfurt a.M., Berlin, Wien: Ullstein 1983.

b. Zur Ideologie

Bronder, Dietrich: Bevor Hitler kam. Hannover: Pfeiffer, 1964.

Brose, Eric Dorn: Generic Fascism Revisited: Attitudes Toward Technology in Germany and Italy, 1919-1945. In: German Studies Review, vol. X, no. 2 (1987), 273- 97.

Bullivant, Keith, Aufbruch der Nation: Zur 'konservativen Revolution'. In: Keith Bullivant (Hrsg.):, Das literarische Leben in der Weimarer Republik (Königstein/Ts.: Scriptor 1978), 28-49.

Chamberlain, Houston Stewart: Die Grundlagen des neunzehnten Jahrhunderts. München: Bruckmann, 28. Aufl. 1942, 2 Bde. (1. Aufl. 1899).

Dinter, Artur: Die Sünde wider das Blut. Leipzig: Matthes und Thost 1917, 15. Aufl. 1921.

Flex, Walter: Der Wanderer zwischen beiden Welten. München: Beck 1942 (869.-912. Tausend; 1. Aufl. 1917).

Greiffenhagen, Martin: Das Dilemma des Konservatismus in Deutschland. München: Piper 1971, 1977.

Gobineau, Graf Arthur: Die Ungleichheit der Menschenrassen. Berlin: Kurt Wolff 1935. (Dt. Übers. v. Essai sur l'inegalite des races humaines 1853-55).

Grimm, Reinhold/Jost Hermand (Hrsg.): Faschismus und Avantgarde. Königstein/Ts: Athenäum 1980.

Hamann, Richard/ Jost Hermand: Stilkunst um 1900. Berlin: Akademie-Verlag 1967.

Hamann, Richard/Jost Hermand: Gründerzeit. Berlin: Akademie-Verlag 1965.

Hartung, Günter: Völkische Ideologie. In: Weimarer Beiträge, Jg. 33, Nr. 7 (1987), 1174-85.

Härtl, Heinz, Romantischer Antisemitismus: Arnim und die 'Tischgesellschaft'. In: Weimarer Beiträge, Jg. 33, Nr. 7 (1987), 1159-73.

Hermand, Jost: Der alte Traum vom neuen Reich. Völkische Utopien und Nationalsozialismus. Frankfurt a.M.: Athenäum 1988.

Hermand, Jost: Von Mainz nach Weimar (1793-1919). Stuttgart: Metzler,1969.

Hermand, Jost: Ultima Thule. Völkische und faschistische Zukunftsvisionen. In: Jost Hermand, Orte. Irgendwo. Formen utopischen Denkens (Königstein/Ts: Athenäum 1981), 61- 86.

Kaltenbrunner, Gerd-Klaus (Hrsg.): Konservatismus International. Stuttgart: Seewald 1973.

Hitler, Adolf: Mein Kampf. München: Eher 1933 (XVII. Aufl. der Volksausgabe).

Jung, Edgar J.: Die Herrschaft der Minderwertigen. Ihr Zerfall und ihre Ablösung. Berlin: Verlag Deutsche Rundschau 1927.

Langbehn, Julius: Rembrandt als Erzieher. Weimar: Alexander Duncker 1943 (24.-31. Tausend; zuerst 1890 anonym „Von einem Deutschen").

Moeller van den Bruck, Arthur: Das dritte Reich. Hamburg: Hanseatische Verlagsanstalt 1931 (3. Aufl.).

Mohler, Armin: Die konservative Revolution in Deutschland 1918-1932. Ein Handbuch. Darmstadt: Wissenschaftliche Buchgesellschaft 1972.

Mosse, George L.: The Crisis of German Ideology. Intellectual Origins of the Third Reich. New York: Grosset & Dunlap 1964.

Nolte, Ernst: Die Krise des liberalen Systems und die faschistischen Bewegungen. München: Piper 1968.

Nolte, Ernst (Hrsg.): Theorien über den Faschismus. Köln, Berlin: Kiepenheuer & Witsch 1967.

Rosenberg, Alfred: Der Mythos des 20. Jahrhunderts. Eine Wertung der seelisch-geistigen Gestaltenkämpfe unserer Zeit. München: Hoheneichen 1937 (107.-110. Aufl.).

Rosenberg, Alfred: Gestaltung der Idee. Blut und Ehre II. Band. München: Eher 1938, 8. Aufl.).

Saage, Richard: Faschismustheorien. Eine Einführung. München: Beck 1976.

Schulz, Gerhard: Faschismus – Nationalismus. Versionen und theoretische Kontroversen 1922-1972. Frankfurt a.M., Wien, Berlin: Propyläen 1974.

Schwedhelm, Karl (Hrsg.): Propheten des Nationalismus. München: List 1969.

Sontheimer, Kurt: Antidemokratisches Denken in der Weimarer Republik. München: Nymphenburger Verlagshandlung 1962, 2. Aufl. 1968.

Vondung, Klaus: Der literarische Nationalismus. Ideologische, politische und sozialhistorische Wirkungszusammenhänge. In: Denkler/Prümm, Die deutsche Literatur im Dritten Reich, 44-65.

Wippermann, Wolfgang: Europäischer Faschismus im Vergleich (1922-1982). Frankfurt: Suhrkamp 1983.

Wippermann, Wolfgang: Faschismustheorien. Zum Stand der gegenwärtigen Diskussion. Darmstadt: Wissenschaftliche Buchgesellschaft 1972, 5. völlig neu bearb. Aufl. 1989.

Wippermann, Wolfgang (Hrsg.): Kontroversen um Hitler. Frankfurt: Suhrkamp 1986.

c. NS-Literatur- und Kulturpolitik

Amann, Klaus: Der Anschluß österreichischer Schriftsteller an das Reich. Institutionelle und bewußtseinsgeschichtliche Aspekte. Frankfurt a.M.: Athenäum 1988.

Bartels, Adolf: Geschichte der deutschen Literatur. Braunschweig: Westermann 1900, 19. Aufl. 1943.

Brenner, Hildegard: Die Kunstpolitik des Nationalsozialismus. Reinbeck: Rowohlt 1963.

Conradi, Karl Otto: Deutsche Literaturwissenschaft und Drittes Reich. In: E. Lämmert: Germanistik – eine deutsche Wissenschaft (Frankfurt a.M.: Suhrkamp 1967), 71-109.

Cuomo, Glenn: Hanns Johst und die Reichsschriftumskammer: Ihr Einfluß auf die Situation des Schriftstellers im Dritten Reich. In: Jörg Thunecke (Hrsg.): Leid der Worte, 108-132.

Ernst, Paul, Das deutsche Volk und der Dichter von heute. In: Heinz Kindermann (Hrsg.): Des deutschen Dichters Sendung in der Gegenwart. Leipzig: Reclam 1933, 19-28.

Gilman, Sander L. (Hrsg.): NS-Literaturtheorie. Eine Dokumentation. Frankfurt a.M.: Athenäum 1971.

Herden, Werner: Zwischen 'Gleichschaltung' und Kriegseinsatz. Positionen der Germanistik in der Zeit des Faschismus. In: Weimarer Beiträge, 33. Jg., Nr. 11 (1987), 1865-1881.

Hermand, Jost: Das junge Deutschland. In: Jost Hermand. Von Mainz nach Weimar 1793-1919. Stuttgart: Metzler 1969.

Hopster, Norbert: Ausbildung und politische Funktion der Deutschlehrer im Nationalsozialismus. In: Peter Lundgreen (Hrsg.): Wissenschaft im Dritten Reich (Frankfurt a.M.: Suhrkamp 1985), 113-139.

Kindermann, Heinz: Das Schrifttum als Ausdruck des Volkstums. In: Heinz Kindermann: Kampf um die deutsche Lebensform (Wien: Wiener Verlag 1941, 1944), 11-19.

Koch, Franz: Geschichte der deutschen Dichtung. Hamburg: Hanseatische Verlagsanstalt 1937, 5. Aufl. 1942.

Lämmert, Eberhard, u.a.: Germanistik – eine deutsche Wissenschaft. Frankfurt a.M.: Suhrkamp 1967.

Langenbucher, Hellmuth: Volkhafte Dichtung der Zeit. Berlin: Junker und Dünnhaupt 1933, 6. Aufl. 1941.

Oellers, Norbert: Dichtung und Volkstum. Der Fall der Literaturwissenschaft. In: Beda Allemann (Hrsg.): Literatur und Germanistik nach der Machtübernahme. Bonn: Bouvier 1983, 232-54.

Pinkerneil, Beate: Vom kulturellen Nationalismus zur nationalen Germanistik. In: Klaus L. Berghahn und Beate Pinkerneil (Hrsg.): Am Beispiel „Wilhelm Meister.“ Einführung in die

Wissenschaftsgeschichte der Germanistik, Bd. 1: Darstellung. Königstein/Ts.: Athenäum 1980.

Schlösser, Rainer: Das einfältige Herz: Eichendorff als Geschichtsschreiber unseres Innern. In: Sander L.: Gilman (Hrsg.): NS-Literaturtheorie. Eine Dokumentation (Frankfurt a.M. Athenäum 1971), 141-146.

Strothmann, Dietrich: Nationalsozialistische Literaturpolitik. Ein Beitrag zur Publizistik im Dritten Reich. Bonn: Bouvier 1960, 4. Aufl. 1985.

Vondung, Klaus: Völkisch-nationale und nationalsozialistische Literaturtheorie. München: List 1973.

Voßkamp, Wilhelm: Kontinuität und Diskontinuität. Zur deutschen Literaturwissenschaft im Dritten Reich. In: Peter Lundgreen (Hrsg.): Wissenschaft im Dritten Reich. Frankfurt a.M.: Suhrkamp 1985.

Wulf, Joseph: Literatur und Dichtung im Dritten Reich. Eine Dokumentation. Frankfurt a.M.: Ullstein 1983.

Zeller, Bernhard (Hrsg.): Klassiker in finsteren Zeiten 1933-1945. Eine Ausstellung des Deutschen Literaturarchivs im Schiller-Nationalmuseum Marbach am Neckar. Bd. 1. Marbach: Deutsche Schillergesellschaft 1983.

d. NS-Roman

Berens-Totenohl, Josefa: Der Femhof. Jena: Diederichs 1941 (161.-285. Tausend).

Beumelburg, Werner: Mont Royal. Hrsg. v. Oberkomando der Wehrmacht, Abt. Inland, o.J.

Beumelburg, Werner: Geschichten vom Reich. Leipzig: Eichblatt 1941 (Hrsg. Karl Plenzat).

Beumelburg, Werner: Jörg. Stuttgart: Verlag Deutscher Volksbücher GmbH 1943 (Hrsg. von der Deutschen Arbeitsfront NSG. Kraft durch Freude).

Beumelburg, Werner: Reich und Rom. Oldenburg i.O., Berlin: Stalling 1937 (16.-30 Tausend).

Blunck, Hans Friedrich: Die Urvätersaga. Jena: Diederichs 1934.

Bohrer, Karl Heinz: Die Ästhetik des Schreckens. Die pessimistische Romantik und Ernst Jüngers Frühwerk. München, Wien: Hanser 1978.

Brecht, Bertolt, Die Horst-Wessel Legende. In: Bertolt Brecht, Gesammelte Werke (Frankfurt a.M.: Suhrkamp 1967), vol. 20, 209-19.

Dwinger, Edwin Erich: Die letzten Reiter. Jena: Diederichs 1935 (51.-75. Tausend).

Ewers, Hans Heinz: Horst Wessel. Ein deutsches Schicksal. Stuttgart, Berlin: Cotta 1933.

Grimm, Hans: Volk ohne Raum. München: Albert Langen/Georg Müller 1926.

Gründer, Horst: Geschichte der deutschen Kolonien. Paderborn: Schöningh Verlag 1985.

Jaroslawski, Renate/Rüdiger Steinlein: Die 'politische Jugendschrift.' Zur Theorie und Praxis faschistischer deutscher Jugendliteratur. In: Denkler/Prümm, Die deutsche Literatur im Dritten Reich, 305-29.

Jünger, Ernst: In: Stahlgewittern. Berlin, E.S. Mittler & Sohn 1924 (24. Aufl.; 1. Aufl. 1920).

Jünger, Ernst: The Storm of Steel. From the Diary of a German Storm-Troop Officer on the Western Front. London: Chatto & Windus 1929 (übersetzt v. Basil Creighton).

Kaempfer, Wolfgang: Ernst Jünger. Stuttgart: Metzler 1981.

Löns, Hermann: Der Wehrwolf. Jena: Diederichs 1926 (1. Aufl. 1910).

Prümm, Karl: Das Erbe der Front. Der antidemokratische Kriegsroman der Weimarer Republik und seine nationalsozialistische Fortsetzung. In Denkler/Prümm, Die deutsche Literatur im Dritten Reich, 138-64.

Schenzinger, Karl Aloys: Der Hitlerjunge Quex. Berlin: Zeitgeschichte-Verlag Wilhelm Andermann 1932.

Schweizer, Gerhard: Bauernroman und Faschismus. Tübingen: Tübinger Vereinigung für Volkskunde E.V. Schloss 1976.

Vallery, Helmut, Entheroisierte Geschichte. Der nationalsozialistische historische Roman. In: Jörg Thunecke (Hrsg.): Leid der Worte, 90-107.

Wippermann, Wolfgang, Geschichte und Ideologie im historischen Roman des Dritten Reiches. In: Denkler/Prümm, Die deutsche Literatur im Dritten Reich, 183-206.

Zimmermann, Peter: Der Bauernroman. Antifeudalismus-Konservatismus-Faschismus. Stuttgart: Metzler 1975.

Zimmermann, Peter: Kampf um den Lebensraum. Ein Mythos der Kolonial- und der Blut-und-Boden-Literatur. In: Denkler/Prümm, Die deutsche Literatur im Dritten Reich, 165-82.
Zöberlein, Hans: Der Befehl des Gewissens. München: Zentralverlag der NSDAP, Frz. Eher Nachf. 1942 (38. Aufl., 551.-590. Tausend).

e. NS-Drama

Bethge, Friedrich: Marsch der Veteranen. In: G. Rühle, Zeit und Theater, Bd.3, 195-258.
Breßlein, Erwin: Völkisch-faschistoides und nationalsozialistisches Drama. Frankfurt a.M.: Haag + Herchen 1980.
Drewniak, Boguslaw: Das Theater im NS-Staat. Düsseldorf: Droste 1983.
Dussel, Konrad: Ein neues, ein heroisches Theater? Nationalsozialistische Theaterpolitik und ihre Auswirkungen. Bonn: Bouvier 1988.
Eichberg, Henning et.al.: Massenspiele: NS-Thingspiel, Arbeiterweihespiel und olympisches Zeremoniell. Stuttgart-Bad Cannstatt: frommann-holzboog 1977.
Griese, Friedrich: Der Mensch, aus Erde gemacht. Berlin: Bühnenvolksbundverlag 1932.
Johst, Hanns: Ich glaube. Bekenntnisse von Hanns Johst. München: Langen 1928.
Johst, Hanns: Schlageter. In: G. Rühle, Zeit und Theater, Bd. 3, 77-139.
Ketelsen, Uwe-Karsten: Von heroischem Sein und völkischem Tod. Zur Dramatik des Dritten Reiches. Bonn: Bouvier 1970.
Ketelsen, Uwe-Karsten: Heroisches Theater. Untersuchungen zur Dramentheorie des Dritten Reichs. Bonn: Bouvier 1968.
Kolbenheyer, Erwin Guido: Gregor und Heinrich. In: G. Rühle, Zeit und Theater, Bd. 3, 259-334.
Langenbeck, Curt: Der Hochverräter. In: G. Rühle, Zeit und Theater, Bd. 3, 379-438.
Menz, Egon: Sprechchor und Aufmarsch. Zur Entstehung des Thingspiels. In: Horst Denkler und Karl Prüm (Hrsg.): Die deutsche Literatur im Dritten Reich, 330-346.
Möller, Eberhard Wolfgang: Rothschild siegt bei Waterloo. Berlin: Langen-Müller 1934.
Möller, Eberhard Wolfgang: Das Frankenburger Würfelspiel. In: G. Rühle, Zeit und Theater, Bd. 3, 335-78.
Pfanner, Helmut F.: Hans Johst. Vom Expressionismus zum Nationalsozialismus. The Hague, Paris: Mouton 1970.
Rehberg, Hans: Der siebenjährige Krieg. In: G. Rühle, Zeit und Theater, Bd. 3, 439-500.
Rühle, Günther: Zeit und Theater. Von der Republik zur Diktatur 1925-1933. Bd. 2. Berlin: Propyläen 1972.
Rühle, Günther: Zeit und Theater. Diktatur und Exil 1933-1945. Berlin: Propyläen 1974.
Stollmann, Rainer: Theater im Dritten Reich. In: Jörg Thunecke (Hrsg.): Leid der Worte, 72-89.
Stommer, Rainer: Die inszenierte Volksgemeinschaft. Die „Thing-Bewegung" im Dritten Reich. Marburg: Jonas 1985.
Wanderscheck, Hermann: Deutsche Dramatik der Gegenwart. Berlin: Bong, o.J. (1939).
Wardetzky, Jutta: Theaterpolitik im faschistischen Deutschland. Studien und Dokumente. Berlin: Henschelverlag 1983.
Wulf, Joseph: Theater und Film im Dritten Reich. Eine Dokumentation. Frankfurt a.M., Berlin, Wien: Ullstein 1983.
Zerkaulen, Heinrich: Jugend von Langemarck. In: G. Rühle, Zeit und Theater, Bd. 3, 141-94.

f. NS-Film

Albrecht, Gerd: Nationalsozialistische Filmpolitik. Stuttgart: Enke Verlag 1969.
Courtade, Francis/Pierre Cadars: Geschichte des Films im Dritten Reich. München, Wien: Hanser 1975.
Hull, David Stewart: Film in the Third Reich. A Study of the German Cinema 1933-1945. Berkeley and Los Angeles: University of California Press 1969.
Kracauer, Siegfried: From Caligari to Hitler. A Psychological History of the German Film. Princeton: Princeton University Press 1947.

Leiser, Erwin: „Deutschland erwache!" Propaganda im Film des Dritten Reiches. Reinbek bei Hamburg: Rowohlt 1968.
Schulte-Sasse, Linda: The Jew as Other under National Socialism: Veit Harlan's Jud Süß. In: The German Quarterly, vol. 61, no. 1 (Winter 1988), 22-49.

g. NS-Lyrik

Anacker, Heinrich: Über die Maas, die Schelde und Rhein! Gedichte vom Feldzug im Westen. München: Eher 1942.
Anacker, Heinrich: Heimat und Front. Gedichte aus dem Herbst 1939. München: Eher 1940.
Atkinson, Jeanette Lee: Josef Weinheber: Sänger des Austrofaschismus? In: Jörg Thunecke (Hrsg.): Leid der Worte, 403-419.
Benn, Gottfried: Gesammelte Werke in acht Bänden, Bd. 8: Autobiographische Schriften. Hrsg. v. Dieter Wellershoff. Wiesbaden: Limes 1968.
Böhme, Herbert (Hrsg.): Rufe in das Reich. Die heldische Dichtung von Langemarck bis zur Gegenwart. Berlin: Verlag Junge Generation 1934.
Bormann, Alexander von: Das nationalsozialistische Gemeinschaftslied. In: Denkler/Prüm (Hrsg.): Die deutsche Literatur im Dritten Reich, 256-280.
Hillebrand, Bruno (Hrsg.): Über Gottfried Benn: Kritische Stimmen 1912-1956. Frankfurt a.M.: Fischer 1987.
Ketelsen, Uwe-K.: Nationalismus und Drittes Reich. In: Walter Hinderer (Hrsg.): Geschichte der politischen Lyrik in Deutschland (Stuttgart: Reclam 1978), 291- 314.
Loewy, Ernst: Literatur unterm Hakenkreuz. Das Dritte Reich und seine Dichtung. Eine Dokumentation. Frankfurt: Fischer 1969, 1983, 1987. (Zuerst in Europäische Verlagsanstalt, Frankfurt a.M. 1966.)
Miegel, Agnes: Ostland. Jena: Diederichs 1940, 1943.
Münchhausen, Börries von: Das Herz im Harnisch. Balladen und Lieder. Stuttgart-Berlin: Deutsche Verlagsanstalt 1911, 36.-38. Tausend 1935.
Piorreck, Anni: Agnes Miegel. Ihr Leben und ihre Dichtung. Düsseldorf: Diederichs 1967.
Reuschle, Max: Der Sinn des Gedichtes in unserer Zeit. In: Heinz Kindermann (Hrsg.): Des deutschen Dichters Sendung in der Gegenwart (Leipzig: Reclam 1933), 213-217.
Schöne, Albrecht: Über politische Lyrik im 20. Jahrhundert. Göttingen: Vandenhoeck & Ruprecht 1965.
Schumann, Gerhard: Die Lieder vom Reich. München: Langen/Müller 1935.
Schumann, Gerhard: Ruf und Berufung. Reden und Aufsätze. München: Langen/Müller 1943.
Schumann, Gerhard: Stachel-Beeren-Auslese. Stuttgart: Silberburg Verlag 1960.
Strauss und Torney, Lulu von: Reif steht die Saat. Jena: Diederichs 1926.
Weinheber, Josef: Sämtliche Werke, IV. Band: Kleine Prosa. Hrsg. v. Josef Nadler und Hedwig Weinheber. Salzburg: Otto Müller 1954.
Weinheber, Josef: Späte Krone. Gedichte. München: Langen/Müller 1936.

h. Nicht-Faschistische Literatur

Andres, Stefan: Der Dichter in dieser Zeit. Reden und Aufsätze. München: Pieper 1974.
Andres, Stefan: El Greco malt den Großinquisitor. In: Stefan Andres: Novellen und Erzählungen (München: Piper 1962), 7-37.
Ausländer, Rose: Die Erde war ein atlasweißes Feld. Gedichte 1927-1956. Frankfurt a.M.: Fischer 1985.
Bergengruen, Werner: Der Großtyrann und das Gericht. München: Nymphenburger Verlagshandlung 1951.
Bergengruen, Werner: Dies Irae. München: Zinnen-Verlag Kurt Desch, o.J.[1945].
Bergengruen, Werner: Dichtergehäuse. Aus den autobiographischen Aufzeichnungen. Hrsg. v. Charlotte Bergengruen. Zürich: Arche 1966.
Bergengruen, Werner: Schreibtischerinnerungen. Zürich: Arche 1961.

Bock, Sigrid: Arbeiterkorrespondenten und -schriftsteller bewähren sich. Jan Petersen: Unsere Straße. In: Sigrid Bock und Manfred Hahn (Hrsg.): Erfahrung Nazideutschland. Romane in Deutschland 1933-1945 (Berlin, Weimar: Aufbau 1987), 44-98.

Bock, Sigrid und Manfred Hahn (Hrsg.): Erfahrung Nazideutschland. Romane in Deutschland 1933-1945. Analysen. Berlin, Weimar: Aufbau 1987.

Bock, Sigrid: Kämpfer vor dem Sieg. Adam Kuckhoff: Der deutsche von Bayencourt. In: Sigrid Bock und Manfred Hahn (Hrsg.): Erfahrung Nazideutschland, 132-188.

Brekle, Wolfgang: Die antifaschistische Literatur in Deutschland (1933-1945). In: Weimarer Beiträge, 11. Jg., H. 6 (1970), 67-128.

Brekle, Wolfgang: Schriftsteller im antifaschistischen Widerstand 1933-1945 in Deutschland. Berlin, Weimar: Aufbau 1985.

Carossa, Hans: Ungleiche Welten. Wiesbaden: Insel 1951.

Carossa, Hans: Wirkungen Goethes in der Gegenwart. Leipzig: Insel 1938, 1944.

Denkler, Horst: Janusköpfig. Zur ideologischen Physiognomie der Zeitschrift Das Innere Reich (1934-1944). In: Denkler/Prümm, Die deutsche Literatur im Dritten Reich, 382-405.

Elm, Theo: Aufklärung als Widerstand. Oskar Loerkes Gedicht 'Das Auge des Todes' [1934]. In: Oskar Loerke. Marbacher Kolloquium 1984 hrsg. v. Reinhard Tgahrt (Mainz: v. Hase & Koehler 1986), 89-105.

Emmerich, Wolfgang: Die Literatur des antifaschistischen Widerstandes in Deutschland. In: Denkler/Prümm (Hrsg.): Die deutsche Literatur im Dritten Reich, 427-458

Grimm, Reinhold und Jost Hermand (Hrsg.): Exil und Innere Emigration. Frankfurt a.M.: Athenäum 1972.

Grimm, Reinhold: Im Dickicht der inneren Emigration. In: Denkler/Prümm, Die deutsche Literatur im Dritten Reich, 406-426.

Groll, Gunter (Hrsg.): De Profundis. Deutsche Lyrik zu dieser Zeit. Eine Anthologie aus zwölf Jahren. München: Desch 1946.

Grosser, J.F.G. (Hrsg.): Die grosse Kontroverse. Ein Briefwechsel um Deutschland. Hamburg: Nagel 1963.

Hagelstange, Rudolf: Die Form als erste Entscheidung. In: Hans Bender (Hrsg.): Mein Gedicht ist mein Messer. Lyriker zu ihren Gedichten (München: List 1964), 37-47.

Hagelstange, Rudolf: Venezianisches Credo. München: Insel 1946.

Haushofer, Manfred: Moabit Sonnets. Deutsch-Englische Ausgabe, übers. v. M.D. Herter Norton. New York: Norton 1978. (Erstausgabe 1946.)

Hoffmann, Charles Wesley: Opposition Poetry in Nazi-Germany, 1933-1945. Diss. U of Illinois 1956.

Jünger, Ernst: Auf den Marmorklippen. Frankfurt a.M.: Ullstein 1980 (Erstausgabe 1939).

Krauss, Werner: PLN. Die Passionen der halykonischen Seele. Frankfurt a.M.: Klostermann 1946, 2. Aufl. 1983 mit Nachwort v. Peter Härtling.

Kuckhoff, Adam: Der Deutsche von Bayencourt. Berlin: Rowohlt 1937.

Kuckhoff, Adam: „Fröhlich bestehn": Prosa, Lyrik, Dramatik. Hrsg. v. Werner Jung. Aachen: Alano-Verlag 1985.

Kuckhoff, Greta (Hrsg.): Adam Kuckhoff zum Gedenken. Novellen, Gedichte, Briefe. Berlin: Aufbau 1946.

Langmann, Peter: Sozialismus und Literatur – Jura Soyfer: Studien zu einem österreichischen Schriftsteller der Zwischenkriegszeit. Frankfurt a.M.: Hain Meisenheim 1986.

Loerke, Oskar: Tagebücher 1903-1939, hrsg, Hermann Kasack. Heidelberg, Darmstadt: Schneider 1956.

Loerke, Oskar: Die Gedichte, hrsg. v. Peter Suhrkamp. Frankfurt a.M.: Suhrkamp 1958.

Moll, Michael: Lyrik in einer entmenschten Welt. Interpretationsversuche zu deutschsprachigen Gedichten aus nationalsozialistischen Gefängnissen, Ghettos und KZ's. Frankfurt a.M.: R.G. Fischer 1988.

Perrault, Gilles: L'orchestre rouge. Paris: Fayard 1968. Deutsch: Auf den Spuren der Roten Kapelle, übers. v. E. und R. Thomsen. Wien/Zürich: Europa Verlag 1990.

Reiner, Guido: Ernst Wiechert im Dritten Reich. Eine Dokumentation. Paris: Selbstverlag 1974.

Schäfer, Hans Dieter (Hrsg.): Am Rande der Nacht. Moderne Klassik im Dritten Reich. Ein Lesebuch. Frankfurt a.M.: Ullstein 1984.

Schäfer, Hans Dieter: Die nichtfaschistische Literatur der 'jüngeren Generation.' In: Denkler/Pümm (Hrsg.): Die deutsche Literatur im Dritten Reich, 459-503.

Schlösser, Manfred (Hrsg.): An den Wind geschrieben. Lyrik der Freiheit 1933-1945. Darmstadt: Agora 1960, 2. Aufl. 1961.

Schnell, Ralf: Literarische Innere Emigration 1933-1945. Stuttgart: Metzler 1976.

Schneider, Reinhold: Die Zeit in uns. Zwei autobiographische Werke: Verhüllter Tag. Winter in Wien. Redaktion und Nachwort v. Josef Rast. Frankfurt a.M.: Insel 1978 (Bd. 10 der Gesammelten Werke, hrsg. v. Edwin Maria Landau).

Schneider, Reinhold: Las Casas vor Karl V. In: Der große Verzicht. Gesammelte Werke Bd. 3. Hrsg. v. Edwin Maria Landau (Frankfurt a.M.: Insel 1978), 119-260.

Schneider, Reinhold: Lyrik. Auswahl und Nachwort v. Christoph Perels. Frankfurt a.M.: Insel 1981 (Bd. 5 der Gesammelten Werke, hrsg. v. Edwin Maria Landau).

Soyfer, Jura: Das Gesamtwerk. Hrsg. v. Horst Jarka. Wien: Europaverlag 1980.

Thiess, Frank: Jahre des Unheils. Fragmente erlebter Geschichte. Wien: Zsolnay 1972.

Van Roon, Ger: Widerstand im Dritten Reich. Ein Überblick. München: Beck 1979, 4. neubearb. Aufl. 1987.

Vaßen, Florian: 'Das illegale Wort.' Literatur und Literaturverhältnisse des Bundes proletarisch-revolutionärer Schriftsteller nach 1933. In: Ralf Schnell (Hrsg.): Kunst und Kultur im deutschen Faschismus (Stuttgart: Metzler 1978), 285-327.

Weisenborn, Günther (Hrsg.): Der lautlose Aufstand. Bericht über die Widerstandsbewegung des deutschen Volkes 1933-1945. Hamburg: Rowohlt 1953.

Weiss, Peter: Die Ästhetik des Widerstands, Bd. 3. Frankfurt a.M.: Suhrkamp 1981.

Wiechert, Ernst: Der Totenwald. Ein Bericht. In: Ernst Wiechert. Sämtliche Werke in zehn Bänden, Bd. 9 (Wien: Desch 1957), 197- 329.

Wiechert, Ernst: Der weiße Büffel oder Von der großen Gerechtigkeit. In: Ernst Wiechert. Sämtliche Werke in zehn Bänden, Bd. 6 (Wien: Desch 1957), 553-625.

Wiechert, Ernst: Jahre und Zeiten. Erinnerungen. Wien: Desch 1957 (Sämtliche Werke in zehn Bänden, Bd. 9), 331-800.

Wirth, Günter: Eine Stimme für die Gleichberechtigung der Völker. Reinhold Schneider: Las Casas vor Karl V. Szenen aus der Konquistadorenzeit. In: Sigrid Bock und Manfred Hahn (Hrsg.): Erfahrung Nazideutschland. Romane in Deutschland 1933-1945, 298-334.

Zimmermann, Ingo, Reinhold Schneider: Weg eines Schriftstellers. Berlin: Union Verlag 1982.

Ziolkowski, Theodore: Form als Protest. Das Sonett in der Literatur des Exils und der Inneren Emigration. In: Reinhold Grimm und Jost Hermand (Hrsg.): Exil und Innere Emigration, 153-172.

i. Zur Sprache im Dritten Reich

Berning, Cornelia: Vom 'Abstammungsnachweis' zum 'Zuchtwart.' Vokabular des Nationalsozialismus. Berlin: de Gruyter 1964.

Klemperer, Victor: LTI. Notizbuch eines Philologen. Leipzig: Reclam 1975, 5. Aufl. 1978. Erstausgabe 1946.

Maas, Utz: Als der Geist der Gemeinschaft eine Sprache fand. Sprache im Nationalsozialismus. Opladen: Westdeutscher Verlag 1984.

Sternberger, Dolf, Gerhard Storz, Wilhelm E. Süskind: Aus dem Wörterbuch des Unmenschen. Frankfurt a.M.: Ullstein 1989 (nach der erw. Ausg. 1967, 3. Aufl. 1968).

12. Register

Germanistische Lehrbuchsammlung

Herausgegeben von Hans-Gert Roloff (Berlin)

Abteilung I · Sprache

1 Grundbegriffe der Sprachwissenschaft.
Ein Nachschlagewerk
(Hrsg. Herbert Penzl, Berkeley, und
Hans-Gert Roloff, Berlin)

2 Der Weg zur deutschen Sprache. Von der
indogermanischen zur Merowingerzeit
(Piergiuseppe Scardigli, Firenze)

3 Geschichte der deutschen Sprache
(Ingo Reiffenstein, Salzburg)

4 Historische Laut- und Formenlehre des
Deutschen
(Alfred Kracher, Graz)

5 Historische Syntax des Deutschen I: Von
den Anfängen bis 1300
(Franz Simmler, Berlin)

6 Historische Syntax des Deutschen II:
Von 1300 bis 1750
(Robert Peter Ebert, Princeton/N.J.)
Bern 1986. 207 S. Brosch. sFr. 36.—

7 Althochdeutsch
(Herbert Penzl, Berkeley/CA)
Bern 1986. 209 S. Brosch. sFr. 48.-

8 Mittelhochdeutsch
(Herbert Penzl, Berkeley/CA)
Bern 1989, 190 S. Brosch. sFr. 79.—

9 Frühneuhochdeutsch
(Herbert Penzl, Berkeley/CA)
Bern 1984. 203 S. Brosch. sFr. 54.—

10 Neuhochdeutsch I: Phonetik und Phono-
logie des Deutschen
(Günter Lipold, Wien)

11 Neuhochdeutsch II: Formenlehre und
Wortbildung
(Franz Simmler, Berlin)

12 Neuhochdeutsch III: Deutsche Syntax.
Eine Einführung
(Johannes Erben, Bonn)
Bern 1984. 128 S. Brosch. sFr. 24.80

13 Wortforschung I: Semantik des Deutschen
(Marthe Philipp, Strasbourg)

14 Wortforschung II: Lexikologie des Deut-
schen (Lexikographie, Wortgeschichte,
Wortgeographie)
(Gilbert A.R. de Smet, Gent)

15 Wortforschung III: Etymologie des
Deutschen
(Helmut Birkhan, Wien)
Bern 1985. 324 S. Brosch. sFr. 98.—

16 Angewandte Linguistik des Deutschen I:
Soziolinguistik
(Matthias Hartig, Frankfurt a.M.)
Bern 1985. 209 S. Brosch. sFr. 36.—

17 Angewandte Linguistik des Deutschen II:
Psycholinguistik
(Els Oksaar, Hamburg)

18 Angewandte Linguistik des Deutschen III:
Sprachkontakte und Mehrsprachigkeit
(Els Oksaar, Hamburg)

19 Linguistische Theorien der Moderne
(W.P. Lehmann, Austin/Texas)
Bern 1981. 173 S. Brosch. sFr. 26.—

20 Dialektologie des Deutschen
(Peter Wiesinger, Wien)

21 Namenkunde des Deutschen
(Gerhard Bauer, Mannheim)
Bern 1985. 247 S. Brosch. sFr. 75.—

22 Geschichte der deutschen Sprachwissenschaft
(Herbert Kolb, München)

23 Probleme des Übersetzens aus älteren
deutschen Texten
Bern 1992. 195 S. Brosch. sFr. 79.-

24 Die gotischen Sprachreste. Überblick und
Einführung
(Piergiuseppe Scardigli, Firenze)

25 Die nordischen Sprachen. Übersicht und
Einführung
(Ulrich Groenke, Köln)

26 Niederdeutsche Sprache
(Dieter Stellmacher, Göttingen)
Erscheint 1990

27 Jiddisch. Eine Einführung
(Josef Weissberg, Jerusalem)
Bern 1988. 290 S. Brosch. sFr. 160.—

Abteilung II · Literatur

Reihe A · Literaturgeschichte

Reihe B · Literaturwissenschaftliche Grundlagen

Reihe C · Interdisziplinäre Aspekte

Reihe D · Deutsche und europäische Sprache und Literatur

Bitte, richten Sie Ihre Bestellung an Ihre Buchhandlung oder direkt an den Verlag
Peter Lang AG, Jupiterstrasse 15, CH-3000 Bern 15

Verlag Peter Lang AG   **Bern · Frankfurt am Main · New York**